总主编 徐岩 张廷凯

中国百年教科书史

物理卷

主编 彭前程 张颖

人民教育出版社
·北京·

中国百年教科书史

物理卷

主　　编　彭前程　张　颖

编　　者　白　欣　付荣兴　谷雅慧　金新喜　李艳平　苗元秀
彭前程　彭　征　孙　新　卫青山　许桂清　咏　梅
张　颖

责任编辑　金新喜　魏　昕

书籍设计　胡白珂

前言

徐　岩

教科书，是基于一定的学制、课程计划或课程标准（教学大纲）编写的，系统反映不同教学科目学习内容的教学基本用书。中国近代教科书的百年历史，见证了中国从贫弱不堪到傲然腾飞，见证了民族独立、人民解放、国家富强、百姓安康。

国家社科基金重大项目“中国百年教科书整理与研究”2010 年 12 月获准立项，2016 年 1 月经全国哲学社会科学规划办公室审核，认定为免于鉴定，准予结项。项目在系统整理百年中小学教科书的基础上，编撰便于检索和利用的提要式书目，完善现有的“中国百年中小学教科书全文图像库”，编选教科书珍本图鉴；在全面梳理各学科教科书百年变迁历史的基础上，揭示我国教科书百年演进的规律，并深入分析不同历史时期影响教科书编写的主要因素；就百年变迁中争论最多的、广受学界及社会关注的、至今仍有重要影响的关键问题开展深入的专题研究，为当前和今后的教科书编写工作提供启示与指导。

在该项目的研究中人民教育出版社共与 76 个单位协作，包括高等院校、教育教学研究机构、图书馆等。研究人员近 550 人。

一

项目最终形成五大系列研究成果，于 2019 年开始陆续出版。

系列一:《中国百年中小学教科书综录》(8卷)(以下简称《综录》)。该书目收录百年来全日制中小学教科书1万余种，6万余册，为其中的实见版本编写提要式目录8 800余条，为其中有书目记载但未见版本编写存目近2 000条，形成提要式书目8卷。每个条目由载体描述和内容提要两部分组成。载体描述基本参照《中国文献编目规则》规定的标准化著录格式，揭示每套教材的书名、编著者、出版年、版次、册数、页码、开本尺寸等，其中的综合著录部分反映整套教材的状态，子目部分反映分册的形态、版次变化等。内容提要是在有限的文字范围内客观地、充分地揭示教科书的来源依据、审定情况、内容与编写体例、语言呈现形式等。

系列二:《中国百年教科书珍本图鉴》(4卷)(以下简称《珍本图鉴》)，按1897—1912年，1912—1949年，1949—1976年，1976—2010年分为4卷。《珍本图鉴》分为上、下编，上编从出版史的角度，分“出版业发展状况”“教科书管理制度”“教科书装帧设计”三个专题，以图文形式展现相关专题涉及的重点中小学教科书；下编主要以图的形式展现不同时期的代表性教科书。

系列三:《中国百年教科书史》(19卷)，包括总论卷、小学德育课程卷、中学德育课程卷、小学语文卷、中学语文卷、小学数学卷、中学数学卷、英语卷、日语卷、俄语卷、历史卷、地理卷、物理卷、化学卷、生物学卷、小学科学卷、体育卷、音乐卷、美术卷。各卷均分为概述、清朝末年的教科书、民国时期的教科书、中华人民共和国成立后的教科书、结论等五编。

系列四:《中国百年教科书专题研究》(18卷，每个学科1卷)。各卷选取百年变迁中争论最多的、广为学界及社会关注的、至今对该学科教科书发展仍有重要影响的、教科书编制必须要考量的关键要素或问题作为研究专题。专题研究成果呈现了对同一个问题不同历史阶段教科书所作出的不同选择与回应，并且通过这些选择和回应，深度剖析教科书编写的影响要素、重要经验与主要教训，以拓展教科书的研究，丰富教科书研究的理论，并为未来的教科书编写以及课程的建设提供重要的启示。

系列五: 散论。包括《中国教科书百年递嬗与建构》《中国教科书思想百年调适与更生》，以及《教科书往事——漫谈百年中小学教科书》等。

二

在研究之初的设计阶段，在研究过程的深入阶段，在研究成果的呈现阶段，我们一直在思考以下问题。教科书研究应该建立在怎样的方法论基础之上？教科书的本质是什么？百年来教科书存在和发展的动力又是什么？

（一）在教科书研究中，教科书的本体地位不可动摇，文献资料实现了自身的“相互关照”与“对话”。让教科书文献资料自己说话，而不是以理念裁剪文献资料，才能发现教科书发展的内在理路。

百年来的教科书与其他文献资料的重大区别在于其情况的错综复杂，教科书虽具有成套性，但修订更为频繁、版本更加混乱、源头更加隐晦。因此，我们在整理中特别强调对百年来教科书“原典”（即原始文献）开展连续的、系列的、更迭的整体把握，对百年来交错纵横的文献资料进行“历时性”和“共时性”的呈现。在对教科书文本本身加强整理的同时，研究还特别强调对教科书的社会文化背景、编撰者、出版机构、呈现形式与使用等方面的调查，以实现教科书文本与教科书相关文献资料之间的“对话”。在这种“对话”中，我们发现中小学教科书的发展自有其内在理路，不能简单地把它们当作社会变迁的映像、学科发展的缩影或者教育理论的注脚。

在系统梳理各学科教科书的发展历史过程中，我们还发现，以先入为主的一些理念为指导，或运用某种特定的研究框架、模式或话语体系，来分析教科书变迁的历史，虽然分析得很有条理，但离教科书的历史真相甚远。造成这一现象的重要原因之一是客观上缺乏完整的文献基础，主观上用抽象的理论框架剪裁丰富多彩的教科书文献资料，对不能容纳于其理论框架之内的大量文献资料视而不见或有意回避，结果，所呈现的“教科书发展轨迹”只能是片面的甚至是扭曲的。因此，项目特别强调基于文献的完整把握，在此基础上对不同文本进行对照，再辅以相关佐证进行阐释。唯有回到教科书本身，让各学科教科书的文献资料“自己说话”，真正确立和凸显全面、系统、完整的教科书文献在研究中的本体地位，才能正本清源，为各种不同的研究视角奠定坚实的文献基础。

教科书的本体样态是什么？一百多年前，在中国大地上发生了巨大的社会变革，我国教育的发展也随之而改变。教科书因新的学制、新的学校体制、新的教学形式的需要而诞生。自它诞生之日起，就是分科的、精选的、结构化的、系统性的，与基础教育模式相适应的。我们的研究着重于教科书本体样态的描述，涵盖基础教育全学科、全学段，旨在展现百年教科书文献资料的全貌。研究基于一手资料，专注于基础性的整理工作，展现教科书内容选取、结构体例和呈现方式的变迁过程。这为我们的后续工作，也为其他学者从不同角度阐释教科书提供了牢固的基石。

（二）**教科书分析应秉持唯物史观，任何教科书都是“当下的”、具有“现时性”的，研究应建立在对教科书事实的历史性、整体性和全局性把握的基础之上，避免“以论代史”。**

我们在研究中努力把教科书这一研究对象放在历史中，避免把对象从它的历史位置上任意抽取出来，避免把研究者的想象力强加在当时的教科书之上。我们努力尝试对教科书作科学的分析与客观的评价，强调“回到历史现场”去解读各时代的教科书，放到当时的历史情境与社会背景中，放到百年历史变迁的长河中，而不能割断历史的联系去孤立地看待和评价某一阶段的教科书。我们努力回到文献资料及历史语境，不违背历史，也不违背逻辑。然而，要恢复历史语境，只能对历史文献开展尽可能全面的、完整的艰苦梳理，否则容易陷入主观想象的泥沼。我们在研究和评价各个历史时期的教科书时，要持谨慎的态度，避免陷入玄思。教科书是社会存在的一部分，以广泛联系和发展的眼光关注百年教科书的发展，不难发现教科书与时代背景、社会因素的复杂关联。也因为如此，我们从教科书百年的发展历程中得以窥见百年中国社会的发展面貌。总体上看，百余年来，一大批著名学者、教育家、出版家和普通教育工作者，应时代的需求，同心协力，使我国教科书在国衰民穷的困难背景中起步，经历曲曲折折，不断提高完善，不仅适应了独有的国情，而且保持了很高的品位。

（三）百年教科书的发展史尽管经历了曲曲折折和各种摇摆，但最终都回归到遵循教育自身规律的轨道，按照符合学生学习规律的原则不断自我修正。

关于教科书本质及其发展规律的追问，很多学者给出了不同的答案。我们认为，我国的教科书自诞生之日起，经过百余年的发展，到今天为止，都是为了实现特定的育人目标，都要精选最基础、最核心的学习内容，都要遵循学生心理发展的规律，都要追求教学逻辑和学科逻辑的统一，都是师生开展教学活动所凭借的核心资源。百余年来，中小学教科书的改革走过了一条曲折的发展道路，可谓是“历尽沧桑”，但教科书的本质规律却是推动教科书发展与变迁的原动力。我们经历了从翻译国外教科书到编译国外教科书再到自编教科书的曲折过程，尝试“六三三”制、“五三二”制等不同的学制，但编写出符合并促进学生的发展、适切教学实际的教科书始终是每个时代、每个学科的教材编者不变的初心与不懈的追求。正是由于教科书科学合理的设计，百年来各个时代师生始终以它作为核心的教育教学资源，在规定的教育时限内实现人才培养的目的。作为国民教育的重要载体，不同历史阶段的教科书所构建的国民品格应具备的价值体系和各学科基本知识体系的不断变迁，体现了百年来不同历史阶段的国家意志，以及社会文明和科学知识的发展脉络。然而，教科书对全面育人目标的追求，教科书作为核心教学资源的地位，教科书在促进教学质量提高和效益提升方面的努力，百余年来不曾动摇。

（四）经过百年的实践探索，我们已经走出一条富有中国特色的教材建设之路，需要在守正的基础上进行创新。

我国的近代教科书源于西方。审视我国百年教科书发展史，在借鉴国际经验、关照本土国情的基础上，我们已经走出一条富有中国特色的教材建设之路，构建了独具中国特色的教材编写体系。我国语文、数学等学科教材的发展充分说明了这一点。

百年来，社会变革风云变幻，中小学语文教科书也随之而演变。虽然它经历了从封建社会、半殖民地半封建社会到社会主义社会，白话取代文言，不断创新编制，但是各时期的教科书仍然可以从演变过程中找出一脉相承的痕迹。其中有继承，也有创新；不断演变，也不断完善。这充分说明了中小学语文教材的历史继承性和承载中华文化的独特性。纵观百余年来中小学语文教科书的发展历程，波澜起伏中显现出清晰的流向。我们把视点聚焦于此，透过其更新迭变的繁复史料，可以发现中小学语文教科书发展变化的规律。应该说，经过百年的探索，我们已经走出了一条有中国特色的语文教材建设之路。

我国数学教材经过了百年发展，借鉴过西方，学习过苏联，经过自主创新，最终在教科书的内容、结构体系、练习系统、配套资源等方面都已形成鲜明的中国特色。注重教材的严谨性、系统性和思想性；注重构建旨在夯实学生数学基础的训练系统；注重培养学生的思维能力、运算能力和空间想象力；注重通过数学思维方式的训练来提高学生的基本素质、养成学生的理性精神；在教材体系的构建上注重学科逻辑与心理逻辑的有机融合，即教材的体系不仅要符合数学学科本身知识发展的逻辑，也要与学生思维发展等心理逻辑和数学认知规律相适应。

当然，中国教科书百年变迁的道路并非一帆风顺，从其辉煌与成功中、坎坷与失误中，我们总结出一些教科书的编写经验。包括以下五点。（1）教科书编写的指导思想必须体现国家意志，强调国际视野的同时，坚持从中国的实际出发，走自己的路。（2）对于教科书改革，必须认清教材改革的可行性、长期性和分阶段性，避免大动作、理想化与脱离实际；必须科学对待中小学教材不断改革与相对稳定的关系，避免过于频繁的变动；教材改革必须处理好继承与创新的辩证关系，避免对过去片面地否定；教材改革必须首先以科学研究为前提和基础，同时必须经过科学实验，并做好教师培训等准备工作，避免急躁盲动。（3）中小学教材的编写要做到面向全体与关照差异的辩证统一，知识的科学性与可接受性的辩证统一，知识与能力、“学”与“用”的辩证统一，内容选取做到广度与深度、经典与现代的辩证统一，教材编排做到适合学生学习和便于教师教学的辩证统一。（4）教材编写人员与队伍必须是专业的，提倡三结合，即学科专家和学科教育专家、一线优秀教师和一线教研员、专职教材研究者和编写人员相结合。（5）打造一套好的教材需要经过研究—编写—试验—完善—推广的路径，在学生使用这一代教科书的同时，就要开始着手研发编写下一代的教科书，同时研究再下一代的教科书。

三

项目研究试图在方法上有所创新，在数据资料方面能有独特贡献。

（一）研究方法的创新

项目立足于教科书本体研究的文献分析法，保证了研究结论的科学性、严谨性。研究方法上注重文献挖掘、内容分析、理论阐释的定性研究，在研究和分析视角上具有独特性。同时，也注重利用图表等形式，对教科书相关内容进行量化统计，从而较为直观地呈现教科书阶段性发展变化的规律。

项目选取的文献横跨百年教科书文本，在资料占有的全面性上前所未有。在此基础之上，研究将各个发展时期的代表性教科书作为典型案例深入分析，其结论建立在总体把握百年教科书发展变迁规律和对各时期典型教科书的深度分析之上。

研究视角聚焦于教科书的本体研究，即教科书内容、结构及学科核心要素的分析与把握，挖掘了教科书对教育教学的核心价值，这是研究的重要贡献之一。毋庸置疑，分科是教科书的基本特性。教科书史研究厘清了与本学科教科书发展关系最为密切的教育政策、课程标准、学科发展、教育思想等因素与教科书的动态关系，整体呈现教科书作为核心教学资源的本体特征——内容、结构、呈现方式的变化、发展过程。研究完整描述教科书的体系安排、学科结构特征，全面分析教科书所体现的课程观、知识观、学生观及负载的情感态度价值观等隐性教育目标，客观评价教科书的教育学价值，较之以往有关教科书的研究更加深刻、全面。专题研究则基于学科特性展开，选择学科教科书编制中最基本、最重要、最需要把握的问题作百年的历史回顾和总结（例如语言类学科的选文问题），归纳出基本规律。

（二）数据资料的贡献

1. 首次呈现教科书全学科百年发展的立体全景，对百年教科书数据资料整理的完整性和系统性达到前所未有的高度。

研究所考察的教科书，在时间上跨越百年，且正好是我国现代学制建立和教科书走向现代化的百年，因而，研究具有起始性的特征；在空间上涉及我国大陆各个地区；在学段、学科上涵盖中小学全学段、全学科。本研究展现我国教科书发展的全貌，是我国教科书整理和研究方面最具全面性、系统性、整体性的研究。

在成果形式上，本研究以文字、图片、数字化等多种形态，立体化、多样化地全面呈现百年中小学教科书发展历程。《综录》从文献学角度，全面、系统地提供百年中小学教科书的书目和精要信息。《珍本图鉴》图文并茂地展现最具价值的教科书，以图鉴的形式展示我国百年来不同时期中小学教科书堪称经典的封面、插图、版式设计等，反映我国百年来教科书印刷技术、设计水平的进步。《中国百年教科书史》，呈现不同学科教科书的变迁历程，包括各个历史阶段教科书发展总体情况与该阶段代表性教科书基本信息。首先，客观描述各时期教科书的基本面貌，陈述历史事实，做到史料真实、可靠。其次，从社会、学科、学生等不同视角进行深入剖析，如教科书所处的社会背景（政治、经济、文化等）、教育思潮或理念对教科书编制有什么影响；各时期教科书是如何回应社会需求、反映学科发展、关照学生心理的；为什么这样编写教科书；当时促成教科书改革和变化的原因是什么；等等。最后，对各时期的教科书作出历史的、辩证的客观评价，指出其特点或优点、进步或发展，同时指出其历史局限性。《中国百年教科书专题研究》对各学科百年变迁中最重要的、争论最多的问题开展深入探讨，通过对各时期的主流教科书的结构体系、内容、素材选择和呈现方式等的纵向分析，从中概括出教科书的发展脉络，归纳教科书编写规律。另外，项目还发表了论文、学术随笔、图说等多种形式的作品，积累和传播研究成果。大到对每个阶段教科书发展的宏观背景，小到对每一本教科书的内在体系结构，甚至一道练习或习题的设计，研究人员都努力开展全面、细致、深入的整理和分析。工作量之大，阅读面之广，工作之繁重，是以往相关研究无法相比的。

2. 创建百年教科书最全书目，创新教科书编目模式，书目分类、编排更符合教科书体系特性，为教科书研究提供更科学的线索和更便捷的信息获取路径。

（1）最完整。我国中小学教科书产生已有百余年历史，至今未有完整的书目记录，尤其是中华人民共和国成立后的教科书，除统编教材被收入《人民教育出版社书目（1950—1999）》外，其他皆未进行过书目控制，本研究填补了这项空白。《综录》收录的书目纵贯百年中小学全科教科书，其中“大跃进”和“文化大革命”时期的地方教材及2000年新课标教材均为国内首次收录，该书目是迄今为止最全的教科书书目。

（2）全新编排方式。《综录》按照“学段—学科—出版者版本—出版时间”的顺序排列。这是目前教科书书目中从未采取过的编排方式。

中小学教材因其鲜明的特点不能照搬已有图书书目的编写方式。一般图书以作者、书名、出版社、出版年份为主要标识信息。而教材的识别，要基于它的教育学特征，包括学段、年级、科目，并且鉴于教材一般是成套系的，年段之间有衔接问题，版次之间的修订变化版本信息也尤为重要。《综录》以“学段—学科—出版者版本—出版时间”为排序线索，分类更清晰、合理，满足图书馆学和教科书研究者的检索需求，更易把握百年教材发展线索和某套教材的整体信息。

学段：分为小学、中学两部分，但不再细分初小、高小，初中、高中，以便尽可能完整地呈现教科书的套系状态。

学科：基本按照《中国图书馆分类法》的类目内涵和顺序排列。例如，德育学科包括修身、公民、品德、政治、经济等，生物学科包括植物、动物、博物、生理卫生等。这种学科名称的变化一般是相同内容在不同历史阶段的不同称谓，统编在一起能较连贯、贴切地反映各时期教科书发展的进程。

出版者版本：如“商务印书馆版”“中华书局版”“人民教育出版社版”“北京师范大学出版社版”等，采取这种排列方式可以在一个出版者下较集中地体现各时期教科书的套系状况、系列名称变化、科目名称变化。例如，在“自然”学科的“商务印书馆版”下，可以按时序的排列看到此学科名称由格致到自然、常识、理科的变化，有时并行存在，有时交替出现；还可以呈现“最新教科书”“共和国教科书”“新学制教科书”“复兴教科书”等套系的变化。如此，也更贴近教材研究者关注的角度。

出版时间：出版者的排列顺序按其现存版本中最早的出版时间先后排列，同一出版者的出版物按其初版时间先后排列。

（3）全新撰写内容提要。《综录》条目除了参照《中国文献编目规则》规定的标准化著录格式所作的载体描述，揭示每套教材的书名、编著者、出版年、版次、册数、页码、开本尺寸等，还为每册教科书撰写了内容提要。内容提要旨在更加直观、明确地为研究者提供教材的主要内容、特点，也使检索更加准确、便捷。例如，现有的清朝末年、民国时期的教材书目仅揭示教材的版本状况，本书目增加了内容提要，揭示教科书文献的来源依据、审定情况、内容体例、语言呈现形式等。撰写内容提要是本项研究最具特色的创新之处，不仅开创了教科书编目工作的新模式，还为后续教科书研究打下了更扎实的研究基础。

3. 修订完善我国第一个“中国百年中小学教科书全文图像库”，便于快捷、有效地检索教科书相关内容；部分研究填补相关领域研究的空白。

研究工作的开展主要基于文献法，而部分教科书已成为“文物”级别的出版物，借阅、浏览几乎不可能，因此，要保证众多研究人员在同一时间都可以便捷地阅览一手文献需要创新的方法。借助信息化手段，人民教育出版社此前已经花费大量人力物力，将百年教科书文献资料在系统分类编目的基础上进行了电子化处理，建立了“中国百年中小学教科书全文图像库”，在研究群体内实现了资源共享，这也是本研究得以完成的重要基础。该图像库是目前全球最大、最全的中国百年中小学教科书全文图像库，且仍在进一步的完善过程中。

《珍本图鉴》子课题研究中的不少研究填补了相关领域研究的空白。例如，上编确定的三个专题“中小学教科书出版业发展状况”“中小学教科书管理制度”“中小学教科书装帧设计”，虽已有少量研究资料，但欠缺集中、深入的探讨、研究，跨越百年时间的纵向研究更是未见。尤其是清朝末年、民国时期中小学教科书出版业发展状况和中小学教科书装帧设计研究填补了该领域研究的空白。

中国百年教科书的整理与研究，工作浩繁庞杂，项目全体人员付出了艰辛的努力。尽管我们在项目研究成果的基础上进一步开展了修订工作，但其中错漏之处一定仍有不少，敬请读者批评指正！

目录

第一编　概述

本研究旨在通过对我国各个时期物理教科书的系统整理，在全面客观地陈述史实、忠实反映各个时期教科书发展历程的基础上，来描述与展示各个时期教科书的主要内容、特点及改革变化之处。在研究的过程中将各时期的教科书置于历史背景下，辩证地加以评论，突出大的社会转型背景下教科书的百年变革，展示不同历史时期教科书发展变迁的时代特色。

第一章　百年中学物理教科书发展概述

教科书承载着人类的文明，是推动和影响社会发展的重要工具。教科书的发展必然是社会政治、经济、文化、教育观念等多方面共同作用的结果。在不同历史时期，这些因素对教科书所施加的影响有所不同，本部分将在对这些因素进行综合考量的基础上，宏观地从物理教科书编写的制度建设、相关教育研究的发展，以及视野的多元化等方面来突出不同历史阶段的关键因素，力图深刻、明了地展示出我国百年来物理教科书的发展脉络以及发展特点。本着以史为鉴、论从史出的原则，希望本研究能够为今后的物理教科书建设提供有益的参考与借鉴。

一、物理教科书百年变迁的整体描述

为了描述的方便，这一章将我国自清朝末年到21世纪初期百余年来的时段分为以下八个时期（与本书各章的分法不尽相同）：清朝末年（1900—1911）；民国初期（1912—1922）、民国中期（1922—1937）；抗日战争全面爆发到中华人民共和国成立前（1937—1949）；中华人民共和国成立初期（1949—1957）；探索、调整与“文化大革命”时期（1958—1976）；恢复与快速发展时期（1977—2000）；新课程改革时期（2001—2012）。

图1-1描述了百余年来我国教科书发展的关键时期以及各个时期的典型特征，从整体上对物理教科书的发展进行了概括。下面将对各个时期的教科书发展情况进行宏观阐述。

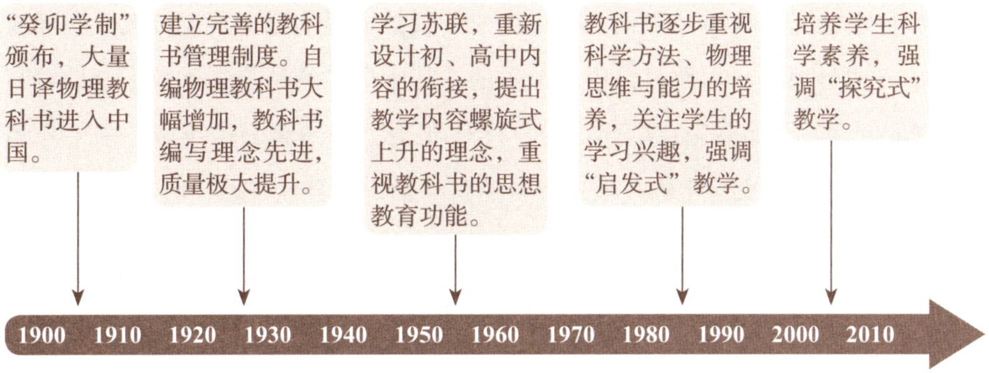

图 1-1　物理教科书百年发展概括图

二、各时期物理教科书发展的特征描述

（一）清朝末年（1900—1911）

社会背景。从 16 世纪末起，西方的科学知识和技术便逐渐传入中国，如解剖学、透视学、地图学、数学、天文历法、望远镜和钟表等。1840 年的鸦片战争使得国门洞开，在列强的刺激之下，有识之士更是极力主张向西方学习，洋务运动随之兴起，西学东渐一时间蔚然成风。由于统治制度的腐朽，清政府在甲午战争中惨败，中国被迫开始了新政改革。中国的知识分子也开始重新认识和了解日本，一时间“要学西方，先学日本”几乎成为国人的共识，于是大批有志青年东渡扶桑，寻求强国兴邦之道。据不完全统计，从 1896 年至 1911 年，中国翻译日文书籍至少 1 014 种。这个数字远远超过此前半个世纪中国翻译西文书籍的总和，也大大超过同时期中国翻译西文书籍的数量。数以百计的出版机构，数以千计的中译日书，数以万计的留学人员，各种杂志、报纸，将形形色色的西方新学转口输入中国。

教育政策与制度。由于新政的改革和实施，中国开始了建立自己学制和学校系统的道路。1904 年颁布实施了“癸卯学制”，其中没有独立的文件对物理课程作专门规定，但在其中的学堂章程中对物理学的教学内容、教学方法、教师配备、教材规范和仪器的使用等都作了规定。“癸卯学制”是第一个法定的并在全国施行的学制，它的颁布使得物理课程以及教科书的编写第一次有了国家层面的制度保障。

教科书概况。1900年以前，我国关于物理的书籍均是由英美传教士翻译或编写的，或是根据日本教习口述所编译的。其中最早的是美国传教士合信编写的《博物新编》，此书先在广州出版，1855年由上海墨海书馆再版。书中介绍了物理、化学、天文、生物、地理等自然科学知识。自此开始，由京师同文馆、江南制造局以及传教士等陆续译制了一批与物理相关的书籍，如《格物入门》《格致汇编》《格物测算》和《格物须知》等，其中《格物测算》最接近现代意义的物理学，而《格物须知》则采用教科书的体裁，内容相对全面和系统。

1900—1911年，在西学东渐和学习日本的背景下，近代物理教科书经历了从无到有，从自发编纂到有制度规范的初创阶段。例如，1900年，江南制造局出版了由饭盛挺造编著、藤田丰八翻译、王季烈重编的《物理学》。该书是我国最早以物理学命名的物理教科书，也是我国第一部全面、系统的物理教科书，对中国物理学的发展产生了深远影响。从此“物理学”取代了“格物”等名称，标志着物理学真正进入中国。更为可贵的是，王季烈在重编时并非仅作文字润色，而是在融会贯通之后加入了自己的学术见解，使得该书不再是单纯的译著，同时也反映了当时我国学者对物理学的见识和理解。

值得注意的是，虽然我国学者自编的中学物理教科书所占比例较小，但对后来的物理教科书编纂同样产生了深远影响。例如，由伍光建所编《中学物理教科书》共九本十卷，是我国最早的自编中学物理教科书，也是商务印书馆颇具影响的《最新教科书》系列的一种，其内容系统、完整，插图生动，实验、习题等内容完备，代表了我国在清朝末年自编物理教科书的最高水平。

特点总括。清朝末年，在学制颁布前，对中学物理教科书还没有规范性的要求，处在刚开始的建设与探索阶段。学制颁布后的一个显著变化是，中学物理教科书开始朝着制度化规范化的方向发展，教科书的翻译或编纂尤其引人注目，反映了清朝末年中国在引进和吸收物理学知识方面的进步，奠定了20世纪初期中国物理学教育的基础。

学制颁布后，中学物理教科书的另一个显著变化就是由翻译欧美的教科书转向翻译日本的教科书。1902年在东京成立了以翻译出版中学教科书为目的的教科书译辑社，该社翻译出版了大量物理教科书。我国学者在大量翻译日本教科书的同时不断提升自身的物理学水平，走出了从直译到重编再到自主编写的发展之路。

在学制相关规定和教科书审定制度的约束下，教科书的体例和内容等逐渐规范。教科书的内容结构按照物理学研究的方式进行呈现，物理知识的编排更加科学，并且着眼于物理研究的最新成果，使得读者在易于理解和掌握基本知识的同时能够获得更开阔的视野和更先进的物理理念。

通过选取《格物入门》《格物测算》《热学揭要》《物理学》《近世物理学教科书》等不同年代的物理教科书，对其中的典型物理学名词和现今物理学名词进行比较（见表 1–1，括号中为现今的物理学名词），可以看到，学制的颁布确实促进了中学物理教科书的发展。19 世纪中期至 20 世纪初期，教科书中物理学名词的中文译名还是非常混乱的。清朝末年数十年间，物理学知识在中国传播，最终使得一些基础词汇具有和现今译名相似甚至完全相同的表述。到了 1906 年，《近世物理学教科书》中的名词已经非常接近现今的物理学名词。通过教科书名词的沿革可以看出，西学东渐进行到清末已经发生了实质意义上的变革，国人对自然科学知识的理解已经取得了实质性进展。

表 1–1　物理学名词对照表

《格物入门》	抵力（反作用力）、吸力（引力）、相触（碰撞）、浮力（浮力）、天气（空气）、引（传导）、返照（对流）……
《格物测算》	阻率（摩擦系数）、面抵力（摩擦力）、工力（功）、压力总处（压力）、天气（空气）、跃力（弹力）、热度（温度）、涨率（膨胀系数）、返光（反射光）、折光力（折射率）……
《热学揭要》	体质（质量）、工力（能量）、虚空（真空）、力热互等率（热功当量）、虚气（以太）、射热轮（辐射计）……
《物理学》	物理学（物理学）、重力（重力）、重速积（动量）、隐热（潜热）、质点摄力（分子力）、传热（传导）、震动时（周期）、直浪（纵波）、交音（声的叠加）、转浪（衍射）……
《近世物理学教科书》	万有引力（万有引力）、力之能率（力矩）、密度（密度）、能力（功）、运动量（动量）、屈折（折射）、电气容量（电容）、轮道（电路）、电流（电流）……

（二）民国时期（1912—1949）

1. 民国初期（1912—1922）

社会背景。1911 年的辛亥革命结束了两千余年的封建专制，成为中国历史的一个伟大转折点。1912 年 1 月资产阶级革命党于南京成立了以孙中山为临时大总统的中华民国临时政府，随即在各个方面开始了推行新制度的工作。1 月 9 日，南京临时政府教育部正式成立，任命蔡元培为教育总长。但是随着革命果实被北洋军阀首领袁世凯窃取并着手复辟帝制，使得教育改革遭受了封建教育的回潮。直至 1916 年，袁世凯在一片声讨声中死去，国家又一度陷入军阀割据混战的局面。

在 1919 年"五四运动"前后的这一时期，我国的民族资本主义经济有了快速的发展，资本主义经济对初、中级人才的需求尤其迫切，而原有的教育及课程设置又远不能满足这种需要。民族资产阶级迫切需要在政治和思想文化上占有一定地位，以利于自身的进一步发展，课程改革势在必行。

教育政策及制度。民国成立之初，旋即颁布了《普通教育暂行办法》和《普通教育暂行课程标准》，对教科书的使用给出了明确的规范和说明："各学校所用教科书务必合于共和民国宗旨，禁用清学部颁行的教科书；民间流行的教科书凡是内容与形式具有封建性不符合共和民国宗旨，全部予以改正。"体现了清除封建性、强调男女平等、注重使用技能等原则立场，较充分地反映了资产阶级的教育要求。《普通教育暂行课程标准》还规定了相关地方设置课程的标准以及课程内容，反映了《普通教育暂行办法》的有关原则，成为"壬子癸丑学制"关于小学、中学、初级师范课程设置的蓝本。

国民政府于 1912 年颁布了"壬子癸丑学制"，它是民国第一个学制，与清末的"癸卯学制"相比，其教育宗旨从"忠君、尊孔、尚公、尚武、尚实"转为"民主平等，五育并举"，比较全面地反映了资产阶级对于教育的要求。到 1922 年新的学制出台前，虽有局部调整，但其基本结构框架保持不变。该学制从初等教育到高等教育均作出了较为明确的规定，并将初等小学规定为义务教育阶段，强调："小学教育以留意儿童身心之发育，培养国民道德之基础，并授以生活所必需之知识技能为宗旨；中学校以完成普通教育，造成健全国民为宗旨。"取消了清末的文实分科制度。"壬子癸丑学制"的课程与清末的"癸丑学制”的课程相比，是我国近代基础教育课程设置的一大进步。

然而，“壬子癸丑学制”在推动中国教育发展的同时也仍然存在许多问题，如：学制缺乏弹性，没有充分考虑学生身心发展的阶段性特征，小学教育年限过长，中学年限过短，与国民经济和社会发展不相适应，不利于教育的普及推广。此外，学制亦未对社会状况和学生心理等进行深入研究，仅采取“递变”清末学制和“取法日本”的简单做法，在承接与变通清末学制的基础上注入重要的革命性内容。随着社会的发展，其脱离实际、忽略学生个性的弊端日益显现。因此，需要进行新一轮的学制改革和创新。

教科书的审定制度。民国初年，教育部公布《审定教科用图书规程》，共11条，允许私人编写教科书。规定图书应于出版前呈教育部审定，审定内容包括印刷纸张、行款册幅、封面式样及价格等，教育部以公报形式宣布已经审定的图书，经过审定的图书可以在每册书面载明“某年月日经教育部审定”字样。规程几乎沿袭了清朝末年的审定制度，直至南京国民政府成立。1914年教育部公布《修正审定教科用图书规程令》，重申中小学校教科书须经教育部审定，进一步规定了审定内容、审定程序。

民国初期，政府力图统一全国教科书编审权力于教育部，同时考虑到教育的实际情况，由各省图书审查会监督检查各校教科书的使用。教育部作为全国最高教育行政机构，在执行教科书审定职能时，增加了各省图书审查会这一中间辅助机构，协助审定教科书。各省图书审查会如认为某种教科图书仍有尚待修正之处，可以报省行政长官，呈请教育部复核，令发行人修改。

教科书概况。“壬子癸丑学制”公布前后，出版发行教科书的专业书局，如中华书局、世界书局、大东书局等相继成立，中小学教科书出版发行的品种迅速增加，到1921年，各科教科书的总数达700多种，其中理化50余种。依史料统计，1912—1921年，共出版20多部中文版中学物理教科书，虽然其中自编教科书的比例在逐步增加，但日译教科书仍占有相当的数量。

民国初期，政府制定过各种统一的国民教育条例，但没有全国统一的教科书。一般是编者在“编辑大意”中把这本书的使用对象、程度、适用范围、主要内容及特点等加以说明。各省市教科书的编写由其自己决定，没有统一的要求，有的省份是联合使用一套教科书。

国民政府刚刚建立，部分物理教科书沿用了清朝末年所采用的物理教科书。同时，不少物理学者根据国民政府颁布的教育条例等，编纂物理教科书。其中影响较大的有以下几套。

（1）《共和国教科书》系列的《共和国教科书物理学》，由王季烈编纂，并通过教育部的审定，商务印书馆 1913 年出版。它是民国成立后第一套教科书，也是当时影响最大的一套教科书。

（2）《民国新教科书》系列的《民国新教科书物理学》，由王兼善编，商务印书馆 1913 年出版。它是商务印书馆在民国初期组织知名的出国留学学者编纂的教科书。

（3）《中华教科书》系列的《中华中学物理学教科书》，由黄际遇编著，中华书局 1914 年出版。该教科书是以多名日本学者的物理教科书为依据，再按照我国的教学程度以及教授时间进行删减或增加编写而成的。

（4）《新制教科书》系列的《新制物理学教本》，由吴传绂编著，中华书局 1918 年出版。

（5）《实用教科书》系列的《实用教科书物理学》，由陈榥编纂，商务印书馆 1918 年出版。它是在提倡教育的实用性背景下完成的。

特点总括。从民国初期的十年来看，物理教科书的发展呈现出以下特点：由于时代更替、政策变化等原因，留日学生编译或依据日文书编译的物理教科书比例逐渐下降。虽然这一期间教育课程体系以模仿日本为主，但已开始自主编制教科书，同时开始学习美国，教科书日臻完备且适应国情，审定制度也逐渐完善。

物理教科书内容多涉及力学、热学、声学、光学、磁学、电学各个基础物理领域，不同系列教科书的体系结构略有差别，知识的覆盖面总体比较宽泛。与知识点相比，实验数目不算多，但也简单提到某些著名实验，具体细节的叙述很少，演绎多于归纳。另外，物理教科书中的物理学名词、术语等也逐渐规范，有些教科书开始关注课后习题和附录内容的选取，印刷与装订也开始采用新的印刷及装订形式。

2. 民国中期（1922—1937）

社会背景。“五四运动”前后，各种文化思潮相互碰撞，马克思主义与西方的民主思想同时被介绍到中国。以“民主与科学”为核心思想的新文化运动逐渐兴起，反对封建的旧传统、旧道德、旧礼教成为当时文化界的主流意识，为国外各种文化思潮与流派的传入敞开了大门。与当时社会的文化变革相适应，在教育领域内掀起了一个批判传统封建教育，宣传、介绍西方教育理论、教育流派的热潮。美国的学制和以杜威为代表的教育思潮随之也被带入中国。在这一背景下，中国产生了各种各样的教育思潮，这对新学制如何体现民主和科学精神起到了重要的导向作用。

教育政策及制度。1922 年 11 月，教育部依据全国教育联合会第七届年会的学制草案，参考全国学制会议的决议案，正式制定颁布了《学校系统改革案》，并以政府名义正式公布了这个决议案，史称“壬戌学制”。新学制的产生是我国现代学制及现代基础教育课程体系初步形成的标志，是经济、政治和文化发展的必然要求。由于学制比较符合当时的中国国情，虽然也曾于 1928 年、1932 年和 1940 年进行过修补（修补内容也仅仅是某些方面进行了修改），但总体框架未有较大的变动，一直延续到新中国建立前。

“壬戌学制”根据儿童身心发展特点划分教育阶段，初等教育阶段更加合理、务实。中等教育是改制的核心，是新学制的精粹，具体措施如下：延长了中学年限（4 年变为 6 年），提高了中学教育的程度，改善了中学与大学的衔接关系；将中学分为初、高中两级，增加学生选择的余地；中学开始实行分科制以及选科制，适应不同学生的不同需求，又为学生的多方面发展提供了有利条件。此外，新学制还建立了比较完善的职业教育系统，改革师范教育制度，缩短高等教育年限，取消大学预科，注重特种以及天才教育，等等。新学制下的课程标准规定，初级中学设六科：社会，言文，算学，自然，艺术，体育。高级中学分为普通科与职业科。普通科分文学、社科和数理三类，其中又分为两组：第一组注重文学和社会科学，第二组注重数学和自然科学；职业科分为农业、工业和商业等几类。

教科书的审定制度。民国中期，教科书编审制度有了新的变化。1929 年 1 月教育部公布《教科图书审查规程》，制定《暂行教科图书审查办法》《审查教科图书共同标准》。这几个文件充分体现了国民政府统一全国后的教育指导思想。《教科图书审查规程》第一条规定："学校所用之教科图书，未经国民政府行政院教育部审定或已失审定效力者，不得发行或采用。"教育部按照一定的程序加以审定，之后在公报上宣布通过审定的教科书的书名、册数（定价、某种学校用、发行年月和编辑人及发行人姓名。"已经审定的图书，应在书面上记明某年某月经国民政府行政院教育部审定字样。"

教科书概况。1922 年"壬戌学制"颁布，标志着中学教育从师法日本转向学习欧美，受杜威实用主义教育思潮的影响，开始强调"以学生为中心"的教材编写原则。在翻译外国优秀教科书的同时，教材的"国化"问题也日益受到关注，1931 年 4 月 27 日，蔡元培在大东书局新厦落成开幕礼上以"教材的国化问题"为演说词，呼吁把我国各学校（偏重高中以上）的教科书（除外文）中国化。1922—1936 年，共出版约 60 部中文版中学物理教科书。在这些教科书中，第一次出现了综合自然科教科书，典型的代表如由杜亚泉编辑、商务印书馆出版的《新学制自然科学教科书》。

另外，民国初年教科书的竞争，可以说是商务印书馆和中华书局两大出版社的竞争。随着 1922 年新学制的公布和教科书出版机构的增多，这种局面也在发生变化。对日本教育体制的模仿已经不能适应中国社会文化发展的需要，新学制的诞生，推动了中小学教科书编写和出版的热潮，形成了又一个教科书发展的兴旺时期。其中影响较大的如下。

（1）《现代初级中学教科书》系列的《现代初级中学教科书物理学》，由周昌寿编辑，商务印书馆 1923 年出版。

（2）《新学制教科书》系列的《新学制自然科学教科书》，由杜亚泉编辑，商务印书馆 1926 年出版，以及《新学制实用自然科学教科书》，由郑贞文、周昌寿、高铦编辑，商务印书馆 1924 年出版。它们是与自然科课程相适应的教科书。

（3）《新撰教科书》系列的《新撰初级中学教科书物理学》，由周昌寿编辑，商务印书馆 1926 年出版。它是适应文言教学的一套教科书。

（4）《复兴教科书》系列的《复兴初级中学教科书物理学》，由王云五主编，周昌寿编著，商务印书馆 1933 年出版。其中的"复兴"缘于对商务印书馆被炸焚毁的国难的纪念。

（5）《开明教本》系列的《开明物理学教本》，由戴运轨编著，开明书店 1932 年出版。

（6）《新中学教科书》系列的《初中物理》，由张开圻、包墨青编，华襄治、华汝成校，中华书局 1934 年出版。

（7）《新标准教科书》系列的《新标准初中教本物理学》，由周昌寿著，开明书店 1933 年出版。

（8）《新标准教科书》系列的《新标准初中物理学》，由沈五星编著，文化书社 1935 年出版。

特点总括。从民国中期十几年的历程来看，物理教科书的发展呈现出以下特点：最显著的变化是“壬戌学制”的出台，它标志着我国基础教育课程体制由模仿日本转向学习美国。

另外，自编的物理教科书都是依据当时颁布的物理课程标准编写的，体系完备，内容不仅涉及力学、热学、声学、光学、磁学、电学各个领域，对于 19 世纪末 20 世纪初的新发现也有一定的介绍。其中重要的变化是明确提出实验内容标准及实验注意事项，为教科书中的实验设置以及实验教科书的编写提供了准则，实验内容选题增加，并具有选择性。初中教科书标注规范，习题生活化且多为定性习题，插图精美，实验简单易行，内容凝练；高中教科书重视数学能力的培养，采用标准的名词术语，实验完备，有利于学生进入大学继续学习。

3. 抗日战争全面爆发到中华人民共和国成立前（1937—1949）

社会背景。1937 年 7 月的卢沟桥事变，标志着中国进入全面的抗日战争时期。

教育政策和制度。在国统区，蒋介石提出“战时须作平时看”的教育主张，既考虑战时和战后需要大量各种人才，又着眼于提高国民的知识和能力水准。国民政府修订中学课程标准，在 1941 年公布的物理课程标准中有如下阐述：“（1）使学生明了物理学中简单原理，并能应用以解决日常问题及说明常见现象；（2）注重训练学生运用官能及手技，以培养其观察与实验之才能；（3）使学生略知物理学与其他自然科学及国防生产之关系。”

在物理教学内容上，1941 年和 1948 年对 1932 年颁行的《初级中学物理课程标准》和《高级中学物理课程标准》进行了少许修改，基本保持了课标的原有内容和风格。教科书的审定工作则由成立于 1932 年的国立编译馆承担，一直到 1949 年国民党政权在大陆覆灭。

在根据地，1937 年 7 月 23 日，毛泽东在《反对日本进攻的方针、办法和前途》一文中提出："国防教育。根本改革过去的教育方针和教育制度。不急之务和不合理的办法，一概废弃。"随后，中共中央通过《抗日救国十大纲领》，其中规定抗日的教育政策："改变教育的旧制度、旧课程，实行以抗日救国为目标的新制度、新课程。"1940 年以后，学制基本稳定，学制为"二二制""三二制"或"三三制"。中等学校的任务是培养小学教员及新知识分子。1944 年 5 月，中国共产党西北局宣传部及陕甘宁边区政府教育厅，在中央宣传部的指导下拟定了《中等学校新课程》，其中规定边区各中学师范三年（六学期）的课程科目及各科主要内容，规定开设"边区建设""政治常识""国文""数学""史地""自然""生产知识""医药知识"八门课程。对过去中等教育繁杂的课程体系进行了精简，课程的设置考虑边区的实际情况，减轻了与战争、与实际关系不大的课程负担。1945 年 10 月，渤海行署决定各专区设立中学，课程定为必修课和选修课两种，数理、化学等被定为选修课。中学受行署教育处、专署教育科直接领导。

在沦陷区，汪精卫于 1940 年 3 月在南京成立了伪国民政府。伪国民政府大力推出新教科书的原因，不外乎为己正名，企图使自己这个政权获得承认。教科书包括初小、高小、初中、高中和师范学校的各个科目。

教科书的审定制度。在国统区，国民党政府的教科书编审政策显示出抗战时期的特色，建议编辑中小学课本要注意发扬国家民族意识道德，以配合抗战军事。抗战进入相持阶段后，蒋介石多次就编定中小学教科书应注意的事项向教育部发函，要求加强民族精神、道德和经济教育，中小学地理教科书要注意边疆史地教育，提倡军国民教育，强化国民责任教育，灌输保甲常识和航空知识，等等。抗日战争胜利后，国民政府还都南京，教育部于 1947 年公布过一个有关印行国定本教科书的法令。这是一个较为简单的法令，规定了公私印刷机关印行国定本教科书的标准，制定了版面、装订、纸质、字体和插图的最低标准。很快随着国民党政权的倒台，这些法令和教科书都成了历史的印痕。

在根据地，1937 年新华书店在延安成立，教科书开始统一发行，并允许各地翻印。1946 年 11 月，东北行政委员会第五次会议决定成立教材编审委员会。不久决定中学教科书由东北大学编写，在一年多的时间里，共编写中学教科书 9 种 9 册。解放战争时期，革命根据地教科书的编撰出版进一步规范与系统，朝着全国统一的趋势发展。华北解放区、山东解放区和东北解放区教科书的编撰在根据地中成绩突出。

伪国民政府实行编辑、审查和出版发行机构一体化。也就是说，教科书的编著者是伪教育部（总署）编审会，又经过该“编审会”的“审查”，然后由编者自行刊印。有较少部分教科书标明“新民印书馆发行”，但所谓的“新民印书馆”，不过是伪政权自设的供己驱驰的出版机构。这种自编、自导和自演的方式，不可能产生高质量的成果。

教科书概况。卢沟桥事变前后的国民政府，在日伪推销其教科书的同时，并没有放弃自己的教育领地。成立于 1932 年的国立编译馆在 1937 年前后推出了一套教科书。这套教科书数量不是很多，均由国立编译馆编纂，商务印书馆出版，主要是面向小学校的公民、国语、算术、自然等科目。在抗战胜利后，国立编译馆又推出过一套教科书，这套教科书的编写相对战时教科书要从容一些，由国立编译馆主编，邀请一部分专家学者参与编纂校阅，由国定中小学教科书七家联合供应处出版。

从 1937 年至 1949 年，由于战争的影响，此间的教科书有些是在 1937 年前出版的教科书的基础上进行修订的，有些是译自同时期美国较有影响的教科书，也有少部分是自己编写的。但即便如此，所搜集到的资料仍显示这一时期共有 30 多个版本的初中物理教科书和近 20 个版本的高中物理教科书相继出版。

这一时期具有代表性的物理教科书的出版情况如下。

（1）《修正教科书》系列的《修正标准初中教本物理学》，由周昌寿著，开明书店 1941 出版。对物理课程教科书来说，“修正”只是冠名，其内容没有变化。

（2）《国定教科书》系列的《国定教科书初中物理》，由教育部编审委员会编纂，新亚书局1942出版。

（3）《新中国教科书》系列的《新中国教科书初级中学物理学》，由常伯华编著，正中书局1948年出版。《新中国教科书高级中学物理学》，由张开圻编著，正中书局1946年出版。正中书局出版的教科书由于有国民政府的标签，发行量和再版次数都不少。

（4）《复兴教科书》系列的《复兴初级中学教科书物理》，由谭勤余重编，商务印书馆1948年出版。《复兴高级中学教科书物理》，由周昌寿编著，商务印书馆1946年出版。初中部分虽然重编，但与1933年版比较，体系结构没有大的变化。高中除教科书外，还配有《复兴高级中学教科书物理学实验》。

与之相对应的是，根据地初期的教育多以扫盲为目的，主要侧重小学教育，中等教育比较薄弱。根据地的中学教科书，一般都是由教师自己编制，学校负责油印等。中后期，关于教科书的编写逐渐得到重视。

特点总括。受到战争的影响，该时期新编撰教科书很少，多数教科书都是在原有教科书的基础上，根据修订的课程标准和一线教师反馈的意见进行的再版前的修订。教科书编写者们较难安顿下来尝试撰写新的物理教科书，因此只能沿用前期的教科书并作适当的修订。

（三）中华人民共和国成立后（1949至今）

1. 中华人民共和国成立初期（1949—1957）

社会背景。1949年10月1日，中华人民共和国正式成立，标志着中国新民主主义革命取得了基本的胜利。新中国成立伊始，经历了战火洗礼的古老中国满目疮痍，各行各业百废待兴，中国共产党以马克思主义基本原理为指导，坚持实事求是，从中国实际出发，确立了逐步实现国家社会主义工业化的路线方针，提出了“一化三改”的过渡时期总路线，制定了一系列通过从低级到高级的过渡形式，使农业、手工业的个体所有制转变为社会主义集体所有制，使工商业的资本主义所有制转变为社会主义全民所有制的政策措施，对生产资料私有制实行革命的改造。到1956年年底基本完成了社会主义改造，建立了社会主义基本制度。

教育政策与教科书。1949年10月，中央人民政府出版总署设编审局，选取了老解放区和原开明书店的部分编辑人员为骨干，承担原华北人民政府教育部教科书编审委员会的工作，开始编审中学文史地教材。同年11月，中央人民政府教育部成立。由于时间紧迫，来不及制定新的中学数学和自然科学教学大纲和编写新的教科书，作为权宜之计，决定：中学数理化教科书，除东北地区外，其他各大行政区都以新中国成立前的教科书为代用课本。在来不及编写高中物理课本的情况下，从当时有的课本中选择了比较简明的《初中新物理学》（世界书局原版）和《高中新物理学》（世界书局原版）印刷、出版。1949年12月，在全国第一次教育工作会议上达成了向苏联学习建设新中国教育的共识。1950年7月后，教育部着手新教材的建设。1950年10月召集北京大、中学各科教师代表进行座谈，一致赞同拟定新的课程标准。11月中等教育司召集物理、化学两科课程标准起草委员联席会，商定理化课都安排在初、高中最后两年：初中二、三年级每周物理、化学各讲授2小时；高中二年级每周讲授物理3小时，化学2小时，化学实验2小时；高中三年级每周讲授物理2小时，物理实验2小时，化学2小时。物理组拟定了初、高中知识采取螺旋式上升的方式进行安排和衔接，即“分则独立，合则循环”。在各自然科学课程草案初步审查后，中等教育司根据各科所要的时数，编成一个教学计划表，于1951年2月召集北京大、中学校教师代表近百人讨论。1951年5月，政务院批准了教育部的《1951年全国教育工作的方针和任务》，着手参考苏联教科书来改编数学、物理、化学、生物等教科书。在政务院批准教育部的工作方针和任务后，中等教育司参考苏联6—10年级的课程设置制定了一个中学教学计划，于1952年3月18日随《中学暂行规程（草案）》发下。

鉴于教材在中小学教育中的重要作用，由教育部和出版总署共同组建了编辑出版中小学教材的专业出版社——人民教育出版社，于1950年10月开始筹建，12月1日成立。但限于新中国成立初期条件有限，只能采取选用、改编老解放区教材、苏联教材编译本和商务印书馆、开明书店、中华书局等出版的比较流行的教材的方式，编写出版了全国通用的第一套教材。初中两册根据课程标准草案起草组1951年年初的初稿、参考了苏联六、七年级课本编写而成，高中第一册则根据1952年年初印行的课程标准草案、参考了苏联八年级课本进行编写。由于苏联教学计划的改变，本着“以苏联最新出版的教科书为蓝本”的方针，高中物理课本进行了重编，将苏联新编的八、九、十年级课本翻译成中文，从 1954 年第四季度开始编写新的高中课本，于 1955 年秋开始从高中一年级起陆续供应。

特点总括。新中国成立初期，教育和其他事业的发展一样，受到苏联经验的极大影响，在模仿苏联的基础上重新制定了教学计划和教学大纲，组织成立了教材编写的专门机构，对教材的编写和审定实行统一的管理。物理课本的编写亦是全面参考苏联的相应教科书，然后在其基础上进行改写，使其更加适应中国当时的国情和社会需要。值得一提的是，在学习苏联的大环境下，我国的物理教育专家仍然进行了独立的思考，提出了物理初高中知识内容安排的“螺旋式上升”理念，开始注意到了学生的认知规律，为初高中内容的有序衔接和平稳过渡作出了努力和尝试。

2. 探索、调整与“文化大革命”时期（1958—1976）

社会背景。到了 1956 年年底，我国基本完成了社会主义改造。由于经验不足，社会主义建设在曲折中发展。1962 年，中共中央开始实行“调整、巩固、充实、提高”的方针。此后，包括教育在内的各部门开始系统总结社会主义建设的经验，研究贯彻执行“调整、巩固、充实、提高”的方针。随着 1966 年 5 月 16 日《中国共产党中央委员会通知》（即《五一六通知》）的下发，长达十年之久的“文化大革命”拉开序幕，在“文化大革命”期间，全国中小学的正常教学秩序遭到破坏，教育事业的发展陷入低谷。

教育政策与制度。为了配合“多快好省”建设社会主义的总方针，对教材的编写提出：应从生产出发说明学习的任务和主要学习的内容；要通过具体事例生动说明党对科学技术的领导、社会主义的无比优越、劳动人民的无穷智慧和社会主义建设的巨大跃进；加强与现代生产和新的科学成就紧密联系的知识；注意初、高中物理教材的分工，避免不必要的重复。

1958 年 8 月，中共中央、国务院发布《关于教育事业管理权限下放的规定》，对教育管理体制作了重大改革，决定加强地方对教育事业的领导管理，虽然教育部和中央各主管部门需组织编写通用的基本教材，但各地方可根据因地制宜、因校制宜的原则，对教育部所颁发的各级各类学校指导性教学计划、教学大纲、教科书进行修订、补充，也可以自编教科书。根据这一规定，教育部通知各地，自 1958 年秋季起，停止颁发中小学教学用书表。

在“调整、巩固、充实、提高”方针的指导下，1963 年教育部颁发了《关于实行全日制中小学新教学计划（草案）的通知》，提到：物理和化学两门课程的上课时间有所增加，目的是加强实验和课堂练习。之后为了落实毛泽东“培养青年在德智体诸方面生动活泼地主动地得到发展”的教育主张，1964 年 7 月教育部发出《关于调整和精简中小学课程的通知》，规定初中三年级物理每周减少 1 课时。

“文化大革命”一开始，中央便要求教育部组织力量，根据党中央和毛泽东关于教育工作的指示，重新编辑中小学各科教材。由于不久后教育部无法正常开展工作，因此无法着手组织力量重新编写新教材，各地开始自编中小学教材。

教科书概况。由于教材管理权的下放，各地根据中央的精神开始自编教材，主要采取对已有通用课本进行补充、删减和替换的方式进行。主要补充了联系生产实际和反映现代科技成就的内容，以及通用教材在历次精简中删去的内容。此外，还有改革学制、提高程度的教材。如从 1958 年 10 月开始，采取群众运动的方式，发动学生编写达到大学物理系一年级程度的九年一贯制学校的物理课本。有的学制更短，要求更高。这类缩短年限，提高程度的教材，有的只在个别学校试用很短时间就试不下去了，有的编到中途就停下了。鉴于 1958 年各地自编教材问题较多，1959 年 1 月中共中央召开的教育工作会议，建议教育部负责制定中小学和师范学校的指导性教学大纲，编写通用教材供各地采用。鉴于既缩短年限又提高程度的教材难以推行，从 1960 年下半年开始，人民教育出版社在中宣部副部长张磐石领导下，编写只缩短年限、不提高程度的十年制教材（即人教版第三套教材）。

在“调整、巩固、充实、提高”方针的指导下，人民教育出版社在广泛的社会调查和研究基础上，制定了《全日制中学物理教学大纲（草案）》，1963 年 5 月由教育部颁发，并编写了人教版第四套物理课本。1964 年 7 月教育部发出调整和精简中小学课程的通知。通知只调整和精简了小学和初中课程（初三物理减为每周 2 课时），对高中课程提到拟作进一步研究。因此，人民教育出版社只删减了初中物理上、下册，没有出版高中的三册。以加强基础知识、基本技能为主要改革目标的人教版第四套物理课本，在全国使用的只有初中两册。

1964年下半年人民教育出版社在中宣部和教育部的领导下，根据毛泽东春节讲话的精神，深入工厂、农村进行大规模调查，并在调查基础上，以“加强教材的思想性，加强联系实际，贯彻少而精的原则，减轻学生负担”为目标，拟出各科“中改”（中等程度改革）方案，开始重编全日制十二年制中小学课本。编出的这套课本因“文化大革命”开始而夭折。其中的物理课本，初中一册，高中两册，总的篇幅不足以前的三分之二，增加了三相交变电流，半导体等联系实际、反映现代科技成就的内容。

自“文化大革命”开始后不久，教育部的工作陷入停顿，通用教材的出版、发行工作被迫停顿。

“文化大革命”时期全国没有统一的中学教学计划，全国通用教材停止使用，从1968年开始，各地开始自编中小学教材。各地的自编教材以工业知识为主，不重视基础知识，片面强调生产技术，缺乏系统性。1969年年底开始陆续出版的各地第一轮自编的教材中，物理课本不多，多数是把物理、化学合并纳入“工业基础知识”课本。1972年以后，“三机一泵”（拖拉机、柴油机、电动机、水泵）成了物理教材的主体，物理基础知识零散，同时出现“语录进课本”的现象。在物理课本中脱离知识去讲哲学、阶级斗争，有的甚至要以“批林批孔”为纲讲物理。

特点总括。由于政治运动的影响，尤其是在“文化大革命”期间，关于教材的政策不具有连续性和稳定性，以致相关管理机构陷入瘫痪，教材的编写更无制度的保障，从而陷入混乱之中。这期间的物理教材的编写片面强调实用主义，将政治内容简单、生硬地纳入物理教材的编写范围，背离了实事求是的原则，违背了学生认知发展的规律，打破了物理学科自身的学科体系和逻辑结构。总之，这一时期的物理教材总体上并未得到健康发展，原有的基础亦被破坏，造成了巨大的损失。

3. 恢复与快速发展时期（1977—2000）

社会背景。随着“文化大革命”的结束，经过真理标准的大讨论，1978年党的十一届三中全会提出今后全党要以经济建设为中心，大力实行改革开放，提高人民的生活水平和综合国力。人们解放思想，尊重知识，全国各项工作迅速恢复并得到了长足的发展。1992年邓小平南方谈话后，改革开放的力度继续加大，教育事业在改革的春风中得到滋养，焕发出新的活力。

“文化大革命”结束后，邓小平首先紧抓了教育战线的拨乱反正，自告奋勇要为科学和教育工作当“后勤部长”。他一开始就抓了中小学课程教材问题。1977 年 7 月到 9 月，他几次同教育部负责人谈话时谈到教材非从中小学抓起不可，要编印通用教材，同时引进外国教材作为参考，并要求 1978 年秋季开学时能用上新教材。8 月，他在科学和教育座谈会讲话中谈到，要重视中小学教育，“关键是教材，教材要反映现代科学文化的先进水平，同时要符合我国的实际情况”。

在 20 世纪 80 年代中期，邓小平提出了培养有理想、有道德、有文化、有纪律的社会主义“四有”人才目标。1983 年，他为景山学校题词“教育要面向现代化，面向世界，面向未来”，正式提出了教育现代化的任务。“四有”和“三个面向”构成了改革开放时期教育发展的两个重要方向。

1985 年 5 月颁布的《中共中央关于教育体制改革的决定》提出与“以经济建设为中心”的政治路线相一致的新的教育方针：“教育必须为社会主义建设服务，社会主义建设必须依靠教育。”强调教育促进经济和社会发展的功能，是新时期教育的起点。

1986 年 4 月，第六届全国人民代表大会第四次会议审议通过了《中华人民共和国义务教育法》。自 1986 年 7 月 1 日起，全国推行九年制义务教育。义务教育必须贯彻国家的教育方针，努力提高教育质量，使儿童、少年在品德、智力、体质等方面全面发展，为提高全民族的素质，培养有理想、有道德、有文化、有纪律的社会主义建设人才奠定基础——义务教育可以分为初等教育和初级中等教育两个阶段。国务院教育主管部门应当根据社会主义现代化建设的需要和儿童、少年身心发展的状况，确定义务教育的教学制度、教学内容、课程设置，审定教科书。

教育政策与制度。初中阶段。1977 年，教育部积极安排中小学教材的编写工作，除已调回人民教育出版社的部分编辑外，又从一些大、中、小学选调了部分优秀教师，共二百余人，召开全国中小学教材编写工作会议，起草、编写中小学各科大纲、课本。同年，教育部确定以十年制为基本学制，制定了教学计划。经过两年多的实践，发现这个教学计划需要修订，中学 5 年难以完成教学任务，小学5年毕业后（不能升学的）年龄太小又不能就业。1980年12月，中共中央、国务院发出的《关于普及小学教育若干问题的决定》，指出：“中小学学制准备逐步改为十二年。”

义务教育法颁布之后，同年国家教委就颁布了义务教育教学计划。根据该教学计划，国家教委随即组织人民教育出版社、北京师范大学等单位分别起草初中物理教学大纲。在经过了交流讨论之后，国家教委将其合并为一个大纲，交全国中学物理教材审查委员会审查。审查委员会边审查边修改，经全国中小学教材审定委员会审查通过，成为《九年义务教育全日制初级中学物理教学大纲（初审稿）》，于1988年9月由国家教委颁布，人民教育出版社出版，作为编写义务教育初中物理课本的依据。同时发到各省、市有关教育部门和学校供学习、研究和进一步提出意见。经过几年教学实验后，1992年对大纲（初审稿）进行了修改，正式颁布。制定义务教育初中物理教学大纲所经历的时间之长，参与的人员之多，都是空前的。

1999年6月，中共中央、国务院发布了《关于深化教育改革全面推进素质教育的决定》，提出要“全面推进素质教育，培养适应21世纪现代化建设需要的社会主义新人”，要“全面贯彻党的教育方针，以提高国民素质为根本宗旨，以培养学生的创新精神和实践能力为重点，造就‘有理想、有道德、有文化、有纪律’的、德智体美等全面发展的社会主义建设者和接班人”。2000年春，教育部根据我国教育改革发展的需要，以及各地区教育、教学的实际情况，对各科义务教育教学大纲（试用）进行了修订。8月，人民教育出版社出版了《九年义务教育全日制初级中学物理教学大纲（试用修订版）》。

高中阶段。1981颁布的《全日制六年制重点中学教学计划（试行草案）》附了两个教学计划表：“单科型选修”的教学计划表和“分科型选修”的教学计划表。“单科型选修”的教学计划表中，高中三年合计336课时，占高中上课总时数的12.32%。“分科型选修”的教学计划表中，侧重文科的，高中物理课只在高一开设，全年128课时，占高中上课总时数的2.3%；侧重理科的，三年合计396课时，占高中上课总时数的14.84%。五年制中学的高中物理课在高一、高二开设，两年合计268课时，占高中上课总时数的14.63%。

1983年8月，教育部在北京召开中学数理化教学要求讨论会，确定高中数理化三科实行两种教学要求——基本要求和较高要求，使不同文化程度的学生都能在原有基础上学有所得，减轻学生过重的学习负担，为学生就业和升学打下必要的基础。11月，教育部颁发《高中数学、物理、化学三科两种要求的教学纲要》。一般地说，二年制高中，由于课时少，可按基本要求的教学纲要进行教学；首批重点中学、学生基础和办学条件较好的中学，可按较高要求的教学纲要进行教学；其他三年制高中，可根据学校的实际情况自行确定。其中《高中物理教学纲要（草案）》的“基本要求内容”和“较高要求内容”都是在《全日制十年制学校中学物理教学大纲（试行草案）》高中教学内容基础上修改的。

1990年，国家教委印发了《现行普通高中教学计划的调整意见》，对高中阶段的课程进行了部分调整，调整针对的主要对象是普通高中。调整后的课程，在必修课为主的原则下，适当增加选修课。选修课分为两种：一种为单科性选修，主要安排在高一、高二年级。另一种是分科性选修，即在文科、理科、外语、艺术、体育、职业技术等方面有所侧重的选修，主要安排在高三年级。而且，在全国高中实行会考制度。

在总结执行1990年《现行普通高中教学计划调整意见》，开设选修课的经验和教训的基础上，1996年3月，国家教委发布了基础教育司制定的《全日制普通高级中学课程计划（试验）》，它是与九年义务教育课程计划相衔接的课程计划。按照优化必修课，规范选修课，加强限定选修课的原则构建学科课程体系。提出了普通高中课程由中央、地方和学校三级管理的构想，体现了教育的统一性和灵活性。

教科书概况。“文化大革命”结束后，人民教育出版社编写的在全国通用的课本，分别于1978年、1979年、1980年、1981年的秋季，开始供初中二年级、三年级，高中一年级、二年级使用，因此1977年的初二、初三、高一、高二，1978年的初三、高一、高二，1979年的高二的课本都是各省自行解决。《全日制十年制学校中学物理教学大纲（试行草案）》颁布以后，各省根据大纲的要求，或是重印、修订出版以前的教材、人教社编写的教材，或是出版补充教材供初三、高一、高二各年级使用。

此时“文化大革命”刚刚结束，但物理教科书的编写原则已经作出了较大的改变，强调教学必须贯彻理论联系实际的原则，联系实际的目的是为了更好地理解知识、了解知识的应用和培养应用知识解决实际问题的能力，不讲技术细节。在教材中适当增加了如电子技术、核能等现代科学技术所需要的物理基础知识，适当介绍人造地球卫星、半导体等现代科学技术的重要成果，以及质能联系、波粒二象性等反映近代物理学的一些重要观点。

1986 年 9 月，全国中小学教材审定委员会成立大会在北京召开。会上，国家教委进一步明确了“一纲多本”的中小学教材编选原则，即全国统一教学大纲，各地、各单位或个人均可编写教材，经全国中小学教材审定委员会审查通过后，可向全国推荐，由各地选择使用。全国各地的专家学者分别行动起来，按照《九年制义务教育教材编写规划方案》的具体部署，在全国范围内逐步形成了八套九年义务教育教材和一套小学复式教学教材的建设体系。复式教材由于没有初中部分，被视为“半套”。

1992 年物理大纲修订后，各教材编写单位开始编写实验教材。除人民教育出版社外，还有北京师范大学出版社等六家单位参与了这一时期的义务教育物理教科书的出版工作。

物理教育研究情况。相对而言，这一时期教育、教学研究逐步得到加强。雷树人一直关注学生的能力培养，1978 年人教版教材就是以“加强基础，培养能力”为指导思想进行编写的，提出物理教学应当培养学生的观察实验能力、理性思维能力、运用数学解决问题的能力和运用物理知识解决实际问题的能力。至此，我国的物理教育从对知识和技能的关注开始转向关注学生能力的培养和发展。雷树人视野开阔，重视借鉴发达国家在能力问题研究上的先进经验，于 20 世纪 80 年代中期便在《课程・教材・教法》期刊上对英国纳菲尔德高级物理课程的设计思想进行了介绍，并在 20 世纪 80 年代末连续在该刊物上介绍了英国的科学课程改革，进一步强调了如何培养学生能力的问题。雷树人还先后推荐引进、翻译和出版了一系列外国优秀的物理教材，如英国的《探索物理知识》，美国的《中学物理教程》，日本的《易懂的物理》和联邦德国的《物理》，等等。这些为开拓我国教材研究和编写的事业奠定了坚实的基础。

许国梁在 20 世纪 80 年代进行了“启发式综合教学”的专项课题研究，提倡物理教师从物理学方法、研究范式和思想方面对学生进行引导和启发，特别是应该加强物理实验在中学物理教学中的地位和作用。在他的领导下，该课题从 1983 年起经历了若干阶段的研究工作，并将研究的成果应用于由华东地区初中物理教材编写组编写的于 1989 年出版的《初中物理教材》中，经江苏、安徽、江西和山东等部分地区使用，获得了较好的评价。

阎金铎主持了“五・四学制系列教材建设和实验”等研究项目，提出物理教育要关注学生对科学方法的掌握，培养学生的科学精神，物理教学要体现物理学特征，要能激发学生的兴趣和主观能动性等，这些思想均落实在这一时期他所主持编写的物理教材中。如教材按观察与思考、分析与结论、应用与练习的顺序安排每节的内容，力求把知识结构和认知结构结合起来，着重于观察、实验，增加感性知识，进行辩证和形象思维的训练，提高学生观察、实验、分析、概括能力，以及应用物理知识解决简单问题的能力。该教材从 1986 年开始组织编写，到 1994 年、1995 年印数达到峰值。此外，阎金铎还于 1985 年在北京师范大学率先创建了全国第一个物理教材教法专业硕士点，1995 年又与顾明远联合在全国率先招收物理课程与教学论博士，为我国的物理教育事业提供了人才保障。

“一纲多本”的教材选编原则为广大的物理教育研究者提供了良好的研究与实践平台，在实践与研究的相互促进下，这一时期我国的物理教材发展空前繁荣。1988 年以后，由地区教育部门、出版单位、社会团体组织编写的各种中小学教材开始出现，到 1997 年这类教材已增至 70 多种，2 000 余册，编写单位也增至数十个。这类教材的出现，对促进我国教材建设的繁荣，提高教材的编写质量，推动教材建设竞争机制的形成，起到了一定的积极作用。

特点总括。自 1978 年以来，我国有关教育的各项制度和标准逐步完善。教育政策平稳推进，义务教育法的颁布更使得义务教育有法可依。“一纲多本”的制度设计使得多家出版社和众多专家学者进入教材编写领域；物理教育研究空前活跃，研究者所强调的科学方法、物理思维、能力培养、启发式教学和对学习兴趣的激发等理念全面落实在教材中；改革开放带来了广阔的国际视野，国外先进的教育与教材编写理念被借鉴与吸收。在以上多种条件的相互作用下，我国的物理教材建设进入了发展的快车道，教材质量不断提高。

4. 新课程改革时期（2001—2012）

社会背景。经过二十余年的改革开放，我国各项事业均保持着快速发展的良好势头，人民生活水平和综合国力不断提高。1999 年 6 月,《中共中央国务院关于深化教育改革全面推进素质教育的决定》提出，要“调整和改革课程体系、结构、内容，建立新的基础教育课程体系”；2001 年 6 月,《国务院关于基础教育改革与发展的决定》进一步明确了“加快构建符合素质教育要求的基础教育课程体系”的任务。为了认真落实中央决定，教育部颁布了《国家基础教育课程改革指导纲要》，由此，我国新一轮基础教育课程改革在世纪之交启动。

教育政策与制度。这次改革的目标是:（1）改变课程过于注重知识传授的现状，强调形成积极主动的学习态度，使获得基础知识与基本技能的过程同时成为学会学习和形成正确价值观的过程。（2）改变课程结构过于强调学科本位、门类过多和缺乏整合的现状，使课程结构具有均衡性、综合性和选择性。（3）改变课程内容繁、难、偏、旧和偏重书本知识的现状，加强课程内容与学生生活以及现代社会科技发展的联系，关注学生的学习兴趣和经验，精选终身学习必备的基础知识和技能。（4）改变课程实施过于强调接受学习、死记硬背、机械训练的现状，倡导学生主动参与、乐于研究、勤于动手，培养学生搜集和处理信息、获取新知识、分析和解决问题以及交流与合作的能力。（5）改变课程评价过分强调评价的甄别与选拔功能的现状，发挥评价促进学生发展、教师提高和改进教学实践的功能。（6）改变课程管理过于集中的现状，实行国家、地方、学校三级课程管理，增强课程对地方、学校及学生的适应性。

初中阶段。2001 年 5 月，教育部颁布了《九年义务教育物理课程标准（实验稿）》，对义务教育阶段物理教育目标的定位是“培养全体学生的科学素养”，实行全面的科学教育，使学生在知识与技能、过程与方法、情感态度与价值观等方面得到全面的教育。这次课改的一个亮点是强调了“科学探究”，旨在将学习重心从过分强调知识的传承和积累向知识的探究过程转化，从学生被动接受知识向主动获取知识转化，从而培养学生的科学探究能力、实事求是的科学态度和敢于创新的探索精神。

高中阶段。2003 年 4 月，教育部颁布了《普通高中课程方案（实验）》，首次提出普通高中课程由学习领域、科目、模块三个层次组成。一个学习领域由一个或几个科目组成，每个学习领域对学生发展具有相对独立的教育价值。《普通高中物理课程标准（实验稿）》指出高中物理的课程性质，即“高中物理是普通高中科学学习领域的一门基础课程，与九年义务教育物理或科学课程相衔接，旨在进一步提高学生的科学素养”。高中课程在基本理念上和义务教育课程保持一致，强调学生在三维目标上获得发展，科学探究的含义也与义务教育阶段的相一致。值得注意的是，在课程结构方面，高中新课程标准首次提出模块化教学的概念，为了体现物理课程结构的基础性与选择性，把物理课程分为必修模块、选修 1、选修 2 和选修 3 模块。这样的安排是为了适应社会对多样化人才的需求，满足不同学生的发展需要，在保证学生达到共同基础的前提下，各学科分类别、分层次设计了多样的、可供不同发展潜能学生选择的课程内容，以满足学生对课程的不同需求。

教科书概况。这一轮课改在教材的编写和选用方面依旧采取“一标多本”的方式。教育部鼓励各地方、高校、科研单位，还有专家、学者以及教师按课程标准编写教材，允许在内容选择和体系安排上有不同风格，包括具有不同特点的地方教材，经审定后公开发行供学校选用。首批通过审定的初中教材有 6 个版本，都有各自的特点。例如，有的教材强调科学探究能力的培养；有的教材追求物理知识与社会生活的关系，使学生学习物理知识后，能够更好地理解科学，了解学习物理的价值。

由于高中课程模块化设置的规定，第一批通过审定的 5 个版本教材的总体结构和次序大致相同。共同必修两个模块介绍了机械运动、相互作用、与能量有关的物理概念和规律；提高学生实验技能，帮助学生学习科学研究方法，了解物理学在生活和生产中的应用以及对社会发展的影响；帮助学生了解自己的兴趣与发展潜能，为后续向不同方向的发展与选择打好基础。选修 1 系列以物理学的核心内容为载体，侧重物理学与社会的相互关联、相互作用，突出物理学的人文特色，注重物理学与日常生活、物理学与人文学科的融合，强调物理学对人类文明的影响。选修 2 系列侧重从技术应用的角度展示物理学，强调物理学与技术的结合，着重体现物理学的应用性、实践性。选修 3 系列侧重较全面地展示物理学的基本内容，以便让学生全面系统地学习物理知识，进一步了解物理学的思想和方法，认识物理学在技术中的应用以及对经济、社会的影响。

教育研究情况。科学探究成为新课程物理教学的重点，而什么是科学探究，如何在教材中利用科学探究的方式全面促进学生科学素养的发展，成为这一时期物理教育研究所关注的重要问题。

科学探究的内涵方面。如图 1–2 所示，自 2001 年以来，关于科学探究这一研究主题，文献数量总体上呈逐年增长的趋势。2001 年初中刚进入新课改，科学探究这一主题开始进入研究者的视野并迅速受到重视，从 2001 年不到 10 篇跃升到 2002 年的 50 篇，而后逐年增多。2003 年高中新课程开始试点，随着课改省份的不断增加，对科学探究的关注也越来越多，到 2007 年关于探究主题的文献已突破一年 200 篇，比 2006 年激增了近 70 篇，而后继续呈上升趋势，到 2012 年仍属于最热门的研究主题之一。

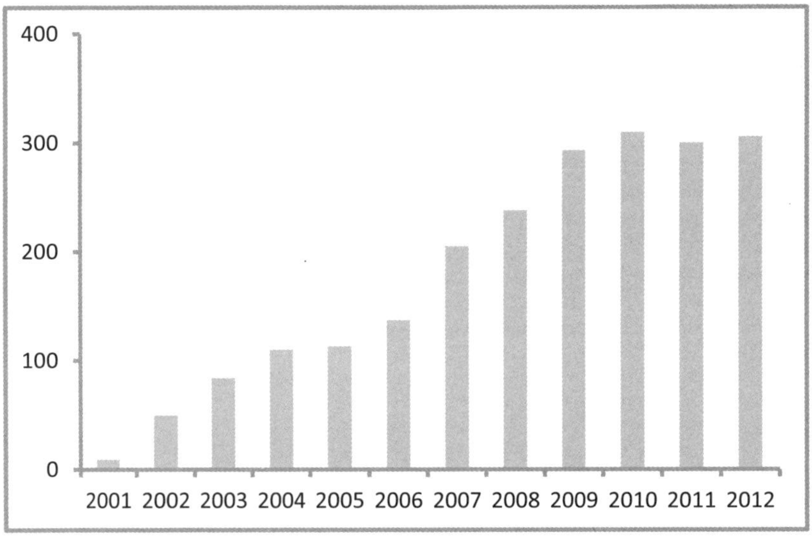

图 1–2 “科学探究”主题文献数量统计（2001—2012）

物理教材的研究在新课程改革之后也成为研究者关注的热点之一。图 1–3 显示，近十年来关于物理教材研究的文献数量总体上在稳步增长。2001 年初中刚进入新课改，教材这一主题开始进入研究者的视野并迅速受到重视，从 2001 年的 70 篇到 2002 年超过 100 篇。2005 年高中新课程开始试点，随着课改省份的不断增加，对物理教材的关注也越来越多，自 2007 年起，年均超过 150 篇。

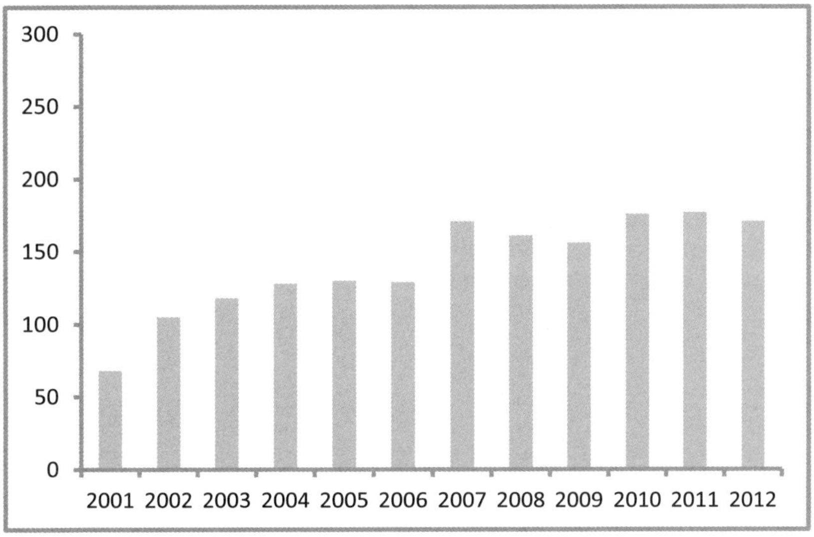

图 1-3　教材主题文献数量统计（2001—2012）

特点总括。在 21 世纪的前十年，我国在新形势下将提升学生的科学素养作为新的科学教育目标，使我国在科学教育的理念上与世界发达国家保持一致。我国的物理教育研究者在多元化的国际视野下进行了大量的关于科学探究和教材编写的实证研究，所得的成果为物理教材的编写提供了相应的理论与实证基础，实现了研究与实践的良性互动。在良好的教材编写和审定制度的保障下，物理教材呈现百花齐放的繁荣景象。

第二编　清朝末年的教科书

第二章　清朝末年的物理教科书（1900—1911）

一、教科书编写背景

（一）社会背景

明朝万历年间，西方科学技术迅速发展。西方传教士进入中国，他们在传播基督教教义的同时也传入大量科学技术。这一阶段的西学东渐，由于清朝雍正时期的禁教，加上罗马教廷对来华传教政策的改变而中断，但西学传入并未完全终止。

19 世纪中叶前后，西方人再度进入中国，并以各种媒介带来西方的观点及知识。鸦片战争之后，中国的有识之士如林则徐、魏源等人提出了“师夷长技”的思想。19 世纪 60 年代则兴起了以“求富求强”为目标的洋务运动。19 世纪 70 年代以后，随着西学东渐的深入以及近代工商业的产生和发展，在中国思想界产生了资产阶级维新思潮。甲午战争后民族危机急剧加深，使这股改良主义思潮迅速转变为一场轰轰烈烈的变法维新运动。维新派的康有为、梁启超、严复等人都以教育为救国图存、兴国富民的根本前提和主要手段，极力主张废科举、兴学校、开民智、全面引进西方的学校制度。在洋务派、维新派及外国传教士的影响下，当时的中国建立了很多新式学堂、翻译馆、译书局等机构。这些新式机构的设立，使西方近代自然科学的引进得以再度展开。

西方物理学知识向中国的传播，大致上可分为两个阶段：第一阶段是在明末清初。这一时期主要是由传教士和一些中国人所共同完成的翻译工作。他们重点翻译了西方早期物理学的部分基本知识。由于传教士的传教目的所需，这一时期其所传播的科学知识是有所选择的，许多当时最先进的科学知识未能及时传入。第二阶段是在清朝后期。起初也是传教士和中国学者合作承担翻译工作，以后则由中国留学生及青年学者共同完成。这时引进物理学，是应富国强兵的需要主动引进的，与第一阶段的被动引进有所不同。此外，由于日本“明治维新”时期引进西方科学技术卓有成效，除了欧美外，日本也成为当时中国引进科学的重要渠道。大批有志青年东渡扶桑，寻求强国兴邦之道。欧美——日本——中国，成为20世纪初新学传入中国的主通道。清末中国人对物理学的认识已有了很大的提高。严复指出，人们是否学习物理学，其后果大不相同：“知而顺之，则生而休；昧而逆之，则戚且死。”“欲变吾人心习，则一事最宜勤治，物理科学是已。”

（二）教育概况

中国传统的学科知识体系与源于西方的学科知识体系有着很大不同。作为西学东渐的重要内容，科学和科学教育在晚清以来的中国社会发展过程中始终处于重要地位。

1862年京师同文馆设立，办学之初专为培养外交翻译人才，只修外文。曾国藩提出：“洋人制器，出于算学，其中奥妙，皆有图说可寻。特以彼此文义，扞格不通。故虽曰习其器，究不明夫用器与制器之所以然。”出于对算学重要性的认识，京师同文馆于1867年奏请开设天文算学馆，后演变为教授西方科学的新式学校。

1877年，第一次在华基督教传教士大会在上海举行。会上由美国传教士狄考文、林乐知等发起成立学校教科书委员会——益智书会，它是中国近代第一个编辑出版教科书的专门机构。其主要任务是为各教会学校编写、出版、选用教科书。1879年，英国传教士傅兰雅被推举为该会总编辑，他声明不编宗教书。在他主持之下，该会编译了50余种科学教科书和数十种教学挂图。

1902年，清政府颁布了由管学大臣张百熙所拟的《钦定学堂章程》，史称“壬寅学制”，但正式颁布后并未施行。1904年，由张百熙、张之洞、荣庆重新拟订的《奏定学堂章程》颁布，史称“癸卯学制”，这是第一个法定并在全国施行的学制，它的颁布使得物理课程以及教科书的编写第一次有了国家层面的制度保障。

二、教科书总体介绍

（一）课程设置

“癸卯学制”要求中学堂开设学科 12 门，“物理及化学”是其中之一。中学堂第四年开设物理，每周 4 小时。在教学目标上，规定：“讲理化之义，在使知物质自然之形象并其运用变化之法则，及与人生之关系，以备他日讲求农、工、商实业及理财之源。”“物理当先讲物理总纲，次及力学、音学、热学、光学、电磁气。”“凡教理化者，在本诸实验，得真确之知识，使适于日用生计及实业之用。”①

学制对于教科书进行了规定：“凡各科课本，须用官设编译局编纂、经学务大臣奏定之本。其有自编课本者，须呈学务大臣审定，始准通用。官设编译局未经出书之前，准由教员按照上列科目，择程度相当而语无流弊之书暂时应用，出书之后即行停止。”学制还规定学堂内要设物理等专用讲堂、图书室、器具室等，要置备教授物理等课程需要的器具、标本、模型、图画等。

（二）教科书概况

1. 教科书概览

（1）1900 年之前的教科书。近代中国开始洋务运动之后，西方科学大规模传入中国，在西式学堂开设的课程中出现了格致科。格致科相当于科学课，专门教授近代自然科学，主要是物理学和化学。

1855 年上海墨海书馆出版了英国传教士、医生合信著的《博物新编》，它是综合性科技知识的启蒙读物。其中有关物理学部分的内容分别介绍了“地气论”“热论”“水质论”“光论”和“电气论”等。

1883 年京师同文馆出版了美国传教士丁韪良编的《格物测算》。本书把科学知识的讲解与算术应用题的演练结合起来，题解具有较详细的解答过程。在每一章的末尾还有附题。同年，江南制造局出版了由英国人傅兰雅编写，徐寿、徐建寅翻译的《格物须知》。《格致须知》是益智书会最具影响的一套系统的西学教科书，第 1、2、3 集是自然科学。直到 1903 年，清政府采用的教科书就有

① 课程教材研究所．20 世纪中国中小学课程标准·教学大纲汇编：物理卷［M］．北京：人民教育出版社，1999：1．

傅兰雅所编的《重学须知》《力学须知》《电学须知》《声学须知》《光学须知》《水学须知》《热学须知》等。

京师同文馆出版的《格物入门》于1889年增订出版，除了介绍基础性的力学知识外，还增加了许多例子。全书用问答式的体裁，系统性不强，不适宜作为教科书。

（2）1900年之后的教科书。1900年，江南制造局出版了由日本人饭盛挺造编著、藤田丰八翻译，王季烈重编的《物理学》。此书共分三篇，其中上篇（1900年出版）有十三章，内容为总论、固体力学、流体力学和气体力学四卷；中篇（1900年出版）有十四章，内容为波动通论、声学、光学和热学四卷；下篇（1903年出版）有九章，内容为磁学、电学和大气物理三卷。王季烈在重编时，并非仅润色文字，而是在融会贯通之后，加入了自己的学术见解。

“癸卯学制”颁布后，1904年学部成立了图书局，专管教科书的审定。在此以后，各出版机构出版了很多重要的物理教科书。同年，上海商务印书馆出版了《最新中学教科书物理学》，该书为英文译著，作者是美国学者何德赉，译者谢洪赉。该书内容完备，共十章，涵盖了力学、热学、声学、光学、电学和磁学各部分的基础内容。在内容呈现上，该书不仅有文字叙述，还有大量实验图片。另外，该书各章节都配有课后练习题。该书设有“实验室功课”，这些内容类似于现在教科书中的“学生实验”。除了介绍经典物理学的内容外，该书还注意吸收了19世纪末物理学的最新进展。

1904年，上海昌明公司出版了陈文哲编译的《普通应用物理教科书》。此书包括总论和九篇内容，九篇分别为固体重学、液体重学、气体重学、音学、光学、热学、磁气学、静电气学、动电气学。该教科书是清末较为流行的教科书之一。

1904—1908年，商务印书馆分9本陆续出版了伍光建编的《物理教科书》（十卷），分别是：力学（第一、二卷）、水学（第三卷）、气学（第四卷）、声学（第五卷）、热学（第六卷）、光学（第七卷）、磁学（第八卷）、静电学（第九卷）、动电学（第十卷）。该教科书注意通过实验呈现物理现象，从现象观察入手来引入概念，通过实验揭示现象之间的联系，总结规律，建立定律。

1906年，上海科学会编辑部出版了陈文编辑的《问答体物理学初等教科书》。此书底本为1905年出版的日本理科研究会编写的《最近物理学问答》，陈文在编辑时补充了一些常识知识，图是译者根据其他书加入的。陈文还编译、编辑了比较完备的《物理学原理教科书》和《中等教育新式物理学》。

1907年，上海商务印书馆出版中村清二著、杜亚泉编译的《物理学新教科书》。此书讲述了物体的性质、力学、流体、热、振动及声、光、磁、电等内容，条理清楚，数学证明、推理演算无不兼备。

1910年，商务印书馆出版了日本人本多光太郎和田中三四郎著、王季点译的《新式物理学教科书》。

（3）1900—1911年教科书书目表。在西学东渐和学习日本的背景下，近代物理教科书经历了从无到有，从译著和自发编纂到有制度规范的初创阶段。这一时期出版的部分中学物理教科书基本情况如表2-1所示，其中相同底本、相同译者，不同出版机构或不同版本的教科书在表2-1中未单独列出；多册或者多本列为一项；表中列入的教科书或目前在图书馆有藏书，或有学部审定意见，未列入那些仅在各出版社出书广告中见到书名的教科书。

表2-1 清朝末年（1900—1911）出版的部分中学物理教科书书目①②

序号	出版时间	书名	责任者	出版地：出版社
1	1900年	《物理学》	[日]饭盛挺造编纂，[日]藤田丰八译，王季烈重编	上海：江南制造局
2	1901年	《新编小物理学》	[日]木村骏吉编著，樊炳清译	上海：教育世界社
3	1901年	《理化示教》	樊炳清译	上海：教育世界社
4	1902年	《物理易解》	陈榥著	东京：教科书译辑社
5	1902年	《中学物理教科书》	[日]水岛久太郎著，陈榥译补	东京：教科书译辑社
6	1902年	《中学校初年级理化教科书》	[日]和田猪三郎著，虞祖辉译	上海：科学仪器馆

① 王有朋．中国近代中小学教科书总目［M］．上海：上海辞书出版社，2010：688-691．
② 咏梅，冯立昇．清末译自日文的物理学书籍考［J］．自然辩证法通讯，2012（3）：44-49．

续表

序号	出版时间	书名	责任者	出版地：出版社
7	1903 年	《物理学新书》	[日]富山房著，范迪吉译	上海：会文学社
8	1904 年	《普通应用物理学教科书》	陈文哲编译	上海：昌明公司
9	1904 年	《最新理化示教》	[日]菊池雄太郎著，王季烈译	上海：文明书局
10	1904 年	《理化示教》	杜亚泉译	上海：商务印书馆
11	1904 年	《最新中学教科书物理学》	[美]何德赉著，谢洪赉译	上海：商务印书馆
12	1904—1908 年	《物理教科书》	伍光建编辑	上海：商务印书馆
13	1905 年	《初等物理教科书》	高慎儒编译	上海：商务印书馆
14	1905 年	《物理教科书》	陈文哲编译	上海：昌明公司
15	1906 年（第 2 版）	《最新物理教科书》	陈应泰编辑	湖北：教育研究社
16	1906 年	《普通教育物理教科书》	[日]滨幸次郎、[日]河野龄藏著，张修爵译	上海：普及书局
17	1906 年	《最近初等理化教科书》	易镇资编译	东京：同文印刷舍
18	1906 年	《新撰物理学》	[日]本多光太郎著，丛琯珠编译	东京：山东留学生监督处
19	1906 年	《近世物理学教科书》	[日]中村清二著，学部编译图书局译	上海：学部编译图书局
20	1906 年	《新式物理学》	佚名	不详
21	1906 年	《问答体物理学初等教科书》	陈文编辑	上海：科学会编译部
22	1906 年	《物理学原理教科书》	[日]木村骏吉译，陈文译	上海：科学会编译部
23	1906 年	《中等教育物理学》	[日]中村清二著，林国光译	上海：广智书局
24	1907 年	《中等教育新式物理学》	陈文编辑	上海：科学会编译部

续表

序号	出版时间	书名	责任者	出版地：出版社
25	1907 年	《最新物理学教科书》	[日]本多光太郎著，译书公会译辑	上海：科学书局
26	1907 年	《物理学新教科书》	[日]中村清二著，杜亚泉编译	上海：商务印书馆
27	1907 年	《物理学课本》	[日]后藤牧太著，译者不详	东京：东亚公司
28	1907 年	《普通教育物理学教科书》	[日]田丸卓郎著，谭其茳译，舒祖勋、萧师召校	东京：中国留学生会馆
29	1907 年	《普通物理学教科书》	钱承均辑译	上海：文明书局
30	1907 年	《中学物理学教科书》	[日]田丸卓郎著，吴廷槐、华鸿译	上海：文明书局
31	1907 年	《(汉译)最新物理学教科书》	[日]酒井佐保著，译者不详	东京：合资会社富山房
32	1907 年	《物理学讲义》	[日]田中三四郎著，史浩然译	东京：留学生会馆
33	1908 年	《实验理论物理学讲义》	陈学郢编纂	上海：商务印书馆
34	1908 年	《普通教育实验理化教科书》	[日]池田菊苗著，王本祥译	上海：理科丛书社
35	1909 年	《物理学新教科书》	[日]田丸卓郎著，谭其茳译	不详
36	1910 年	《新式物理学教科书》	[日]本多光太郎、[日]田中三四郎合著，王季点译，陈学郢校订	上海：商务印书馆
37	1911 年	《新撰物理学教科书》	[日]本多光太郎、[日]田中三四郎著，丛琯珠译	上海：群益书社

从上表中可以看出，1900—1911 年翻译自日本的物理学书籍数量很多，在众多原因中以下两个因素是比较重要的。其一，当时中国进行教育改革，物理教育被纳入学校教育，物理教科书需求激增。尤其是废除科举制度，国家选人、

用人制度的改革，推动了物理学的引入和传播。其二，中日两国文化交流源远流长，日文中使用大量汉字。翻译日文物理学书籍，可减少很多翻译、确立术语的困惑和麻烦，大大提高了翻译物理学书籍的速度。最终使得日本当时流行的物理学书籍快速传入中国，使得物理学知识假道日本传入中国。

（4）清朝末年教科书特点。学制颁布前的教科书没有国家层面的审定与规范，教科书编写的目的性不强，缺乏对知识的再加工和排序等。例如，教科书的名称还是《电学测算》《物体遇热改易记》《分光求原》《光学揭要》等，表明学制颁布前的中学物理教科书还没有规范性的要求，处在刚开始的建设与探索阶段。

学制的颁布促使中学物理教科书朝着制度化、规范化的方向发展，教科书的翻译或编纂尤其引人注目。虽然多数教科书内容尚属浅易，但是它们的翻译、编辑和出版反映了清末中国在引进和吸收物理知识方面的进步，奠定了20世纪初期中国物理教育的基础。例如，教科书的名称已经变为《中学物理教科书》《普通应用物理学教科书》《最新物理学教科书》等。

学制颁布前后，中学物理教科书的另一个显著变化是由翻译欧美的教科书转向直接翻译日本的教科书。在大量翻译日本教科书的同时不断提升自身的物理水平，走出了从直译到重编再到自主编写的发展之路。自主编写的教科书虽然少于翻译和编译的，但已不像刚开设物理课时那样，用的全是外国著作了。

根据学制相关规定和教科书审定制度的要求，教科书的体例和内容等逐渐规范。教科书的内容结构按照物理学研究的方式进行呈现：在观察和实验的基础上对物理现象进行分析、抽象和综合，进而提出假说，形成理论，并经受实践的检验。对物理知识的编排从易到难，从浅入深，从简单到复杂，并且着眼于物理研究的最新成果，使得读者在易于理解和掌握基本知识的同时能够获得更开阔的视野和更先进的物理理念。

1906年物理教科书中的名词已经非常接近现今的物理学名词。近代中国人投身于翻译编著西方教科书的热潮之中，促使物理教科书在数量、种类和内容质量上取得了长足进展。

2. 典型教科书的选取

（1）江南制造局出版的饭盛挺造编著的《物理学》。由饭盛挺造编著的《物理学》是日本“明治维新”时采用的教科书，对日本的物理教育产生了深远的影响。引入后，该书也是我国最早以“物理学”命名的、内容全面并且系统的物理学教科书，很多学者对该书表示过赞赏。因此，本研究将该书作为这一时期的代表进行介绍。

（2）商务印书馆出版的谢洪赉翻译的《最新中学教科书物理学》。谢洪赉翻译的《最新中学教科书物理学》底本为美国学者新编的中学物理教科书《物理学简明教程》，《最新中学教科书物理学》被纳入新学制颁布后全国最早最完整的教科书——《最新教科书》系列当中。《最新教科书》编撰者中有蔡元培、张元济、高梦旦、蒋维乔、庄俞、杜亚泉、邝富灼等博学名家。编撰出版队伍学识渊博，视阈开阔，他们中或开办过新式教育，或任教于新式学堂，或大量编译过西学书籍，尤为突出的是许多人都有留学背景。① 负责翻译该书的谢洪赉是当时上海有影响的译著者，他翻译、编辑的多部书籍及主编的期刊在当时都发行甚广。该书为从西方直接翻译（而非转道日本），且为当时美国社会所采用的中学教科书，更被收录到《最新教科书》系列当中。因此，本研究将该书作为这一时期的代表进行介绍。

（3）商务印书馆出版的伍光建编《物理教科书》。它是“癸卯学制”颁布实施后，我国最早的自编中学物理教科书，也是这个时期最值得注意的自编中学物理教科书，是商务印书馆颇具影响的《最新教科书》系列的一种，共9本（十卷），内容系统、完整，插图生动，实验、习题等内容完备，反映出我国在清末自编物理学教科书的水平。该书包括了物理学的各个分支学科内容，体系结构按照《奏定学堂章程》的规定，将力学、热学、声学、水学、光学、磁学等各个分支学科内容按卷编写，同时将无线电、X射线、放射性等物理学最新进展的内容编入相关章节。这是当时中国一部比较完整的理科教科书，因此清政府特命在封面上印“学部审定”字样。鉴于此，本研究将该套教科书选作自编物理教科书的代表进行介绍。

---

① 石鸥．中国最早的现代教科书——商务印书馆《最新教科书》[J]．书屋，2008（4）：2.

三、江南制造局版《物理学》分析

（一）基本信息

该书由饭盛挺造编著、藤田丰八翻译，再由王季烈润词、重编，共分三篇。中文译本全书约 20 万字，是文言文大字本。图 2-1 为《物理学》上篇的首页、版权页和卷一第 1 页。

图 2-1 《物理学》上篇的首页、版权页和卷一第 1 页

藤田丰八翻译《物理学》时打算用中国当时通用的“格致”作书名，但参与该书中文翻译的王季烈，则主张用中国古已有之且日文已经采用的译名——“物理学”一词。这个名词很快为中国学术界所接受，“格致”作为“物理”的译名在此后退出了历史舞台。

虽然已无法查清《物理学》出版册数及各地学校使用的情况，但从现今流传下来的数量、分布和学者的研究情况可推断出，其在当时受欢迎的程度及产生的影响很大，清末以来一直受到很多学者的重视、研究和收藏。

（二）结构与内容

1. 体系结构

《物理学》分为上、中、下 3 篇，每篇 4 卷，共 12 卷。上篇有 13 章，内容为总论、固体力学、流体力学和气体力学；中篇有 14 章，内容为波动通论、声学、光学和热学；下篇有 9 章，内容为磁学、电学上（静电学）、电学下（电流学）和大气物理。

该书具体体系结构如下。

上篇

卷一 总论

第一章 物理学之根本研究方法致用及区分

第二章 物体通有性

第三章 运动物质及力之通论

第四章 物体之公力

卷二 重学 定质重学

第一章 力之平均分合及重心

第二章 器具

第三章 运动通论

卷三 重学 流质重学

第一章 流质总论

第二章 流质本重之压力均等波及

第三章 流质之运动

卷四 重学 气质重学

第一章 气体通论

第二章 空气压力之致用

第三章 扃闭空气于器中令稠密以用其压力

中篇

卷一 浪动通论

卷二 声学

第一章 声学总论

第二章 乐音及紧要发音体

卷三 光学

第一章 发光及传光

第二章 回光

第三章 折光

2. 内容

（1）上篇

卷一“总论”共四章，即物理学之根本研究方法致用及区分、物体通有性、运动物质及力之通论、物体之公力。“物理学之根本研究方法致用及区分”中讲述了自然、物质、自然科学的定义和分类；物理学、物理现象、力的定义和实例；将物理学的研究次序总结为：观察和实验、寻找自然法则或定律、解释物理现象（包括利用科学假设解释物理现象。原文中表述为“体察其现象、寻检其定律、核明其原由”。）

“物体通有性”中分别讲述了物体的“体积性”“障阻性”“恒性”“不灭性”“分性”“隙积性”“变积性”等物体共性的实例和应用。例如，介绍了惯性定律、摩擦力的定义及各种实验、应用，“原子不可分”的思想，以及热胀冷缩等。“运动物质及力之通论”中给出了运动的概念及运动的永恒性、运动的分类（按路径的形状分为直线运动和曲线运动，按物体各点的运动分为定轴转动、平动、平面平行运动、摆动和振动，按速度的区别分为匀速运动和非匀速运动），还分别从定性、定量的角度详细讨论了匀速运动、非匀速运动、自由落体运动、抛体运动中路径、时间、速度、重力加速度、瞬时速度等的关系式、推导证明和实验等。

卷二“重学 定质重学”（力学 固体力学）共有三章，即力之平均分合及重心、器具、运动通论。“力之平均分合及重心”中有和现代教科书中表述完全相同的力的平均、合力、各种力的合成及分解（含力的平行四边形法则）、重心、重心的求法及应用。“器具”中有机械的分类、各种阻力（主要是摩擦力）的规律、大小、益损情况，简单机械中非常细致地介绍了杠杆的原理及应用（包括天平、杆秤、台秤的结构、原理、应用），还有滑轮的种类和应用原理、轮轴的种类和用途。“运动通论”介绍了运动的种类、碰撞、抛体运动、摆动、圆周运动等内容。

卷三“重学 流质重学”（力学 流体力学）共三章，即流质总论、流质本重之压力均等波及、流质之运动。“流质总论”中先讲液体基本性质，还讲了流体静压强定律、实验和应用（如详细讲述了压水柜的构造和工作原理）。“流质本重之压力均等波及”中讲述了流体静力学中流体内压强分布、帕斯卡原理、阿基米德原理、连通器的原理等。

卷四“重学 气质重学”（力学 气体力学）共三章，讲了气体的性质、大气压、大气压强以及大气压的各种应用。

（2）中篇

卷一只有“浪动通论”（波动通论）一章，共四节。给出了机械波的概念、定义、种类（行波和驻波，横波和纵波）、波长、波速、波的频率及关系式 $v=\lambda\nu$（v

是波速、λ 是波长、ν 是波的频率），并指出声、光、热、电磁都涉及波动学知识。

卷二“声学”共二章，即声学总论、乐音及紧要发音体。“声学总论”中有振动产生声音的原理及实验证明，声音在空气、液体、固体中的传播，人耳的构造及听觉的产生，测定声速，声的大小（声压），回声（声波的反射定律），折声（声波的折射定律）。“乐音及紧要发音体”中讲述了乐音，各种弦音乐器、板面乐器、管乐器的发音要理，以及人体的发声原理。详细列出了爱迪生发明的留声机的构造及功用。

卷三“光学”共六章，即发光及传光、回光、折光、论光之分列色、光学器具和光之本性，主要讲了几何光学和部分波动光学内容，以及对光的粒子性、波动性的发展史进行了介绍。

卷四“热学”共五章，即热之本性及热源、热之第一功用即涨大、热之第二功用即三态之变化、热之第三功用即物体之热度、热之传达。“热之本性及热源”中有热学基本概念、性质，介绍了热量的单位——卡路里。“热之第一功用即涨大”中讲述了固体、液体、气体体积变化与温度的关系，测定固体、液体、气体体膨胀系数的方法，水的特性，寒暑表的制作方法及应用。“热之第二功用即三态之变化”中详细讲了物质三态的性质，熔化、凝固、汽化、液化等变化及相关的知识点和实验，还介绍了物质三态变化的应用，如详述了蒸汽机、汽车的构造、原理和应用。“热之第三功用即物体之热度”中有测算各种物质热容量的方法。“热之传达”中介绍了热传递的三种途径——热传导、热对流、热辐射的相关概念和实验及加大或减少热传递的方法、实验和应用。

（3）下篇

卷一“磁性学”共一章。其中有磁体的概念、种类，磁极，磁体的相互作用力，磁体的感应，磁感应定律，磁体内部物质的排列，地球的磁性，以及磁铁偏倚、倾斜现象的解释与应用等。

卷二“电学上　静电气”共一章，其主要内容有静电现象及发现静电的历史、验电器的原理、电荷的移动、导体、绝缘体、正电荷、负电荷、电荷之间的作用力、库仑定律、电容器等。此外，还详细解释了电荷的作用，认为电荷的本质是原子或以太的运动，对空气中的电现象（如雷电的原理、类型、避雷针）进行了介绍。

卷三“电学下　动电气”共三章，即动电气之升起及强弱、动电气之功用、电气之磁性及附电所有工艺中致用，另有电学附录动物电气。主要内容有伏打电堆、电流、欧姆定律、电流的功用、焦耳定律、楞次定律、安培右手定则、感应电流、阴极射线和 X 射线等。详尽介绍了自感电流、磁场产生的电流、涡电流的产生实验及相关定律法则，并对三种感应发电机及电报机作了详尽的介绍。

卷四“气候学”共四章，即包围地球之气质即空气、地球上之热、空气之湿度、空气中光学之现象。内容包括大气压的变化及其原因、测量方法，风的产生原因、种类，温度的变化原因、测量方法，湿度的测量及空气中的各类沉降物的产生原因，天空的颜色变化原因和彩虹的产生原因。

（4）中译本《物理学》与日文底本的差异

中译本在介绍了发声原理及声音种类后，又参考田大里《声学》中“声音之异辨”，补充了声与音之区别，即“声与音相似而不同，音即是声，声不必成音。气点偶然动荡，皆可发声，而音则由连续不绝之声，平均震动，方为悦耳之和音也。”明确了“声”与“音”的微妙区别。

中译本在说明光学中薄膜干涉后，为解释厚膜不能呈现干涉的问题，译者补充一图解（图 2–2），指出：白光的各单色成分其本身的相干性也是有限的。这种解释较各色光的干涉图样叠加之后就看不到条纹的说法更为精确、合理。

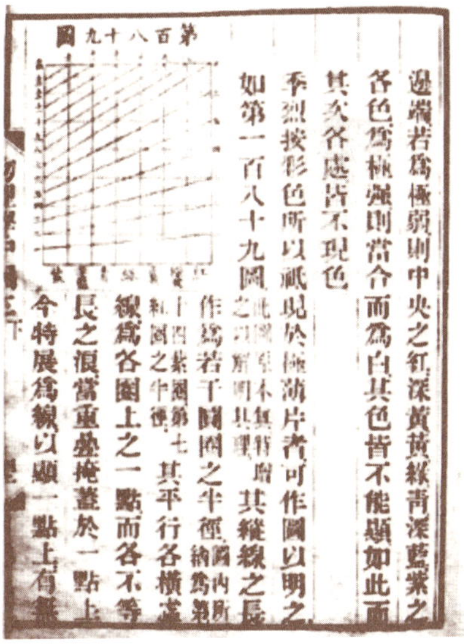

图 2–2　中译本补充图解

在介绍物理量的单位时，所有换算表中加入了中国当时通用单位的换算情况。将中国常用的“中国一里”与其他国家使用的“里”、国际上通用的长度单位“米”进行了换算。

《物理学》本来只是一本教科书，但作者将当时的侵略战争情况作为荣耀加入其中，译者则将其巧妙地避开了，以“天子万年”代替“旅顺口占领”（图 2–3）。

图 2-3　日文底本中篇 198 图与中译本中篇 198 图对照

3. 特点

（1）注重理论的系统性和逻辑性。

《物理学》编排体例不同于早期出版的《格物入门》《重学》《声学》和《博物新编》，它更注重理论的系统性和逻辑性。书中对物理知识的讲述系统而有条理。该书的体例一般是先给出物理学定义、概念或定律，然后对定律进行理论证明、实验证明，最后给出应用说明或例子。该书对后来物理学教科书的编写体例影响深远。

《物理学》不但在内容上比《格物入门》更深入、系统、全面，而且全书的结构和顺序的安排都非常合理，按照力学、声学、光学、热学和电磁学的次序展开论述。例如，力学部分依次讲述静力学、运动学、动力学和流体力学。这样，对物理知识的编排从易到难，从浅入深，从简单到复杂，易于读者理解和掌握。对每个知识的构建都是从实验证明、数学推导、理论判断、应用到例题与练习，对物理学知识点的阐述也比较系统，富有逻辑性。

（2）注重物理学史的渗透。

《物理学》中的科学史内容丰富、形式多样，不但增加了知识点，还增添了很多趣味性，使其内容变得生动。经统计，《物理学》中介绍的科学史知识有 120 余条，下面介绍其中比较典型的物理学史例子。

① 中国古代度量衡学是独立发展的。《物理学》中介绍了国际上通用单位的来历和中国传统度量衡的换算方法等知识点。例如，介绍了长度单位米（原文中称“迈当”）及米与中国营造尺的换算，质量单位克（原文中称“格兰姆”）的换算以及热量单位卡路里等。这是研究我国度量衡发展史的一个重要史料。

书中对重量的单位也用了克，表明当时中国对重量和质量的区别不是很清楚。

② 教科书中加入了一些科学探索中的失败经历，这一方面可以告知学生科学探索并不是一帆风顺的，另一方面使学生或科学工作者以更严谨的科学态度从事研究工作。如书中对里知门在雷雨中研究验电器时，由于验电器短路死于实验室的情况作了表述：“一千七百五十三年，圣彼得堡之硕学里知门殉于其学。盖里知门欲观自屋顶通至研究室中之验电器。而于雷电中，以身近验电器，忽发爆声如放短枪，而有大如拳之青色火球，自验电器之金类杆飞至头上，遽尔震死。”

③ 书中不但详细记载了相关的力学史、热学史、声学史、光学史、电学史以及阴极射线、X 射线的发现过程等，还讲述了日本学者的研究情况，如日本学者山川健次郎用凸面镜的成像原理解释了日本魔镜，后藤牧太关于发电机的研究，等等。

④ 在介绍磁体指示方向的性质时，介绍了中国发明的罗盘，肯定了中国在指南针的发明上有优先权的事实。

（3）重视物理实验。

物理是以实验为基础的学科，实验教学是物理教育中不可缺少的内容。《物理学》介绍了很多物理实验，有些物理实验沿用至今。如光学中凸透镜成像的实验（图 2-4），声波的反射实验（图 2-5）等。

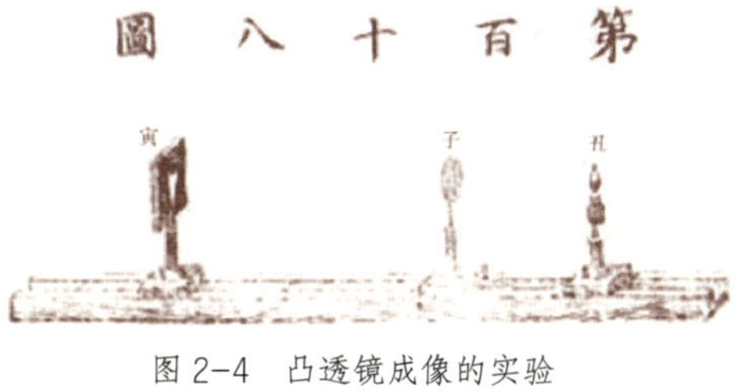

图 2-4　凸透镜成像的实验

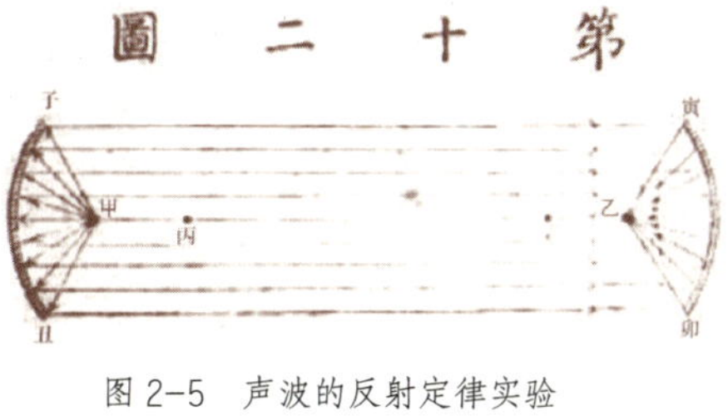

图 2-5　声波的反射定律实验

《物理学》中的实验配有相关图片，上篇有 253 幅图，中篇有 259 幅图（其中第 189 图是由王季烈所加），下篇有 230 幅图。对于缺乏实验仪器的地方，利用图来解释实验现象是很有帮助的。

（4）适合教学使用。

《物理学》作为教科书被日本和中国广泛使用，它不仅系统性、逻辑性强，而且还符合人的认识规律，特别是书中有大量对物理学知识实际应用的介绍和例题、练习，增强了其实用性。如在讲述平面镜成像原理时举了两个例题，对学生理解和掌握物理学知识颇有帮助。书中加入了学者较新的研究成果，培养了学生学习科学的兴趣。

（5）标注规范。

《物理学》中新出现的物理学术语、人名、地名和其他有关名词都用英文标注。虽然经过了100多年，有些概念和名词的翻译有了很大的发展和变化，但是通过英文注释，我们可以了解当时的翻译情况。如《物理学》中将nature翻译为“万汇”，如果没有英文标注，我们还要根据前后词义猜测“万汇”的含义，有了英文标注就能知道清末将“自然”译为“万汇”。

译书中加入英文标注，对研究中国物理学术语的发展史、物理学的发展史都很有益处。以往的物理学书籍虽然也对某些词语标注了英文，如《格物入门》对化学元素进行了英文标注，艾约瑟和李善兰合译的《重学》开头排列了130条物理学名词的英、汉、德语对照，但没有像《物理学》那样全面。

本书译者王季烈不仅将一本系统、全面、完善的书籍引入国内，而且在这本书中也加入了自己的见解。通过考证，王季烈发现将physics一词翻译成“物理”更胜于原先使用的“格致”一词，其说法的合理性得到了广泛认可。在这本书中一共有519条英文标注的物理学术语，王季烈对这些物理学术语的翻译和审定作了大量细致的工作，其中有大量的术语沿用至今，像“直线运动”“曲线运动”“物质”“重力”“摩擦力”“实像”“虚像”等都是我们现在很熟悉的物理学名词。

四、商务印书馆版《最新中学教科书物理学》分析

（一）基本信息

《最新中学教科书物理学》为英文译著，译自1900年由美国图书公司出版的中学物理教科书《物理学简明教程》，译者谢洪赉。原书作者是美国学者何德

赉，他曾在美国中学和大学担任物理教师，是美国科学促进会的成员。

该书于1904年3月由上海商务印书馆出版，后在十年中多次修订印刷（图2-6）。

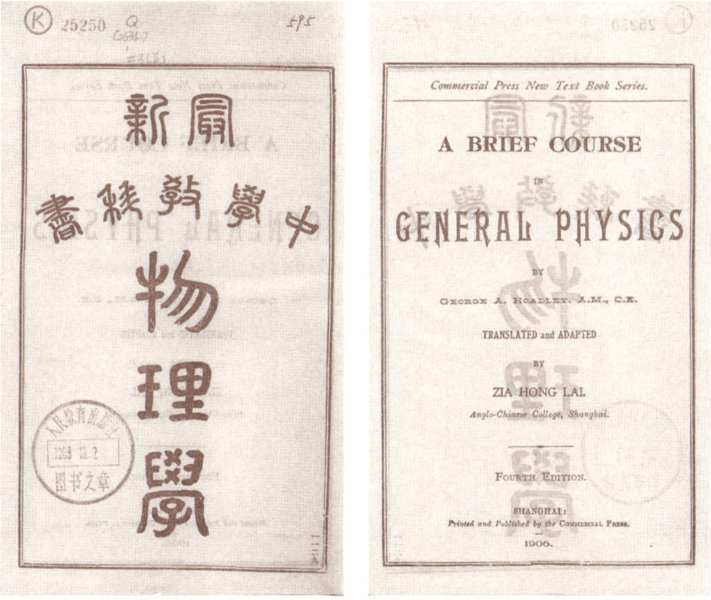

图2-6 《最新中学教科书物理学》封面、英文书名页

（二）结构与内容

1. 体系结构

《最新中学教科书物理学》共10章，前有总引，后有附录；包括基本单位、力学、声学、热学、磁学、电学、光学等章。该书各章讲授内容都配有课堂实验，每章附有习题及实验室功课（学生实验）。

书前有伍光建撰写的序言。译者谢洪赉在书前撰写“译例”“教授要言”，对该书翻译和使用作了一些说明。因其作为中学教科书，内容程度只适合中学教学，为了方便教师教学，推荐中文参考书籍16本（套）。书中特别提到，物理学以数学为工具，学习物理学要有一定的数学基础，若想理解该教科书中的公式，则要求学生学过代数，否则会有很多困难。

译者在书前添加有“释名”，对书中出现的外国人名给出生卒时间、主要贡献等简单注释。书后附有“中西名目表”，为书中的中英文名词对照表。

译书采用了原书的物理学单位制，为了和我国当时使用的度量衡标准换算，译者在书中给出了单位换算参考列表。

该书具体体系结构如下。

序
教授要言
释名
总引
第一章 体力与准个
第二章 物质之性
第三章 定质重学
第四章 液质
第五章 气质
第六章 声
第七章 热
第八章 磁气
第九章 电学
第十章 光
附 中西名目表

2. 内容

该书共十章，前五章为力学。第一章在力的定义中提出：“物理学内凡用力字，盖指可使其体运动或变其体之运或阻其体之动而言。”然后给出力和运动的分类，随后介绍了长度、质量、重量、时间等物理量及其测量。第二章介绍物体的属性，包括质量、硬度、弹性、可分性、可压缩、可延展等。第三章为不变质量物体动力学，核心是牛顿三定律，内容有：速度、加速度、动量概念；力的表示方法、力的合成和分解；牛顿三定律、曲线运动、离心力；功和功率；万有引力、重心及其测定；自由落体和抛体运动、摆动等；杠杆、滑轮、轮轴等简单机械及应用。第四章为流体，内容有：液体表面张力、毛细现象及毛细管；液体内部压强及其与深度的关系、连通器；浮力、阿基米德原理、密度及物体浮沉问题。第五章为气体，内容有：气体的可压缩性、气体弹性、气体具有一定质量；空气的组成、大气压力及其随高度的变化、气压计；虹吸现象和抽气筒、低压的获得。

第六章为声，内容有：振动、波及其传播；声在气体和液体中的传播速率、回声；声波的叠加、声速测量；乐音和音律；弦片、杆和气柱的振动等。

第七章是热学，内容有：热的本性、温度、温度计及温标；太阳和地球内部的热，摩擦、碰撞、压缩气体可以生热而温度上升；热传导、对流、热辐射；固体、液体、气体的热膨胀及其测量；蒸发及影响其快慢的因素、沸腾、液化；热量及其单位、热量的测量，熔解热、汽化热；热机、热功当量、蒸汽机的工作原理。

第八章为磁学，内容有：磁石、天然磁石、永磁体；磁极、磁针、磁的吸引和排斥；磁性物质和非磁性物质；磁感线及其分布；地球的磁性、地磁倾角和地磁偏角；磁化。

第九章是电学，内容有：摩擦起电、静电感应、正负电、静电吸引和排斥、验电器、导体和绝缘体、感应带电、莱顿瓶、起电机、放电及其应用、稀薄气体放电、雷电、避雷针、北极光；电流、电池及其两极、电动势和电阻、欧姆定律、电池串联和并联；电流的热效应、电解、电镀、通电螺线管磁性等；电学测量涉及电流、电阻和电源电动势的测量，单位分别为安培、欧姆、伏特，测量工具有电表、电阻箱等；电磁感应、感应圈、盖斯勒管和克鲁克斯管、X 射线；发电机结构和工作原理；电铃、电报机、无线电报、电话、弧光电灯等。

第十章是光学，内容有：光的本性、光的传播、成像原理、光速、光强等；光的反射及反射定律、焦点、凹面镜成像、凸面镜成像；光的折射、入射角和折射角、折射定理、折射率、全反射、三棱镜、凸透镜的焦点和成像、凹透镜的焦点和成像；色散、色差和无色差透镜、虹、牛顿环；分光镜、光谱和偏振光（极光）；显微镜、望远镜、放大镜、幻灯机、照相机等。

3. 特点

谢洪赉称《最新中学教科书物理学》是“译自美国新近出版的教科书”，该书“文以便诵览，试验所以征实，习问以探所得之深浅，功课则研精之事也。四项必备为从来教科书所罕见”。其特点如下。

（1）内容完备。

该书共十章，内容涵盖了力学、热学、声学、光学、电学和磁学各个基础物理学领域。该书不仅有准确的文字叙述，还有大量演示实验内容，这些实验使用的仪器大多十分简单，便于教师随堂进行实验，全书有各种简单实验 257 个。该书各章节都配有课后练习，全书共有练习 373 条。这些练习大多为解释现象，也有套用公式的简单计算题。

（2）重视实验。

该书重要特色是设有“实验室功课”，全书共 188 条。这些内容相当于现在教科书中的“学生实验”，内容包括记录实验数据、使用基本测量工具，以及验证物理定律。如第一章的“实验室功课 7”为“用卡尺测得自行车用滚珠的直径，求出其体积，再称得其重量，求滚珠的重量与同体积的水的重量的比”。

该书强调实验在物理教学中的重要性，对于这个时期物理教育的发展有积极意义。“癸卯学制”对物理教学中的物理实验教学，包括仪器设备和教学要求等，都作了一些原则性的规定。但由于当时各地教学条件的限制，实验教学很难落实。谢洪赉很清楚这种情况，他无奈地表示如果学校成立不久，尚未建立实验室，或者是短期速成学习者，“实验室功课”可以略去。但他阐明实验在物理教学中的重要性，告诫有志于精通物理学者，要按照要求进行实验并且“当自出心裁，制器察理”。

为了落实课堂演示实验，帮助学生学习领会所学内容，谢洪赉还提出了一些具体的建议。他建议教师，可以设法购置价格相对便宜的小型器械、仪器，或请工匠仿制，还可以自己动手或者鼓励学生制作一些简便的木制器具。他还建议教师带领学生到工厂参观，现场考察各种机械的安装方法和使用方法。

（3）内容新颖，插图丰富。

该书除了介绍经典物理学的内容外，还注意吸收 19 世纪末物理学的最新进展。书中介绍了 1895 年伦琴发现的 X 射线，对 1895 年前后由于马可尼的工作而进入广泛实用阶段的无线电报技术也作了具体介绍。

在内容呈现上，该书有插图 490 幅，几乎包括所涉及的所有实验仪器的图示、操作等（图 2-7）。谢洪赉说，几乎“一事一物皆可按图以索，亦从来教科书之所未有”。

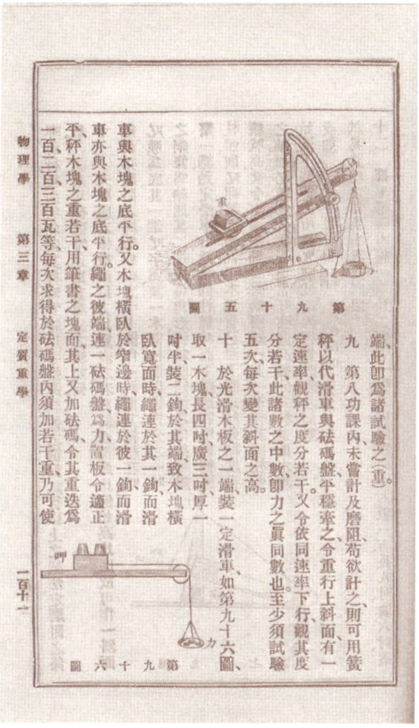

物理學　第三章　定質重學

第九十五圖

端、此卽爲諸試驗之（重）。

九　第八功課內未嘗計及磨阻、苟欲計之、則可用簧秤以代滑車與砝碼盤、平穩牽之、令重行上斜面、有一定速率、觀秤之度分若干。又令依同速率下行、觀其度分若干、此諸數之中數、卽力之眞同數也。至少須試驗五次、每次變其斜面之高。

十　於光滑木板之一端、裝一定滑車、如第九十六圖、取一木塊長四吋、廣三吋、厚一吋半、裝二鉤於其端、致木塊橫臥寬面時、繩連於其一鉤、而滑車與木塊之底平行。又木塊橫臥於窄邊時、繩連於彼一鉤、而滑車亦與木塊之底平行、繩之彼端、連一砝碼盤、爲力、置板令適正平、秤木塊之重若干、用筆書之塊面、其上又加砝碼、令其重迭爲一百、二百、三百五等、每次求得於砝碼盤內須加若干重、乃可使

第九十六圖

一百十一

物理學　第九章　電學

下、則感電溜自右向左。

試驗第二百零三　以絕電細銅絲製圈、名曰副圈、調於前法所用之電表、將磁條之正極插入、（第三百四十八圖）而觀針之躍動、驟提出之、觀其躍動較前何如、復以負極如前法試之。

以此法與前文試驗第二百零二參觀、可見銅絲圈移動、或磁鐵移動、其效相同、蓋凡銅絲交磁力線、則感成電溜也。

試驗第二百零四　以粗銅絲製圈、曰正電圈、令其大小合宜、可插入副圈之內、而與電池相連、仿前銅絲圈之法插入之、則其功效相同、由是何故。（第三百四十九圖）

第三百四十八圖

三百六十

图 2-7　书中有关实验的插图

商务印书馆出版的《最新中学教科书》系列，已经具备了一些现代教科书的特点：按照学制规定，按学科门类、年级等编制，有配套的教学参考书。《最新中学教科书》系列取得了巨大成功。何德赉原书在美国已经赢得好评，该书序言中写到：“其书在本国已称善本，能以浅近之词，解深妙之理，而独重试验，最宜初学。”其翻译出版满足了新学制颁布实施后对教科书的需求，对自编教科书有参考借鉴作用。

五、商务印书馆版《物理教科书》分析

（一）基本信息

1904—1908 年，商务印书馆分 9 本陆续出版伍光建编《物理教科书》（10 卷）。这套书的书名有多个。从封页看，这套书编入了商务印书馆的《最新中学

教科书》系列，同时可能是为了和该系列中的其他物理教科书区别，该书的版权页书名为《物理教科书》，商务印书馆的广告称为《伍氏物理学》。

为了便于和这个时期商务印书馆出版的其他物理教科书区别，以下统称为“伍光建编物理教科书”（图 2-8）。

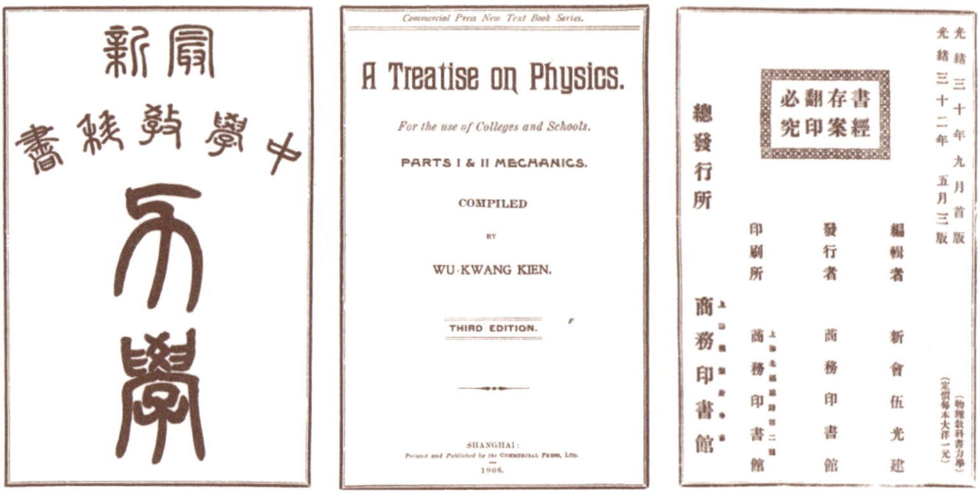

图 2-8　伍光建编物理教科书的《力学》封面、英文书名页、版权页

至 1921 年，商务印书馆仍在出版伍光建编物理教科书，是年，在商务印书馆出版的陈学郢编《实用教科书物理学》书后，有一则伍光建编物理教科书的广告，并称其为“研究物理学者必读之书”。

（二）结构与内容

1. 体系结构

伍光建编物理教科书，包括了基础物理学各个分支的内容，物理学知识内容系统、完整、丰富。将力学、热学、声学、水学、光学、电磁学等各个领域的内容按卷编写，并将无线电、X 射线、放射性等物理学最新进展的内容编入相关章节。作为教科书不可缺少的内容之一，伍光建编物理教科书各卷均附有学生课后习题。

该书具体体系结构如下。

第一卷　力学　上

第一章　发端

第二章 物性

第三章 本源么匿

第四章 直动

第五章 奈端动例

第六章 合力

第七章 合动

第八章 奈端吸力通例

第九章 地心吸力

第十章 时摆

第十一章 坠物

第十二章 抛物之动路

附课题

第二卷 力学 下

第十三章 相称之力

第十四章 助力器

第十五章 重心

第十六章 物之僻性

第十七章 简谐动

第十八章 直碰

第十九章 斜碰

第二十章 功能

附课题

第三卷 水学

第一章 压力试验

第二章 压力演算

第三章 求重率法

第四章 细管吸力

第五章 流水之力

附课题

第四卷 气学

第一章 气质之性 空气 空气表

第二章 气质涨力 波勒例 压力表

第三章 空气浮力 气球

第四章 抽气机

第五章 空气表求高法 气涨图 流动质过管压力

附课题

第五卷 声学

第一章 振动

第二章 回射

第三章 弦管

第四章 条片之振动

第五章 以光显声浪

第六章 感声

第七章 音律

附课题

第六卷 热学

第一章 涨缩略论

第二章 实质涨率

第三章 流质涨率

第四章 气质体涨及密率

第五章 变质

第六章 燥湿

第七章 引热之理

第八章 热之传射

第九章 热量

第十章 寒热之源

第十一章 动热相生之数

第十二章 汽机

第十三章 原热

附课题

第七卷 光学

第一章 像 影 光之速率 光浓率

第二章 反射 反光镜

第三章 单折射 离角 限角 折射指数

第四章 透光镜 演算

第五章 光带 色差

第六章 色 虹 燐光 弗光

第七章 光器

第八章 视官 欺眼法 眼镜

第九章 光浪 光浪生克 折射

第十章 双折射 极光 晶颗色环

附课题

第八卷 磁学

第一章 磁性

第二章 赋磁法

第三章 磁力例

第四章 地磁

第五章 钢铁磁性

第六章 磁性物

附课题

第九卷 静电学

第一章 电之推吸

第二章 电力例

第三章 感电

第四章 发电机

第五章 蓄电器

第六章 电平 电力

第七章 量电表

第八章 电量 通感系数

第九章 放电之效 电能

第十章 空际之电

第十一章 电源

附课题

第十卷 动电学

第一章 电池

第二章 流电表

第三章 阿穆例

第四章 流电量法

第五章 流电生热

第六章 热电

第七章 流电动学

第八章 电磁 量安表 电报

第九章 流电化功 副电池 电镀

第十章 电磁发感 电澜 自感系数

第十一章 总论么匿

第十二章 德律风 感电圈 负极光 朗根光

第十三章 代那模 模托 调平器

第十四章 电浪 无线电报

附课题

2. 内容

该套书第一、二卷为力学，共20章。第一至十二章为第一卷。第一章引言，具体内容有：物理学研究物的变化，通过实验寻找变化规律。第二章物性，具体内容有：物体的位置、大小、可分性、耐压性、弹性、惯性，物体内部有微小空隙等。第三章基本单位，具体内容有：时间、长度、质量的基本单位、质量与重量的区别。附中、英、法长度、质量单位换算表。第四章直线运动，具体内容有：位置、路径、速率，变速运动、加速度，匀变速直线运动举例。第五章牛顿运动定律，具体内容有：力改变物体的运动、牛顿三定律、力的叠加及合力、力的基本单位、力的测量方法。第六章合力，具体内容有：力的图示、平行四边形作图法求合力、实验法求合力。第七章运动合成，具体内容有：速度的大小和方向、速度合成、匀速圆周运动的向心加速度。第八章万有引力定律，具体内容有：万有引力定律、牛顿管实验、单摆运动、月球绕地运动加速度计算、验证牛顿引力定律。第九章地心引力，具体内容有：重力加速度的测量、落体实验法和伽利略斜面实验法。第十章时摆，具体内容有：单摆运动、单摆周期公式、地球表面不同地点单摆周期的变化、地心引力随地点的变化。第十一章落体，具体内容有：自由落体运动、上抛物体的运动。第十二章抛体运动的轨迹，具体内容有：斜抛、平抛、抛体轨迹的实验演示、抛体轨迹计算。

第十三至二十章为第二卷。第十三章平衡力，具体内容有：三力平衡、力矩。第十四章简单机械，具体内容有：杠杆、杆秤的刻度方法、滑轮、轮轴、齿轮、斜面、尖劈、螺丝。第十五章重心，具体内容有：重心定义、两个质点的重心、匀质杆和面的重心计算、物体重心的实验求法。第十六章物体在力的作用下表现出来的性质，具体内容有：弹性、塑性，硬度。第十七章简谐运动，具体内容有：简谐运动、周期；钟摆运动是简谐运动；两个简谐运动的叠加。第十八章正碰，具体内容有：碰撞前后动量不变、弹性碰撞举例、完全非弹性碰撞举例。第十九章斜碰。第二十章功和能，具体内容有：功、功的计算、功的单位马力；能、能的分类、能的传递和转化、能量不变；能的耗散。

第三卷为流体学。第一章压强实验，具体内容有：液体压强实验演示、帕斯卡定律、密度。第二章压强的计算。第三章密度的求法。第四章毛细管吸力，具体内容有：毛细现象、毛细管。第五章液体压强的应用，具体内容有：液体压强的利用、水压机。

第四卷为气体学。第一章气体的性质和空气，具体内容有：气体与固体的差别是液体无确定形状，气体与液体的差别是气体无确定体积；气体膨胀和压缩实验演示；气体有重量；气体压强；空气的组成；大气压；大气压测量实验；气压表；气压变化与天气；气压随高度变化。第二章气体压强，具体内容有：

玻意耳定律、玻意耳定律实验演示、玻意耳定律的偏差；压强计；气体密度。第三章大气浮力，具体内容有：气体的浮力、气球、气球牵引力计算。第四章抽气机，具体内容有：单筒抽气机结构和工作原理、双筒抽气机及多种实用抽气机。第五章用气压表求高度，具体内容有：由气压差求山的高度，水管和气管所受压强。

第五卷为声学。第一章振动，具体内容有：物体振动发声；传声、空气和水传声；波、空气中的声波；声波波长；声的强弱；管传声实验；声速、牛顿声速公式；声在各种气体、液体和固体中的速率。第二章声的反射和折射，具体内容有：声波遇障碍物反射、回声；声波折射演示实验；用萨氏齿轮法、多孔轮法等求声振动次数。第三章弦、管，具体内容有：弦振动发声、弦振动定理五条；管盛气、吹气振动发声；乐管实验；风琴。第四章条片的振动，具体内容有：条片（其长远大于宽和厚的长条）、钢条最宜发乐音；条片的直振动、音叉、条片的横振动；薄片的振动、鼓。第五章以光显声浪，具体内容有：光显声波法、两平行振动的叠加、两垂直振动的叠加、写声机、爱迪生留声机。第六章声波共振，具体内容有：声共振实验、助听装置、人体发声和听声。第七章音律，具体内容有：中国古音律、中西音律比较。

第六卷为热学。第一章热胀冷缩简介，具体内容有：热胀冷缩现象、液体的热胀冷缩、温度计。第二章固体的热膨胀率，具体内容有：固体热膨胀、固体线膨胀率的测量、各种材料的线膨胀率表、钟表胀缩摆。第三章液体的热膨胀率，具体内容有：水的热膨胀、水银的热膨胀、各种液体的热膨胀率表、不同温度下水的密度表。第四章气体的热膨胀和密度，具体内容有：查理定律、压强不变情况下各种气体的热膨胀率表。第五章物态变化，具体内容有：熔化、熔点、熔化吸热、熔点与压力关系、物质熔点表、凝固、汽化、液化。第六章空气湿度，具体内容有：湿度、湿度计。第七章热传递，具体内容有：热传导、固体材料的热传导率、液体的热传导、液体对流、气体对流。第八章热辐射，具体内容有：热辐射、辐射定律六条、热辐射实验、材料的反射系数和吸收系数。第九章热量，具体内容有：量热法、量热器、潜热。第十章热的来源，具体内容有：摩擦生热、碰撞生热、化学反应生热、太阳辐射热。第十一章热功当量，具体内容有：热功当量、测量热功当量的实验方法。第十二章蒸汽机，具体内容有：结构和工作原理、功率及其单位马力、热机效率。第十三章热的本质，具体内容有：热辐射说、热运动说。

第七卷为光学。第一章像、影、光速、光强，具体内容有：光、光线、小孔成像、影、日食、光速、光速测量方法、光强、光强计。第二章反射和反光镜，具体内容有：光的反射和反射定律、反光镜、平面反光镜、球面反光镜。第三章折射，具体内容有：折射、折射定律、全反射、海市蜃楼、三棱镜、折射率的测定方法。第四章透镜，具体内容有：透镜及其种类、透镜公式、焦点、透镜成像的光路图法和计算法。第五章光谱和色差，具体内容有：光谱、光谱分析、色差。第六章光学现象解释，具体内容有：物体的颜色、光的合成与颜色、彩虹、磷光等。第七章光学仪器，具体内容有：显微镜、望远镜、照相机。第八章视觉器官、错觉、眼镜，具体内容有：眼球的结构和成像、错觉、眼镜。第九章光波，具体内容有：光本性的微粒说和波动说、光速测量方法、用光的波动说推出反射定律、光波叠加、牛顿环。第十章双折射、偏振光，具体内容有：双折射、双折射定律、偏振光。

第八卷为磁学。第一章磁性，具体内容有：磁、两极、吸引和排斥、磁性假说、磁针排列、磁场、磁感线、磁化、磁感线分布图、匀强磁场。第二章磁化方法，具体内容有：钢条与磁铁摩擦磁化、电磁化、地磁场磁化、磁堆、消磁、退磁。第三章磁力定律，具体内容有：磁极、磁力定律、扭秤、摆动法及其应用、磁力测量、力线、磁场力、磁矩的比较。第四章地球磁场，具体内容有：磁针的指向，地磁倾角、磁偏角及其变化，地球磁极的移动，航海罗盘。第五章钢铁磁性，具体内容有：铁条的磁化、磁导率、磁滞回线。第六章磁性材料，具体内容有：物质的磁性、弱磁性材料磁化率及其测量、磁介质。

第九卷为静电学。第一章静电吸引和排斥，具体内容有：摩擦起电、带电体之间的吸引和排斥；导体和绝缘体、绝缘架；验电器；电本性假说。第二章库仑定律，具体内容有：库仑定律、库仑扭秤和电摆实验；静电力作用的范围、电场线。第三章静电感应，具体内容有：静电感应带电、电荷在导体表面的分布、静电屏蔽。第四章起电机，具体内容有：摩擦起电机、感应起电机、起电机实验。第五章电容器，具体内容有：蓄电片、莱顿瓶。第六章静电平衡，具体内容有：静电平衡、电势、等势面。第七章电压表。第八章电荷量，具体内容有：电容器所带电荷量、并联电容器、介电常数。第九章放电，具体内容有：放电电火、电火的形状、盖斯勒管、放电的热效应、磁效应等。第十章大气电，具体内容有：大气中电的测量、北极光。第十一章电源，具体内容有：摩擦起电电源、碰撞电离、光电效应、生物电。

第十卷为动电学。第一章电池，具体内容有：伽伐尼发现电流、伏打电堆、克拉克标准电池。第二章电流计，具体内容有：磁效应电流计、其他多种电流计、电流的方向、电流的单位。第三章欧姆定律，具体内容有：欧姆定律、电池组、分路电阻、电阻箱。第四章电流测量方法，具体内容有：电阻法、惠氏法、安培表法、电量法。第五章电流的热效应，具体内容有：电流热效应、焦耳实验、焦耳定律、电灯、电灯的接法。第六章温差电，具体内容有：温差电现象、温差电定律、温差电温度计。第七章电流动力学，具体内容有：安培定理、电流在磁场中的运动、地磁场对电流的作用、螺线管。第八章电流磁效应，具体内容有：通电螺线管的磁场、安培表、电报、大西洋海底电报电缆。第九章电流的化学效应，具体内容有：水的电解、电解定律、电解假说、电流冶金、电镀。第十章电磁感应，具体内容有：法拉第电磁感应实验、感应电流、自感。第十一章单位制，具体内容有：基本单位，导出单位、量纲、实用单位、单位换算。第十二章电话和感应线圈，具体内容有：电话、感应线圈、克鲁克斯低压放电管、阴极射线、X 射线，天然放射性射线。第十三章发电机、电动机和变压器。第十四章电磁波和无线电报，具体内容有：赫兹检验电磁波实验、无线电报。

3. 特点

（1）满足“癸卯学制”对物理教学的要求。

伍光建编的这套教科书，主要是满足“癸卯学制”对物理教学的要求。南洋公学在中国近代自编教科书的历史上曾起到开先河的作用。学界通行的说法是，1897 年，南洋公学设立相当于小学的外院，师范生陈懋治等人编《蒙学课本》三编，是为我国人自编教科书之始。[①] 1900 年后伍光建任南洋公学提调时，正是中国近代教科书诞生和发展的初期，他自身的留学经历，在英语、文学和

① 毕苑．建造常识：教科书与近代中国文化转型［M］．福州：福建教育出版社，2010：85．

物理学等方面的极高造诣，都为他编写出高水平的物理学教科书创造了条件。伍光建有机会和能力接触、学习英文物理学著作，他编写的物理学教科书更多地吸收和借鉴了英文物理教科书的内容。

伍光建在自己的教科书中没有述及他编写教科书的主旨，但就在他出版《力学》和《热学》卷首版的1904年，他却为何德赉著、谢洪赉译《最新中学教科书物理学》撰序，该书和他的书一同列入商务印书馆《最新中学教科书》系列。在这个序言中，伍光建反思中国近代屡遭列强欺辱，探索强国之路的过程。他认为，我国在向外学习中最初曾关注翻译工艺制造方面的书籍，但有些技术工艺“技成屠龙，无所用之”，研究欧美政教的则是“横议尤多，空言无补”。他引用英国学者巴克尔的观点，认为：“进化之功，艺学居十之九，而政教之力不与焉，虽艺学与政教之功，未必果有如是之比例，然政教之不敌艺学，殆无疑义焉，欧美艺学之兴不过二百年，其创造轮船铁路，不过百年，而富强莫比，识者以谓格物之功，居其大半，盖格物者其体，而工艺制造者其用也，今日言富强者，舍是将安归耶……”

伍光建编物理教科书满足新学制的要求，自出版后至民国初年一直在发行使用，作为自编教科书，伍光建编的这套教科书标志着我国自编物理教科书的初步成型，推动了我国物理学教育的本土化。

（2）篇幅大，内容齐备。

在清末出版的中学物理教科书中，伍光建编的这套教科书的篇幅是最大的。商务印书馆曾在广告中称其“诚不愧理科之大著作也”“其材料之富，理法之新，可谓登峰造极”。[①]

按“癸卯学制”规定，中等学堂仅在第四年开设1年物理学和化学，每周学时4小时。伍光建编的这套教科书，虽然按照学制规定的内容展开，但内容的深度和广度在这样的教学计划中是无法完成的。这套书有可能用于大学预科物理学教学。

（3）图文并茂，插图丰富、生动、精美。

伍光建编物理教科书各卷配有插图数十幅至一二百幅，如《力学》有插图

---

① 陈学郢．实用教科书物理学［M］．上海：商务印书馆，1921：书后广告页．

110 幅，《静电学》有 132 幅，《声学》全书正文 117 页配有插图 104 幅。这些插图主要是呈现物理现象、实验仪器设备、实验场景等。

难能可贵的是，书中插图不仅是选自国外教科书，也有相当数量是自己绘制的。这些自绘插图，绘画生动、精美，颇赋感染力。

图 2-9　实验倒像法

图 2-9 是《光学》中讲解小孔成像的插图。“以硬纸做小孔，置烛前，烛像现于架上，如图。孔大则像模糊，孔愈小则像愈清晰”。

（4）重视物理实验。

该教科书注意通过实验呈现物理现象，从观察现象入手引出概念，通过实验揭示现象之间的联系，总结规律，建立定律。该书演示实验内容丰富，如《静电学》中有物理实验 44 个。

图 2-10 是声波反射实验，书中写道：“试以凹镜两面布置如图。置时表于凹镜之聚光点。时表之声射于凹镜之面而回射至于彼镜之聚光点。若以收声管听之，则时表之声历历可闻。”

图 2-10　声波反射实验

图 2-11 为声波折射实验。伍光建从光的折射类比引入声的折射，说明声也能像光一样，发生折射汇聚于一点：“光能折射，试以凸镜持向日，日光为所折射而聚于一点，其力足以燃物。而声亦然。若从密率小之物，如空气，入密率大之物，如玻璃或碳氧二等类，则亦折射而聚于一点。”接着介绍演示实验：“试

以钢圈两面镶以凸形薄皮，以照相用棉花药胶皮为宜，中灌碳氧，如图第十六，置时表与甲，则在凸盒后之一点乙，闻表动之声最为清楚。甲乙两点同在凸盒轴上，盖表声为炭气所折射而聚于乙点也。”教科书为学习者介绍了一个课下完成的胶皮小气球实验：“平常试验可以胶皮小气球，实以炭气而试之，其效果亦同。若改实轻气则无聚生声点。如光之入凹镜然，其光线散而不聚。”

图 2-11　声波折射实验

附录 1　江南制造局版《物理学》目录

第六节 分性

第七节 隙积性

第八节 变积性

第三章 运动物质及力之通论

第一节 运动及静止

第二节 均等运动

第三节 不等运动

第四节 无碍直坠

第五节 垂直掷动

第六节 物质

第七节 力

第四章 物体之公力

第一节 定义及通览

第二节 质点摄力

第三节 凝聚力

第四节 黏力

第五节 重力

第六节 宇宙摄力

卷二 重学 定质重学

第一章 力之平均分合及重心

第一节 平均之定义及要旨

第二节 力之合成及分解

第三节 重心

第二章 器具

第一节 器具通论

第二节 单式器具

第三节 复式器具

第三章 运动通论

第一节 运动之类别

第二节 撞击

第三节 抛掷运动

第四节 悬摆运动

第五节 循心运动

第六节 运动之三则

卷三 重学 流质重学

第一章 流质总论

第一节 流质之本性

第二节 流质之性质

第三节 流质中所有压力之波及

第二章 流质本重之压力均等波及

第一节 总括

第二节 流质之下压力

第三节 流质之侧压力

第四节 连通管

第五节 在一器中之流质能平均之理

第六节 流质之上压力

第七节 在流质中物体之状态

第八节 较重之测定数

第三章 流质之运动

第一节 水之运动总论

第二节 流质之流射

第三节 射出之水数

第四节 由管而射出

第五节 水车

卷四 重学 气质重学

第一章 气体通论

第一节 气质之本性

第二节 气质之性质

第三节 比较定质及气质

第四节 空气有压力及其压力之强度

第五节 就被关于一所之稠密空气以验其压力所在及强度

第二章 空气压力之致用

第一节 风雨计

第二节 呼吸及吸水饮水

第三节 虹吸

第四节 滴管

第五节 吸水筒

第六节 压水筒

第七节 空气之上压力及轻气球

第三章 扃闭空气于器中令稠密以用其压力

第一节 海伦球

第二节 防火水龙

第三节 气质涨力表

第四节 风箱

第五节 蓄气筒

第六节 压气机

第七节 泳气钟

第八节 抽气机

中篇

卷一 浪动通论

第一节 浪动质本性

第二节 浪动之种类

第三节 浪动之要义

第四节 浪动之定律

卷二 声学

第一章 声音总论

第一节 声之本态及发生

第二节 传声之理

第三节 传声之速率

第四节 声之大小

第五节 回声

第六节 折声

第二章 乐音及紧要发音体

第一节 乐音

第二节 音隔

第三节 弦音

第四节 板面乐音

第五节 吹音音（管）

第六节 留声器

第七节 摩汤生音

第八节 感音及增音

第九节 复音及音趣

第十节 交音

卷三 光学

第一章 发光及传光

第一节 光之要义

第二节 光之本性

第三节 光源

第四节 传光

第五节 光之浓淡

第六节 光行速率

第二章 回光

第一节 回光总论

第二节 平面回光镜之现象

第三节 凹回光镜所现诸象

第四节 凸回光镜之现象

第三章 折光

第一节 折光总论

第二节 论平面玻璃上之折光线

第三节 论凸透光镜之折光

第四节 论凹透光镜之折光

第五节 并列透光镜

第四章 论光之分列色

第一节 光与色

第二节 论光之吸收

第三节 日光光带及各种色之功用

第四节 减光色差

第五节 光带上之分列光色

第五章 光学器具

第一节 眼目

第二节 单式显微镜

第三节 复式显微镜

第四节 日光显微镜

第五节 影戏灯

第六节 暗箱及照相法

第七节 视画箱

第八节 望远镜

第六章 光之本性

第一节 论光之本性

第二节 以脱震动景状

第三节 论回光

第四节 论折光

第五节 交光浪

第六节 弯曲光

第一节 磁性之定义及其种类

第二节 磁铁之吸引力及指向力

第三节 磁铁互现之功用

第四节 磁铁之感应

第五节 制磁铁及其引重力

第六节 磁铁之排列

第七节 地球之磁性

第八节 磁铁之偏倚

第九节 磁铁之倾斜

卷二 电学上 静电气

第一节 电气之现象

第二节 电气之分及易导体难导体

第三节 阳电气阴电气

第四节 电气之感应

第五节 物体上所有电气之排列

第六节 电发火光及电感应

第七节 附增电器

第八节 发电机

第九节 聚电器

第十节 摩电气之作用

第十一节 电气之本态

第十二节 空气中电气现象

卷三 电学下 动电气

第一章 动电气之生起及强弱

第一节 切电气、瓦尔华尼电气

第二节 发动电气之定律

第三节 单个切电源

第四节 多连切电源

第五节 不变电源

第六节 蓄电池

第七节 热电气

第八节 电行力强弱及传电体之阻力

第二章 动电气之功用

第一节 动电气功用之种类

第二节 生理上功用

第三节 发热功用

第四节 发光功用

第五节 化物功用

第六节 电气化分之致用

第七节 运动功用

第八节 磁铁上功用

第九节 附电气功用即感应电气

第三章 电气之磁性及附电所有工艺中致用

第一节 电报机

第二节 电气铃及电气时辰表

第三节 电气原动机

第四节 电语机及显微声机

第五节 电气发动机

电学附录 动物电气

卷四 气候学

第一章 包围地球之气质即空气

第一节 空气压力

第二节 空气之流动即风

第二章 地球上之热

第一节 空气之热

第二节 每日温度与每年温度之差异

第三节 地球上热度之分受

第三章 空气之湿度

第一节 空气中之水气

第二节 验湿气及湿度表

第三节 空气中沉降物

第四章 空气中光学之现象

第一节 朝夕之朦气光

第二节 天空之青色

第三节 日晕月晕及副日

第四节 虹霓

附录2 商务印书馆版《最新中学教科书物理学》目录

序

教授要言

释名

总引

第一章 体力与准个

第二章 物质之性

第三章 定质重学

一 动 速率 力

二 工程 工力

三 摄力 地心摄力

四 坠体

五 摆

六 机器

第四章 液质

一 液质之合点力

二 液质重学

三 重率

第三编　民国时期的教科书

第三章　民国初期的物理教科书（1912—1922）

一、教科书编写背景

（一）社会背景

1911 年辛亥革命爆发，清王朝覆灭，中国结束了长达两千多年的专制统治，第一次建立了共和政体。

1912 年是中华民国的元年，在南京成立了新的政府。1 月，孙中山就任临时大总统，教育总长为蔡元培。2 月，蔡元培就民国的教育问题发表了《对于新教育之意见》一文，他在论述民国教育的宗旨时提出“五育”的观点，即“军国民教育”“实利主义教育”“道德教育”“世界观教育”和“美感之教育”。[①]

民国的建立，对于民众的生活产生了很大的影响，人们对中国的发展，特别是新式教育有了新的期盼。孙中山与蔡元培都对教育问题非常重视。蔡元培认为：“至民国成立……其精神不在提倡革命，而在养成完全之人格。所谓‘养成完全之人格’，意欲根本提高国民素质，藉以从本质上加强国力。这一人格，不是畸形的，而是完全的；不是奴性的，而是自主的；不是自私的，而是国民的。”[②]

对于教育的改革，孙中山适时地签署了一些教育改革的文件，如 1912 年 1 月发布的《普通教育暂行办法》（简称《暂行办法》）和《普通教育暂行课程标准》。在《暂行办法》中，政府严格要求各学校所用教科书必须符合民国确立的共和宗旨，还明令禁止使用清朝官方主持编订的（如学部颁行的）教科书。在《暂行办法》中还强调，注重培养学生的实用技能，这反映了社会对新式教育的期许。

---

① 刘英杰．中国教育大事典［M］．杭州：浙江教育出版社．2001：735.

② 中国蔡元培研究会．蔡元培全集：第三卷［M］．北京：中华书局．1997：12.

1913年袁世凯任大总统，同年10月，在其操纵下制定的《天坛宪法草案》提出“国民教育以孔子之道为修身大本”。1915年袁世凯发布了《教育要旨》和《特定教育纲要》，具体措施有：恢复尊孔祀孔，改定民国元年临时教育会议确定的教育方针，重新把儒学作为学校教育的基本课程。袁世凯政府之所以推崇儒学，是出于政治动机而非文化动机，是想借儒学中的等级思想来抵制革命民主思想，因而引起革命民主人士的强烈愤慨和奋起反击。随着帝制的破产和袁世凯的病亡，特别是在新文化运动的冲击下，封建教育回潮势头受到遏制。[①]

随着新文化运动的兴起以及“五四运动”的爆发，提倡政治民主和科学进步，反对封建的旧传统、旧道德、旧礼教的呼声日益高涨，为国外各种文化思潮与流派的传入敞开了大门。在教育领域内掀起了一个批判传统封建教育，宣传、介绍西方教育理论、教育流派的热潮。

（二）教育概况

1912年9月，教育部颁布《中学校令》，当中规定教育的宗旨是“以完足普通教育、造成健全国民”。关于学校的系统问题，教育部曾规定了一个学校体系，并附有9条说明。这些文件于1912年9月公布，称为“壬子学制”。到1913年8月，教育部又陆续颁布了各种学校规程，对新学制有所补充和修改，形成了一个更加完整的学制系统，称为“壬子癸丑学制”。

该学制主要参照日本“明治维新”后的新学制拟定，施行到1922年。从学制的发展来看，民国初期的“壬子癸丑学制”的课程设置与清末的“癸卯学制”相比，已经有了较大的进步。具体表现在以下几个方面。

（1）课程门类由12门增至13~15门，略有增加。

（2）保证女子的受教育权利，并得到强化；国家鼓励开办女子学校，还要求专门为女子设置特殊的课程。

（3）取消读经与讲经的课程，增加实用性的文化知识课程，进一步体现教育的实用性原则。

（4）“五育并举”的指导思想代替了“中体西用”的指导思想。

① 孙培青．中国教育史［M］．上海：华东师范大学出版社，2008：359-360.

在教科书审定方面，1912 年 5 月，教育部公布的《审定教科图书暂行章程》可以说是民国第一个有关教科书编审制度的法令法规。该章程共 11 条，规范的对象包括小学校的教师用书、学生用书和中学校学生用书。规定教科书必须在出版前呈教育部审定，教育部以公报形式公布已经审定的图书，经过审定的图书可以在每册书面载明“某年月日经教育部审定”的字样。经审定通过的物理教科书的样例如图 3-1 所示。

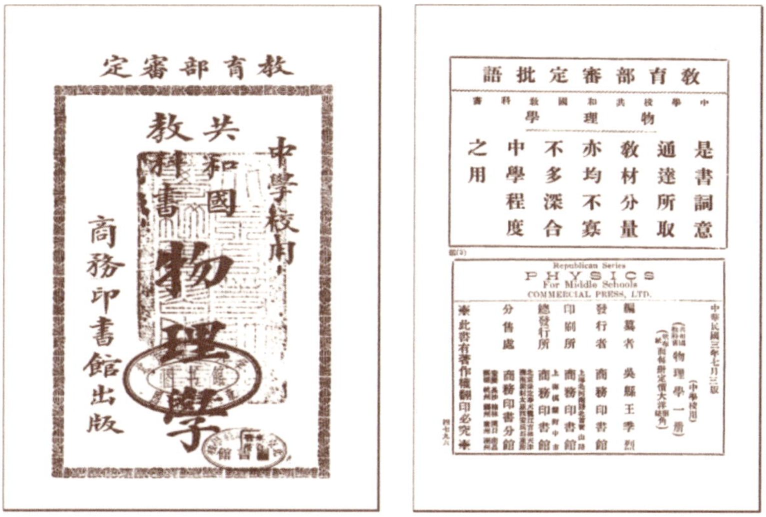

图 3-1　经审定通过的教科书封面和封底样例

同年 9 月，教育部又公布了《审定教科用图书规程》和《各省图书审查会规程令》。民国初年，根据教育的实际情况，各校教科书的使用由各省图书审查会监督检查，规定“图书审查会直隶于省行政长官”。参加评审的成员主要由省视学和各级学校校长组成，职责是审查该省小学校、高等小学校、中学校、师范学校使用的教科书，并规定“图书审查会审查教科用图书，以经教育部审定者为限”以及“中学校教科用图书，由校长就教育部审定图书内择用之”。[①]

在民国初年，部分物理教科书籍选用清末所采用的物理教科书，同时物理工作者根据政府颁布的教育条例，来编纂新的物理教科书，但此时的物理教科

① 中国第二历史档案馆．中华民国史档案资料汇编（第三辑）教育［M］．南京：江苏古籍出版社，1991：875．

书不乏受到先前所传进中国的物理教科书的影响。

为了加强管制，在1914年年底，教育部颁布《整理教育方案草案》，设教科书编纂处，任命熊崇煦为主任，选派顾树森、黎锦辉等十人为编纂员，定《教科书编纂纲要》。不久，教育部组建教科书编纂纲要审查会，规定该会的职能是"审查教科书编纂纲要之适法与否"，并对教育总长负责。审查员由教育部职员或具有相当学历资格者组成，先制定草案征求意见，"以部定各科教则及教育总长提出某科应采之方针，为审查之标准"。[①]

二、教科书总体介绍

民国成立之后，国家十分重视对旧教育的改造，对教科书的编写尤其重视，为教科书的发展提供了一个重要的契机。

（一）课程设置

1. 教学科目及学时安排

根据"壬子癸丑学制"的要求，采用男女受教育平等的原则来设置具体课程内容，分别制定男子中学的课程计划和女子中学的课程计划。"物理·化学"学科的开课年级大幅度提前，"壬子癸丑学制"中的"物理·化学"学科是在中学三年级（十年级）开设的，周学时为4小时，而"壬子学制"中的"物理·化学"学科是在十三年级开设的。

2. 中学物理课程标准

在推行新学制时，1912年12月颁布的《中学校令施行规则》中规定："物理化学要旨在习得自然现象之知识，领悟其中法则及对于人生之关系。物理化学宜授以重要现象及定律，并器械之构造作用，元素与化合物之性质，兼课实验。"在1913年3月颁布的《中学校课程标准》中规定了物理知识在三年级讲授，教学内容包括力学、物性、热学、音学、光学、磁学和电学。

① 中国第二历史档案馆．中华民国史档案资料汇编（第三辑）教育［M］．南京：江苏古籍出版社，1991：879.

（二）教科书概况

1. 教科书概览

1915 年年初颁布的《特定教育纲要》指出“兴学由造就师范编辑教科书入手”以及“由部编辑小学、中学教科书，以确定全国教育之基础”，并且规定“中小学教科书于一定期限内编定颁发，国定制与审定制并行”。同年 7 月颁布的《国民学校令》规定“国民学校之教科图书，须用教育部所编行或经教育部审定者”。但从实际来看，“部编教科书”的设想并没有在民国初期实现。

为了应对民国初期科学教育的发展，也为了适应不同地区和不同专业的需求，教育部和各个出版社十分重视教科书的编写与出版。仅 1912—1922 年就编写出版了十几种中学用的物理教科书，比较典型的有《共和国教科书》系列、《民国新教科书》系列、《实用教科书》系列、《中华教科书》系列和《新制教科书》系列等。其中既有物理学者根据政府颁布的教育条例等编纂的物理教科书，也有相当部分参照外文教科书翻译、改编而来，参考书籍尤其以日文教科书居多。此外，还沿用了部分清末的物理教科书，如由王季点译述、上海商务印书馆出版的《新式物理学教科书》。

1912—1922 年出版的部分中学物理教科书信息如表 3-1 所示。

表 3-1　1912—1922 年出版的部分中学物理教科书

序号	出版时间	书名	责任者	出版地：出版社
1	1912 年	《新式物理学教科书》	王季点译述	上海：商务印书馆
2	1912 年	《中学物理学教科书》	余岩编著，倪文奎校订	上海：文明书局
3	1912 年	《物理学讲义》	陈学郢、严葆城编纂	上海：商务印书馆
4	1913 年	《共和国教科书物理学》	王季烈编	上海：商务印书馆
5	1913 年	《（讲习适用）理科教科书》	卢寿篯编著	上海：中华书局
6	1913 年	《物理学》	严葆诚编	上海：商务印书馆
7	1913 年	《民国新教科书物理学》	王兼善编	上海：商务印书馆
8	1914 年	《新中华自然科学》	华文祺、华汝成编著	上海：商务印书馆

续表

序号	出版时间	书名	责任者	出版地：出版社
9	1914 年	《中华中学物理学教科书》	黄际遇编著	上海：中华书局
10	1918 年	《新制物理学教本》	吴传绂编著	上海：中华书局
11	1918 年	《实用教科书物理学》	陈榥编纂	上海：商务印书馆
12	1919 年	《格致教科书》	商务印书馆编译所编译	上海：商务印书馆
13	1919 年	《实用物理教科书》	张文熙、邱玉麒合编	南昌：铭记印刷所
14	1920 年	《理科教科书理化篇》	卢寿篯编，姚汉章等阅	上海：商务印书馆
15	1920 年	《新中学物理学》	钟衡臧编著	上海：中华书局
16	1920 年	《最近物理学概观》	[日]日下部四郎太原著，郑贞文编译	上海：商务印书馆
17	1922 年	《开明物理学课本》	戴运轨编著	上海：开明书店

2. 典型教科书的选取

商务印书馆在民国初期为了提高自己教科书的竞争力，组织了一批有一定知名度的出国留学人员编纂了《民国新教科书》系列教科书，并特意将编纂者的信息标识在教科书上。《民国新教科书物理学》就是由在英国爱丁堡大学获得学士和硕士学位的王兼善编纂的。《第一次中国教育年鉴》写到："1912 年，中华民国创立后，教育部公布《普通教育暂行办法》，改称学堂为学校，令上海各书局将旧存教科书暂停使用，并公布审查教科书规程。此后，商务印书馆按新学制出版了不少教科书……其中使用最多的中学物理教科书是王兼善于 1913 年编写的《民国新教科书物理学》。"

中华书局成立于 1912 年 1 月 1 日，是仅次于商务印书馆的另一家出版中小学教科书的大型出版机构，该局因率先编出适合国体的《中华教科书》系列教科书，一时走在商务印书馆的前面，赢得了读者。同时在报上刊登《中华书局宣言书》，提到："立国根本在乎教育，教育根本，实在教科书。教育不革命，国基终无由巩固；教科书不革命，教育目的终不能达也。"其中，《中华中学物理学教科书》于 1914 年由中华书局出版，是黄际遇从日本留学归来后编写的，这本书深受他在日本留学经历的影响。

本研究选取的《民国新教科书物理学》和《中华中学物理学教科书》是民国初期物理教科书的典型代表，下面对两套教科书进行详细分析。

三、商务印书馆版《民国新教科书物理学》分析

（一）基本信息

《民国新教科书物理学》于 1913 年 5 月出版第一版，以后多次再版，全书正文 397 页。教科书后附有常用单位及换算表、实验用品表、正弦及正切表，以及中英名词索引等。封面如图 3-2 所示。

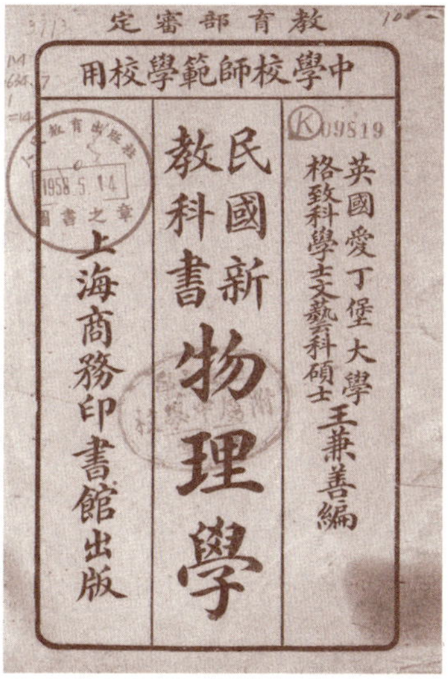

图 3-2 《民国新教科书物理学》封面

该教科书依据教育部新法令编写而成，专为中学校、女子中学校及师范学校、女子师范学校使用。

编者王兼善，上海人，早期赴英国爱丁堡大学学习，先后获得学士和硕士学位，还被清朝政府授予格致科进士。王兼善曾作为大臣随员出洋考察各国造币厂，并从 1911 年开始在几个造币厂任职，曾在商部高等实业学堂任过教员，在审计院、财政部印刷局等任过职，还在北京大学化学系执教。对于王兼善的教学成就，我国著名化学家曾昭伦曾写过这样一段文字："北大于 1913 年在理科门下设化学门。在最初阶段，老一辈的有名化学家如陈世璋、俞同奎、王兼善、丁绪贤等，实为本系教授的中心人物。"

（二）结构与内容

1. 体系结构

该教科书以声、光、力、热、磁和电的顺序展开，全书结构如下。

第一章 绪论

第二章 声学

第三章 光学

第四章 固体力学

第五章 流体力学

第六章 热学

第七章 磁电学

附录

2. 内容

全书分为七章，具体内容构成如下。

“绪论”介绍了人文科学和自然科学的定义、物理学的研究内容、物质和能量的定义，并用实验验证了物质的几种共有属性，即“物质不灭”“填充性”“不可入性”“质量及重量”“惯性”“有孔性”“可分性”。阐述了能量守恒定律，并列举了两个生活中的实例加以说明。最后说明物理学包括声学、光学、固体力学、流体力学、热学和磁电学（磁学和电学），将物质分为固体、液体和气体三种状态。

“声学”包括“成声之理”“声之速率”“声浪进行遇阻力后之结果”“强迫振动及感应振动”“乐音”“附各种振动体之研究”六部分内容。教科书首先用实验验证了声音是由振动产生的，它的传播需要介质，气体、液体和固体都可以充当这种媒介；然后用实验介绍了振动、全振动、横向振动、纵向振动、扭转振动以及弦振动；最后给出了声波的定义以及声波在气体、液体和固体中的速率。通过实验介绍声的反射、折射、干涉和衍射、受迫振动、感应振动和共鸣。介绍了乐音、噪音和声音的特性。通过实验研究音调和响度，介绍了音色、音阶等相关概念。研究了各种振动体，得出了弦线振动次数与长度成反比、与直径成反比、与单位长度的质量的二次方成反比的结论。通过实验解释了原音、节点、腹点、副音的含义，得出了空气柱振动次数与空气柱长度成反比、空气柱发副音时的分段数比发原音时多等结论。

“光学”包括“光之直达及速率”“光之大小”“光之反射”“光之屈折”“光之分散”“成光之理”六部分内容。教科书用实验说明光沿直线传播，接着同样用实验说明光的强弱与发光体的远近成反比。介绍了光的反射和折射，其中包括平面镜成像和球面镜，并给出了折射定律，在此基础上介绍了三棱镜、凸透镜、凹透镜和望远镜等光学仪器，并涉及球面像差和临界角等概念。接着讲了光的色散，提到了分光镜、彩虹和消色透镜等。用实验说明了光波、光的传播需要介质、光波是横波。

“力学”包括“运动学”“动力学”“静力学”“工作及能力之研究”（功和能的研究）“机械学”“滑车”六部分内容。“运动学”首先给出了运动、直线运动、曲线运动、速度、速率、匀速运动、变速运动等概念的定义，然后推导出匀加速运动的公式，并介绍速度的合成。“动力学”首先给出了力、动量、外力的定义，之后对牛顿运动定律展开研究、讨论，接着定量讨论了物体间的引力和自由落体运动，并研究了摆和万有引力定律。“静力学”讲了力的平衡和平衡的分类。“工作及能力之研究”首先讲了功的单位，之后讲了能的定义及分类，并分别详细介绍了势能和动能。“机械学”首先用实验说明了机械的效果，介绍了与机械有关的概念、定律，以及数种杠杆器械。“滑车”介绍了滑轮、轮轴、斜面、尖劈、螺旋等，其中着重介绍了滑轮。

“流体力学”包括“关于液体中分子力之研究”“关于流体中压力之研究”（关于流体中压强的研究）“关于流体浮力之研究”“关于空气压力之研究”（关于大气压强的研究）四部分内容。教科书开篇解释了何为流体力学，在关于流体中分子力的研究中，给出了分子力和表面张力的定义，然后用实验验证张力的存在，最后分析了毛细现象。在关于流体压强的研究中，用实验验证了帕斯卡定律，之后以水压机为例来说明定律的应用，并通过四个实验归纳出压强大小和流体深度、液体密度有关，和容器形状无关且各个方向压强大小相等的结果，最后简单地提到了连通器。在关于流体浮力的研究中，给出了浮力的定义，通过实验归纳出阿基米德原理，之后讲了三种测量密度的方法——比重瓶法、玻璃坠物法和浮称法。在关于大气压强的研究中，先通过一个实验归纳出空气有压强，之后又用三个实验验证并计算出大气压的大小，接着介绍了气压表、抽气筒、压力桶、抽水桶和压水桶。最后，以“为初学者所当知”的标准，简单介绍了玻意耳定律和空气的浮力，并通过实验探究了压强大小和气体体积变化间的关系。

“热学”包括“热与物体涨缩之关系”“比热之测量法”“热与物体变态之关系”（热与物态变化的关系）“热之传布”（热的传播）“热与工作之关系”（热与功的关系）五部分内容。教科书先讲了热学包含的内容，介绍了热胀冷缩现象，给出了温度、热量、冰点和沸点等概念，随后提出了膨胀系数这一概念，并分别对固体、液体和气体进行了具体研究。介绍了卡路里和比热容的概念，给出了比热容的测量方法，列出了一些常见物体的比热容。在关于物态变化的内容中，介绍了熔化、汽化，随后用实验验证了沸点和压强的关系。在关于热量的传播中，给出了热量的定义，并通过实验归纳出热量可以通过传导、对流和辐射三种方法传播。在热量与功的关系中，用实验验证了热量与功的相互转化，之后讲述了测量热量和功的转换关系的方法，提到了热功当量的概念，最后以热机为例说明其应用。

“磁电学”包括“磁之要性”“电之要性”“数种发电之要法”“量电之法”“数种工业上之紧要电具”五部分内容。教科书通过实验介绍了磁体吸铁或钢、磁化、磁极、磁体可指南北、同极相斥和异极相吸等内容。用实验展现了磁感线和磁场。通过实验引出电的概念，进而提到了正电和负电，之后由实验给出导体、绝缘体和静电感应的概念，最后将电与磁进行对比。介绍了起电盘、起电机、电池、电荷量、电位差等内容，研究了电流的测量，提到了安培和电流表，讲述了电阻、欧姆定律以及“异极接线法”和“同极接线法”，做了有关电容量的实验，介绍了蓄电器和莱顿瓶。介绍了电铃、电报、电话、白热灯、弧光灯、X 射线和电动机。

3. 特点

（1）注重实例的运用。

该教科书非常注重实例的运用，例如，在讲能量守恒定律时，先给出了定律内容，紧接着写道：“若将二手摩擦甚速，则觉手中发热，摩擦愈速，则发热愈大。是何以故？盖摩擦之能力，变而为热力之能力故也。”又如：“将重物高提，则须用力。然所用之力并不消减，盖该物既至高处，则下坠时即可发一种能力。常有用以打桩入地者，故提高时消耗之能力，变而为下坠时发生之能力。提之愈高则用力愈多，而下坠之力亦愈大。可知能力不能生灭。此处所生之能力即为他处所使之能力，且必相等。”丰富的实例不仅形象地向学生传递了更多的信息，更能直观、形象地传达知识，使学生易记、乐学，便于认识物理规律，同时还增加了教科书的趣味性，激发学生对物理的学习兴趣。

（2）加入大量的英文标注。

该教科书中出现大量的英文标注，这对我们的分析有很大帮助。这些英文标注包括人名、术语、音乐名词和单位等。今天，很多名词和概念都有了很大的变化和发展，而通过这些注释，我们就能很方便地了解当时的翻译情况和名词术语的使用情况。比如，书中将 Watt 翻译成“瓦德”，而今天译成“瓦特”。如果没有标注，就难以明了地理解它的含义了。

（3）重视声学内容的选取。

该教科书的声学内容较多，包括波动、声波、干涉、衍射、受迫振动、共鸣以及亥姆霍兹共鸣器等知识。特别是第五节的“乐音”内容比较多，长达 12 页，当中讲到的音律知识也比较多。为了讲清楚音乐中音阶的知识，第六节的标题是“附各种振动体之研究”，题名中加了一个“附”字，是为了说明本节是附属于上一节的，专讲管乐器和弦乐器的原理。让学生如此深入地了解音乐和物理的结合，有助于提高学生的综合素养。

（4）重视实验。

本书在“编辑大意”中提到：“书中试验与理论常相辅而行。理论常由试验推出或以试验证之。俾学者知试验之要用而养成其崇尚实验之心……”该教科书的呈现方式完全遵循“编辑大意”的宗旨。

教科书共设置了 118 个实验，编者在教科书编写过程中很重视实验内容的选取，尤其在声学和光学部分。这些实验大都贴近生活、简单易行，所用实验仪器基本上可以在日常生活中找到。另外，教科书在实验后都有归纳和总结，把感性的现象提升到理性的认识层面。

例如，教科书在介绍电池的时候，先做了一个将铜片和锌片放在稀硫酸中的实验，之后，归纳出化学反应可以产生电流，符合“理论常由试验推出”的理念。在研究颜色时，先交代了“物质之颜色系来自光中，而非物质所本有”，之后用实验验证了这一说法，最后在归纳时写道：“由此实验可知，各种颜色布之颜色并非其所本有，而实系来自光中。”同样，该教科书在呈现“成声之理”的时候，也是先给出了结论，即“声者何乃物质急速振动之结果”，然后用实验验证这一结论，如图 3-3 所示。即“取一音叉，如第三图 A。在桌上击之使发声。然后将音叉使之轻轻触与口中之牙上，则觉其振动急速”“取一大玻璃器，如第三图 B。使物擦之使发声。乃以一线所系之小通草球触于器上，则见该球振动甚速”，符合“以试验证之”的理念。

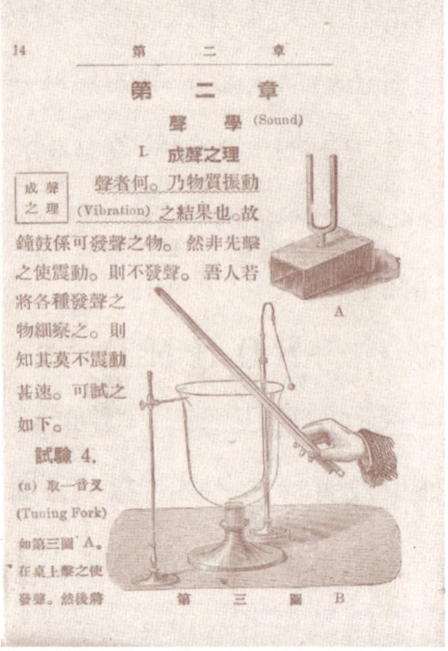
14　第　二　章

第　二　章

聲　學 (Sound)

I. 成聲之理

成聲之理　聲者何。乃物質振動 (Vibration) 之結果也。故鐘鼓係可發聲之物。然非先擊之使震動。則不發聲。吾人若將各種發聲之物細察之。則知其莫不震動甚速。可試之如下。

試驗 4.

(a) 取一音叉 (Tuning Fork) 如第三圖 A。在桌上擊之使發聲。然後將

图 3-3 “成声之理”实验节选

（5）充分发挥插图的功能。

该教科书中的插图包括：仪器仪表的示意图，如天平、电流计等；物理过程分析图，如力的示意图、光路图等；器械剖面图，如抽气机、电报等。图 3-4 为电压表的照片，图 3-5 为声波的波形图。该教科书中的插图能形象、生动地表明文字内容，直观地呈现物理过程，使学生借助插图可以构建一种物理图景，并形成有效的科学思维习惯，等等。

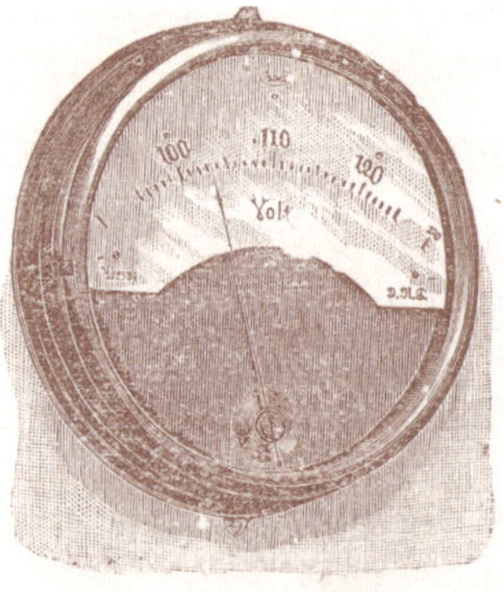

图 3-4　电压表的照片

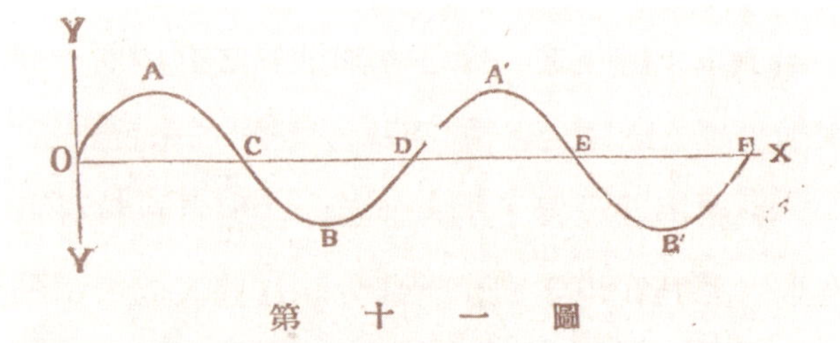

图 3-5　声波的波形图

（6）重视对物质属性的认识。

该教科书第一章“绪论”内容的选取极有特色。作者列出了物质的 7 个属性，即“物质不灭”“填充性”“不可入性”“质量及重量”“惯性”“有孔性”“可分性”。这样的介绍像是化学教科书的绪论，或许与王兼善的化学工作者的身份有关。他对于“可分性”的论述是：“考物质均属可分。故设铁一块，可分为二，复可分为四，以至于达极微之点。谓之分子者而后止。然以化

学之作用，分子尚可再分而成更小之点，谓之原子。学者学习化学后，自能详明之矣。”应该说，这是化学书中的原子论（不完整的）表述。这样的特色也很难为后来编写的物理教科书所采用。由此可见，当时编写者的自由度是很大的。

四、中华书局版《中华中学物理学教科书》分析

（一）基本信息

《中华中学物理学教科书》为中学校和师范学校用书，1914 年 3 月首次出版，以后又再版多次，32 开，共 238 页，编者为黄际遇。该教科书是以中村清二的《近世物理学教科书》、本多光太郎和田中三四郎合著的《最新物理学教科书》以及野田贞吉氏的《物理学》为根据，以陈学郢编译的《物理学讲义》为参考，再按我国具体的教学情况进行增减编写而成的。图 3-6 为该教科书的封面和封底。

图 3-6 《中华中学物理学教科书》的封面和封底

根据“编辑大意”所述，该教科书“遵照教育部定章编撰。专供中学校师范学校物理教科书之用”。该教科书内容的选取完全根据《中学校课程标准》的要求，内容顺序和名词呈现也完全一致。授课学时约 160 小时。

编者黄际遇生于广东澄海县，1899 年考取秀才，同年就读于汕头同文学堂，后于厦门同文书院学习日语。1902—1904 年入东京高等师范学校，学习期间把日本的《几何学》和《代数学》译成中文并出版。1906 年回国，黄际遇先后到天津高等工业学校和武昌高等师范学校任教。1921 年受教育部派赴欧美考察教育，到芝加哥大学研究数学，获得数学硕士学位。1922 年回国后，在武昌高等师范学校、开封中州大学（后改为河南大学）和广州中山大学任教。1927 年秋，他回到开封中州大学，后任河南大学校长。1930 年任青岛大学（后改为山东大学）理学院院长、数学系主任。1937 年任广州中山大学数天系（数学天文系）主任。抗战初期，随中山大学迁往云南。1945 年中山大学迁回广州时，黄际遇途经清远县白庙时不幸落水遇难。

（二）结构与内容

该教科书的编写既注意吸取国外专家编写教科书的长处，又考虑到中国的具体国情。

1. 体系结构

该教科书各编分别为力学、物性、热学、音学、光学、磁学和电学，每编 2~5 章，每章又由 2~10 小节构成，小节下还设有更细化的标题。由该教科书的“编辑大意”可知，该教科书体系结构的先后顺序是根据教育部所制定的课程标准设计的。

全书结构如下。

绪论

第一编 力学

　　第一章 运动

　　第二章 运动之定律

　　第三章 力

　　第四章 机械 工程 能力

　　第五章 振动

第二编 物性

　　第一章 总论

第二章 固体之性质

第三章 液体之性质

第四章 气体之性质

第三编 热学

第一章 热及温度

第二章 膨胀 比热

第三章 热之能力

第四章 融解 凝固 气化 液化

第五章 热之传导

第四编 音学

第一章 波动

第二章 音波

第三章 音之性质

第四章 发音体之振动

第五编 光学

第一章 光之进行

第二章 光之分散

第三章 光学机器

第四章 光之波动说

第六编 磁学

第一章 磁石之作用

第二章 地球磁气

第七编 电学

第一章 电气之性质

第二章 电流与磁气之作用 抵抗

第三章 电流之热及化学作用

第四章 感应电流

第五章 放电

2. 内容

该教科书除绪论外，共七编。绪论中简要介绍了都有哪些内容属于物理学范畴，并提到了单位的含义，以及物理学研究中的基本方法。

“力学”包括“运动”“运动之定律”“力”“机械 工程 能力”（机械 功 能量）“振动”五部分内容。教科书围绕运动学的基本知识给出了运动、速度和加速度的定义，并讲述了速度的合成与分解。然后，讲授了牛顿第一定律、牛顿第二定律以及力的单位，以及重力加速度、自由落体和抛体运动。另外，在给出了动量和动能的定义后，介绍了牛顿第三定律和匀速圆周运动。在“力”的内容中，选取了力及力的平衡、万有引力和重力、力的合成和分解、刚体、回转、作用于刚体各力的合成，以及平行力的合成，即力偶。

在基本知识后，介绍了简单机械，即天平、杠杆、滑车、轮轴。其中有功和功率的概念，以及机械上的力做的功等，之后是对这些知识的应用，即斜面、劈和螺旋。在“振动”的内容中涉及弹簧的简谐振动、单摆和复摆，在此基础上介绍了钟表的原理等。

“物性”包括“总论”“固体之性质”“液体之性质”“气体之性质”四部分内容。教科书涉及物质通常的一些性质、物质的三态、密度、比重、分子力、熔化、凝固、扩散、渗透等知识。介绍了有关固体的一些知识，例如，弹性及固体的弹性形变、摩擦力、阿基米德原理等。介绍了液体的有关内容，例如，表面张力、毛细现象、液体的弹性、液体的压强、帕斯卡定律、流体流动时的压强。对于这部分知识的应用，选取了浮秤、虹吸、吸水筒、压水筒等。介绍了有关气体的知识，例如，气体的弹性、气体的压强、托里拆利实验、气压与海拔高度的关系、晴雨表、排气筒。

“热学”包括“热及温度”“膨胀 比热”“热之能力”“融解 凝固 气化 液化”“热之传导”五部分内容。教科书主要介绍了热及温度的基本知识，有膨胀、比热容和热容量，并给出了常见物质的比热容，介绍了测量比热容的方法。随后介绍了热功当量，以及这些知识在生活中的实例和应用，如蒸汽机和煤气机。之后，提到了熔化和凝固、汽化和液化中的热学知识，还有熔解热、汽化热、蒸发、沸腾等，最后简略地提到了热传导和对流，但是没有细致地讲授。

“音学”包括“波动”“音波”“音之性质”“发音体之振动”四部分内容。在

“波动”中介绍了波、横波和纵波、波的反射、折射和干涉，以及波所具有的能量；在“音波”中介绍了声的传播及传播速度，随后介绍了声波的性质，声音的高低、强弱和音色，人的声音，声的和谐、共鸣。最后提到了发声物体的振动，如弦、音叉、木板，簧（乐器簧管）的振动，并介绍了留声机的发声原理。

“光学”包括“光之进行”“光之分散”“光学机器”“光之波动说”四部分内容。教科书涉及光学的基本知识，其中有光线、光的反射、平面镜成像、球面镜、光的折射、折射定律、全反射、双折射、透镜、焦距、物体的像、虹、透镜的色散、辐射、红外线、紫外线、光谱分析、分光器、物体的成色原因。光学仪器包括眼睛、望远镜、显微镜、照相机、幻灯机，在此基础上提到了光的波动说，即光的本质是波。

“磁学”包括“磁石之作用”“地球磁气”两部分内容。教科书所选取的内容比较少，介绍了磁体、地磁场。磁体的基本知识包括两极相互作用、磁感线，地磁场的基本知识包括地磁场、地球的倾斜角和磁场变化，最后介绍了指南针。

“电学”包括“电气之性质”“电流与磁气之作用 抵抗”“电流之热及化学作用”“感应电流”“放电”五部分内容。教科书中介绍了电的基本性质，其中包括：起电、正负电荷、传导、验电器、感应起电、放电、起电盘、发电机。关于电与磁介绍了电势、电流、电池、欧姆定律、奥斯特实验。紧接着就介绍了电流的磁效应、电流与磁场的相互作用和电流表，并提到电磁铁、电铃和电报机的应用。还介绍了电流的热效应，包括：焦耳定律、白炽灯、弧灯，其应用方面选取了蓄电池和电镀术。关于电磁感应包括：感应电流、楞次定律、产生感应电流的条件、感应电动势以及这些知识的应用，即电动机、电话机、变压器。另外，还介绍了放电的知识，以及阴极射线管的应用和无线电报机。

3. 特点

（1）利用实验深入讲解知识。

教科书注重通过实验对知识进行深入讲解。例如，用音叉做实验说明振动产生声音。再如，第二编第四章第二节“气体之压力”中，先给出气体压强的定义及气体压强的方向，分析气体压强的原因，让学生了解气体也是存在压强的。然后给出马德堡半球实验，让学生真正感受到大气压强的存在。还有，第六编第一章第六节“指力线”（磁感线）中，通过实验，将铁屑均匀散落，放入磁体，铁屑会有规律地分布，铁屑的分布可以形象地表示磁感线的分布。

另外，通过动态模拟演示讲解某些知识点，使学生加深对知识点的理解。例如，第四编第一章第二节“横波”中，由一根横杆上均匀地挂上若干相同的单摆，摆动起来演示横波，呈现抽象的数学图形（图 3–7）。

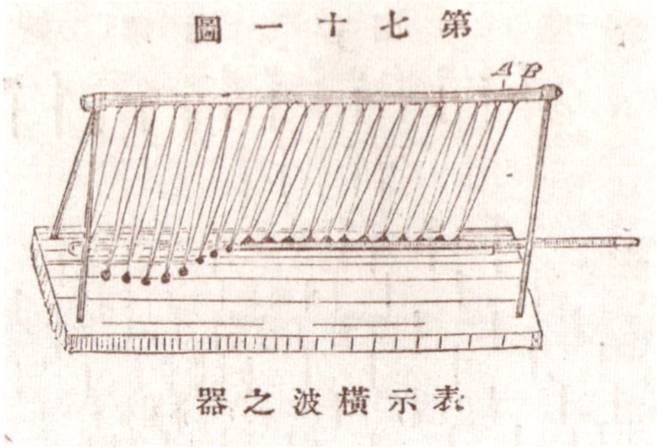

图 3–7　横波演示仪

（2）注重知识的应用。

该教科书对知识内容的选取，既注重基础性，又关注应用性。作者将许多当时的电器设备的内容引入了教科书之中，例如，留声机、发电机、各种电池、电报机、发信机与收信机等。对这些电器设备工作原理的讲解，使学生更深入地理解相应的知识点，增强了学习的乐趣。

（3）习题促进学生思维能力的深入发展。

该教科书特色之一是有很多课后习题。这在现在看来可能很常见，但在那个时期，有课后习题的教科书并不多。该教科书的每一节之后均有一至两个问题，这在之前的教科书中也是很少见的。显然，课后习题受到重视。正如该教科书“编辑大意”中所言：“本书遇有重要处，多附列问题，以便增进学生之思考力。”仅仅讲授知识点还不足以使学生达到消化、理解的程度，给出问题，让学生（也包括教师）能将知识点和想要解决的问题相结合，对知识点有更为深刻的认识，锻炼学生思考和解决问题的能力。

（4）重视单位换算。

该教科书的另一特色是在“绪论”中就设置了四个附表：两种单位及其在书中的译用字表、米与尺的换算表、克与两的换算表。这在同时期的物理教科书中也不多见。例表如图 3–8 所示。

编者附上单位换算表，目的是便于学生对物理量有一个初步的认识。在该教科书的正文中，编者举例时一般用我国当时常用的单位（如尺），也有一些用

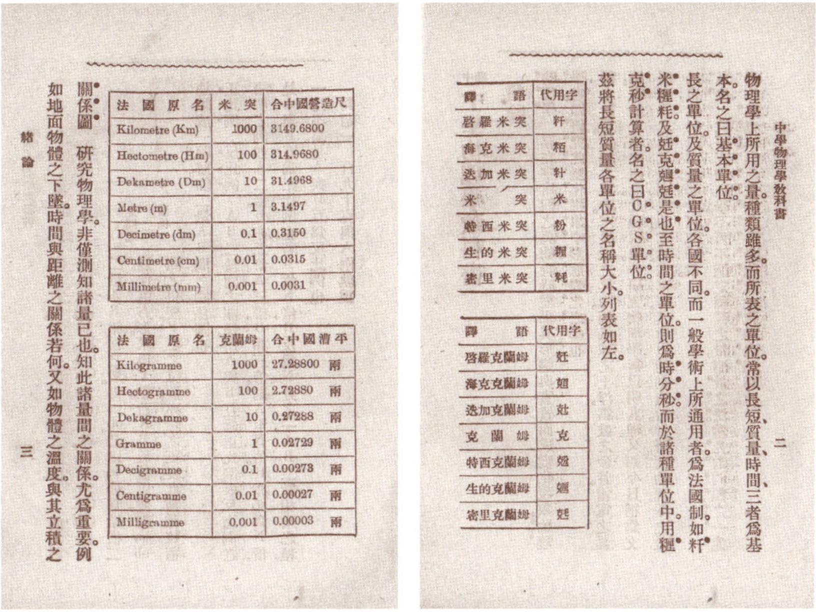
中學物理學教科書 二

物理學上所用之量種類雖多。而所表之單位。常以長短、質量、時間、三者為基本。名之曰基本單位。長之單位。及質量之單位。各國不同。而一般學術上所通用者。為法國制。如粁米糎粍及瓩克甅瓱是也。至時間之單位。則為時分秒。而於諸種單位中。用糎克秒計算者。名之曰C G S單位。茲將長短質量各單位之名稱大小。列表如左。

譯語	代用字
啓羅米突	粁
海克米突	粨
迭加米突	籵
米突	米
特西米突	粉
生的米突	糎
密里米突	粍

譯語	代用字
啓羅克蘭姆	瓩
海克克蘭姆	瓸
迭加克蘭姆	瓧
克蘭姆	克
特西克蘭姆	瓰
生的克蘭姆	甅
密里克蘭姆	瓱

法國原名	米突	合中國營造尺
Kilometre (Km)	1000	3149.6800
Hectometre (Hm)	100	314.9680
Dekametre (Dm)	10	31.4968
Metre (m)	1	3.1497
Decimetre (dm)	0.1	0.3150
Centimetre (cm)	0.01	0.0315
Millimetre (mm)	0.001	0.0031

法國原名	克蘭姆	合中國漕平
Kilogramme	1000	27.28800 兩
Hectogramme	100	2.72880 兩
Dekagramme	10	0.27288 兩
Gramme	1	0.02729 兩
Decigramme	0.1	0.00273 兩
Centigramme	0.01	0.00027 兩
Milligramme	0.001	0.00003 兩

關係圖 研究物理學。非僅測知諸量已也。知此諸量間之關係。尤為重要。例如地面物體之下墜。時間與距離之關係若何。又如物體之溫度。與其立積之

緒論 三

图 3-8 “绪论”中附表举例

国际单位（如克）。学生在遇到我国常用单位时，由于生活经验，对相应的物理量的大小更容易认识。但是，在物理学中需要用国际单位，对初学者来说需要一个认识转换的过程，以引导学生学会查表进行换算，在解决问题中逐渐形成习惯。

附录 1　商务印书馆版《民国新教科书物理学》目录

第一章 绪论

物理学之界说——物质与能力之别——物质之公性——能力之要性——物理学之分类——物质之三态

第二章 声学

Ⅰ成声之理——成声之理——振动——传达

Ⅱ声之速率

Ⅲ声浪进行遇阻力后之结果——反射——屈折——干涉及升沉

Ⅳ强迫振动及感应振动——共鸣

Ⅴ乐音——声之高低——声之大小——声之声色——音阶

Ⅵ附各种振动体之研究——弦线振动之研究——空气柱振动之研究——钟板等振动之研究

第三章 光学

Ⅰ光之直达及速率——光之直达——光之速率

Ⅱ光之大小——因物体离发光体之远近——因射入角之大小——因各种发光体之不同

Ⅲ光之反射——光线反射之定律——平面镜之反射——球面镜之反射——球面镜所成物体之像——附球面收差及散光

Ⅳ光之屈折——光线屈折之定律——光线经过平面厚玻璃之屈折——光线经过三棱镜之屈折——光线经过透镜之屈折——透镜所成物体之像——附球面收差及临界角

Ⅴ光之分散——分光镜——光带分三大类——关于分散所起数种紧要现象之释明——附颜色之研究

Ⅵ成光之理——光系一种波浪之作用——光浪发生之根源——光浪传达之媒介——光浪之状况

第四章 固体力学

Ⅰ运动学——数种紧要名称之界说——等速运动之公式——等加速运动之公式——数速率之合并——速率之分解

Ⅱ动力学——数种要进名称之界说——奈端运动之定律——奈端运动第一律之讨论——奈端运动第二律之讨论——奈端运动第三律之讨论——物体关于吸力之运动——坠体之运动——摆之运动——奈端吸力之定律

Ⅲ静力学——二力之平衡——三力之平衡——数力之平衡——重心——物体之三种平衡

Ⅳ工作及能力之研究——工作——能力

Ⅴ机械学——杠杆——杠杆之种类——杠杆机械之利——关于杠杆类之数种紧要器械

Ⅵ滑车——定滑车及动滑车之别——数滑车之合并——轮轴——斜

面——尖劈——螺旋

第五章 流体力学

Ⅰ关于液体中分子力之研究——凝聚力——表面张力——细管之现象

Ⅱ关于流体中压力之研究——巴氏流体传力之定律——由地心吸力所起之压力之研究

Ⅲ关于流体浮力之研究——亚几默德氏之定律——密度之测定法

Ⅳ关于空气压力之研究——空气有压力之证明——空气压力之大小——气压表——各种唧筒——附波以耳氏之定律及空气之浮力

第六章 热学

Ⅰ热与物体涨缩之关系——物体涨缩之试验——寒暑表——物体之涨率

Ⅱ比热之测量法

Ⅲ热与物体变态之关系——融解——气化

Ⅳ热之传布——传导——对流——辐射

Ⅴ热与工作之关系——工作可变为热——热可变为工作

第七章 磁电学

Ⅰ磁之要性——关于磁之要性试验——附磁之原理

Ⅱ电之要性——关于电之要性之试验——附电与磁之要别

Ⅲ数种发电之要法——起电盘——起电机——电瓶——发电机

Ⅳ量电之法——受电之单位——电位之差——电流之测量法——阻力之测量法——数电瓶之接线法——电气容量

Ⅴ数种工业上之紧要电具——电铃——电报——电话——电灯——爱克司光线——摸托

附录

科学中通用之紧要度量衡表

英法二制互合表

本书中应用器具及药品表

正弦及正切表

中西名词索引

附录2 中华书局版《中华中学物理学教科书》目录

第三节 工程

第四节 机械上之工程

第五节 斜面

第六节 劈 螺旋

第七节 能力

第八节 动力机关 工率

第五章 振动

第一节 单弦运动

第二节 单摆

第三节 复摆 测 G 之法

第四节 钟表

第五节 弹性体之振动及其能力

第二编 物性

第一章 总论

第一节 物质之通性

第二节 物质之三态

第三节 密度 比重

第四节 物体之组织

第五节 凝集力 黏著力

第六节 溶解 吸收 凝著

第七节 扩散 渗透

第八节 弹性

第二章 固体之性质

第一节 固体之弹性

第二节 摩擦

第三节 阿机美狄之原理

第四节 由阿氏原理以定比重法

第五节 空气中物体之重

第六节 重心

第七节 物体之稳定

第三章 液体之性质

第一节 表面张力

第二节 毛管现象

第三节 液体之弹性

第四节 液体之压力 巴士哥之原理

第五节 重力所生之压力

第六节 流体流动时之压力

第七节 浮秤

第八节 虹吸

第九节 吸水筒 压水筒

第四章 气体之性质

第一节 气体之弹性

第二节 气体之压力

第三节 秃里赛离实验 气压与山高之关系

第四节 晴雨表

第五节 压力之单位 压力表

第六节 气体之立积

第七节 排气筒 水银排气筒

第三编 热学

第一章 热及温度

第一节 热量之单位

第二节 温度 寒暑表

第三节 最高最低寒暑表

第二章 膨胀 比热

第一节 线膨胀

第二节 体膨胀

第三节 水之膨胀

第四节 气体之膨胀 屑尔定律

第二节 虹

第三节 电视之色收差

第四节 辐射

第五节 红外线 紫外线

第六节 发光体

第七节 辐射线之吸收

第八节 光带分析术 分光器

第九节 物体之色

第三章 光学机器

第一节 眼 眼镜

第二节 望远镜

第三节 显微镜

第四节 照相器械

第五节 幻灯器械

第四章 光之波动说

第一节 光之本质

第二节 光之速度

第三节 光之回折

第四节 光之干涉

第五节 偏光

第六编 磁学

第一章 磁石之作用

第一节 磁石

第二节 两极间之作用

第三节 磁气感应

第四节 制磁石法

第五节 磁石之保存

第六节 指力线

第七节 磁石之分子及能力

第二章 地球磁气

第一节 地磁气

第二节 偏倚角 倾斜角

第三节 水平分力

第四节 地磁气之变化

第五节 罗盘针

第七编 电学

第一章 电气之性质

第一节 发电 二种之电气

第二节 传导 验电器

第三节 电气之感应 放电

第四节 电气盆

第五节 发电机

第六节 实验

第七节 空中电气

第二章 电流与磁气之作用 抵抗

第一节 电位 电流

第二节 电池

第三节 达纽耳电池 本生电池

第四节 欧姆定律

第五节 爱司特之实验

第六节 电流之磁场

第七节 电流之交互作用 电流表

第八节 电磁石 电铃

第九节 电报机关

第三章 电流之热及化学作用

第一节 球儿定律

第二节 白热灯 弧灯

第三节 热电流

第四节 电气分解 法赖特定律 弗打表

第五节 分极 蓄电池

第六节 电镀术

第四章 感应电流

第一节 感应电流 林慈定律

第二节 生感应电流之法 应电流之动电力

第三节 代那模 电气发动机

第四节 电话机

第五节 感应度电圈

第五章 放电

第一节 电气火花 真空管

第二节 阴极线

第三节 X 线

第四节 气体之电离

第五节 放射体

第六节 电气振动

第七节 无线电报

第四章　民国中期的物理教科书（1922—1937）

一、教科书编写背景

（一）社会背景

新文化运动形成了空前的思想解放，动摇了传统礼教的思想统治地位，为马克思主义在中国的传播开辟了道路。“五四运动”更是成为宣传马克思主义及各种社会主义理论的思想运动，使旧民主主义的文化运动，转变为由马克思主义理论指导的新民主主义的文化运动。1921 年 7 月中国共产党成立，给灾难深重的中国人民带来了光明和希望，给中国革命指明了方向。

新文化运动是一次重要的思想解放运动，倡导民主和科学。在这样的背景下，新思想、新理论广泛传播。这一时期教育思想空前活跃，国外很多教育思想被引进中国，民主主义教育思想、科学教育思想、马克思主义教育思想、实用主义教育思想等在当时都有很大影响。其中，以马克思主义教育思想和实用主义教育思想的传入对中国教育界的影响最大。

新文化运动中，随着民主与科学思想的传播，教育领域以民主主义教育和科学教育为中心进行了全面改革，涉及教育内容、方法、制度等各个方面。例如，《新青年》杂志指出：“我们相信尊重自然科学实验哲学，破除迷信妄想，是现代社会进化的必要条件。”在提倡科学、尊重科学、反对迷信、“拥护‘德先生’的必拥护‘赛先生’”等观念的影响下，产生了“中国科学社”这一研讨现代科学、提倡科学教育的组织。许多教育工作者撰文阐述科学教育的意义和实施方法。

（二）教育概况

民国初年制定的“壬子癸丑学制”虽然相比清末的“癸卯学制”有了很大的进步，但是，其课程体系等方面仍然存在一些弊端，不能适应当时社会的发展需求。主要表现为：简单模仿日本的学制体系，小学年限规定得过长，而中学年限又规定得过短；课程设置不够合理，应用性不强。而资本主义经济对初级和中级人才的需求尤其迫切，另外，民族资产阶级在经济上取得胜利之后，迫切需要在政治和思想文化上占有一定的地位，以利于自身的进一步发展。

我国教育界从20世纪20年代初便开始酝酿学制改革，教育界人士、教育团体纷纷就此发表意见，在全国范围内掀起了关于学制改革讨论的高潮。1922年9月，教育部召开了学制会议，讨论了全国教育联合会提出的学制系统草案并提出修改稿。同年11月，正式颁布了《学校系统改革案》，史称“壬戌学制”。[①]

“壬戌学制”规定：初等教育包括初级小学四年、高级小学两年，中等教育分为初级中学三年、高级中学三年，高等教育四至六年。与中学平行的有师范学校和职业学校。

由于“壬戌学制”比较符合当时的中国国情，实行后总体框架并未有大的变动，并一直延续到全国解放。不过，也曾于1928年、1932年和1940年进行了几次有针对性的修订。

“壬戌学制”比较符合学生的身心发展，中学年限由原来的四年变为六年，改善了中学与大学的衔接关系。中学分为初、高中两级，并开始实行分科制以及选科制，增加了学生选择的空间，为学生的多方面发展提供保证。高等教育阶段，缩短高等教育年限、取消大学预科等，开始注重特种以及英才教育。另外，建立了比较完善的职业教育系统。

总之，“壬戌学制”较好地体现了科学性与民主性，是“五四运动”时期科学和民主精神的体现，是中国人进一步向西方学习的结果，是中国学制建设的一大进步。可以说，正是从1922年新学制颁布开始，中国教育才真正开始了科学化过程，因此，它被认为是我国教育发展到一个重要阶段的标志。[②]

1922年新学制规定的中学课程的主要特点是：提高学生综合素质，力求兼顾升学需要和就业需要，力求体现课程内容的现代性和课程形式的多样性。

---

① 吕达．课程史论［M］．北京：人民教育出版社，1999：298．
② 黄书光．中国基础教育改革的历史反思与前瞻［M］．天津：天津教育出版社，2006：35．

二、教科书总体介绍

（一）课程设置

1923 年 6 月，全国教育联合会新学制课程标准起草委员会刊布了《新学制课程标准纲要》，规定中学采用学分制和必修与选修相结合的制度，这是我国基础教育课程设置和管理方式改革的第一次重大突破和创新。

1. 初中教学科目及课时安排

1923 年的《新学制初级中学课程标准纲要》规定的科目中，“自然科”包括动物、植物、矿物、物理、化学、天文、气象、地质等科目。

1927 年南京国民政府成立后，教育部于 1929 年颁布了《初级中学自然科暂行课程标准（混合的）》和《初级中学理化暂行课程标准（分科的）》，供各校选用。

1932 年，教育部将暂行课程标准修改成正式课程标准，颁布了《初级中学物理课程标准》。至此，初级中学自然科停止开设。初中将理化分开，开始实行分科式教学。物理学科在初三开设，其中初三第一学期每周 4 学时，第二学期每周 3 学时。

2. 高中教学科目及课时安排

1923 年制定的《新学制高级中学课程标准纲要》设置的“普通科”课程分为公共必修科目、分科专修科目和纯粹选修科目三个部分。其中，公共必修科目中有“科学概论”，分科专修科目分为文科和理科两类，每一类又分为必修科和选修科两种。

高级中学“普通科”文理分科虽便于升学，但分化过早，不利于学生深造，因此，教育部于 1929 年对高级中学只颁布了不分文理科的《高级中学普通科暂行课程标准》，但仍采用学分制。1932 年，教育部根据各方对暂行课程标准的意见，将暂行课程标准修改成正式课程标准，废除了学分制。课程标准规定，高中物理在高中三年级开设，每周 6 学时。

3. 初、高中课程纲要

1923 年 6 月，全国教育联合会新学制课程标准起草委员会刊布了《初级中学自然课程纲要》《高级中学公共必修的科学概论课程纲要》和《高级中学第二组必修的物理学课程纲要》。[①] 这些是我国进入新学制后指导自然和物理课程的纲领性文件，对于教学目标的制定、教学与评价等起着规范与指导作用。

以《初级中学自然课程纲要》为例，该文件规定“自然科”包括“动植物、矿物、理化学、天文、气象、地质等科”。教学方法上，建议采用分段混合法：第一段以生物为主，第二段以物理为主，第三段以化学为主，第四段以理化为主，每段分量各占全部四分之一。

《初级中学自然课程纲要》的表述比较简略、抽象，没有给出具体的教材内容。

4. 初、高中课程标准

1932 年，教育部颁布了《初级中学物理课程标准》和《高级中学物理课程标准》，从“目标”“时间支配”“教材大纲”“实施方法概要”四个方面分别规定了初、高中物理课程的要求。

初中物理课程目标为：“（一）使学生了解常见之物理现象。（二）养成学生观察自然界之习惯并引起其对于自然现象加以思索之兴趣。（三）使学生练习运用官能之手技，以增进其日常生活上利用自然之技能。”

高中物理课程目标为：“（一）使学生明了物理学中简单原理，并能应用以解决日常问题及说明常见现象。（二）注重学生训练官能及手技，以培养其观察与实验之才能。（三）使学生略知物理学与其他自然科学及应用科学之关系。”

“教材大纲”规定了教材最低限度的要求，其中初中为 36 条知识要点，高中则为 80 条。

“实施方法概要”对教法和实验教学提出了具体的建议。

（二）教科书概况

1. 教科书概览

1923 年，新学制“自然科”课程初创。然而，鉴于初级中学“自然科”课程在师资、教科书等方面都有困难，它仅仅存在了 10 年。虽然“自然科”课程设置是综合性的，但教科书的出版却是分科式与综合式两种形式并存的，前者是三种理科教科书——物理、化学、生物分别编写，后者是三门科目混合成一

① 课程教材研究所编．20 世纪中国中小学课程标准教学大纲汇编：物理卷［M］．北京：人民教育出版社，2001：4-5．

门“自然科”，合编为一套教科书。

民国中期的物理教科书，部分是沿用民国初期出版的多种教科书。由于新学制多受美国学制的影响，所以我国在这一时期的“物理 / 自然科”教科书已由受日本的影响转为受欧美的影响。其中，由留日学生编译或依据日文书翻译的教科书比例明显下降。教科书开始向自主编制和学习西方转变，出现了《新学制教科书》系列、《现代初中教科书》系列、《新撰教科书》系列、《复兴教科书》系列以及《开明教本》系列教科书。

下面按照“自然科”“物理（初中）”“物理（高中）”进行统计，具体结果如表 4-1 所示。

表 4-1　1922—1937 年出版的部分中学物理 / 自然教科书

	序号	出版时间	书名	责任者	出版地：出版社
自然科	1	1923 年	《初级混合理科》	钟衡臧编	上海：中华书局
	2	1924 年	《初级中学理化教科书》	阎玉振编	上海：中华书局
	3	1924 年	《新学制实用自然科学教科书》	郑贞文、周昌寿、高铦编辑	上海：商务印书馆
	4	1924 年	《初中混合理化教科书》	徐镜江编，方淑密、王鹤清校订	北平：文化书社
	5	1924 年	《新学制自然科学教科书》	杜亚泉编辑	上海：商务印书馆
物理（初中）	1	1923 年	《初等实用物理学教科书》	贾丰臻、贾观云编译	上海：商务印书馆
	2	1923 年	《现代初级中学教科书物理学》	周昌寿编辑	上海：商务印书馆
	3	1924 年	《实用物理学》	［美］密尔根、［美］盖尔著，周昌寿、高铦译	上海：商务印书馆
	4	1926 年	《新时代初中教科书物理学》	周昌寿编	上海：商务印书馆
	5	1926 年	《新撰初级中学教科书物理学》	周昌寿编辑	上海：商务印书馆
	6	1930 年	《初中物理学》	龚昂云编辑，金通尹校订	上海：世界书局
	7	1932 年	《初级中学学生用开明物理学教本》	戴运轨编	上海：开明书店

续表

	序号	出版时间	书名	责任者	出版地：出版社
物理（初中）	8	1932 年	《初级中学物理学》	王鹤清著	北平：文化书社
	9	1933 年	《新标准教材初中物理》	阎玉振编著	北平：立达书局
	10	1933 年	《新生活初中学教科书物理》	周毓莘编著	上海：大东书局
	11	1933 年	《复兴初级中学教科书物理学》	王云五主编，周昌寿编著	上海：商务印书馆
	12	1933 年	《新标准初中教本物理学》	周昌寿著	上海：开明书店
	13	1934 年	《初中物理》	张开圻、包墨青编，华襄治、华汝成校	上海：中华书局
	14	1934 年	《物理学 ABC》	周毓莘著	上海：世界书局
	15	1935 年	《新标准初中物理学》	沈五星编著	北平：文化书社
	16	1935 年	《初级中学物理学》	陈杰夫编著	南京：中正书局
	17	1935 年	《初中物理学》	朱昊飞编译	上海：世界书局
	18	1937 年	《新标准初级中学物理学》	方嗣欓编辑	北平：师大附中理科丛刊社
	19	1937 年	《复兴初级中学教科书物理学实验》	陈岳生编著	上海：商务印书馆
物理（高中）	1	1923 年	《新学制中学教科书物理学》	周昌寿编	上海：商务印书馆
	2	1925 年	《民国教科书物理学》	王兼善编	上海：商务印书馆
	3	1925 年	《新时代高中教科书物理学》	周昌寿编	上海：商务印书馆
	4	1925 年	《新中学教科书物理学》	钟衡臧编著	上海：中华书局
	5	1930 年	《初级物理实习讲义（高级中学适用）》	丁爕林著	上海：商务印书馆
	6	1930 年	《最新高中物理实验》	耿克仁等编著	北平：华北科学社
	7	1931 年	《高中物理学》	傅溥编	上海：世界书局
	8	1931 年	《高中物理学》	卢熙仲等编	广东：蔚兴印刷厂
	9	1931 年	《物理学》	王鹤清编	北平：文化学社
	10	1931 年	《高中物理学》	卢熙仲等编	广州：编者自刊
	11	1931 年	《普通物理学》	夏佩白著	上海：大东书局

续表

	序号	出版时间	书名	责任者	出版地：出版社
物理（高中）	12	1932年	《高级中学物理实验》	方嗣㰖编	北平：师大附中理科丛刊社
	13	1933年	《物理学》	周昌寿编	上海：开明书店
	14	1933年	《物理学》	周昌寿编著	上海：商务印书馆
	15	1933年	《高级中学物理学实验教程》	戴运轨编	南京：钟山书局
	16	1933年	《高中物理学》	倪尚达编著	南京：中山书局
	17	1933年	《物理实验》	胡悫风编	上海：北新书局
	18	1933年	《物理学》	杨孝述、胡悫风、胡刚復编	上海：中国科学图书仪器公司
	19	1934年	《物理学原理及其应用》	[美] 郭察理著，谢玉铭译著	上海：商务印书馆
	20	1934年	《文化高中教科书高中物理》	沈五星编著	北平：文化学社
	21	1934年	《物理学纲要》	[美] 密尔根、[美] 盖尔、[美] 派尔著，朱怿、冯静华译	北平：科学社
	22	1934年	《高级中学教本物理实验法》	夏佩白编	上海：民友印刷公司
	23	1935年	《高中新物理学》	寿望斗编著	上海：世界书局
	24	1935年	《物理学学生实验教程》	朱建霞编	上海：中华书局
	25	1935年	《复兴高级中学教科书物理学实验》	周昌寿、文元模编	上海：商务印书馆
	26	1935年	《最新实用物理学》	[美] 勃莱克著，陈岳生译	上海：商务印书馆
	27	1935年	《物理学》	常伯华编	南京：中正书局
	28	1935年	《物理学概论》	[日] 石原纯著，周昌寿译	上海：商务印书馆
	29	1935年	《高中用书物理实验》	吴祖龙、李韵菡编	上海：黎明书局
	30	1935年	《新课程标准世界中学课本高中物理学》	傅溥编	上海：世界书局

续表

	序号	出版时间	书名	责任者	出版地：出版社
物理（高中）	31	1935 年	《初级物理实验（高中适用）》	蔡亦平编著	北平：燕北理科教育研究社
	32	1935 年	《开明物理学教本》	戴运轨编	上海：开明书店
	33	1936 年	《高中标准物理学》	李直钧编译	北平：直钧科学实验社
	34	1936 年	《达夫物理学》	[美] 达夫原著，佟韶华编译	北平：戊辰学社
	35	1936 年	《物理实验》	[美] 密尔根、[美] 盖尔、[美] 别蓄泼著，王维廉译	上海：中华书局
	36	1936 年	《开明物理学讲义》	沈乃启、夏承法编	上海：开明书店
	37	1937 年	《复兴高级中学教科书物理学》上、下册	周昌寿编	上海：商务印书馆

1922 年根据新学制编制的教科书，仍然执行民国初期制定的相关法令法规，直到 1927 年。国民政府时期，教科书编审制度有了新的变化。1929 年 1 月教育部公布《教科图书审查规程》，制定《暂行教科图书审查办法》《审查教科图书共同标准》。[①] 这几个文件充分体现了国民政府统一全国后的教育指导思想。《教科图书审查规程》第一条规定："学校所用之教科图书，未经国民政府行政院教育部审定或已失审定效力者，不得发行或采用。" 教育部按照一定的程序加以审定，之后在公报上宣布通过审定的教科书的书名、册数（定价、某种学校用、发行年月和编辑人及发行人姓名）。"已经审定的图书，应在书面上记明某年某月经国民政府行政院教育部审定字样。"[②] 图 4-1 所示的教科书封底里附有 "教育部教科图书审定执照" 标识。

① 中国第二历史档案馆. 中华民国史档案资料汇编（第三辑）教育 [M]. 南京：江苏古籍出版社，1991：89-92.

② 毕苑. 建造常识：教科书与近代中国文化转型 [M]. 福州：福建教育出版社，2010：151-130.

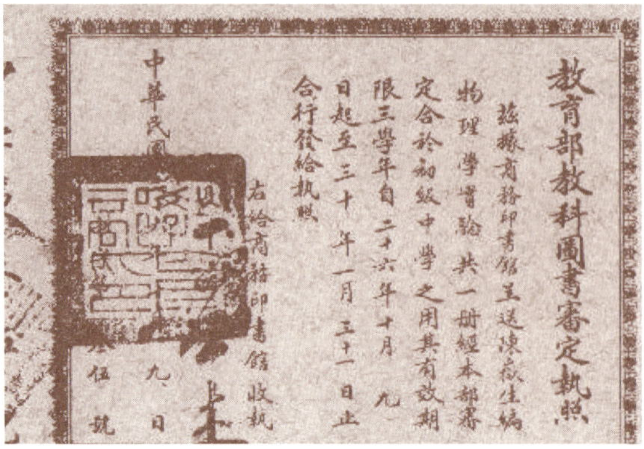
教育部教科圖書審定執照
茲據商務印書館呈送陳岳生編
物理學實驗 共一册經本部審
定合於初級中學之用其有效期
限三學年自二十六年十月 九
日起至三十年一月 三十一日止
合行發給執照
右給商務印書館 收執
中華民國 九 日
伍 號

图 4-1 教育部教科图书审定执照

2. 典型教科书的选取

以下选择《新学制自然科学教科书》作为此时期“自然科”教科书的代表，《复兴初级中学教科书物理学》《复兴高级中学教科书物理学》（含《复兴高级中学物理学实验》）作为此时期物理教科书的代表进行研究。在新学制下，这三套书的普及率和再版率都比较高，影响比较大。

《新学制自然科学教科书》属于商务印书馆《新学制教科书》系列，由杜亚泉编辑。《复兴初级中学教科书物理学》《复兴高级中学教科书物理学》属于商务印书馆《复兴教科书》系列，由王云五主编、周昌寿编著。其中的“复兴”缘于 1932 年“一·二八”事变，日军进犯淞沪，商务印书馆总管理处、总厂及编译所、东方图书馆被炸焚毁，损失巨大，被迫停业。10 月，商务印书馆因教育部颁行小学校课程标准，于是乘复业之时“本服务文化之奋斗精神，特编复兴教科书一套，以为本馆复兴之纪念”。[①] 后来，这套教科书成为中国教科书发展史上的重要标志。

三、商务印书馆版《新学制自然科学教科书》分析

（一）基本信息

《新学制自然科学教科书》由杜亚泉编辑，共 4 册，1923 年 3 月至 1926 年

① 商务印书馆编．商务印书馆图书目录（1879—1949）[M]．上海：商务印书馆，1981：附录．

8 月由商务印书馆陆续出版。该书由于使用率较高，初版后又多次再版。从教科书的封面可以看出（图 4–2），该书经教育部审定通过，适用于初级中学。

编者杜亚泉，浙江山阴县仓塘乡（今上虞长塘）人，是 20 世纪初我国介绍西方科学技术的主要人物之一。他编写或主持编写理科中小学教科书及科学著作百余种，主编了《植物学大辞典》《动物学大辞典》《小学自然科辞书》三部著名的自然科学辞典。

图 4–2 《新学制自然科学教科书》封面

（二）结构与内容

1. 体系结构

整套教科书依据全国教育联合会所组织新学制课程标准起草委员会制定的《初级中学自然科课程纲要》编辑而成。内容结构严格执行“四段”划分的要求，每段容量各占全部的 25%，共分 4 册。将动植物、矿物、物理、化学、天文、气象、地质等科目混合为一个“自然科”。该书既有利于向学生展现自然科学的相互联系，又主辅混合有序。其中，以动植物、物理和化学学科为主，其他各科为辅。

该书虽然采用“拼盘”的方式，但又不失时机地进行有效综合，尽可能展现知识体系的完整性和相关性。教科书采用册、章、节的编写形式，各册由总论和 4~9 章构成，每章又由 4~6 小节构成，小节下还设有更细化的标题。教科书多数概念、规律是直接给出的，即使给出实例，也只是简要说明，实验也多为验证性。

该书具体结构如下。

第一册

总论

第一章 植物的外观

第二章 动物的外观

第三章 水

第四章 空气和燃烧

第五章 岩石和土壤

第六章 植物的生长

第七章 动物的生长

第二册

总论

第一章 运动和力

第二章 固体和力的关系

第三章 液体和力的关系

第四章 气体和力的关系

第五章 热

第六章 音

第七章 光

第八章 生物对于自然界的感应和适应

第九章 功和能

第三册

总论

第一章 非金属单质和化合物

第二章 金属的单质和化合物

第三章 有机化合物

第四章 矿物的鉴定和类别

第四册

总论

第一章 电和放射线

第二章 地球的形成和发育

第三章 生物体的组成和生殖

第四章 生物的种类

第五章 生物界相互的关系

第六章 生物的进化

2. 内容

第一册，动植物的生存环境问题是研究动植物生长的必要条件，为此，教科书在以生物为主体的同时，还设置了“水”“空气和燃烧”“岩石和土壤”三章内容。

第二册，教科书在前七章依次研究力、热、声、光的基础上，第八章插入了生物的内容，这对学生深入认识“生物对于自然界的感应和适应”的问题有了相应物理知识的铺垫。同样，在第九章中加入了“生物体内能的贮蓄和消耗——植物体内能的贮蓄 动物体内能的消耗”的内容。这表明教科书在内容安排上注意自然科学各学科间知识的衔接与综合。

第三册，主要为化学内容，并辅之以矿物相关知识。在第二章“金属的单质和化合物”中涉及一些磁学的内容，目的是要加深学生对磁性物质的认识。

第四册，教科书在“总论”阐述自然法则和研究方法，并通过物理、自然地理和生物等内容的有效综合，让学生感受自然界是相互联系的。

通过计算教科书中各科知识内容所用页面占整套教科书页面的百分数可以粗略地得出该套教科书中各科内容的比例。其中，生物占30%，物理占34%，化学占30%，自然地理占5%，其他占1%。这些内容并不是截然分开的，而是相互渗透的。例如，在第三册第四章“矿物的鉴定和类别”中也有一部分可以归类在自然地理中，在光和热的内容中也包含有气象和天文等方面的内容。教科书内容如此安排，既有利于向学生展现自然科学的相互联系，又主、辅混合有序。

3. 特点

（1）注重学科知识体系，求广不求深。

教科书内容选取注重学科知识体系的完整性。从教科书内容的分布可以看出，生物、物理、化学各占近三分之一，这三个学科的知识体系相对完整。以物理学科为例，仅从教科书中出现的物理概念、物理规律而言，作为初级中学阶段的“自然科”教科书比当前高中物理所涉及的内容还要广。例如，不仅有曲线运动、动量、表面张力等内容，还有刚体上的合力和力偶等内容。

（2）强调知识的循序渐进和相互联系。

由教科书第一册“编辑大意”中的第二点可知，教科书的编纂力求与高级小学用《新法理科教科书》相衔接，注意循序渐进。编者一方面注意引导学生关注知识之间的相互联系。例如，凡教科书中涉及需提示知识间相互联系的地方，教科书都给出提示（图 4-3），目的是使学生通过所学的知识或已知的事实为基础，循序渐进。另一方面，教科书注意引导学生对知识进行归纳总结。例如，教科书在章节中设置有“提要”栏目，适时对知识内容进行梳理、归纳。

§2. **物體的通性**　一切物體所同具的性質，爲物體的通性；重要的通性列下：——

(一)不可入性　這物體所在的地位，他物不能再入，上文曾言「充滿空氣的玻璃瓶倒覆水中，水不能進去」(第一册第四章1節)就是這個緣故。這個稱爲**不可入性**(Impenetrability)。

图 4-3　教科书提示内容标识节选

（3）实验丰富且多为验证性实验。

从实验设置的特点来说，随堂设置的实验多为验证性实验，例如，第二册第一章“运动和力”中的“实验 4”“实验 5”（图 4-4）。两个实验设计巧妙、现象直观，实验表述具体、明了，并给出了实验结果。本套教科书中的实验数量较多，以“实验”栏目呈现，讲授与实验操作分开，并配有实验方面的资料，讲授时先对实验的方法、要求等进行讲解，然后进行实验操作。

實驗 4　在惰性試驗板(圖3)的C角上，置一鉛丸，用槌擊A板的D點；A板的E端，向EE′方向運動，C丸因有繼續靜止惰性，不隨A板運動；若不受重力的作用，當在固有的位置上繼續靜止——但因受重力的作用，向地面落下。

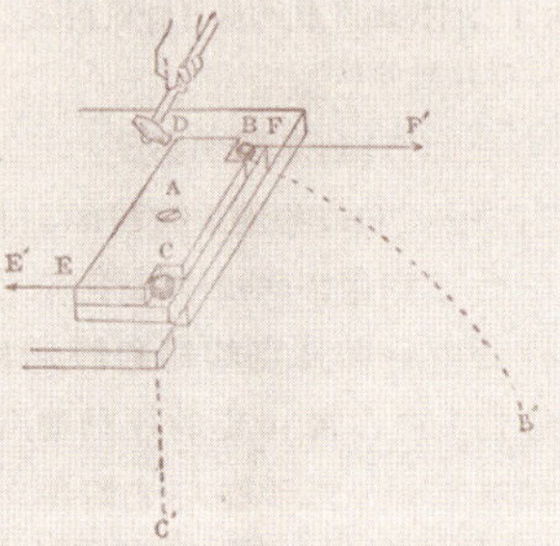

圖3　惰性試驗板

實驗 5　再將鉛丸置B角上，仍用槌擊D點；A板的F端，向FF′方向運動；但受A釘的阻礙，A板即刻靜止。B丸因有繼續運動的惰性，仍向F′進行；若不受重力的作用，必繼續的爲等速運動——但因受重力的作用，向地面落下。

图 4-4　教科书实验栏目节选

（4）教科书内容的选取关注时代发展与现实需要。

教科书第一册的“编辑大意”中有关内容选取标准的说明如下：“① 习见的事物、为吾人所当理解的；② 于个人生活有重要关系的；③ 于吾人思想上或社会生活上有重要关系的——总以毕业后可供实际应用的为主。如：名词、术语，重要的附注；英文；以便毕业后研究英文书籍，或在工商事业上应用。”

又如，教科书第四册的“编辑大意”中也有相关的陈述：“关于电学的教科书，教学内容约增十之二三，以现时都市中电气事业日益兴盛；机械日益新颖。中等学校学生，对于电学的知识，不能不随同进步。又生物学方面，现时发达愈甚，应用极广；一切精神科学和哲学，均以生物学为基础，编者希望此等为基础的科学知识，得普及于初中学生；故于第三章以后，分次叙述，而归结于进化学说，使学者由机械观的自然界，达到活泼的自然界，得从此领会自然界的旨趣和自然科学的兴味。”

这表明，教科书内容的选取不仅仅关注知识，更关注时代的发展以及学生在社会就业的需求。

四、商务印书馆版《复兴初级中学教科书物理学》分析

（一）基本信息

《复兴初级中学教科书物理学》分为上、下两册，编者为周昌寿，该书在 1933 年 8 月由商务印书馆首次出版（图 4–5）。

图 4–5 《复兴初级中学教科书物理学》封面

该教科书依照教育部颁行的《初级中学物理课程标准》编辑而成，首次出版之后多次修订印刷。

编者周昌寿，物理学翻译家和教育家。1906 年留学日本，先后任商务印书馆编译、多所大学的教授和理学院数理系主任等职。他是早期向国内介绍量子论和相对论等物理学新成就的学者之一。他毕生致力于物理学著作的编译工作，

并参与了物理学名词术语的统一工作。编写了系统的中学物理教科书，其中既有译自日本和欧美的教科书，也有很多自己编著的教科书，如《现代初中物理学》《新标准初中物理学》等。周昌寿在中学物理教育方面的影响巨大，他翻译、编写的教科书使用范围广、再版次数多，甚至在新中国成立初期仍被使用。

（二）结构与内容

1. 体系结构

《复兴初级中学教科书物理学》采用章、节的编写形式。上册 17 章、下册 9 章，每章又由 4~6 小节构成，小节下还设有更细化的标题。

该套教科书具体结构如下。

上册

第一章 物质的三态

第二章 物体的大小

第三章 物体的重量

第四章 压力和浮力

第五章 大气压力的利用

第六章 时间和运动

第七章 力和重心

第八章 简单机械

第九章 摩擦

第十章 材料强弱及弹性

第十一章 振动和音波

第十二章 乐音

第十三章 太阳和热

第十四章 物体的膨胀

第十五章 热量

第十六章 物态变化

第十七章 热的移动

下册

第十八章 光的传播

第十九章 反射及屈折

第二十章 透镜

第二十一章 日光和颜色

第二十二章 磁铁

第二十三章 摩擦起电

第二十四章 电流

第二十五章 诱导电流

第二十六章 电的应用

2. 内容

上册以力学和热学为核心，其中还包括一部分声学的内容。

在“物体的大小”中给出了长度、面积、容积的单位及换算关系，并给出了国际单位制中长度单位的规定，以及它与我国长度单位的换算关系。例如，书中用图说明 3 市寸和 10 厘米是相等的（图 4–6）。

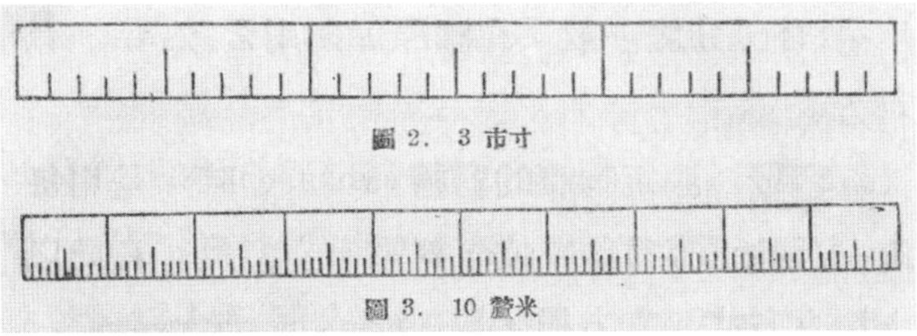

图 4–6 3 市寸和 10 厘米的换算

在“物体的重量”中介绍了质量和重力的概念，以及生活中常用的质量测量工具——秤的构造和原理，并给出了比重的定义、意义和常见的物质的比重。

在“压力和浮力”中介绍了压强、浮力、阿基米德原理、物体的沉浮条件和气体的压强。关于大气压强的应用，书中介绍了虹吸现象、抽水机和打气机的构造及其工作原理。

在“时间和运动”中介绍了时间及其测量、物体运动状态、速度、加速度、力与加速度的关系、运动的分类、惯性和牛顿第一定律、作用力与反作用力、牛顿第三定律、运动的合成与分解。

在“力和重心”中介绍了力的三要素和力的表示方法，力的合成及分解，平行力合成的方法，即制作秤的原理，并给出重心及其求法。

在“简单机械”中介绍了杠杆的构造和原理，用杠杆原理解释生活中常见的简单机械的工作原理。

在“摩擦”中介绍了摩擦力和弹力，其中有最大静摩擦力和与摩擦力相关的摩擦系数，摩擦的种类、减小摩擦的方法和摩擦力的利用。

在“材料强弱及弹性”中介绍了形变和应力，弹性体和弹性极限，弹性强弱的决定因素。

声学部分包括两章内容，涉及振动的分类，振动的周期、振幅、频率，波动的分类，声波以及声速，声波的反射。此外，还介绍了乐音的定义和乐音三要素，其中穿插了乐器的发声原理和音阶知识，最后讲解了共振现象，人发声的原理和人发出声音的音调、响度、音色的决定因素。

在热学中涉及六章内容。介绍了物质的固态、液态和气态三种状态，地球上热量来源的四种途径，温度的定义和测量温度的温度计；膨胀现象和决定物体受热膨胀程度的膨胀系数；热量的定义，物体吸放热能力的比热容，热量的单位，比热；熔化和凝固，蒸发和沸腾等，大气中的水循环；热在固体中的传导现象，根据物体导热能力高低区分而来的导热体和绝热体，液体和气体中热的传递方式，空气对流的实际应用。

下册围绕光学和电磁学内容展开。

在“光的传播”中涉及光源、光沿直线传播，以及用光的直线传播解释各种现象，如小孔成像、日食、月食等。

在“反射及屈折”中有反射现象和反射定律，镜面反射和漫反射，平面镜成像及特点，光的折射和折射定律，全反射现象和光在平行板和棱镜中的传播情况。“透镜”中的内容包括透镜的结构和分类，透镜成像的特点和实际应用。“日光和颜色”包括光的色散形成的虹和光谱，光的谱线图，透明物体所能透过的光和不透明物体颜色的由来，以及颜料混合能够配成各种颜色的原因。

“磁铁”中包括磁体的种类和构造，磁力、磁场和描述磁场的磁感线，罗盘结构和使用方法，指南针指南北的原因。

电学有 4 章内容，包括摩擦起电，静电感应现象，放电现象（包含尖端放电），生活中的雷电现象和避雷针；电池的构造和种类，电势、电阻、电流，电流的磁效应、热效应、化学效应及其应用；电磁感应现象和楞次定律，直流电与交流电的产生和区别，电动机和发电机的结构和工作原理；电灯、电铃、电报、电话、电扇、电车的结构和工作原理。

3. 特点

（1）内容精炼、使用方便。

考虑到各地区经济、文化发展不平衡，物理教学的实施条件，如师资队伍、物理实验室设备、仪器套数等也各有不同，编者提出该书的使用可根据实际情况，因地制宜，灵活变通。

（2）习题生活化。

针对初中学生的认知特点，编者设计的习题几乎都是解释日常现象，包含大量谚语俗语，大多以“是何缘故？”“何以定要如此？”结尾（图 4–7）。编者认为：“此类问题，对于启发儿童知识，功效极大。采用本书者务望特别注重。”

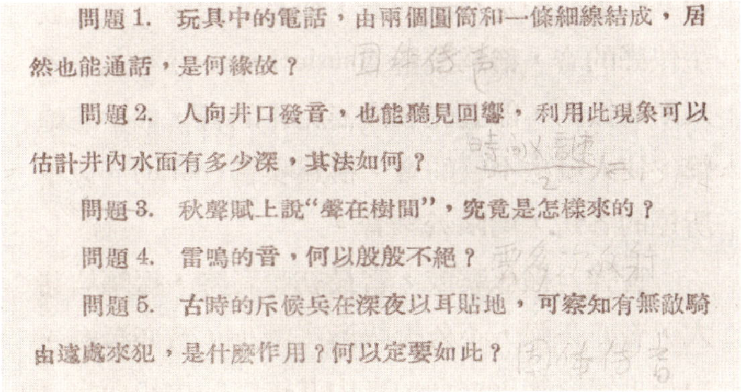

問題 1. 玩具中的電話，由兩個圓筒和一條細線結成，居然也能通話，是何緣故？

問題 2. 人向井口發音，也能聽見回響，利用此現象可以估計井內水面有多少深，其法如何？

問題 3. 秋聲賦上說“聲在樹間”，究竟是怎樣來的？

問題 4. 雷鳴的音，何以殷殷不絕？

問題 5. 古時的斥候兵在深夜以耳貼地，可察知有無敵騎由遠處來犯，是什麽作用？何以定要如此？

图 4–7　习题实例

（3）插图数量多、质量高。

教科书中的插图是学生理解知识、观察生活中不常见现象的主要途径。20 世纪 30 年代至 40 年代，各大书局在教科书市场的竞争日趋激烈，插图设计也是竞争的方面之一。该教科书差不多每一页就有一幅插图，而且绘制的质量很高。插图内容既有仪器仪表的示意图，如天平、电流计等，也有物理过程分析图，如力的示意图、光路图等，还有装置的原理图，如抽气机、电报（图 4–8）等。

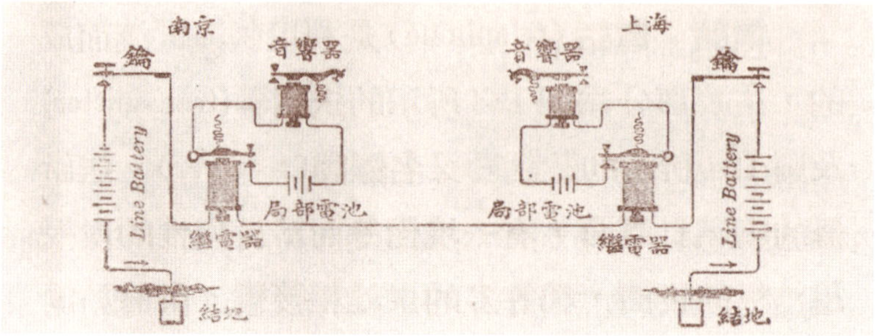

图 4–8　关于电报的插图

（4）使用英文标注，便于对照。

教科书中出现的物理学术语、地名和其他有关的名词都用英文标注。虽然经过了近 100 年，一些名词和概念有了很大的发展和变化，但通过英文注释，我们仍可以了解当时的翻译情况。另外，这些英文标注对于研究中国物理学术语的发展史、物理学的发展史也很有益处。

五、商务印书馆版《复兴高级中学教科书物理学》分析

（一）基本信息

《复兴高级中学教科书物理学》分为上、下两册，32 开，两册共 533 页，周昌寿编著，1937 年 6 月由商务印书馆首次出版。该教科书上、下册的封面如图 4–9 所示。

《复兴高级中学教科书物理学》与《复兴初级中学教科书物理学》同属于《复兴教科书》系列。该教科书是根据 1932 年国民政府教育部颁布的《高级中学物理课程标准》编写的。该教科书初版后再版多次，内容上大体与前相同，不过略增重要项目，且在认为可以省略的章、节和问题处标注了“*”。

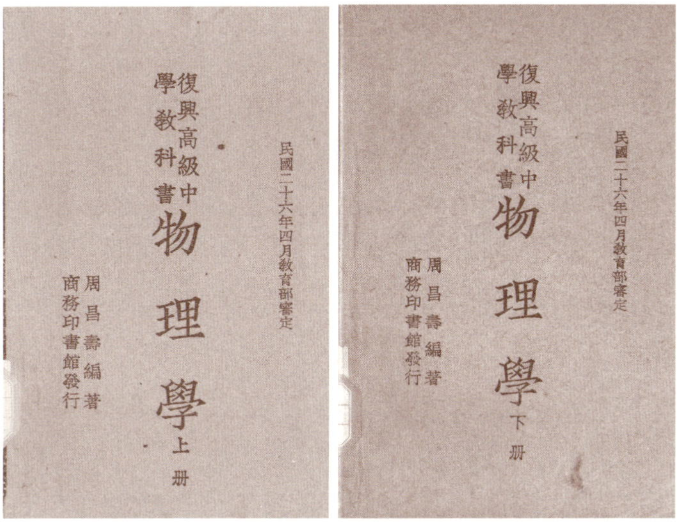

图 4-9 《复兴高级中学教科书物理学》封面

（二）结构与内容

1. 体系结构

该教科书以篇、章、节的形式和“力学”“物性学”“热学”“声学”“光学”“磁学”“电学”的体系结构来呈现。各篇由 1~10 章构成，每章又由多个小节构成，小节下还设有更细化的标题。虽然很多内容初中物理教科书也有，但是不论是深度、广度还是难度，高中教科书都有很大的提高。另外，对于 19 世纪末、20 世纪初新发现的电子、X 射线、放射性元素的衰变以及原子的结构等都有介绍。

该书具体结构如下。

上册

　绪论

　第一篇　力学

　　第一章　运动学

　　第二章　力

　　第三章　功能

　　第四章　刚体力学

　　第五章　摩擦

第六章 简单机械

第二篇 物性学

第一章 物质之组成

第二章 液体

第三章 气体

第四章 分子现象

第三篇 热学

第一章 热及膨胀

第二章 状态变化

第三章 热与功

第四篇 声学

第一章 波动

第二章 声波

第三章 发音体之振动

下册

第五篇 光学

第一章 光之直线传播

第二章 反射及折射

第三章 透镜

第四章 光学仪器

第五章 色散 干涉 绕射

第六篇 磁学

第七篇 电学

第一章 静电

第二章 电势及电容

第三章 电流

第四章 电流之热效应

第五章 电流之化学效应

第六章 电流之磁效应

第七章 应电流

第八章 电波

第九章 真空放电

第十章 放射性及物质构造

2. 内容

在“绪论”中介绍了物质的定义；物理学的研究范畴和研究方法，以及定律、假说和理论的区别与联系；物理量、基本单位和单位制，并以密度、比重以及天平为例加以说明。

“力学”是由运动学、力、功能、刚体力学、摩擦和简单机械构成的。在“运动学”中涉及运动的分类，位移、速度和加速度，匀速运动和匀加速运动，与实际生活相关的抛体运动、落体运动和圆周运动。在“力”中，教科书围绕牛顿运动定律、动量守恒定律和万有引力定律展开。其中包括各种力的定义及实例，万有引力定律的推导证明和实例；力的合成与分解，共点力的平衡以及运用流体力学知识分析帆船、飞机的运动过程。在“功能”中，“功”涉及功和功率，“能”涉及动能和势能、动能与势能之间的转化、保守力与非保守力做功和机械能守恒定律。在“刚体力学”中涉及描述物体转动的角位移、角速度、角加速度和线速度，质心的定义、公式和实例，力矩、平衡条件、简谐运动和共振。在“摩擦”中介绍了摩擦系数和最大静摩擦力，滑动摩擦和滚动摩擦，以及减少滑动摩擦的方法。“简单机械”涉及机械效率，以及各种简单机械，如斜面、楔、杠杆、滑轮、轮轴、螺旋的结构原理和应用。

“物性学”是以研究物质的组成、状态和构造等问题展开的。“物质之组成”涉及物质的一般性质、物质的结构和物质的弹性。“液体”涉及流体静力学中压强和浮力，以及相应的实例。“气体”涉及大气压强及测量仪器，玻意耳定律及应用实例。“分子现象”涉及扩散、结晶、渗透、吸收、吸附、表面张力、毛细现象等内容。

“热学”是由热及膨胀、状态变化和热与功构成的。“热及膨胀”涉及温度和温度计，固体、液体、气体膨胀的原理和应用，热量的基本概念，热传递的方式以及比热容的基本概念等。“状态变化”涉及汽化的微观机制、汽化热、汽化制冷及应用、汽化的方式、生活中的汽化现象、湿度及湿度计、液化、熔化、凝固、升华等。“热与功”涉及热的本质和热功当量，以及蒸汽机、蒸汽轮机、内燃机的结构和工作原理。

“声学”是由波动、声波和发声体之振动构成的。“波动”涉及机械波的定义、种类，波的干涉、反射、折射现象和原理，其中还有关于反射波的相位、驻波的内容。“声波”涉及声音的产生和传播，声波的反射、折射、干涉，乐音的三要素等。“发声体之振动”涉及不同振动方式所产生的不同波形、不同声音，以及以此为原理制成的各种乐器的结构和工作原理。

“光学”是由光之直线传播、反射及折射、透镜、光学仪器、色散、干涉、绕射的内容构成的。“光之直线传播”先从光源入手，然后围绕光的本性依次介绍了光的微粒说、波动说、电磁说；以小孔成像、影、日食、月食为载体说明光的直线传播原理；给出照度、光度的概念，光速的大小和测量方法。“反射及折射”涉及光的反射现象和反射定律，平面镜、球面镜成像特点和全反射，光的折射现象和折射定律，棱镜和全反射棱镜的结构和光路特点。“透镜”涉及透镜的种类、结构、光路和成像特点。“光学仪器”涉及眼睛的构造、调节、眼镜、视觉暂留现象，放大镜、显微镜、望远镜、照相机、映画器等的结构及原理。“色散 干涉 绕射”涉及光的色散现象及应用，如虹、分光计、光谱种类等，光的干涉现象，如薄膜干涉、牛顿环等，光的衍射现象及应用，如衍射光栅、衍射光谱等。

“磁学”介绍了磁体及其种类、磁极，基于磁场和磁感线给出了“场”的概念。书中用磁体和铁屑呈现了条形磁体、同名磁极和异名磁极间的磁感线分布情况，还通过单独的一条磁感线标明了磁感线的方向，对磁感线的分布、方向都作了详细的介绍。另外，还涉及电磁感应、安培分子电流假说以及罗盘的结构和工作原理。

“电学”是由静电、电势及电容、电流、电流之热效应、电流之化学效应、电流之磁效应、感应电流、电波、真空放电和放射性及物质构造构成的。“静电”中介绍了正、负电，两个带电体相互作用的规律，导体、绝缘体和验电器；电的本性、库仑定律、电荷量；静电感应的原理及应用、电荷密度、尖端放电现象。“电势及电容”中涉及电场、电场线、电势的基本概念和物理意义，电容和电容器的概念和实例等。“电流”涉及电流、电阻的概念，电阻定律、欧姆定律以及影响因素，惠斯通电桥、电阻箱和各种变阻器等。“电流之热效应”介绍了焦耳定律、电功率以及电流热效应的应用，包含各种电灯、电焊、电炉的结构和工作原理。“电流之化学效应”介绍了电解现象、法拉第电解定律、电量计和电流化学效应的应用。“电流之磁效应”介绍了电流周围存在的磁场、安培定则、电流磁效应的应用与电磁铁的实例，包含电铃、电磁继电器、电报的结构和工作原理，磁场对电流的作用，电学中常用测量工具（电流表、电压表、电能表）的结构和工作原理。“感应电流”涉及电磁感应现象、楞次定律、感应电动势、自感和互感现象及应用。“电波”涉及振荡电路的特点、电磁波、检波器的结构和工作原理等。“真空放电”涉及阴极射线、X 射线和光电效应等的基本概念和实际应用情况。“放射性及物质构造”涉及放射性的发现、射线的本质、放射物的衰变、原子的结构、原子核等内容。

3. 特点

（1）重视基础知识、循序渐进。

该书内容全面，涉及严谨的数学证明，每个知识点的展开均是从基础知识入手，简单自然，环环相扣。正如周昌寿在“编辑大意”中呈现的那样：“初中毕业生，对于物理学虽已具有相当之认识，对于数学，亦有相当之根底。但初中所习者，注重在日常习见之简单现象，并未受系统之训练，应用数学之能力，更说不上。一方面国内初中程度，亦大有参差，万难一致。故本书叙述事项，一律从初步入手，循序而进，自成一整个系统。即令初中习过者，偶或遗忘，亦无妨碍。”

例如，在第一篇“力学”的第一章“运动学”中，编者首先交代了运动学中的一些基本概念，如位移、速度、加速度等，之后以这些基本概念为基础，介绍各种运动的公式和推导证明等。

（2）注重逻辑思维的训练。

初级中学物理课程主要让学生了解日常现象，而进入高级中学阶段，物理课程更加注重学生数学能力的培养，这是符合学生思维发展规律的。初级中学阶段的学生虽然可以进行抽象逻辑思维，但是他们的逻辑思维还不成熟，仍需借助直观事物来进行思考。而到了高级中学阶段，学生的逻辑思维已较为成熟，能够摆脱对直观事物的依赖，逐渐向抽象的概念转化。这套教科书就十分注重学生抽象逻辑思维的培养。例如，在介绍“在平面镜界面折射时之像”时，对于折射成像问题，既有清晰的光路图，又有严谨的数学推导（图 4–10）。

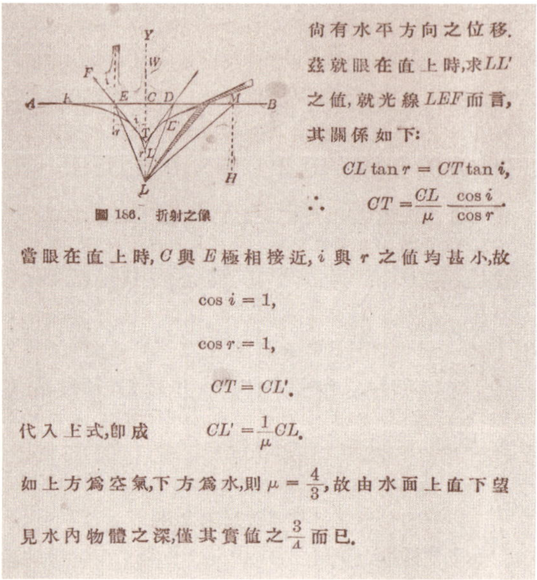

圖 186. 折射之像

倘有水平方向之位移.

茲就眼在直上時,求 LL' 之值,就光線 LEF 而言,其關係如下:

$$CL\tan r = CT\tan i,$$

$$\therefore\quad CT = \frac{CL}{\mu}\cdot\frac{\cos i}{\cos r}.$$

當眼在直上時,C 與 E 極相接近,i 與 r 之值均甚小,故

$$\cos i = 1,$$

$$\cos r = 1,$$

$$CT = CL'.$$

代入上式,即成 $CL' = \frac{1}{\mu}CL.$

如上方爲空氣,下方爲水,則 $\mu = \frac{4}{3}$,故由水面上直下望見水內物體之深,僅其實值之 $\frac{3}{4}$ 而已.

图 4–10　教科书关于光的折射问题的理论推导

（3）定量计算习题比例高。

课后习题主要分为定性和定量两类。书中定量的习题占所有习题的 53.4%，与《复兴初级中学教科书物理学》相比，定量习题的比例大幅度增长。这样的安排不仅符合学生的思维发展，也有助于培养学生的数学能力。题目的呈现方式主要是问答题和计算题，也出现了类似选择题的形式。

该书对于学生数学能力的重视还体现在习题设置方面。例如，在该书的“编辑大意”中有如下叙述：“每章之后，各附以问题若干条。一则使学生根据所习原理，解释自然现象，一则训练之使其应用定律，计算各种量间之数理关系。命题概重实用，含义亦极浅明，使用数学又都限于平面几何代数等极浅近之一部分。虽平面三角，亦尽力避去，以免教学困难。卷末并附答数，以资校对。”

（4）采用最新的名词术语。

周昌寿作为中国物理学会最早的会员之一，长期担任该学会名词审查委员会委员，对统一物理学名词术语的工作作出了努力和贡献。名词术语是教科书编写的关键，该书采用由当时物理学会决定的最新名词。这套教科书中使用的部分名词术语如表 4-2 所示。

表 4-2 《复兴高级中学教科书物理学》中使用的部分名词术语

原书用	向量	速度	效率	磁力线	压力	音强
今用	矢量	速度	机械效率	磁感线	压强	响度
原书用	绕射	电力线	复滑轮	牛顿圈	容电器	安培计
今用	衍射	电场线	滑轮组	牛顿环	电容器	电流表
原书用	等速度运动	牛顿之运动第一定律	万有引力定律	动量不减原理	状态变化	光之直线传播
今用	匀速运动	牛顿第一定律	万有引力定律	动量守恒定律	物态变化	光的直线传播

从表 4-2 可以看出，该书中的名词术语与现在所使用的名词术语大体相同。

（5）插图设计丰富。

本套教科书插图较多，平均不到两页就有一幅插图，插图质量较高，这可能是该教科书取得成功的原因之一。该书在力学、声学、光学中插入大量图片，将受力分析、声波与光波的折射和反射情况较形象地展示在学生面前。例如，教科书中圆周运动的插图如图 4-11 所示。其中，速度变化的示意图表明了速度方向，体现了速度的矢量性。

再如，关于杠杆的分类方式，这一时期的分类方法与现今的分类方法有些类似，但也有些差别。教科书中关于杠杆分类的插图如图 4-12 所示。

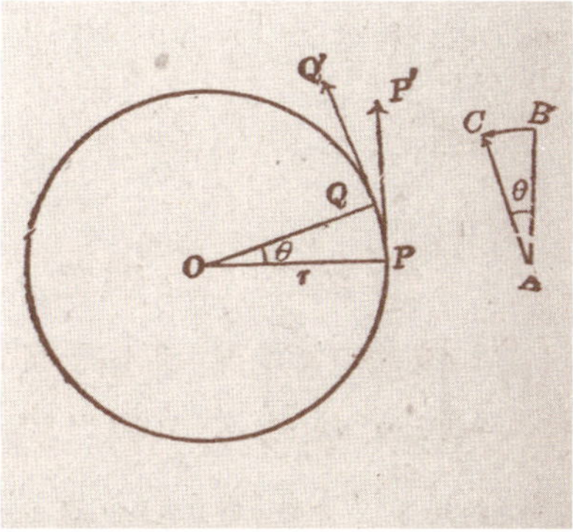

图 4-11 教科书中圆周运动插图

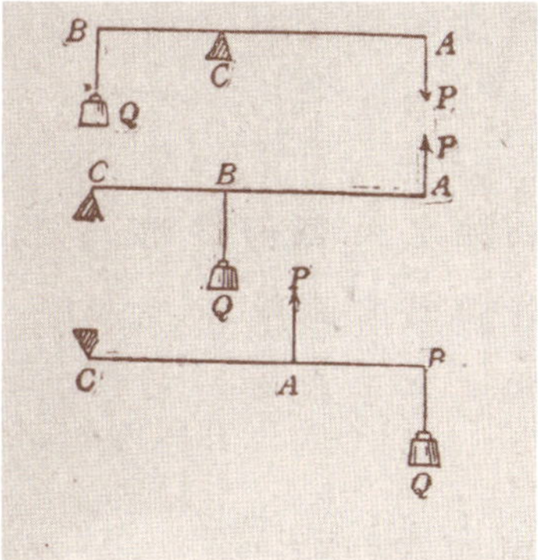

图 4-12 杠杆分类

（6）重视实验。

编者除在教科书中编写了丰富的课堂演示实验外，还编写了配套的《复兴高级中学教科书物理学实验》。内容选取遵照课程标准规定，并以《复兴高级中学教科书物理学》为基础，分为七个部分：绪论中 2 个实验，力学中 8 个实验，热学中 8 个实验，声学中 2 个实验，光学中 6 个实验，磁学中 1 个实验，电学中 8 个实验。在课程标准规定的 35 个实验外，又附加了 5 个补充实验，以供学有余力的学生学习。

书中的每个实验，都设置有若干要点，如：

目的：在使学生得知本实验之最后目的何在；

解释：在使学生对于本实验所包含之原理，得一明确概念，然后着手实验，方能得心应手；

仪器及材料：在使学生认识本实验所需用之仪器及材料；

方法：在使学生按照最简洁步骤，达到本实验之目的；

报告：在使学生将实验结果整理成为系统，或填表格，或施计算，或作图表，必须一一做到；

选习：在使学生得知除本实验所规定者外，尚有他法可以采用，如学校设备充足，尽可令学生分组实验，以收异途同归之效。

这样的呈现方式，使得学生进行实验时目的明确，操作方便。

附录 1　商务印书馆版《新学制自然科学教科书》目录

第一册（略）

第二册

总论

1. 物体和物质 2. 物体的通性 3. 分子和分子力

4. 万有引力和重力 5. 空间时间和质量的单位

第一章 运动和力

1. 运动和静止 2. 直线的进行运动 落体的加速度

3. 力和运动的关系 4. 力的合成分析和平衡

5. 曲线运动和振动

第二章 固体和力的关系

1. 体积的弹性 2. 摩擦力 3. 刚体上的合力和偶力

4. 重心和基底 5. 助力器械

第三章 液体和力的关系

1. 液体的表面张力 2. 液体的压力 3. 液体的浮力

4. 物体的比重 5. 水的抵抗力 6. 液体的助力

第四章 气体和力的关系

1. 气体的重量 2. 大气的压力 地面的高低和气压

3. 大气的浮力和抵抗力 4. 气体和压力的关系

第五章 热

1. 温度和温度计 2. 温度和体积的关系 3. 热量和比热

4. 物体的三态和热的关系 5. 热的传达 6. 气象和热的关系

第六章 音

1. 音的传达 2. 音波和音的性质 3. 音波的反射干涉和共鸣

4. 乐音和测音器 5. 乐器

第七章 光

1. 光的辐射 2. 光的反射 3. 光的屈折 4. 光的分散 5. 光波

第八章 生物对于自然界的感应和适应（略）

第九章 功和能

1. 功 2. 原动机 3. 能 4. 生物体内能的贮蓄和消耗

5. 地面上能的来源

第三册（略）

第四册

总论

1. 自然现象的类别 2. 自然科学的区分

3. 自然现象的研究方法和目的

第一章 电和放射线

1. 带电体 2. 电流 3. 轮道上的抵抗和热 4. 电流的磁性作用

5. 诱导电流 6. 电波 7. 放射线和电子

第二至六章（略）

附录2　商务印书馆版《复兴初级中学教科书物理学》目录

第十章 材料强弱及弹性

应力和变形 弹力和弹性 弹性的极限 材料强弱

第十一章 振动和音波

振动 波动 横波 纵波 音波 音速

第十二章 乐音

乐音 音强 音调 音阶 乐器 音色 共振 人声

第十三章 太阳和热

太阳和热 热的来源 热和温度 温度计 温度计分度法

第十四章 物体的膨胀

固体的膨胀 液体的膨胀 气体的膨胀 膨胀系数

第十五章 热量

热量 热容量 热量单位 比热

第十六章 物态变化

物质的三态 溶解 凝固 蒸发 沸腾 大气中的水分

第十七章 热的移动

传导 导热体和绝热体 传导和触觉 对流 空气的对流 通风

下册

第十八章 光的传播

光 光的直进 小孔成像 影和蚀 光的速度

第十九章 反射及屈折

反射 乱反射 镜中的像 对称位置 屈折 屈折定律 全反射

平行板的屈折 棱镜

第二十章 透镜

透镜 焦点 透镜造像 放大镜 照相机 幻灯 眼 眼镜 显微镜

望远镜

第二十一章 日光和颜色

分散 光的混合 虹 景的种类 景中各部分的作用 透过光的色

不透明体的色 颜料的色

第二十二章 磁铁

天然磁铁 人造磁铁 磁力 磁力线 罗盘 地磁

第二十三章 摩擦起电

带电 导电体和绝缘体 阳电和阴电 静电诱导 放电 尖端作用 雷电

第二十四章 电流

电池 阳极和阴极 各种电池 电动力 电阻 电流强度 磁效应 电磁铁 热效应 化学效应

第二十五章 诱导电流

电磁诱导 直流和交流 发电机 电动机

第二十六章 电的应用

电灯 电铃 电报 电话 电扇 电车

附录3 商务印书馆版《复兴高级中学教科书物理学》目录

上册

绪论

1. 物质 2. 物理学之范围 3. 物理学之研究法 4. 定律
5. 假说及理论 6. 物理量 7. 基本单位及导出单位
8. 长度之单位 9. 角之单位 10. 时间之单位
11. 质量之单位 12. 度量衡 13. C.G.S. 单位制及英制
14. 密度及比重 15. 天平 问题第一

第一篇 力学

第一章 运动学

16. 位置 17. 运动 18. 位移 19. 位移之合成及分解
20. 向量及无向量 21. 速度 22. 加速度 23. 速度图示法
24. 等速度运动 25. 等加速度运动 26. 自由落体之运动
27. 抛体之运动 28. 圆周运动 29. 斜面上之运动 问题第二

第二章 力

161. 汽化热 162. 由汽化而生之冷却 163. 发冷设备

164. 大气中之汽化 165. 湿度 166. 湿度计

167. 湿度与气象问题 168. 蒸发及沸腾

169. 沸点与压力之关系 170. 熔解及凝固 171. 冷剂

172. 升华 问题第十三

第三章 热与功

173. 能之变化 174. 热功当量 175. 热机 176. 蒸汽机

177. 蒸汽轮机 178. 内燃机 179. 汽车 问题第十四

第四篇 声学

第一章 波动

180. 波动 181. 横波 182. 纵波 183. 水波 184. 波之干涉

185. 惠更斯原理 186. 波之反射 187. 波之折射

188. 反射波之相 189. 定波 问题第十五

第二章 声波

190. 声 191. 声波及其速度 192. 回声 193. 声之折射

194. 声之性质 195. 声音之响度 196. 音调 197. 音品

198. 声之干涉 199. 拍 200. 共鸣 问题第十六

第三章 发音体之振动

201. 弦之横振动 202. 棒之横振动 203. 音叉

204. 棒及弦之纵振动 205. 板之振动 206. 膜之振动

207. 气柱之振动 208. 风琴管 209. 利用共振以测音速

210. 昆忒管 211. 歌焰 212. 音程 213. 音阶

214. 简单乐器 215. 留声机 问题第十七

附录

上册问题答数

下册

第五篇 光学

第一章 光之直线传播

216. 光源 217. 光之本性 218. 微粒说 219. 波动说

220. 电磁说 221. 光学 222. 光之直线传播 223. 影
224. 日月之蚀 225. 小孔成像 226. 照度及光度
227. 光度计 228. 光之速度 问题第十八

第二章 反射及折射

229. 光之反射 230. 平面镜 231. 球面镜
232. 球面镜所成之像 233. 光之折射及折射率
234. 折射线之作图法 235. 连续数次之折射 236. 全反射
237. 在平面境界面折射时之像 238. 棱镜 239. 全反射棱镜
问题第十九

第三章 透镜

240. 透镜 241. 透镜之折射 242. 光心 243. 透镜所成之像
问题第二十

第四章 光学仪器

244. 眼之构造 245. 眼之调节 246. 眼镜 247. 视觉暂留
248. 放大镜 249. 显微镜 250. 天文望远镜
251. 地上望远镜 252. 潜望镜 253. 照相机 254. 映书器
问题第二十一

第五章 色散 干涉 绕射

255. 光之色散 256. 分光镜 257. 夫牢因合斐谱线
258. 消色差棱镜及直视棱镜 259. 消色差透镜 260. 虹霓
261. 光谱 262. 日光谱 263. 物体之颜色 264. 色之混合
265. 光之干涉 266. 薄膜之颜色 267. 牛顿圈
268. 光之绕射 269. 绕射光栅 270. 绕射光谱
问题第二十二

第六篇 磁学

271. 磁铁 272. 磁极 273. 磁力及磁量
274. 库仑之磁力定律 275. 单位强度之磁极 276. 磁场
277. 磁力线 278. 地磁 279. 罗盘 280. 磁之感应
281. 顽磁性 282. 导磁系数 283. 分子磁铁说

问题第二十三

第七篇 电学

第一章 静电

284. 带电现象 285. 阳电与阴电 286. 导体与绝缘体

287. 验电器 288. 电之本性 289. 库仑静电定律

290. 电量之单位 291. 介质常数 292. 静电感应

293. 由感应而起之引力 294. 由静电感应使验电器带电之方法

295. 静电之分布 296. 表面密度 297. 尖端作用

298. 起电盘 299. 感应起电机 问题第二十四

第二章 电势及电容

300. 电场 301. 电力线 302. 电屏 303. 电势

304. 势差及单位 305. 电容 306. 容电器

307. 自由电及束缚电 308. 来顿瓶之放电 309. 空中之电

310. 避雷针 问题第二十五

第三章 电流

311. 电流 312. 电池 313. 电动势 314. 极化作用

315. 局部作用 316. 湿电池及干电池 317. 蓄电池

318. 电流之强度 319. 电阻 320. 电阻定律

321. 电阻之变化 322. 欧姆定律 323. 电阻之联结法

324. 电池之端电压及内电阻 325. 电池之联结法

326. 惠斯登电桥 327. 电阻箱 328. 各种电阻器

问题第二十六

第四章 电流之热效应

329. 电流之热效应 330. 电能与热量 331. 电功率

332. 电能 333. 电熨斗 334. 弧光灯 335. 电灯 336. 氖灯

337. 电焊 338. 电炉 问题第二十七

第五章 电流之化学效应

339. 电解 340. 法拉第电解定律 341. 游子之电荷

342. 电量计 343. 电化学之应用 344. 电炼 345. 电镀

346. 电铸 347. 电刻 问题第二十八

第六章 电流之磁效应

348. 电流之磁效应 349. 安培定则 350. 圆形电流之磁场

351. 螺线管之磁场 352. 电磁铁 353. 电铃 354. 断续器

355. 电报 356. 磁场对于直线电流作用之力 357. 量电器具

358. 达松发尔电流计 359. 冲击电流计 360. 安培计

361. 伏特计 问题第二十九

第七章 应电流

362. 电磁感应 363. 楞次定律 364. 应电动势

365. 自感应及互感应 366. 感应系数 367. 地磁感应器

368. 佛科电流 369. 发电机原理 370. 直流与交流

371. 发电机 372. 环形电枢 373. 鼓形电枢

374. 场磁铁之激发 375. 电动机原理 376. 电扇及电车

377. 瓦特小时计 378. 变压器 379. 自耦变压器

380. 直流变压器或电动发电机 381. 感应圈 382. 电话

383. 整流器 问题第三十

第八章 电波

384. 来顿瓶之振动放电 385. 电磁波 386. 电共振

387. 接收电路 388. 无线电报 389. 晶体检波器

390. 三极真空管 391. 真空管检波器 392. 再生接收法

393. 真空管振动器 394. 放大作用 395. 他拍接收法

396. 无线电话 397. 无线电话接收法 398. 交流接收法

399. 短波长无线电 问题第三十一

第九章 真空放电

400. 真空管中放电 401. 阴极射线 402. 电子 403. X 射线

404. X 射线之特性 405. X 射线之本性 406. 光电管

407. 有声电影 408. 传真电报 409. 电视 问题第三十二

第十章 放射性及物质构造

410. 放射质 411. 放射质之射线 412. 放射质之蜕变

413. 放射性元素之系统 414. 物质之构造 415. 阳核

416. 阳核及电子之作用 417. 阳核之电荷及质量

问题第三十三

附录

下册问题答数

英文索引

四角号码索引

第五章　抗日战争全面爆发到中华人民共和国成立前的物理教科书（1937—1949）

一、教科书编写背景

（一）社会背景

1937年7月7日，日军挑起“卢沟桥事变”（“七七事变”），抗日战争全面爆发。1945年8月15日，日本正式宣布无条件投降。9月2日，日本在投降书上签字。至此，抗日战争胜利结束。中国人民的抗日战争，是中华民族历史上最伟大的卫国战争，是中国人民反抗日本帝国主义侵略的正义战争，是世界反法西斯战争的重要组成部分，也是中国近代以来抗击外敌入侵第一次取得完全胜利的民族解放战争。它以前所未有的气势震撼着全体中华儿女的心灵，激发起全国人民团结御侮的巨大能量，彰显出气贯长虹的以爱国主义为核心的抗战精神。

1946年6月，国民党反动派不顾全国各界的反对，悍然发动全面内战。从1946年6月至1949年9月，人民解放军在3年多的解放战争中，摧毁了国民党反动政权，推翻了帝国主义、封建主义和官僚资本主义在中国的统治。人民解放战争的胜利标志着中国一百多年的屈辱历史从此结束，成为中华民族走向新生的历史转折点。

（二）教育概况

“卢沟桥事变”后，我国进入长达8年的全面抗日战争时期。这期间，中国共产党领导的抗日根据地、国民党领导的国统区以及日伪占领区的教育呈现出各自的特点。

在抗日根据地，普通学校教育包括高等小学和初等小学。1938年之后，根据地的中学教育得到了一定的发展，1938年9月，陕甘宁边区中学在延安正式开学，有学生200余名。1939年3月，晋察冀边区临时行政委员会颁布的《晋察冀边区民族革命中学暂行办法》指出，晋察冀边区应在每一专区设立中学一处，每区暂定招收初中班 1~2 个，每班 80~120 人。在中共中央和各边区政府教育方针政策指导下，1941 年陕甘宁边区已有中学 6 所，学生 1 000 余人。山东在 1941 年有中学 8 所，学生 1 000 余人，到 1945 年时已有中等学校 42 所，学生约 15 000 人。文化比较发达的苏中根据地 1943 年时已有中学 54 所，学生 8 000 余人。

在国民政府统治区，1937 年 8 月，国民政府提出“战时须作平时看”的教育方针，颁布了“一切仍以维持正常教育”为主旨的《总动员时督导教育工作办法纲领》，一方面采取了一些战时的教育应急措施，另一方面强调维持正常的教育和管理秩序。纲领既顾及了教育为抗战服务的近期任务，也考虑了教育为战后国家重建和发展的远期目标，使得教育事业在艰苦卓绝的战争环境中仍能维持，并在西南、西北等大后方还有所发展。

国民政府依据“抗战建国”的国策，对中学教育采取了一些调整措施。由于沦陷区学校师生流亡到大后方者日益增多，国民政府设立国立中学予以安置。抗战中，前后成立国立中学 34 所，按设立顺序冠名。其中学生千人以上的有 12 所，500 人以上的有 13 所，不到 500 人的有 9 所。另外设有国立师范学校 14 所，国立职业学校 14 所。这些国立中等学校都是公费住宿制学校，条件较优越，但管理控制也很严格。国立中等学校大多数设在西南、西北地区，与其他一些内迁学校一起，共同促进了当地教育水平的发展。与此同时，教育部于 1938 年 12 月从战时状态出发，通令西南、西北后方诸省先行实行中学分区制。即根据省内交通、经济、人口、文化、教育实际情况，划分若干个中学区，各区内调整公立私立学校配置，每区设一所完全中学、一所女子中学，并建设一所示范性学校。1939 年教育部还规定国立中央大学实验中学和中南、西南诸省教育厅各择 1~3 所办学优良的中学，试行六年一贯制，以提高学科程度为试行原则，以求办出一批高质量的、能起表率作用的学校。这些措施从不同方面促进了中学教育的发展。

在日伪占领区，为了更好地控制东北地区，培养忠于殖民主义者的顺民，日伪当局于 1937 年颁布《关于新学制实施之件》第 46 号训令，将完全代表日伪殖民统治思想的《学制要纲》公布于众。日本将侵略东北的行径美化成“天经地义”“合情合理”的“善举”，并以此为依据向东北地区的青少年灌输日本皇道思想。在各级学校掀起了“尊皇敬神”活动，试图将“惟神之道”渗透到青少年学生的精髓中。《学制纲要》还明确规定日语为必修课程之一。

抗日战争胜利后，中等教育一度得到短暂发展。在国民政府统治区，1946年国民政府教育部开展国立中学复员工作，分别将国立中学交由各省教育厅管理，学生资送回乡入学。为充实西南、西北等大后方各省中学力量，部分国立中学留给所在省教育厅管理。中学教育的秩序逐渐恢复正常。但因国民党统治者倒行逆施之举愈演愈烈，国民政府的中学教育也像其他方面一样逐渐败落。

中国共产党领导的人民武装在原有各根据地的基础上，又从日军手里收复了大片国土，建立起华北、山东、东北、西北、华东等解放区。解放区的教育延续了抗日根据地的教育，由于战争形势发展越来越有利，教育政策也由解放战争初期为战争和土地改革服务，开始向制度化方向发展，为建设新中国的教育作准备。中小学教育开始蓬勃发展。解放区的教育政策是为了和平环境下建设国家而提出来的。东北解放区较早开始启动，率先对学制作出明确规定：小学六年，四二分段；中学六年，三三分段；高中可视地方情形实行分科制。要求加重文化课的比重，还对学校管理、教学方法、教师待遇等作了相应的规定。尽管解放区的教育都是在极其艰苦的条件下进行的——残酷的战争环境、落后的农村地区、薄弱的文化教育底子，然而，教育所取得的成就是不同寻常的——造就了数量巨大的干部队伍，对大量群众（尤其是儿童青少年）普及教育，创建了一定数量较为正规的高等学校，等等。虽然还存有诸多不足之处，但这种教育有力地支援和配合了土地改革、抗日战争和解放战争，也积极推动了政治、经济、文化建设和社会风气、社会风俗的改变，催化着新中国教育的诞生。

二、教科书总体介绍

（一）课程设置

抗日战争全面爆发后，国民政府教育部为了适应“抗战建国”的需要，于1939年举行的第三次全国教育会议上提出再次修订各科课程标准。这次会议同时通过了六年制中学的决议，规定中等教育阶段内，除原有的“三三制”外，另设六年制中学，不分初、高中。

六年制中学虽属新创，但是其教育方针与“三三制”相同。在设置的各科中，国文、算学、外国语为基本训练学科；公民、历史、地理为公民训练学科；体育、生理卫生、童子军训练为体格训练学科；博物、物理、化学为科学训练学科（生理卫生也属这一学科）；劳作为技能训练学科；图画、音乐为陶冶训练学科。

1940 年 2 月，《重行修订课程标准》公布，其中规定，初中部分的物理设置在初三，上、下学期每周各 3 学时。高中部分自第二学年起分甲乙两组，甲组即所谓理科，偏重自然科学；乙组即所谓文科，偏重人文科学。物理课在高中三年级开设，甲组为每周 5 学时，乙组为每周 4 学时。

此外，为了配合中学“六年一贯制”的探索，1940 年 10 月教育部又制定并颁布了针对“六年一贯制”的中学课程规划，规定物理课到第五学年第二学期才开设。另外，“六年一贯制”中学在基本没有加重课时总量的情况下，兼顾文、理的平衡发展，这无疑是中学科学教育的一个新尝试。

抗战胜利后，教育部立即颁布接收和复员的法令、政策，积极推行教育的接收和复员。同时，社会环境变化对教育也提出了新的要求，各界再次呼吁修订中小学课程标准。教育部于 1947 年 2 月召开修订中学课程讨论会议，审议了《修订中学课程草案》。这次会议打破了历次修订中学课程时各科专家从本身所习学科出发来争夺教学时数的旧局面，与会各科专家绝大多数都坚决主张删去教科书中艰深不必要的内容，以减轻中学生的负担。会议最后确定了中学教学科目和每周教学时数的基本方案，课程标准的要求有较大程度降低。1948 年，国民政府在这次会议的基础上再集中各方面意见，出台了最后一次课程调整规划，恢复到文、理不分组的状态。该时期初中阶段物理和化学采取的是合并教学，初二和初三上、下学期每周有 4 学时。而高中阶段则采取了分科教学，其中物理设置在高三阶段，上、下学期每周 5 学时。

上述不同时期教学时数的调整，在一定程度上影响着各时期教科书的编写与修订，是编制教科书的重要依据之一。

在课程标准方面，教育部于 1940 年至 1941 年修订、颁布了初中各科课程标准和高中各科课程标准，对中学各科的教学目标进行了具体的规定。

1941 年公布的《修正初级中学物理课程标准》规定教学目标为：“（1）使学生了解常见之简单物理现象；（2）养成学生观察自然界事物之习惯，并引起其对于自然现象加以思索之兴趣；（3）注重练习学生运用官能及手技，以增进其日常生活上利用自然之技能。”

1941年公布的《修正高级中学物理课程标准》规定教学目标为：“（1）使学生明了物理学中简单原理，并能应用以解决日常问题及说明常见现象；（2）注重训练学生运用官能及手技，以培养其观察与实验之才能；（3）使学生略知物理学与其他自然科学及国防生产之关系。”

比较上述课程标准与前期的课程标准可以发现，关于物理课程教学目标的规定与民国初期相比变化并不大，基本上一脉相承。

1948年，国民政府颁布新的课程标准《修订初级中学理化课程标准》和《修订高级中学物理课程标准》，这两个标准在课程目标中重新提出了“养成存疑、致思、忍耐、致密及追寻结果之研究精神”。不过该课程标准未待实行，国民党蒋介石集团便逃离大陆，从此结束了其统治大陆的历史。而课程标准中规定的教学内容，由于和1923年以来所制定的课程标准的良好继承性，基本保持了原有内容和风格。

（二）教科书概况

1. 教科书概览

在教科书编写方面，1937年至1949年，由于战争需要投入更多的人力、物力，所以此时期的教科书有些是在1937年前出版的教科书的基础上进行修订的，有些是翻译同时期美国较有影响的教科书，也有少部分是新编的。

该时期的部分初中和高中物理教科书如表5-1和表5-2所示。

表5-1　1937—1949年出版的部分初中物理教科书

序号	出版时间	书名	责任者	出版社
1	1938年	《初中混合自然科》	陈杰夫著	商务印书馆
2	1939年	《初中物理》	张开圻编	中华书局
3	1942年	《中学活用课本简明力学》	陆高谊主编，姚幼蕃编著	世界书局
4	1942年	《建国教科书初级中学物理学》	陈杰夫编著	正中书局

续表

序号	出版时间	书名	责任者	出版社
5	1942 年	《国定教科书初中物理》	教育部编审委员会编纂	新亚书局
6	1943 年	《国定教科书初中物理》	教育部编审委员会编纂	华中印书局
7	1947 年	《新修正标准初中物理》	甘景镐、林琼平编著	大东书局
8	1948 年	《初中新物理学》	何守愚、陈公衡编著	世界书局
9	1948 年	《新中国教科书初级中学物理学》	常伯华编著	正中书局
10	1948 年	《初中物理学》	胡悫风编	北新书局
11	1948 年	《中国科学教科书初中物理学》	杨孝述合编	中国科学图书仪器公司
12	1949 年	《初中新物理》	徐子威编著	上海科学社
13	1949 年	《标准初中物理学》	黄培心编	学余编印社

表 5-2　1937—1949 年出版的部分高中物理教科书

	出版时间	书名	责任者	出版社
1	1940 年	《新课程标准文化高中教科书高中物理》	沈星五著	文化学社
2	1940 年	《高中物理》	伪教育总署编审会著	伪新民印书馆
3	1941 年	《基本实用物理学》	[美] 布莱克主编，译者不详	上海科学社
4	1946 年	《新中国教科书高级中学物理学》	张开圻编著	正中书局
5	1947 年	《高中物理学》	仲光然编	中华书局
6	1948 年	《基本实用物理学》	[美] 勃拉克、[美] 台维斯合著，陈岳生译	开明书店
7	1948 年	《高中新物理学》	寿望斗编著	世界书局
8	1948 年	《中国科学教科书高中物理学》	严济慈编著	中国科学图书仪器公司
9	1949 年	《傅氏高中物理学》	傅溥著	世界书局

从上述初中和高中物理教科书列表中可以看出：

第一，教科书版本呈现了多元化的局面，且初中教科书相对高中教科书版本数量更多。教科书版本的多样化，是各出版社相互竞争的结果，竞争同时也促进了各教科书的不断修订与改进。

第二，国外翻译教科书很少，绝大多数是国内自主编撰的教科书。可以看到，除了《基本实用物理学》等少数教科书以外，其余的基本上都是国内学者自行编撰的教科书，更符合本土化物理教育的需求。

第三，综合科学教科书极少，几乎全部是分科物理教科书。列表中只有《初中混合自然科》是综合科学教科书。

第四，该时期新编撰教科书很少，多数是修订版本的教科书。因战争时期，教科书编写者们较难安顿下来尝试撰写新的物理教科书，多数教科书都是在原有教科书的基础上，根据修订的课程标准和一线教师反馈的意见进行的再版修订。

2. 典型教科书的选取

对于 1937—1949 年即抗日战争全面爆发到新中国成立前的物理教科书，初中选取戴运轨编著的《开明物理学教本》，高中选取仲光然编著的《高中物理学》。

其中戴运轨编著的《开明物理学教本》，第一版诞生于 1931 年 5 月，此处选取的是 1937 年 7 月出版的《开明物理学教本》，其已是第十七版，版数之多可见其具有较好的代表性，因此将其选为分析的对象。

《高中物理学》的编者仲光然是民国基础教育的明星，先后在商务印书馆、中华书局、开明书店编撰出版了高中理工科教科书，为中国的理工科基础教育作出了杰出贡献。本部分所要分析的《高中物理学》上册和下册，是根据 1941 年教育部公布的修正课程标准修订、由中华书局分别于 1947 年 4 月和 1946 年 10 月出版的。从这两册书的内容和特点可以推知国民政府在大陆统治末期的物理教科书的编写情况。因此，选取这套教科书作为该时期高中物理教科书的代表进行介绍与研究。

三、开明书店版《开明物理学教本》分析

（一）基本信息

《开明物理学教本》由戴运轨编著，分为上、下两册，由开明书店出版。该书第一版出版时间为 1931 年 5 月，后根据使用该书教师的建议，第十版付印前进行了修改并于 1935 年 2 月出版，以更适合当时的初中教育。修改版根据 1933 年教育部所颁布的初中物理学课程标准，内容略有增减，所有名词则依据 1934 年 2 月教育部的规定进行了修订。1937 年，该书第十七版再次进行修订。修订版内容大体与前版相同，不过略增重要项目。下面选取 1937 年 7 月第十七版的教科书（图 5-1）进行分析。

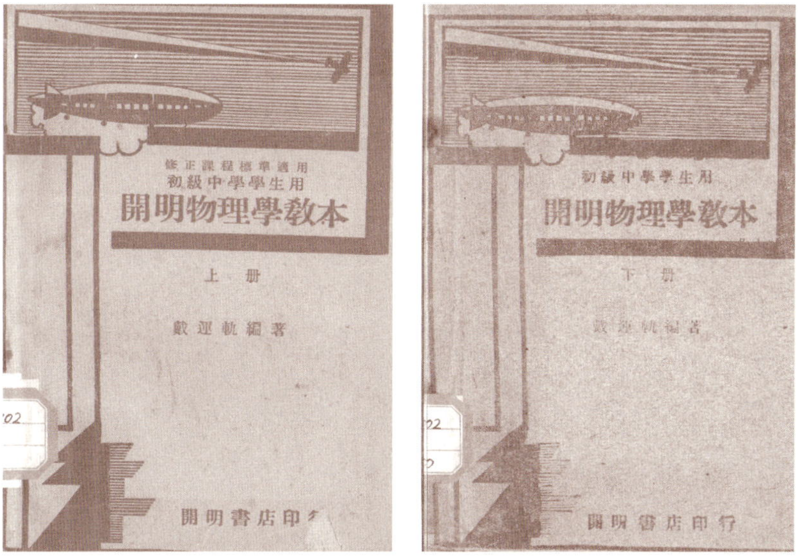

图 5-1 《开明物理学教本》封面

编者戴运轨，物理学家、教育家。1918 年东渡日本，进入东京高等师范学校理化科学习，1922 年又进入京都帝国大学物理系深造，1927 年毕业。毕业后旋即回国，1927 年任北平师范大学物理系教授。1928 年，任国立中央大学物理系教授。1932 年，任金陵大学物理系教授。在金陵大学执教期间，编著的初、高中物理教科书，为“全国各校采用之通用教科书”，所编著的《大学普通物理学》在全国亦具影响，对全国大学以及中学物理教育贡献颇多。

（二）结构与内容

1. 体系结构

该书分上、下两册，具体的体系结构如下。

上册

第一编 物性

第一章 物质

第二章 固体

第三章 液体

第四章 分子现象

第五章 气体

第二编 热学

第一章 热和热的传布

第二章 温度和热量

第三章 物体的膨胀

第四章 三态的变化

第三编 力学

第一章 运动和力

第二章 机械和工作（上）

第三章 机械和工作（下）

第四章 运动定律

第五章 引力和各种运动

第六章 波动

补习问题

问题答数

中英名词对照表和索引

下册

第四编 声学

第一章 声波

第二章 声音的要素和共鸣

第五编 光学

第一章 光的直进

第二章 光学器械

第三章 光的分散

第四章 辐射线、光波

第六编 电磁学

第一章 磁

第二章 静电

第三章 电流和电池

第四章 电流的磁作用

第五章 电流的强度、电压、电阻

第六章 电流的热作用

第七章 感应电流

第八章 电波

第九章 真空放电

补习问题

问题答数

中英名词对照表和索引

纵观该教科书的体系结构，可以看到，知识模块上以物性——热学——力学——声学——光学——电磁学的线索展开。上述线索体现了相对完整的物理学知识体系和脉络，且该线索与作者所编的高中物理教科书的思路近似，体现了为高中打基础、螺旋上升的思想。

2. 内容

《开明物理学教本》上、下册共计包括 6 编，内容包括物性、热学、力学、声学、光学、电磁学。在各知识模块中，电磁学比重最大，其次是力学和物性。电磁学部分包含了 9 章内容，涉及磁学、静电学、电路、电磁波等。力学包含 6 章内容，物性有 5 章内容，光学和热学各有 4 章，而最少的知识模块是声学，仅有 2 章内容。

第一编“物性”包括物质、固体、液体、分子现象和气体等知识，先是整体介绍了物质的三态，而后介绍固体的弹性、液体的压力与浮力、分子力、大气压力等内容，进一步引导学生更全面地从宏观和微观两个视角认识物质的性质。

第二编“热学”包括热和热的传导、温度和热量、物体的膨胀和三态的变化等内容，一方面介绍了热传导、温度、比热容、膨胀等热学概念，另一方面，在第一编物质的三态的基础上，进一步讲解三态的变化，将热学知识进一步拓宽加深。

第三编“力学”包括运动和力、机械和工作（机械和功）、运动定律、引力和各种运动、波动等知识，先从力学的基本概念入手，介绍了速度、加速度、力、力的合成与分解、力矩、稳度等核心概念，而后介绍了各类机械的原理（包括杆秤、滑轮、轮轴、斜面、劈、螺旋等）以及功和功率的概念，接着介绍了牛顿运动三定律和万有引力，并对物体在空气和水中受到的阻力的产生原因、推进器和舵、风筝和飞机等实际生产生活现象和设备进行了解释说明。最后介绍了波动的相关知识，将摆的相关知识应用到钟表中，体现了学以致用的思想。

第四编“声学”内容较少，只包括声波、声音的要素和共鸣等知识。一方面从上一编波动的相关知识，过渡到声波的传播速度、反射、声音的特性等知识，另一方面，将声音的特性知识应用到关于乐器、音阶、人声、留声机等的解释之中。

第五编“光学”包括光的直线传播、光学器械、光的色散、辐射和光波等知识。首先介绍了光的直线传播、光的反射、光的折射和全反射等光学现象及其原理，而后从光的折射过渡到各类光学器械包括凹面镜、透镜、幻灯、照相机、眼睛和眼镜、放大镜、显微镜、望远镜光学原理的介绍，接着介绍了光的色散现象和光谱的种类，最后拓展到辐射和光波的特性，与前面有关波的知识相呼应。

第六编“电磁学”包括磁、静电、电流和电池、电流的磁效应、电流的强度、电压和电阻、电流的热效应、感应电流、电磁波和真空放电等知识。先分别介绍了磁和电各自的性质和特点，而后探讨电和磁的相关关系，最后介绍电磁波及其应用，再次与前面的波的相关知识关联起来。

纵观该教科书的内容可以看到，相对当前初中物理内容而言，该教科书的内容更为宽广。例如，热学提及的热传导、物体的膨胀等内容，力学提及的波动，光学提及的辐射，电磁学提及的真空放电等内容，都是当前初中物理教科书中几乎没有涉及的内容，可见当时初中物理教科书内容选取的范围相对广泛。

此外，该教科书也涉及较多难度偏大的内容。翻阅教科书可以看到，不少当前属于高中阶段的内容，都在该初中物理教科书中出现。例如，在“引力和各种运动”这一章，出现了自由落体运动的速度与加速度的关系、下落距离的计算公式，还有抛体运动、圆周运动和转动等内容，这些内容应当说对于初中学生而言是难度偏大的，可见当时的物理教育要求是较高的。

3. 特点

（1）从现象入手，循序渐进。

该教科书在各章节多数物理规律的呈现上，体现了实验现象（或自然现象）——定律——应用——问题思考的顺序，即由现象入手，循序渐进。

教科书在“编辑大意”中就指出：“本书每述一事理，必从简易的实验或自然现象观察入手，再从其所得结果推出论断或定律，使学生习得自然现象的知识，并领悟研究科学的方法。更列举一二应用实例及日常生活上有兴趣的问题，给学生对于本节所叙述的事理能自动地运用。”上述理念也是各具体物理规律在教科书中呈现顺序的指导思想。例如，对于牛顿第一定律，教科书首先列举了各种自然现象，如张着的弓上的箭被射出；车受马的拽引作用而前进；由空中飞来的球受钢板的击打，而改变运动方向；流水到了堰边被挡住……而后归纳出规律“凡物体开始运动或变更运动的状态，其原因皆由于受外力的作用”。接着呈现手指弹纸片的惯性实验（图 5-2），进而推出牛顿第一定律的表述：“一切物体若不受外力的作用，静止的永远静止，运动的永远沿着直线做等速运动。”呈现了上述定律后，教科书开始举例，包括电车或火车中人倾倒的例子，跳远的现象，等等。最后提出了三道思考问题，都是关于惯性现象的解释和运用。

图 5-2　教科书中的惯性实验图片

再例如，光的折射这一内容，教科书首先呈现了折射实验，并对实验现象进行了描述，而后指出“这种现象称为光的折射”。接着呈现折射定律和光的可逆性原理，而后用上述定律和原理解释水中的物体看上去好像浮起来的现象，最后给出两道关于折射现象的问题。

可以看到，上述教科书中关于规律的呈现思路是较为符合学生认知规律的。开篇实验或自然现象的呈现，给学生一个感性的直观认识，再从现象上升到规律，体现了物理建模的思想，而后马上对规律加以应用，能够及时地引导学生结合实例理解规律，也体现了学以致用的思想。最后呈现的思考问题，则从更广泛的现象引发学生的思考，整个思路一气呵成，符合学生一般性的认知规律。

（2）重视实验，力求简单。

该教科书非常重视实验的可行性。教科书在开篇的“编辑大意”第四条中指出：“本书所采的实验，顾虑到设备和教授上的方便，力求简单。各种实验都是屡经试验，确实可靠的，教师学生课照行无疑。”可以看到，该教科书不仅重视实验，而且强调实验的可行性，不仅考虑设备和讲授上的方便，而且教科书中的实验都经过反复试验，证明其可靠性才可以置入教科书，编写者对实验的严谨可见一斑。

演示实验是该教科书各章节的重要内容，并且每个实验方案都呈现了较为详细、可行性较高的演示步骤和相关解释。翻阅教科书可以看到，每个章节都有较多的演示实验。例如，固体的膨胀这一内容，篇幅只占一页，却包含了两个演示实验，如图 5-3 所示。

第60圖　線膨脹的實驗

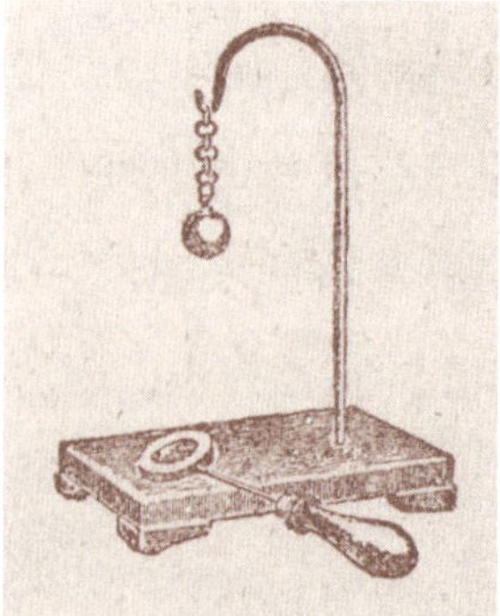

第61圖
容積膨脹的實驗

图 5-3　固体的膨胀演示实验图

再如，共鸣这一知识点，也引入了三个演示实验，如图 5-4 所示。

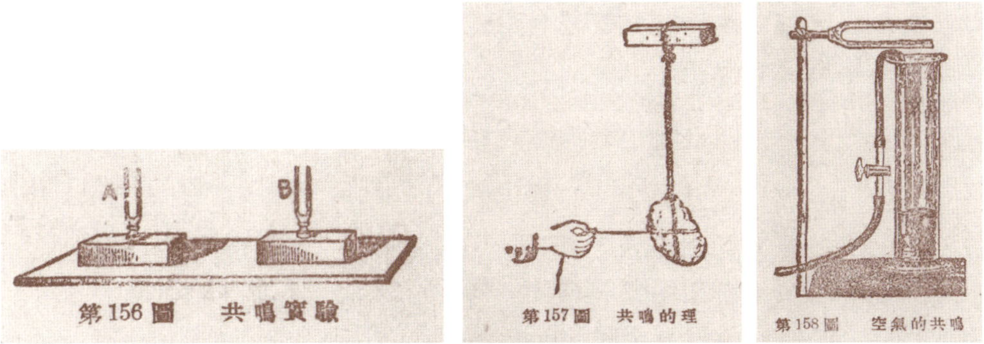

图 5-4　共鸣演示实验图

对于各演示实验的内容，教科书都予以较为详细的阐述。例如，关于音叉共鸣的实验，教科书中写道："将频率相同的两音叉 A、B，并列在相近的地方，先使音叉 A 振动，发生后用手抵住其臂而阻止其振动，这时可以听见 B 所发的声。"

可以看到，较大数量的演示实验，体现了编者对实验的重视；而详细可行的实验方案，以及力求简单的实验指导思想，为指导教师开展实验教学提供了较好的指引。

（3）重视复习，关注习惯。

该教科书在开篇"编辑大意"第二条中指出："遇定律和重要的处所，都在问下加附波线，使学生不致忽略。"这是提醒学生对定律及其他重要内容的关注，并示范性地教给了学生以加波浪线的形式对重点内容进行强调的学习习惯。第五条则指出："本书每章后特设摘要一项，以便通览要点，得物理学整个的概念。"此处再次呈现了一种学习方法，即有必要对整章的要点进行通览，从而形成完整的知识体系。

为了引导学生重视复习，该教科书在每一章的最后都呈现了复习摘要，将本章的核心概念和规律，以分点列举的形式再次予以重现，从而帮助学生建立良好的知识框架。例如，"电流的强度、电压、电阻"这一章的复习摘要如图 5-5 所示。从复习摘要中可以看到，其中不仅涉及核心规律如"导线的电阻和其长成正比，和截面积成反比"，而且也将实验仪器电流表和电压表作为重要的内容呈现。

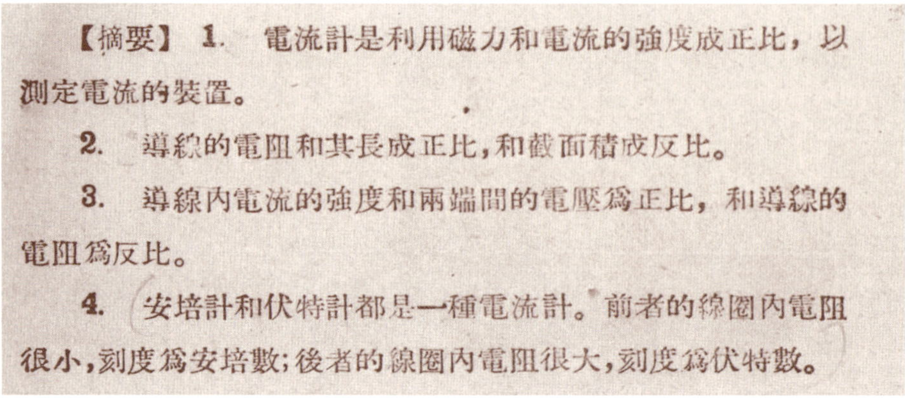
【摘要】 1. 電流計是利用磁力和電流的強度成正比，以測定電流的裝置。

2. 導線的電阻和其長成正比，和截面積成反比。

3. 導線內電流的強度和兩端間的電壓爲正比，和導線的電阻爲反比。

4. 安培計和伏特計都是一種電流計。前者的線圈內電阻很小，刻度爲安培數；後者的線圈內電阻很大，刻度爲伏特數。

图 5-5 教科书复习摘要举例（一）

再如“机械和工作（下）”这一章之后的复习摘要如图 5-6 所示。

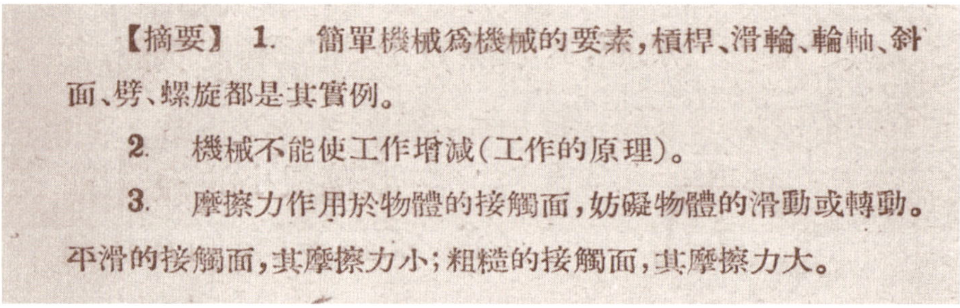
【摘要】 1. 簡單機械爲機械的要素，槓桿、滑輪、輪軸、斜面、劈、螺旋都是其實例。

2. 機械不能使工作增減(工作的原理)。

3. 摩擦力作用於物體的接觸面，妨礙物體的滑動或轉動。平滑的接觸面，其摩擦力小；粗糙的接觸面，其摩擦力大。

图 5-6 教科书复习摘要举例（二）

仔细研读这些复习摘要，一方面，可以看到复习摘要全部都是文字描述，并没有出现物理公式，体现了编者希望学生能够从物理内涵的角度对所复习内容有更深刻的认识。另一方面，复习摘要涉及的知识点并不多，属于本章中最核心的概念和规律，抓核心是选择复习要点的重要依据，体现了对学生学习习惯的指引。

（4）贴近生活，定性解释。

该教科书在开篇的“编辑大意”中指出：“凡和人生有密切关系的事项，近代文明的设备以及日常需要的器具也多包罗收入。”这是第二点，此后在第三点中再次强调：“列举一二应用实例及日常生活上有兴趣的问题，给学生对于本节所叙述的事理能自动地运用。”由此可见编者对物理与生活紧密关联的重视。

习题方面也基本上以定性解释生活现象为主。教科书各章节在阐述了相关物理知识后，会出现若干思考题，这些思考题基本上都是要求学生运用所学的新知识，定性地解释各种生活现象。例如，在汽化这一知识点之后设计了4道问题，如下所示。

问题1：酒精灯或挥发油的瓶，何以须加上很紧的盖?

问题2：夏日地面上洒水，即觉凉快，其故安在?

问题3：洗澡之后，身体若不拭干，往往易于感冒，试言其故。

问题4：手触沸水的水蒸气，其火伤比受触沸水时候更厉害，试言其理。

上述4道问题，都是关于汽化现象在生活中的应用的解释，学生在思考与解答的过程中，也将真切地感知到汽化知识在生活中的广泛应用。

再如，在电流的热效应部分，设计了两道思考题。

问题1：若将长短粗细相同的铜线和铁线相连接，然后通以电流，并使电流渐次增大，即可见铁线比铜线先发热，试言其故。

问题2：输送大电流用粗导线，是何缘故。

可以看到，思考题仍然是定性探究的问题，并不涉及计算，更注重学生对概念和规律的灵活运用。

四、中华书局版《高中物理学》分析

（一）基本信息

《高中物理学》分上、下两册，此处选择由中华书局分别于1947年4月和1946年10月出版的上、下两册进行分析（图5-7）。

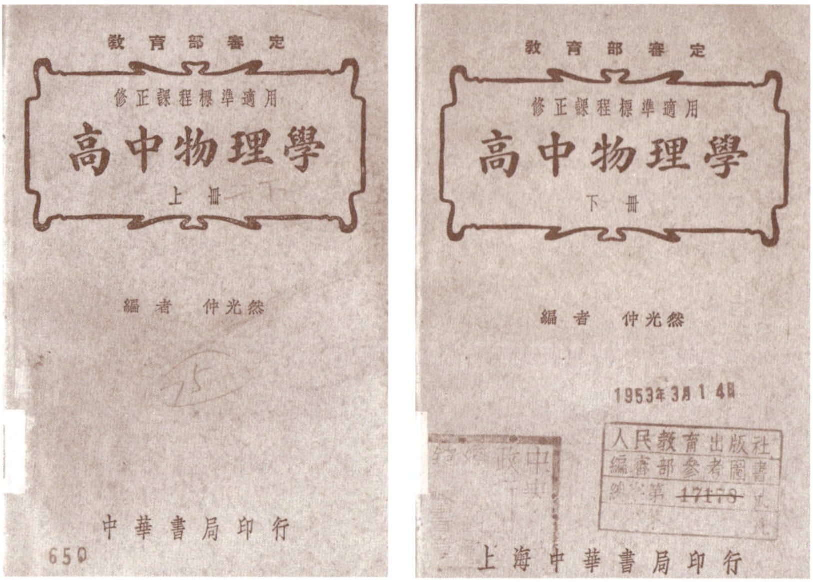

图 5-7 《高中物理学》封面

（二）结构与内容

1. 体系结构

本套书具体体系结构如下所示。

上册

绪论

第一篇 物性

第一章 物体的运动

第二章 物质

第三章 物质分子的现象

第二篇 力学

第一章 刚体

第二章 流体的平衡

第三章 物体的运动

第四章 工作和能量

第三篇 热学

第一章 温度和热

第二章 膨胀

第三章 熔解和凝固

第四章 汽化和液化

第五章 热和能量

中西名词对照表

下册

第四篇 声学

第一章 波动

第二章 声波

第三章 乐音

第四章 发音体的振动

第五章 共振

第五篇 光学

第一章 光的直进

第二章 光的反射

第三章 光的折射

第四章 光的色散和辐射线

第五章 光波

第六篇 磁学

第一章 磁铁的作用

第二章 磁的感应

第三章 地磁

第七篇 电学

第一章 带电体

第二章 电的感应

第三章 电位

第四章 接触起电、电池、热电

第五章 欧姆定律和电阻

第六章 电流的效应

第七章 电磁感应

第八章 真空管内的放电和放射物质

第九章 电磁波和无线电报电话

中西名词对照表

从上述教科书体系结构可以看到，该教科书在知识模块上按照力学——热学——声学——光学——磁学——电学编排，这种编排顺序体现了学科特色，有助于学生对各相对独立的领域一一进行学习与掌握。量子物理和相对论等内容没有出现在该教科书内容编排中，正如该教科书在“编辑大意”中所述，编者认为这两部分内容过于艰深，不宜太早出现。

2. 内容

《高中物理学》上、下册共计包括 8 篇，内容包括绪论、物性、力学、热学、声学、光学、磁学和电学。从内容整体分布上看，该教科书侧重力学和电学的内容。其中力学包含 4 章，占了高中上册的一大半篇幅，电学分为 7 章，占了高中下册一半左右的篇幅。这与当前高中物理教材中知识内容分布基本相近。

“绪论”主要介绍了基本单位和导出单位，包括长度单位、质量单位、时间单位、温度单位等知识。将各类单位在所有新内容之前呈现，虽然有助于引导学生对物理学基本单位的重视，但是开篇便呈现众多表述严谨的单位而缺乏相应的应用，内容偏枯燥，可能不利于引起学生的兴趣，利弊兼有。

“物性”篇包括物体的运动、物质、物质的微观结构三部分知识。一方面，介绍了运动的基本概念，包括位置、位移、位移的合成与分解、速度、速度的合成与分解。另一方面，介绍了物质三态、物质的组成，并利用分子的相关知识解释扩散、渗透、溶解、吸收、表面张力和毛细等各类现象。

“力学”篇包括刚体、流体的平衡、物体的运动、功和能量等四部分知识。首先介绍了力的平衡、力矩和重心的知识，将这些知识应用到简单机械中，包括杠杆、天平、杆秤、轮轴、斜面、劈和螺旋。而后介绍了液体压强和大气压强及其应用，包括虹吸、流体压力计等。接着介绍牛顿运动定律、自由落体运动和圆周运动，并将相关知识应用到飞机和飞艇的原理解释上，最后介绍了功和能量的知识，并应用于对水车、水轮机等机械原理的解释。

“热学”篇包括温度和热、膨胀、熔化和凝固、汽化和液化、热和能量等五部分知识。首先介绍了热学的基本概念，包括温度、热量、比热容、热传导等，而后分别介绍了固体膨胀、液体膨胀和气体膨胀的相关知识，接着分析了各类物态变化现象，最后从能量的角度介绍了热机原理，并解释蒸汽轮机和汽车等机械中相关的现象。

“声学”篇包括波动、声波、乐音、发音体的振动、共振等五部分知识。首先介绍了波动的概念及波的性质，而后以声波为例，介绍了声波的速度、反射、折射、干涉以及拍等知识，接着将声波相关知识应用于解释乐音和噪声现象，接着探究了各类发声体的振动，包括弦、棒、钟等物体，最后着重介绍了共振现象及其原理。

“光学”篇包括光的直线传播、光的反射、光的折射、光的色散和辐射线、光波等五部分知识。除了解释光学各类现象外，本部分内容还介绍了照度、光强、球面像差、眼镜的度数、透镜的色差、磷光和荧光等专业光学知识。

“磁学”篇包括磁体、磁场、地磁等三部分知识。首先从磁体的相互作用现象入手，介绍了库仑定律①，而后介绍了磁场和磁单极子假说，最后介绍了地磁现象。

“电学”篇包括带电体、电场、电势、电流、欧姆定律、电流效应、电磁感应、真空管内的放电和放射物质、电磁波和无线电报电话等九部分知识，囊括了当前教科书中涉及的电磁学的各方面知识。另外，把原子的构造等相关知识置于真空管内的放电和放射物质内容之中，而没有专门设置独立的章节介绍原子物理学的相关内容。

3. 特点

（1）开门见山，侧重讲授。

翻阅教科书的具体章节可以看到，多数内容采取的呈现思路是：直接呈现概念——相应的例子讲解——演示实验或理论推导——结论。

例如，关于力的平衡，教科书在该节的一开篇就直接呈现了有关力的平衡

① 此处指描述磁极间的作用力与磁极间的距离的规律。

相关概念，指出：“倘若用数个力同时加到一物体上，则又是不起运动效果，在这个情形，这几个力称为互相平衡，这个物体称为在平衡状态。”

而后用例子阐释这个概念，教科书中继续写道：“譬如拿一根棒两端各系一条绳子，用两手以同大的力拉紧两绳，那么棒和绳成了一直线，静止不动，就是平衡。”

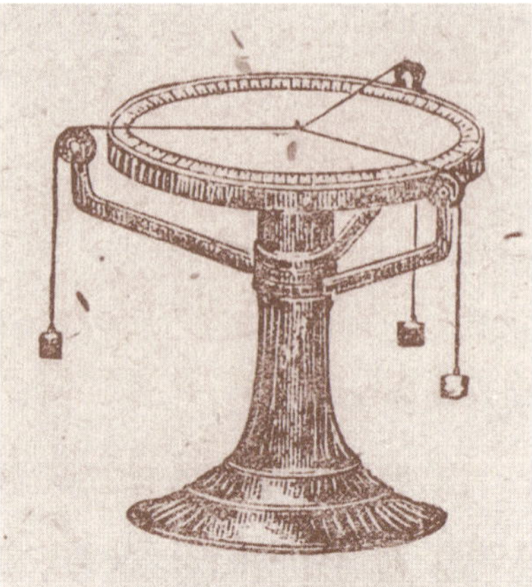

图 5-8　实验示意图（一）

接着呈现一个演示实验，如图 5-8 所示（此实验既可演示二力平衡，也可演示三力平衡），并阐述了实验方案：“要试验两力平衡，使两个滑车隔圆心相对，上跨一条绳子，两端各系一个砝码，倘两个砝码相等，绳子就静止了，这就是两力平衡的现象。”

最后呈现相应的结论或规律：“所以吾们可以从实验得到一个结论：倘若二力平衡，二力的大小要相等，而且要在一直线上，方向要相反。”

从上述思路可以看到，教科书主要采用的是讲授法的形式，虽然从概念呈现、例子讲解、演示实验方案到结论等过程都是由教科书直接呈现的，但整个论述的思路是严谨的，条理是清晰的。

（2）实验较少，演示为主。

该书全部采用演示实验，而且只有较为重要的内容才出现实验，数量偏少，但方案都较为简易可行。

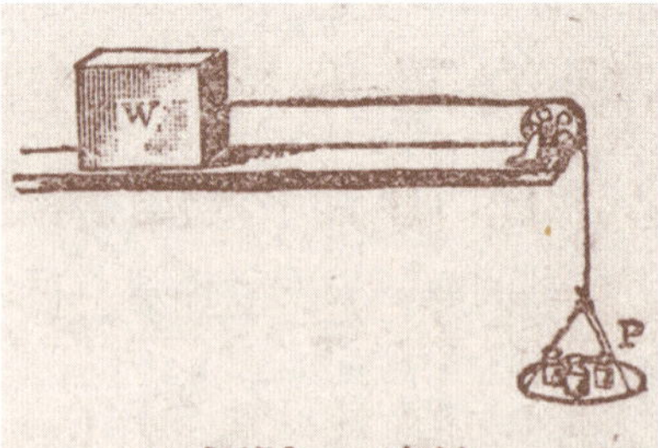

图 5-9　实验示意图（二）

例如，该教科书中摩擦力实验如图 5-9 所示，教科书中直接呈现了实验方案：“在水平的桌上放一物体，在物体上一点结一细绳，绳的他端吊一小皿，经过滑车，一直吊在下面。倘然没有一些摩擦，那么小皿里面只要稍放一些砝码，物体就可移动；但是因为摩擦的关系，小皿里面非加到相当的重量，物体绝不会动。”

从上述这个例子可以看到，该教科书中的实验方案所需材料和实验方案都较为简单，且关于实验方案的阐述都较为详细具体，便于教师按照方案实施。教科书中所有的实验都是教师演示实验，可见，该教科书采用以教师讲授为主的教学模式。从实验数量上看，演示实验的数量在该教科书中是比较少的，例如，以第二篇力学为例，整个力学内容，教科书中只出现了 9 个演示实验，如图 5-10 所示。

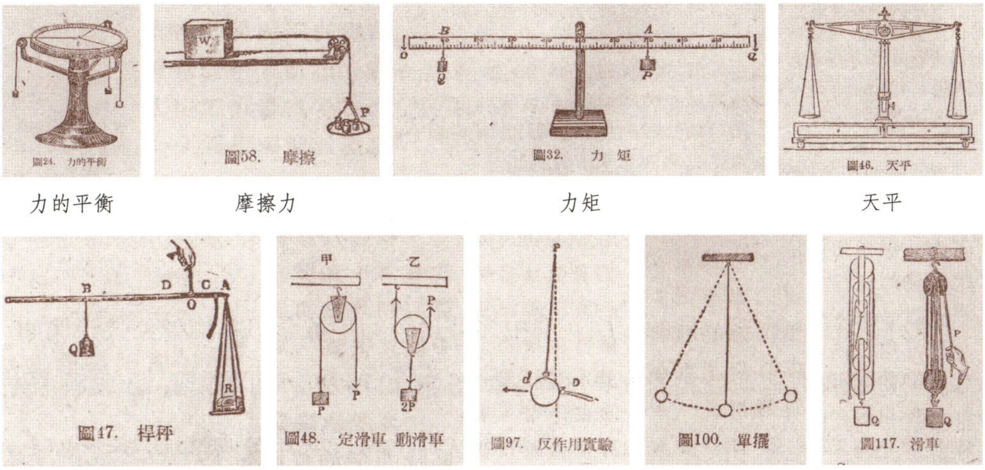

力的平衡　摩擦力　力矩　天平

杆秤　定滑轮和动滑轮　反作用实验　单摆　滑轮组机械效率

图 5-10　实验示意图（三）

可以看到，力学作为教科书中的主要内容，但实际出现的实验仅有上述 9 个演示实验。这些实验器材都较为常见且结构简单，演示实验的内容也都是力学中较为重要的知识点。该教科书实验内容较少，可能跟其编写理念也有一定的关系，正如前文所述，在《高中物理学》的“编辑大意”中指出“高中用物理学宜乎多论述理论，多用数学”，正因为偏重理论论述的编辑意图而在一定程度上降低了实验的数量。

（3）阐释严谨，重视数学。

在该书“编辑大意”中提出的重理论、数学及“本书用明显的语体文，语句不求华丽，只求严正”指导思想下，该教科书重视对相关现象与原理的严谨理论阐释。例如，关于温度计结构及原理的阐释如图 5-11 所示。可以看到，文中较严谨、详细地介绍了水银温度计的结构、原理和读数的方法，让学生能够感知到科学理论解释的严谨性。

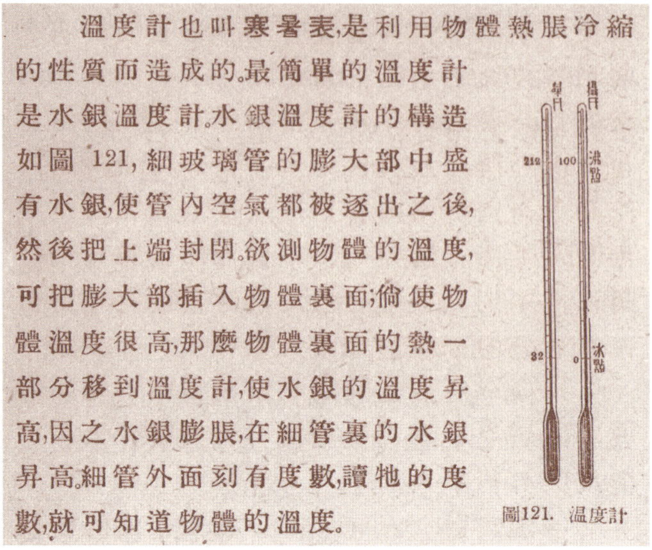

溫度計也叫寒暑表,是利用物體熱脹冷縮的性質而造成的。最簡單的溫度計是水銀溫度計。水銀溫度計的構造如圖 121, 細玻璃管的膨大部中盛有水銀,使管內空氣都被逐出之後,然後把上端封閉。欲測物體的溫度,可把膨大部插入物體裏面;倘使物體溫度很高,那麼物體裏面的熱一部分移到溫度計,使水銀的溫度昇高,因之水銀膨脹,在細管裏的水銀昇高。細管外面刻有度數,讀牠的度數,就可知道物體的溫度。

圖121. 溫度計

图 5-11　水银温度计节选

教科书注重数学工具的运用，书中多处出现利用数学工具推导公式，例如，关于匀加速直线运动公式的推导过程，如图 5-12 所示。可以看到，该教科书先呈现了关于等差数列的计算方法，然后再详细地逐步推导匀加速直线运动公式，整个过程清晰、严谨，体现了在教科书开篇中提出的“多用数学”的理念。

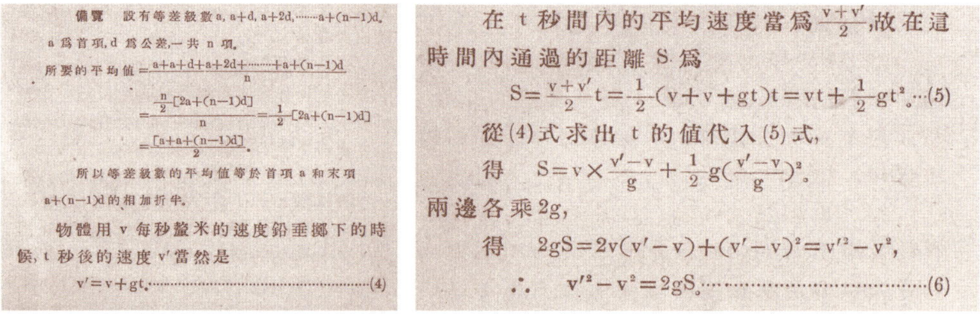

備覽　設有等差級數 a, a+d, a+2d,……a+(n−1)d。a 爲首項, d 爲公差, 一共 n 項。

$$所要的平均值=\frac{a+a+d+a+2d+\cdots\cdots+a+(n-1)d}{n}$$

$$=\frac{\frac{n}{2}[2a+(n-1)d]}{n}=\frac{1}{2}[2a+(n-1)d]$$

$$=\frac{[a+a+(n-1)d]}{2}.$$

所以等差級數的平均值等於首項 a 和末項 a+(n−1)d 的相加折半。

物體用 v 每秒釐米的速度鉛垂擲下的時候, t 秒後的速度 v′ 當然是

$$v'=v+gt.\cdots\cdots(4)$$

在 t 秒間內的平均速度當爲 $\frac{v+v'}{2}$,故在這時間內通過的距離 S 爲

$$S=\frac{v+v'}{2}t=\frac{1}{2}(v+v+gt)t=vt+\frac{1}{2}gt^2.\cdots(5)$$

從 (4) 式求出 t 的值代入 (5) 式,

$$得\quad S=v\times\frac{v'-v}{g}+\frac{1}{2}g\left(\frac{v'-v}{g}\right)^2.$$

兩邊各乘 2g,

$$得\quad 2gS=2v(v'-v)+(v'-v)^2=v'^2-v^2,$$

$$\therefore\quad v'^2-v^2=2gS.\cdots\cdots(6)$$

图 5-12　教科书中数学推导示意

（4）习题定量，难度渐进。

教科书在“编辑大意”中指出：“每章或每节的后面，大都附有问题或计算题以资练习；题的多少，编者颇费酌量，不宜再为节减。”可见，编者认为适量的习题练习，对于掌握物理知识是必要的，在练习中可以加深认识与理解。

从该教科书习题的类型看，计算题占了习题中的大部分，体现了教科书“多用数学”的理念。例如，自由落体运动对应的习题都需要运用所学的运动学公式进行定量化计算，目的是帮助学生巩固与深化对相应公式的理解与应用。

在习题难度的设计上，该教科书遵循了循序渐进、难度递增的处理方式。以第四节摩擦力为例（图 5-13）。该节内容课后共设置了 5 道习题，第一题是斜面上求静止物体受到的静摩擦力；第二题是不断倾斜斜面求最大摩擦力是多少，属于在动态过程中求最大静摩擦力；第三题转向了滑动摩擦力，情景也比较简单，求水平面上的滑动摩擦系数；第四题适当增加难度，求斜面上的滑动摩擦力；第五题继续增加难度，没有直接求摩擦力，而是要求学生能够灵活运用滑动摩擦力的知识，求出将物体推上斜面需要多大的力。

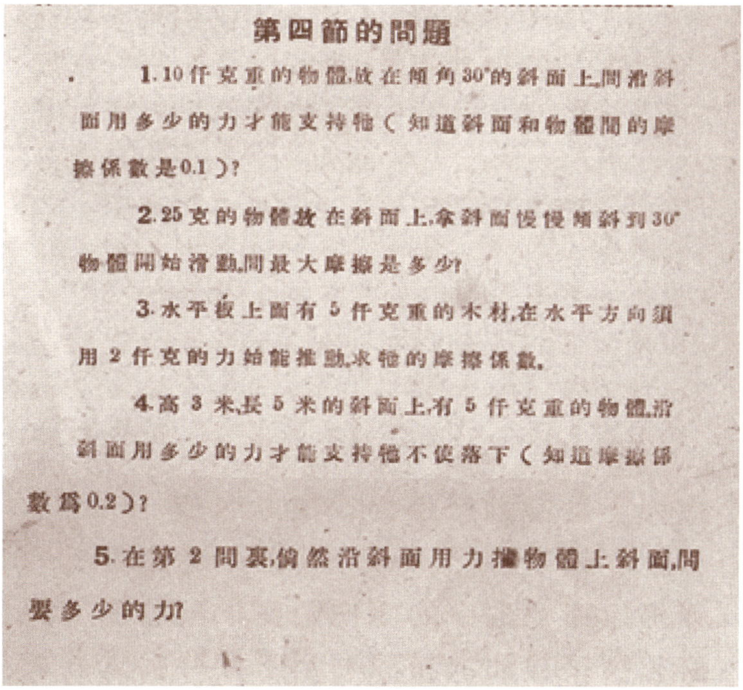

第四節的問題

1.10仟克重的物體,放在傾角30°的斜面上,問沿斜面用多少的力才能支持牠（知道斜面和物體間的摩擦係數是0.1）?

2.25克的物體放在斜面上,拿斜面慢慢傾斜到30°物體開始滑動,問最大摩擦是多少?

3.水平板上面有5仟克重的木材,在水平方向須用2仟克的力始能推動,求牠的摩擦係數.

4.高3米,長5米的斜面上,有5仟克重的物體,沿斜面用多少的力才能支持牠不使落下（知道摩擦係數爲0.2）?

5.在第2問裏,倘然沿斜面用力推物體上斜面,問要多少的力?

图 5-13　习题示意图

从上述习题设计的例子可以看到，该教科书采用小步增加难度的方式设计习题，引导学生的思维不断深化发展。

附录1 开明书店版《开明物理学教本》目录

上册

第一编 物性

第一章 物质

物质 物质的三态 物理学 量的测定 密度 比重 重力 力

力的平衡

第二章 固体

固体的弹性 胡克定律

第三章 液体

液体的压力的传递 液体的压力和深度 液体的表面 连通器

液体的浮力 物体的浮沉 比重的测定

第四章 分子现象

物质和分子 分子力 表面张力 毛细现象

第五章 气体

气体的压力 大气的压力 托里折利实验 气压计

玻意耳定律 大气的浮力 虹吸 抽水唧筒 空气唧筒

压缩唧筒

第二编 热学

第一章 热和热的传布

热和热的来源 热的传导 对流 辐射

第二章 温度和热量

温度计 热量和比热

第三章 物体的膨胀

固体的膨胀 液体的膨胀 气体的膨胀 汽油机

第四章 三态的变化

熔解和凝固 冷剂 汽化 饱和汽 沸点和压力的关系

蒸汽机 液化 大气中的水蒸气 湿度

第三编 力学

第一章 运动和力

运动和速度 加速度 力 力的合成和分解 平行力的合力

力矩 重心 稳度

第二章 机械和工作（上）

机械 杆杠 秤 滑轮 轮轴 工作和功率 工作的原理

第三章 机械和工作（下）

斜面 劈 螺旋 摩擦

第四章 运动定律

运动第一定律 运动第二定律 打击和碰撞运动第三定律

第五章 引力和各种运动

万有引力 落体 抛射体 圆周运动 转动 空气和水的阻力

推进器和舵 风筝和飞机

第六章 波动

摆 弹性体的振动 钟和表 波动

补习问题

问题答数

中英名词对照表和索引

下册

第四编 声学

第一章 声波

声音 声波的传播 声波的速度 声波的反射

第二章 声音的要素和共鸣

噪声和乐音 响度 音调 共鸣 乐器 音阶 音品 人声 留声机

第五编 光学

第一章 光的直进

光的直进 影 光的速度 照度和光的强度 光的反射

光的折射 全反射

第二章 光学器械

凹面镜 透镜 幻灯 照相机 眼和眼镜 活动影片 放大镜

附录 2 中华书局版《高中物理学》目录

224 带电 225 二种电 226 导体和不导体 227 电量

228 库仑定律 229 电的分布 230 电子说

第二章 电的感应

231 电场 232 感应 233 摩擦或感应所产生的电量

234 起电盘 235 威姆胡斯脱的起电机 236 空中的电

237 避雷针

第三章 电位

238 电位 239 电位的单位 240 电容 241 容电器

第四章 接触起电、电池、热电

242 电流 243 接触起电 244 伏打电池

245 电池的局部电流和极化 246 丹尼尔电池

247 勒克兰社电池 248 干电池 249 热电

第五章 欧姆定律和电阻

250 欧姆定律 251 电阻 252 全电阻 253 电池的电阻

254 电池的联结法 255 惠斯登电桥

第六章 电流的效应

第一节 电流和热

256 焦耳定律 257 电流所成的工作 258 电灯

第二节 电解

259 电解 260 法拉第定律 261 游子说 262 电镀术

263 电铸术 264 电冶术 265 蓄电池

第三节 电流的磁作用

266 电路的磁作用 267 线圈 268 电流计 269 伏特计

270 电磁铁 271 导磁系数 272 弧光灯调准器

273 电铃 274 电报机

第七章 电磁感应

275 应电流 276 楞次定律 277 自感应

278 应电流的电动势 279 感应圈 280 电话机

281 发电机 282 电动机 283 电车 284 瓦特小时计

第四编　中华人民共和国成立后的教科书

第六章　中华人民共和国成立初期的物理教科书（1949—1951）

一、教科书编写背景

（一）社会背景

1949 年 10 月 1 日，中华人民共和国成立，这标志着中国进入了一个与以往社会性质根本不同的新时代。统一的人民民主政权以及中国共产党领导下的多党合作制和政治协商制度的建立，对国家的经济、文化、教育等各行各业产生了巨大的影响。

从新中国成立之初到 1952 年，是国民经济恢复时期，其中心任务是巩固新生的人民政权，迅速恢复国民经济。经过全国人民的努力，在短短三年时间内，工农业总产值大幅增加，主要产品产量大大超过了新中国成立前的最高年产量。人民生活得到了改善，国家财政经济状况根本好转，为开展有计划的经济建设和社会主义改造创造了条件。

（二）教育概况

新中国的成立，也揭开了中国教育发展的新篇章。

1949 年 9 月，中国人民政治协商会议第一届全体会议通过了《中国人民政治协商会议共同纲领》，其中规定："中华人民共和国的文化教育为新民主主义的，即民族的、科学的、大众的文化教育。人民政府的文化教育工作，应以提高人民的文化水平，培养国家建设人才，肃清封建的、买办的、法西斯主义的思想，发展为人民服务的思想为主要任务。""人民政府应有计划有步骤地改革旧的教育制度、教育内容和教学法。"①

1949 年 11 月，中央人民政府教育部成立。1949 年 12 月，第一次全国教育

① 何东昌．中华人民共和国重要教育文献 1949—1975［M］．海口：海南出版社，1998：1．

工作会议召开。会议指出："我们的教育必须根据《共同纲领》，以原有的新教育的良好经验为基础，吸收旧教育的某些有用的经验，特别要借助苏联教育建设的先进经验……""改造旧教育和建设新教育是两个密切联系和不可分开的过程。前者要在后者的指导下进行；而新教育的建设也必须从旧教育吸取合理的成分。旧的学制的改革是一个比较长期的过程，必须经过各级教育的不断改革，积累比较成熟的经验之后，才能有比较全盘的改革。"① 由此可见，中央人民政府对旧中国的教育并没有全盘否定，而是要求逐步进行改造。

二、教科书总体介绍

（一）课程设置

新中国成立以后，为维持现状和稳定教学秩序，允许旧学制继续存在了一段时间。在解放了的各地区，地方教育行政机关对国民党政府原有中学的教学科目及授课时数作了必要的变更，但很不一致。为增加教学的计划性，提高教学效率，便于学生升学、转学，1950 年 8 月，教育部颁发了《中学暂行教学计划（草案）》，以备在学制改革以前暂行使用。②

《中学暂行教学计划（草案）》规定，初中物理课在第三学年开设，每周 4 课时，合计 160 课时，占初中总课时的 4.44%；高中在第二和第三学年开设，都是每周 3 课时，合计 240 课时，占高中总课时的 6.67%。

教育部中等教育司根据教学一线反映的"普通中学数理化三科的教材编排不合理，以致学生负担过重，学习不能获益"的情况，组织人员对物理和化学教材进行了精简，并于 1950 年 7 月发布了《初中物理精简纲要（草案）》和《高中物理精简纲要（草案）》，供各地中学教学参考使用。

① 何东昌．中华人民共和国重要教育文献 1949—1975［M］．海口：海南出版社，1998：8-9．
② 课程教材研究所．21 世纪中国中小学课程标准教学大纲汇编：课程（教学）计划卷［G］．北京：人民教育出版社，2001．

（二）教科书概况

1. 教科书概览

新中国成立前夕，广大解放区的中小学急需新的教材代替国民党统治时期的旧教材。1949 年 4 月，华北人民政府教育部成立了教科书编审委员会，着手审订老解放区和国民党统治区的中小学课本；同时东北人民政府教育部也组织力量，以苏联十年制学校中学的数学和自然科学课本为蓝本进行编译，作为东北地区的中学课本。同年 10 月，中央人民政府出版总署设编审局，以老解放区和原开明书店的部分编辑人员为骨干，承担原华北人民政府教育部教科书编审委员会的工作，开始编审中学文史地教材。

新中国成立后，由于时间紧迫，来不及制定新的中学数学和自然科学教学大纲和编写新的教科书。作为权宜之计，全国大部分地区继续使用经过审定的解放前的中学物理课本，只有东北地区从 1950 年春季开始使用苏联课本的编译本。这种情况一直延续到 1950 年 7 月，教育部和出版总署联合发布了《关于 1950 年秋季中小学教科用书的决定》，才逐渐改变了各地教科书使用不一致的局面。

鉴于教材在中小学教育中的重要作用，教育部和出版总署于 1950 年 10 月开始共同筹建编辑出版中小学教材的专业出版社，12 月 1 日正式成立了人民教育出版社。

2. 典型教科书的选取

在教育部和出版总署联合发布的 1950 年秋季用书决定中，所推荐使用的物理代用课本见表 6-1。

表 6-1　1950 年秋季用书决定中所推荐使用的物理代用课本

学段	书名	册数	编著者	出版单位
初中	《实用物理》	一册	江云青	华东新华书店
	《初中物理学》	二册	严济慈	三联书店
	《初中理化课本》	四册	严济慈	三联书店
	《初中新物理学》	二册	何守愚、陈公衡	世界书局
	《开明物理学教本》	二册	戴运轨	开明书店
	《物理学》	二册	周昌寿	商务印书馆
	《新中国物理学》	二册	常伯华	正中书局

续表

学段	书名	册数	编著者	出版单位
高中	《高中物理学》	二册	严济慈	中国图书仪器公司
	《高中物理学》	二册	仲光然	中华书局
	《新中国物理学》	二册	张开圻	正中书局
	《物理学》	二册	周昌寿	商务印书馆
	《高中新物理学》	二册	寿望斗	世界书局
	《师范适用物理》	二册	朱福炘	中华书局

1951 年 4 月，在教育部和出版总署联合发布的《关于 1951 年秋季教科用书的决定》所附“1951 年秋季中小学教科用书表”中，初、高中物理课本都只有一种，分别是人民教育出版社陈同新、许南明编的《初级中学课本物理学》和世界书局出版、寿望斗编的《高中新物理学》。前者作为人教社第一套物理教材，将在下一章介绍。此处着重分析连续两年都入选了“教科用书表”的《高中新物理学》，以及同样由世界书局出版的《初中新物理学》。

三、世界书局版《初中新物理学》分析

（一）基本信息

《初中新物理学》分为上、下两册（图 6-1），由世界书局出版。上册编者为何守愚，下册编者为陈公衡，校订者为何守愚。

该书初版于 1937 年，根据 1932 年《初级中学物理课程标准》的要求编写。1941 年根据《修正初级中学物理课程标准》进行了修订。1948 和 1949 年相继出版了修正版。下面所分析的是 1949 年 9 月出版的修正第 3 版。

本书作者之一何守愚，又名其鲁，浙江义乌东河乡人。1916 年 7 月毕业于北京高等师范学校理化部。历任诸暨县立中学、山西省立第八中学教员，浙江省立绍兴中学、省立温州中学、省立衢州中学、杭州市立中学教导主任，兼授物理、数学和英语课程。1940 年 8 月任义乌中学校长，1950 年任东阳中学校委，

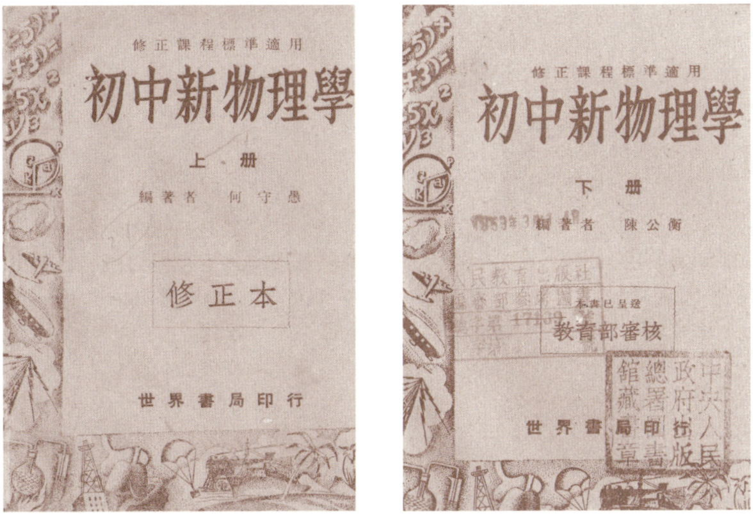

图 6-1 《初中新物理学》封面

1952 年被评为浙江省优秀教师。

（二）结构与内容

1. 体系结构

这套书是根据《修正初级中学物理课程标准》修订的，体系结构大体与标准中“教材大纲”的要求相同。其中，上册内容包括大纲中的条目 1~23，分为力、热、声等部分；下册内容包括大纲中的条目 24~38，分为光、磁与电等部分。

在进行章的划分时，这套书特别考虑了知识的综合。例如，从学科的角度来看，由于比重、液体的压力和浮力、分子力等涉及不同层面的知识，民国时期的多数教材中一般都将其分在不同的章节。这套书考虑到这些知识的共同点是都涉及水，因此安排了第二章“水”统一讲述。第三章“空气”、第六章“太阳和热”的安排也是出于知识综合的考虑。

全书具体结构如下。

上册

第一章 绪论

第二章 水

第三章 空气

第四章 力和运动

第五章 简单机械

第六章 太阳和热

第七章 音和乐器

下册

第八章 太阳和光

第九章 光的反射和折射

第十章 镜和像

第十一章 光学仪器

第十二章 光谱和色

第十三章 光波和辐射线

第十四章 磁

第十五章 静电

第十六章 电流和电池

第十七章 电流的效应

第十八章 感应电流

第十九章 无线电

2. 内容

第一章是绪论，除了物性知识外，还讲述了一些物理学最基本的概念，如长度、质量、时间等。

第二章至第五章是力学方面的知识。其中在第二章中，围绕“水”这一共同载体，除了讲述液体内部的压力及压力的传递、连通器外，还介绍了分子及分子力的概念、表面张力，并用表面张力粗略解释了毛细现象。在第三章“空气”中，教科书介绍了抽气机、打气机、氢气球和飞机等气压知识的实际应用。第四章“力和运动”涵盖了运动、力、力和运动的关系等不同方面的知识，内容十分庞杂。与新中国成立后新编的教材相比，这部分内容总体呈现出覆盖面宽的特点。例如，在运动部分，既讲了匀速运动，还讲了加速运动（包括落体的运动）、圆周运动；对于牛顿运动定律，教科书也都有所涉及。在第五章“简单机械”中，除了最基础的杠杆、滑轮和斜面之外，还介绍了轮轴、尖劈、螺旋等其他简单机械。教科书在这一章虽然安排了一节“功和功的原理”，但全书并没有从能的角度来分析物体的运动。

热和声这两部分相对篇幅比较少，分别只有一章。在第六章“太阳和热”中，介绍了温度、比热容等概念和物质的三态变化等过程，最后用较多的篇幅解释了生活中的云、雾、雨、露等自然现象，以及热水瓶、热机等的工作原理。本章还介绍了固体的线膨胀系数和体膨胀系数并进行相关的计算，以及盖－吕萨克定律。第七章“音和乐器”先以单摆为例引入振动，继而介绍水波和声波都是由于振动的传播而形成的波动现象。之后的内容紧密围绕声波展开，分别介绍了回声、共鸣、乐音的三要素、音阶等知识，以及乐器、留声机的工作原理。由于所涉及的内容与生活联系很紧密，且容易开展活动，这两章都设计了较多的实验。

光学部分在本套教科书中所占比例较大，共分为六章。除了绝大部分篇幅讲光的直线传播、光的反射和折射、透镜成像等几何光学知识外，还在第十三章“光波和辐射线”中初步涉及了光的本性：“物体的温度次第增高，分子即起振动，故其周围的以太即起横波的波动，称为光波。向各方向传播，与声波的发生相似，此种理论称为光的波动说。光的强弱由于光波的振幅大小而定，光的颜色由于光波的波长而定。”在第十二章“光谱和色”中，介绍了分光镜、光谱的种类、色光的混合和颜料的混合等内容。

磁与电的内容是本套教科书的另一个重头戏，也分为六章。在第十四章“磁”中，除了磁极、磁力、磁场等基本概念外，还用“分子磁铁”理论来初步解释磁性的产生。第十五章至第十八章分别讲述了静电、电流和电池、电流的效应（包括化学效应、磁效应和热效应）。另外，还专门安排了第十九章“无线电”，包含电振动和电波、检波器、无线电报机等内容。

3. 特点

（1）在广度上，这套课本向高中看齐。

这套课本内容十分广泛，涉及的物理现象、概念、规律都比新中国成立后的初中课本广得多。

除上面提到的例子外，这套课本还在第三章“空气”中讲了玻意耳定律（图 6–2 甲）；在第四章“力和运动”中出现了加速度概念，并有初速度为 0 的匀加速运动和自由落体的计算、牛顿第二定律表达式、同向平行力的合成和力的平行四边形定则等内容；在热学部分讲了线膨胀的计算、临界温度、临界压力；在电学部分讲了串并联电阻计算、判定感生电流方向的楞次定律（图 6-2 乙），等等。

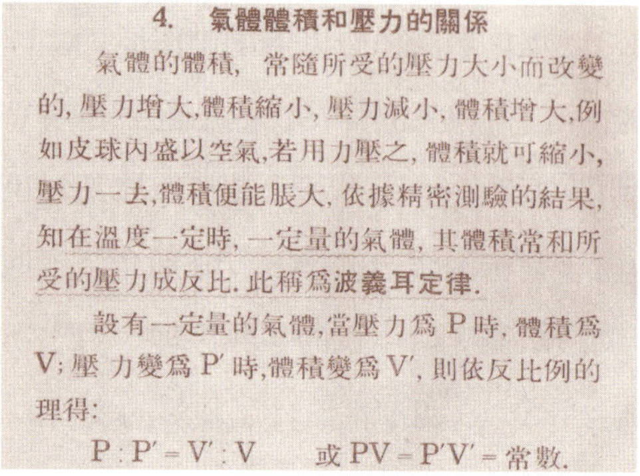
4. 氣體體積和壓力的關係

氣體的體積，常隨所受的壓力大小而改變的，壓力增大，體積縮小，壓力減小，體積增大，例如皮球內盛以空氣，若用力壓之，體積就可縮小，壓力一去，體積便能脹大．依據精密測驗的結果，知在溫度一定時，一定量的氣體，其體積常和所受的壓力成反比．此稱爲**波義耳定律**．

設有一定量的氣體，當壓力爲 P 時，體積爲 V；壓力變爲 P′ 時，體積變爲 V′，則依反比例的理得：

$$P : P' = V' : V \quad 或 \; PV = P'V' = 常數.$$

甲

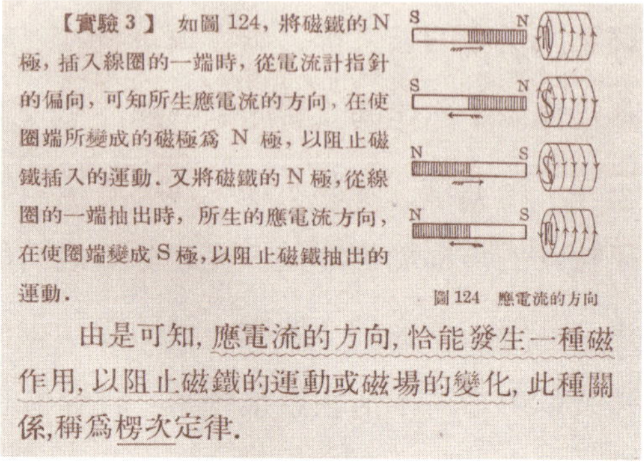
【實驗 3】 如圖 124，將磁鐵的 N 極，插入線圈的一端時，從電流計指針的偏向，可知所生應電流的方向，在使圈端所變成的磁極爲 N 極，以阻止磁鐵插入的運動．又將磁鐵的 N 極，從線圈的一端抽出時，所生的應電流方向，在使圈端變成 S 極，以阻止磁鐵抽出的運動．

圖 124 應電流的方向

由是可知，應電流的方向，恰能發生一種磁作用，以阻止磁鐵的運動或磁場的變化，此種關係，稱爲楞次定律．

乙

图 6-2 玻意耳定律和楞次定律

（2）强化实验在激发学习兴趣方面的作用。

这套课本在呈现方式上没有采用先给出概念、规律条文，而后用事例或实验证明的讲法。正如作者在“编写说明”中所说：“本书所取教材均以常识及生活为中心，复依据实验说明学理，以引起学生研究物理学之兴趣。”这一点在上册中体现得尤为明显。例如，第二章第一节为“液体内部压力的传递”，在本节一开始，课本就安排了如图 6-3 所示的实验，用以说明加在密闭液体上的压强能传达到各部分而其大小不变，即帕斯卡原理（原书为“巴斯噶原理”）。之后，通过具体实例说明帕斯卡原理是水压机工作的基础。

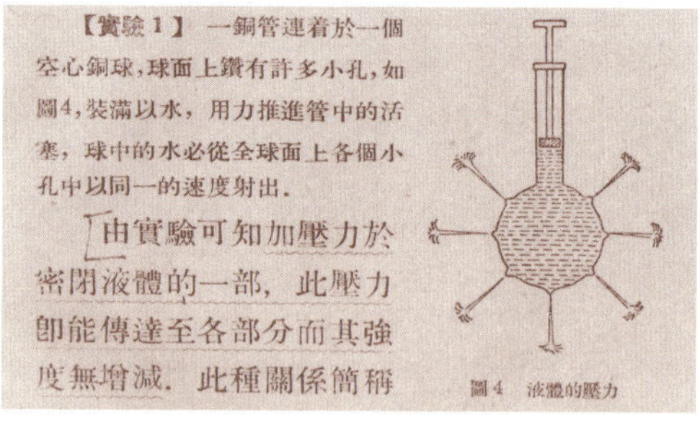
【實驗 1】 一銅管連着於一個空心銅球，球面上鑽有許多小孔，如圖 4，裝滿以水，用力推進管中的活塞，球中的水必從全球面上各個小孔中以同一的速度射出．

由實驗可知加壓力於密閉液體的一部，此壓力卽能傳達至各部分而其強度無增減．此種關係簡稱

圖 4 液體的壓力

图 6-3 液体的压力实验

全书共编排了 76 个学生实验，其中上册 50 个，下册 26 个。

（3）注意联系生活实际。

物理学是与生活实际紧密联系的科学。这套书在新课引入阶段注重通过实验

来引起学生的学习兴趣，在概念、规律的学习之后，也重视通过其在生活实际中的应用来进一步巩固所学的知识。例如，第三章在讲了气体的压力以及气体的体积和压力的关系之后，用了较多的篇幅介绍抽气机、打气机、抽水机、虹吸管、鱼类和潜水艇的浮沉、氢气球和飞机等有关气压知识的实际应用（图 6-4）。

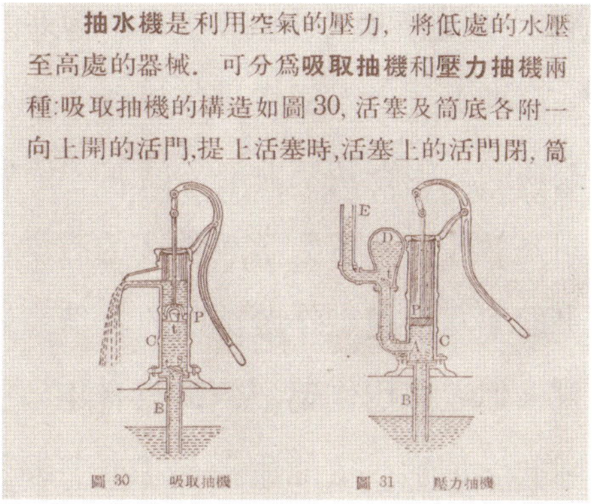
抽水機是利用空氣的壓力，將低處的水壓至高處的器械．可分爲**吸取抽機**和**壓力抽機**兩種:吸取抽機的構造如圖 30, 活塞及筒底各附一向上開的活門,提上活塞時,活塞上的活門閉,筒

图 6-4　抽水机等的实际应用

四、世界书局版《高中新物理学》分析

（一）基本信息

这套书分为上、下两册（图 6-5），1937 年世界书局原版，至 1948 年出版了第 7 版。其中上册 260 页，下册 250 页，上、下两册都附有英汉名词对照表和汉英名词对照表。

在本书“编辑大意”的第 1 条指出：“本书系遵照教育部公布之修正高级中学物理课程标准编纂而成，供高级中学及同等程度之师范学校，职业学校教科书之

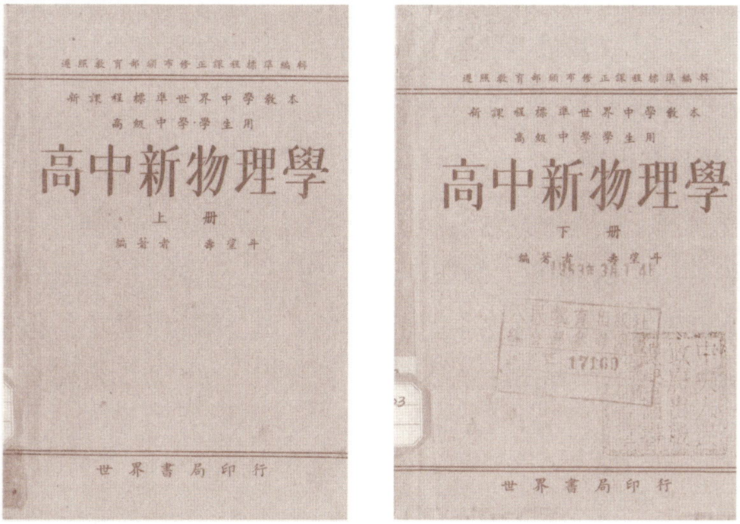

图 6-5《高中新物理学》封面

用。”此处所指《修正高级中学物理课程标准》是1941年公布的。

本书作者寿望斗早年毕业于国立东南大学，曾在中学教授数学和物理。抗战期间，他辗转于浙南、赣北和诸暨授课或办学。1952年后任浙江师范学院数学系教授，从事数学教学法的教学和科研。按作者在“编辑大意”中所说，本书的编写得益于作者长期的教学经验和广泛参考其他书籍：“本书编纂，先有纲要，编者曾用作笔记，试教有年，屡加修改。今就此纲要，扩充成书，故于实际教学情形，定能适合。”“本书编纂时，参考中英日文书籍杂志二十余种，取其长而弃其短。书中举例，力求简明。示教实验均属轻而易举。至于教材之排列，文字之组织，尤费斟酌。”

1951年，人民教育出版社重印了该书，在出版者的“说明”中指出：“本社编辑中学数理化三科的各种课本还没有全部完成，因此按缺少的几种，汇集过去各家出版的课本加以审读，选出几种适用的作为暂时的代用课本……其中高中物理学一科，大都同意选用寿望斗编的《高中新物理学》或者张开圻编的《高中物理学》。本社又把这两种课本审读比较，认为寿望斗编的一种简明些，就决定把它印出来，暂供今年秋季之用。”

在使用过程中，北京市中学物理教师对本书进行了研讨，并撰写文章发表于《物理通报》杂志。文中先提出了新中国成立后高中物理课本应具备以下几点基本要求：“（一）全书基础概念的正确性；（二）理论结合实际；（三）教材的系统性和连贯性；（四）按计划编入和科学知识方面的内容具有密切联系的爱国主义教材。”之后，文章以上述要求为标准对《高中新物理学》进行了剖析，认为本书在这些方面均存在较大的缺陷。①

（二）结构与内容

1. 体系结构

这套课本上册包括绪论、物性、力学、热学、声学，下册包括光学、磁学、电学。同为世界书局出版的教材，与何守愚、陈公衡的《初中新物理学》的编排顺序是基本一致的。在编排体例方面，增加了“编”这一级标题来统揽相关各章。

---

① 孙念臺．对于寿望斗著“高中新物理学”的初步批判——北京市中学物理教师讨论总结[J]．物理通报，1952（1）：11-14.

在《修正高级中学物理课程标准》中，分子与分子运动的相关知识在力学知识之后，列为第 21 条。这套教材将其作为“物性”的内容之一编为第一章。虽然标准中知识点的次序并不是强制要求，但教材这样从微观到宏观的编排次序，从学生认知的角度来讲是有所欠缺的。

全书具体结构如下。

上册

绪论

第一编 物性

第一章 分子现象

第二章 固体

第三章 液体

第四章 气体

第二编 力学

第一章 力之分合及平衡

第二章 机械与功

第三章 运动

第四章 动力学之基本定律

第五章 圆周运动

第六章 摩擦

第七章 能量

第三编 热学

第一章 温度及温度计

第二章 膨胀及其应用

第三章 热量与比热

第四章 物态变化

第五章 热之传播

第六章 热与功

第四编 声学

第一章 波动

第二章 声波

第三章 乐音

第四章 乐器

下册

第五编 光学

第一章 光之直进

第二章 光之反射

第三章 光之折射

第四章 光之色散

第五章 光学仪器

第六章 光之干涉

第六编 磁学

第一章 磁铁

第二章 地磁

第七编 电学

第一章 静电

第二章 电位及电容

第三章 电流及电池

第四章 电流之热效应

第五章 电流之化学效应

第六章 电流之磁效应

第七章 电磁感应

第八章 真空管中放电

第九章 电磁波及无线电信

第十章 放射性及物质结构大意

2. 内容

“绪论”部分在初中学习长度、质量、时间等物理量及其单位的基础上，进一步讲了单位制。“绪论”中还特别讲到了物理学的研究对象和研究方法等问题。例如，从“观察与实验”“归纳与演绎”“假说与理论”等三个方面介绍了物理学乃至自然科学的基本研究方法。

第一编“物性”分为 4 章。首先介绍了所有物质都具有广延性、惯性、可分性、压缩性等共有性质，然后引入分子力和分子运动的概念，在微观层面分析了扩散、渗透、溶解、表面张力等宏观现象。在此基础上，分三章介绍了固体、液体和气体的性质。

第二编“力学”包括 7 章，在依次讲了静力学和运动学内容后，在第四章“动力学之基本定律”中讲解运动和力的关系，即动力学内容。第五章进一步从动力学的角度认识圆周运动。值得注意的是，教材把圆周运动的周期公式 $T=\frac{2\pi r}{v}$ 进行变形，得到 $T=2\pi\sqrt{\frac{r}{a}}$，之后以参考圆方法为基础，推导出了简谐运动和单摆的周期公式。这种讲述方法在新中国成立后新编的教材中是没有的。这一编还增加了初中没有的能量知识——第七章“能量”。

第三编和第四编分别是“热学”和“声学”。与《初中新物理学》相比，这两部分内容大幅增加。例如，热学部分讲了线胀系数后，进而讲了固体面膨胀、体膨胀的计算和液体膨胀的计算；讲了盖 - 吕萨克定律、查理定律、绝对温度，进而导出气体定律公式；讲了热传导现象，进而讲了热传导的计算和导热系数。声学部分则增加了波动的知识，如波的反射和折射、干涉、驻波，作为理解声现象及乐音和乐器的基础。

第五编“光学”部分包括 6 章。第一章讲了光的直进后，进而介绍了从牛顿的微粒说到惠更斯的波动说的历史脉络，引入波前概念和惠更斯原理。第二、三章在讲述反射现象和折射现象时，都是先从几何光学的角度介绍规律，然后用波动光学知识（惠更斯原理）进一步解释，体现出对波动光学的重视。第六章是这一思路的延续，章标题是“光之干涉”，不过教材把光的绕射（即衍射）和偏振都放在这一章中。

第六编“磁学”部分内容不多，与初中相比，重要的变化是介绍洛伦兹力、C.G.S. 制的磁极强度单位和磁感应强度的概念。

第七编“电学”是全书篇幅最多的部分，分为10章，覆盖了静电、电流、电与磁、电磁波等重要内容。静电部分，讲了静电现象后，给出库仑定律、电荷量的单位、电场的电场强度和电势。电流部分，推导了电阻的串、并联公式，进而推导电池的串、并联和用惠斯通电桥测电阻的公式，并从电流的热效应、化学效应和磁效应等不同角度介绍了电流的应用；讲了判定载流导线运动方向的左手定则，以及电流表和电压表。电磁感应部分讲了感应电动势大小的公式和判定方向的右手定则。教材还增加了初中没讲的“真空管中放电”（第八章）和“放射性及物质结构大意”（第十章），其中包括α、β、γ射线性质、三个天然放射系和原子结构。

3. 特点

（1）在整体编排方面，按知识点划分小节。

本书在编排方面，按知识点（概念或规律）来安排小节。以“静电”这一章为例，共分为15个小节，即“269. 起电、270. 正电与负电、271. 导体与绝缘体、272. 验电器、273. 库仑静电定律、274. 电量之单位、275. 静电感应、276. 电场、277. 电力线、278. 电子论、279. 起电盘、280. 感应起电机、281. 静电之分布、282. 尖端作用、283. 避雷针”。从中可以看出，每一个小节只讲述一个知识点，而这些单个的知识点都不足以填充一整节课的时间，需要教师根据自己的理解和实际教学情况来确定一节课讲多少小节。这种不以自然教学节为界限的编排，固然有一定的灵活性，但对教师的要求较高。对于大部分教师来说，恐怕不易把握。

（2）在知识内容的广度和深度上，这套《高中新物理学》同何守恩、陈公衡所编《初中新物理学》的关系相当于同心圆放大。

首先从广度上看。以力学部分为例，初中共点力的合成讲了作图法，高中在此基础上进而讲了计算法；初中平行力合成讲了同向的，高中进而讲了反向的和力偶；初中讲了自由落体，高中还讲了上抛、下抛、斜抛和斜面上的运动；圆周运动在初中只涉及向心加速度概念，在高中进而推导出向心加速度、向心力、圆周运动周期和频率等的公式，还导出了变速圆周运动的切向和法向加速度公式。

又如，光学部分初中讲了棱镜后，高中推导出最小偏向角公式；初中讲了球面镜成像，高中讨论了球面像差；初中讲了色散现象，高中进一步讨论了透镜的色像差，推导出形成霓虹的水滴的入射线与出射线的夹角；高中还增加了用波动说定性说明干涉、绕射、偏极化现象。

其次，从知识内容的深度上看，高、初中教材也有同样的关系。例如，《初中新物理学》虽然涉及了表面张力和毛细现象等内容，但主要侧重“现象”层面，对于其中的道理，或者不涉及，或者只是很粗略地介绍（图 6–6）。而《高中新物理学》中则根据分子力的概念对表面张力和毛细现象的成因进行了解释（图 6–7）。

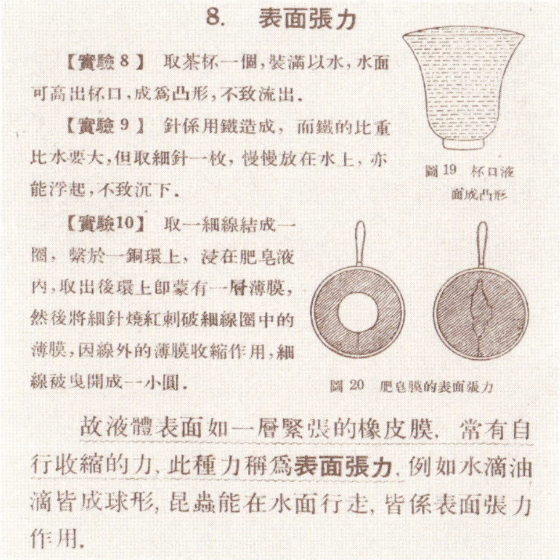

8. 表面張力

【實驗 8】 取茶杯一個，裝滿以水，水面可高出杯口，成爲凸形，不致流出.

【實驗 9】 針係用鐵造成，而鐵的比重比水要大，但取細針一枚，慢慢放在水上，亦能浮起，不致沉下.

圖 19 杯口液面成凸形

【實驗10】 取一細線結成一圈，繫於一銅環上，浸在肥皂液內，取出後環上卽蒙有一層薄膜，然後將細針燒紅刺破細線圈中的薄膜，因線外的薄膜收縮作用，細線被曳開成一小圓.

圖 20 肥皂膜的表面張力

故液體表面如一層緊張的橡皮膜，常有自行收縮的力，此種力稱爲**表面張力**，例如水滴油滴皆成球形，昆蟲能在水面行走，皆係表面張力作用.

图 6–6 《初中新物理学》中表面张力内容

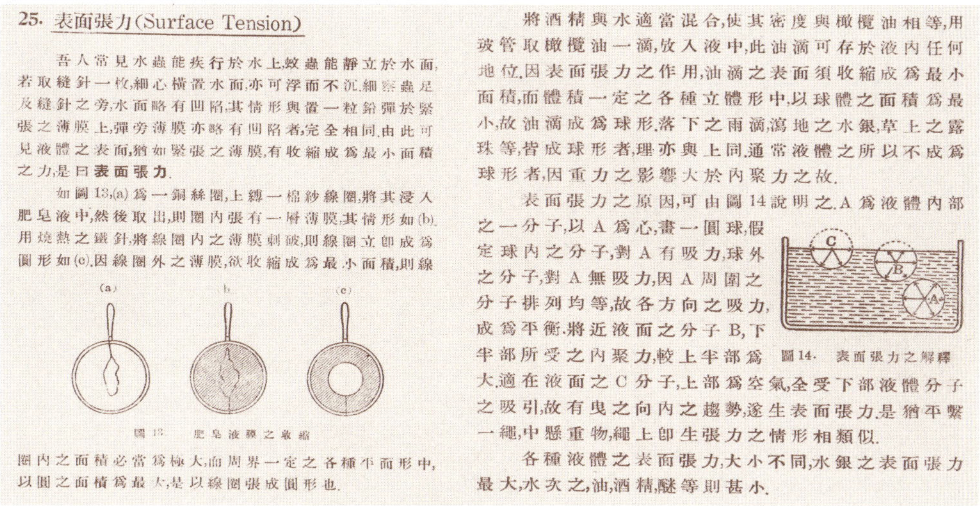

25. 表面張力(Surface Tension)

吾人常見水蟲能疾行於水上，蚊蟲能靜立於水面，若取縫針一枚，細心橫置水面，亦可浮而不沉.細察蟲足及縫針之旁，水面略有凹陷，其情形與置一粒鉛彈於緊張之薄膜上，彈旁薄膜亦略有凹陷者，完全相同.由此可見液體之表面，猶如緊張之薄膜，有收縮成爲最小面積之力，是曰**表面張力**.

如圖 13，(a) 爲一銅絲圈，上縛一棉紗線圈，將其浸入肥皂液中，然後取出，則圈內張有一層薄膜，其情形如 (b).用燒熱之鐵針，將線圈內之薄膜刺破，則線圈立卽成爲圓形如 (c).因線圈外之薄膜，欲收縮成爲最小面積，則線圈內之面積必當爲極大，而周界一定之各種平面形中，以圓之面積爲最大，是以線圈張成圓形也.

(a) b (c)

圖 13 肥皂液膜之收縮

將酒精與水適當混合，使其密度與橄欖油相等，用玻管取橄欖油一滴，放入液中，此油滴可存於液內任何地位.因表面張力之作用，油滴之表面須收縮成爲最小面積，而體積一定之各種立體形中，以球體之面積爲最小，故油滴成爲球形.落下之雨滴，瀉地之水銀，草上之露珠等，皆成球形者，理亦與上同.通常液體之所以不成爲球形者，因重力之影響大於內聚力之故.

表面張力之原因，可由圖 14 說明之.A 爲液體內部之一分子，以 A 爲心，畫一圓球，假定球內之分子，對 A 有吸力，球外之分子，對 A 無吸力，因 A 周圍之分子排列均等，故各方向之吸力，成爲平衡.將近液面之分子 B，下半部所受之內聚力，較上半部爲大.適在液面之 C 分子，上部爲空氣，全受下部液體分子之吸引，故有曳之向內之趨勢，遂生表面張力.是猶平繫一繩，中懸重物，繩上卽生張力之情形相類似.

C B A

圖 14. 表面張力之解釋

各種液體之表面張力，大小不同，水銀之表面張力最大，水次之，油，酒精，醚等則甚小.

图 6–7 《高中新物理学》中表面张力内容

（3）知识的展开方式比较单一。

这套书在知识的展开方面基本上采用单一的陈述的方式。绝大多数概念或规律是从定义出发，而后用一两个事例予以说明，有的甚至没有具体事例。

如果没有一些生活现象的铺垫，如通过简单的活动来认识惯性概念，而只对牛顿第一定律作文本方面的分析，恐怕学生难以全面把握。

（4）部分知识与时代脱节。

例如，书中在讲光和热辐射时，仍以“以太”为介质：“科学家尝假定有一种无重量而有弹性之介质，称为以太者，充满于宇宙之间。当热源之分子迅速振动时，周围以太次第相传，遂及远方。此种辐射之热，性质与光相同，有反射、折射等现象。”又如，中子发现于1932年，本书初版于1937年，而在1948年出版的第7版中介绍原子核的结构时，仍采用的是中子发现前的核结构假说。这些知识都落后于当时物理学的发展。另外，在新文化运动倡导白话文后的二十多年，本书仍夹杂着文言文，也落后于时代。

附录1　世界书局版《初中新物理学》目录

上册

第一章　绪论

1. 物质的三态 2. 单位 3. 十进制的便利 4. 力和力的单位

5. 重量和质量 6. 密度 7. 弹性

第二章　水

1. 液体内部压力的传递 2. 液体的压力 3. 液体的表面

4. 连通管 5. 水的浮力 6. 分子及分子力 7. 表面张力

8. 毛细作用

第三章　空气

1. 气体的压力 2. 大气压力 3. 气压计

4. 气体的体积和压力的关系 5. 抽气机 6. 打气机

7. 抽水机 8. 虹吸管 9. 鱼类和潜水艇的浮沉

10. 氢气球和飞机

第四章 力和运动

1. 运动和速度 2. 加速度 3. 落体的运动 4. 力的平衡

5. 重心和稳度 6. 力的合成和分解 7. 运动三大定律

8. 圆周运动

第五章 简单机械

1. 杠杆 2. 滑车 3. 轮轴 4. 功和功的原理 5. 斜面

6. 尖劈 7. 螺旋 8. 摩擦

第六章 太阳和热

1. 热的来源 2. 温度和温度计 3. 物体的膨胀 4. 热和比热

5. 物质三态的变化 6. 大气中水蒸汽的变化 7. 热的传播

8. 热水瓶 9. 热机

第七章 音和乐音

1. 单摆 2. 振动和波浪 3. 音波和音的速度 4. 回声

5. 乐音的三要素 6. 共鸣 7. 音阶 8. 乐器的种类 9. 留声机

下册

第八章 太阳和光

1. 光的来源 2. 光的直进 3. 小孔生像 4. 影和蚀

5. 光的速度 6. 照度和光度 7. 光度计

第九章 光的反射和折射

1. 光的反射 2. 光的折射 3. 全反射

第十章 镜和像

1. 平面镜和像 2. 球面镜和像 3. 透镜和像

第十一章 光学仪器

1. 照相机 2. 眼和眼镜 3. 幻灯 4. 活动电影 5. 放大镜

6. 复显微镜 7. 望远镜

第十二章 光谱和色

1. 光的色散 2. 虹霓 3. 分光镜 4. 光谱的种类

5. 物体的颜色 6. 色光的混合和颜料的混合

第十三章 光波和辐射线

1. 光波 2. 辐射线 3. 萤光和磷光

第十四章 磁

1. 磁铁 2. 磁极和磁力 3. 磁感应 4. 磁场和磁力线

5. 地磁 6. 罗盘 7. 磁的理论

第十五章 静电

1. 摩擦起电 2. 导体和绝缘体 3. 阴电和阳电 4. 验电器

5. 感应生电 6. 起电盘 7. 起电机 8. 容电器

9. 导体上静电的分布 10. 雷电

第十六章 电流和电池

1. 电流 2. 电池 3. 电路和电钥 4. 电流的单位 5. 电阻

6. 电压 7. 欧姆定律 8. 电阻的组合 9. 电池的组合

第十七章 电流的效应

1. 化学效应 2. 蓄电池 3. 磁效应 4. 电铃 5. 电报

6. 电流计 7. 安培计和伏特计 8. 热效应 9. 保险丝

10. 电灯 11. 弧光灯 12. 焦耳定律 13. 电功率和电能

第十八章 感应电流

1. 感应电流 2. 感应圈 3. 发电机 4. 电动机 5. 变压器

6. 电话 7. 触电

第十九章 无线电

1. 电振动和电波 2. 检波器 3. 无线电报机

附录 2　世界书局版《高中新物理学》目录

上册

绪论

1. 物质与物体 2. 自然科学与物理学 3. 观察与实验

4. 归纳与演绎 5. 假说与理论 6. 物理量 7. 单位

8. 长度之单位 9. 质量之单位 10. 时间之单位

11. C.G.S. 制及 F.P.S. 制 12. 我国新订度量衡制

13. 游标尺 14. 天平 15. 停表 16. 密度及比重

第一编 物性

第一章 分子现象

17. 物质之通性 18. 分子力 19. 分子运动 20. 扩散

21. 渗透 22. 溶解 23. 吸收 24. 粘滞性 25. 表面张力

26. 毛细现象

第二章 固体

27. 弹性 28. 虎克定律 29. 弹簧秤 30. 应变之种类

31. 延性及展性

第三章 液体

32. 液体之压力 33. 液体之自由面 34. 连通管

35. 自来水 36. 巴斯噶原理 37. 水压机 38. 阿基米德原理

39. 物体之浮沉 40. 液体比重之测法 41. 固体比重之测法

第四章 气体

42. 气体之性质 43. 气体之比重 44. 气体之压力

45. 大气压之测定 46. 气压计 47. 气体之浮力

48. 波义耳定律 49. 流体压力计 50. 各式唧筒

51. 虹吸管

第二编 力学

第一章 力之分合及平衡

52. 力之图示 53. 合力与分力 54. 力之平行四边形定律

55. 力之分解 56. 同点力之平衡 57. 力矩

58. 平行力之合成 59. 力偶 60. 平衡之条件 61. 重心

62. 物体之平衡 63. 浮体之平衡

第二章 机械与功

64. 功 65. 功率 66. 简单机械 67. 机械利益 68. 杠杆

69. 秤 70. 复权法及代替法 71. 滑轮 72. 轮轴

73. 功之原理 74. 差动滑轮 75. 连动滑轮 76. 斜面

77. 螺旋 78. 劈 79. 机械效率 80. 水车

第三章 运动

81. 运动和静止 82. 位移 83. 速度与快慢

84. 等速运动与变速运动 85. 平均速度及瞬时速度

86. 加速度 87. 等加速运动 88. 自由落体运动

89. 抛下运动 90. 抛上运动 91. 抛体运动

92. 斜面上之运动

第四章 动力学之基本定律

93. 牛顿之运动第一定律 94. 动量 95. 冲量

96. 牛顿之运动第二定律 97. 力之绝对单位

98. 质量与重量 99. 牛顿之运动第三定律

100. 万有引力定律

第五章 圆周运动

101. 圆周运动 102. 向心力 103. 离心力

104. 圆周运动之周期 105. 简谐运动 106. 单摆 107. 转动

108. 角速度 109. 角加速度 110. 飞机

第六章 摩擦

111. 摩擦 112. 摩擦之种类 113. 摩擦之定律

114. 摩擦系数之测法 115. 减少摩擦之方法 116. 流体摩擦

第七章 能量

117. 能 118. 功之绝对单位 119. 瓦特 120. 位能

121. 动能 122. 能之变化 123. 能量不灭 124. 永久运动

第三编 热学

第一章 温度及温度计

125. 温度 126. 温度计 127. 温度计之固定点 128. 温度标

129. 水银温度计之优点 130. 最高及最低温度计

第二章 膨胀及其应用

131. 固体之膨胀 132. 固体线膨胀之应用 133. 液体之膨胀

下册

第五编 光学

第一章 光之直进

197. 光源 198. 光之直进传播 199. 针孔像

200. 影 201. 日月之蚀 202. 光之速度 203. 照度

204. 光度 205. 光之波动说

第二章 光之反射

206. 光之反射 207. 漫射 208. 平面镜 209. 多次反射

210. 球面镜 211. 球面镜公式之讨论 212. 球面镜之求像法

213. 球面像差

第三章 光之折射

214. 光之折射 215. 折射线之作图法 216. 连续数次之折射

217. 双折射 218. 全反射 219. 水中之折射现象

220. 大气中之折射现象 221. 棱镜 222. 透镜

223. 透镜之公式 224. 透镜公式之讨论 225. 透镜之光心

226. 透镜之求像法 227. 透镜之球面像差

第四章 光之色散

228. 光之色散 229. 原色及互补色 230. 透镜之色像差

231. 虹霓 232. 分光镜 233. 光谱之种类

234. 暗线生成之原因 235. 光谱各部分之作用

236. 萤光及磷光 237. 物体之颜色 238. 颜料之混合

第五章 光学仪器

239. 眼 240. 光角与视角 241. 眼镜 242. 照相机

243. 映画器 244. 活动影片 245. 放大镜 246. 显微镜

247. 望远镜 248. 潜望镜

第六章 光之干涉

249. 光之干涉 250. 薄膜之颜色 251. 牛顿圈

252. 光之绕射 253. 光之偏极化

第六编 磁学

第一章 磁铁

254. 磁铁 255. 磁极 256. 库仑磁力定律 257. 单位磁极

258. 磁之感应 259. 磁场 260. 磁力线 261. 攸英磁论

262. 磁铁制造法 263. 磁铁保存法

第二章 地磁

264. 地磁 265. 地磁要项 266. 地磁图 267. 地磁变

268. 罗盘

第七编 电学

第一章 静电

269. 起电 270. 正电与负电 271. 导体与绝缘体

272. 验电器 273. 库仑静电定律 274. 电量之单位

275. 静电感应 276. 电场 277. 电力线 278. 电子论

279. 起电盘 280. 感应起电机 281. 静电之分布

282. 尖端作用 283. 避雷针

第二章 电位及电容

284. 电位 285. 电位差 286. 电位之单位 287. 电容

288. 容电器 289. 介质常数 290. 容电器之种类

291. 来顿瓶之放电

第三章 电流及电池

292. 电流 293. 伏打电池 294. 极化作用 295. 局部作用

296. 电池之种类 297. 蓄电池 298. 电阻 299. 欧姆定律

300. 电位降落 301. 电阻之联接法 302. 分路

303. 电池之联接法 304. 惠斯登电桥 305. 电阻箱

第四章 电流之热效应

306. 电流之热效应 307. 电能与热量 308. 电功率

309. 电灯 310. 弧光灯 311. 电炉 312. 电热器

第五章 电流之化学效应

313. 电解 314. 法拉第电解定律 315. 电量计 316. 电镀

317. 电铸与电刻 318. 电冶

第六章 电流之磁效应

319. 电流之磁效应 320. 直线电流之磁力线 321. 线圈
322. 通有电流之导线在磁场内之运动 323. 电流计
324. 安培计 325. 伏特计 326. 电磁铁 327. 导磁系数
328. 电铃 329. 电报

第七章 电磁感应

330. 电磁感应 331. 楞次定律 332. 互感应与自感应
333. 应电动势 334. 感应圈 335. 电话机 336. 发电机原理
337. 直流与交流 338. 电枢 339. 场磁铁 340. 变压器
341. 电动机原理 342. 电车 343. 电扇 344. 瓦特小时计

第八章 真空管中放电

345. 真空管中放电 346. 氖灯 347. 阴极射线 348. X 射线
349. 光电管 350. 有声电影

第九章 电磁波及无线电信

351. 电振动 352. 电磁波 353. 电共振 354. 检波器
355. 无线电报 356. 无线电话

第十章 放射性及物质结构大意

357. 放射性 358. 放射线之性质 359. 放射质之蜕变
360. 物质构造大意

第七章　学习苏联经验编写物理教科书（1951—1957）

一、教科书编写背景

（一）社会背景

新中国在成立之初，面临着十分复杂的国际、国内政治环境。国际上有帝国主义国家对我国实行封锁包围，国内则是经济薄弱、百废待兴。一个十分迫切的问题就是：如何把经济十分落后的，一穷二白的旧中国建设成为一个强大的社会主义国家？苏联共产党的领导使一个落后的国家迅速实现工业化，迅速走向现代化，这为面临巨大的困难、缺乏经济建设经验的国人提供了令人鼓舞的榜样。

早在新中国成立前的 1949 年 6 月，毛泽东就在《论人民民主专政》中指出："我们必须克服困难，我们必须学会自己不懂的东西……但在列宁和斯大林领导之下，他们不但会革命，也会建设。他们已经建设起来了一个伟大的光辉灿烂的社会主义国家，苏联共产党是我们最好的先生，我们必须向他们学习。"① 同年 10 月，刘少奇在中苏友好协会总会成立大会上指出："我们要建国，同样也必须'以俄为师'，学习苏联人民的建国经验。"②

"以俄为师"是新中国成立初期国家建设的基本方针。按照苏联模式，我国制定了第一个五年计划。主要任务有两点，一是集中力量进行工业化建设，二是加快推进各经济领域的社会主义改造。"一五"计划的实施，对于建立起以社会主义公有制为基础的经济体制，对于增强国力，建立起自己的工业和国防，都起到了积极的历史作用。

① 毛泽东．毛泽东选集：第四卷［M］．北京：人民出版社，1991：1481．
② 金铁宽．中华人民共和国教育大事记：第 1 卷［M］．济南：山东教育出版社，1995：4．

（二）教育概况

学习苏联教育经验是新中国教育事业初创阶段的重大举措。1949 年 12 月，在第一次全国教育工作会议上，教育部明确地把借助苏联教育的先进经验作为我国教育建设指导方针的重要组成部分。由此，我国教育部门在 20 世纪 50 年代前期掀起了学习苏联教育经验的热潮，具体表现为：在政府部门和高等学校中聘请苏联教育专家担任顾问，向苏联派遣留学人员，翻译出版苏联教育书籍，鼓励开展俄文学习，等等。

1951 年 3 月第一次全国中等教育会议提出普通中学“课程教材改革的原则……必须研究中国参考苏联，以苏联的中学教科书为蓝本，重编完全适合于中国需要的新教科书”。1951 年 5 月，政务院批准的教育部《1951 年全国教育工作的方针和任务》提出要“参考苏联教科书，改编数学、物理、化学、生物等自然科学教科书”。①

1952 年下半年开始，教育部学习苏联经验，根据“以培养专业建设人才和师资为重点，发展专门学院，整顿和加强综合性大学”的方针，以华北、东北、华东为重点全面进行高等学校院系调整。同时，改变旧中国高等学校只有院系、不设专业的状况，参照苏联高等学校制度，根据国家建设人才的需要，结合各校师资设备等条件设置专业。到 1957 年，高等院校共有 323 种专业，其中工科 183 种，理科 21 种，文科、政法、财经各专业所占比重大幅下降。

新中国成立后，人民政府针对民国时期学制存在的弊端，决定建立新的学校系统，并于 1951 年 10 月以政务院命令正式颁布了《关于改革学制的决定》，从而产生了新中国第一个学制，也是中国教育史上正式在全国施行的第四个学制。这个学制包含着从幼儿园到大学的完整体系。从纵向看，分为四段：第一阶段为幼儿教育四年；第二阶段为初等教育五年；第三阶段为中等教育六年，分初、高中各三年，均为单独设立；第四阶段为高等教育，其中专科学校修业年限为二到三年，大学和专门学院修业年限为三到五年，毕业后可进入研究部学习。从横向看，与小学平行的初等教育有工农速成初等学校、业余初等学校；与中学平行的有各类中等专业学校，工农速成中学及业余初、高级中学等。

---

① 刘英杰．中国教育大事典 1949—1990：上册［M］．杭州：浙江教育出版社，1993：13．

二、教科书总体介绍

（一）课程设置

1950 年 7 月发布对课程的精简纲要后，教育部即着手新教材的建设。自 1950 年 10 月开始，教育部制定了《中学暂行规程（草案）》《中学物理课程标准（草案）》和《中学物理教学大纲（草案）》。这些文件是本时期教科书编写和使用的重要依据。

1.《中学暂行规程（草案）》

教育部根据《中国人民政治协商会议共同纲领》的文化教育政策及中央人民政府政务院《关于改革学制的决定》，制定了《中学暂行规程（草案）》（以下简称《规程》），并于 1952 年 3 月正式发布。

《规程》规定了中学教育的任务，是“用马克思列宁主义的理论与中国革命实践相结合的毛泽东思想和普通文化知识教育青年一代，使他们的身心获得全面的发展，以便为升入高等学校或参加建设工作打好基础”，提出“中学应对学生实施智育、德育、体育、美育等全面发展的教育”，并对中学教育的主要目标进行了说明。

《规程》还规定了物理学科的教学计划。从初中二年级起开设，初二、初三每周 2 课时，两年合计 144 课时，占初中总课时的 4.2%；高一、高二、高三的周课时数分别为 2、3、4，三年合计 324 课时，占高中总课时的 9.4%。①

在 1954 年 7 月教育部发布的《关于中学部分学科的设置、授课时数的变更及政治教材的通知》中，物理学科的授课时数调整为：初二上学期每周 3 课时、下学期每周 2 课时，初三每周 2 课时，合计 160 课时，占初中总课时的 4.5%；高一、高二、高三分别是每周 3、2、4 课时，三年合计 320 课时，占高中总课时的 9.5%。

2.《中学物理课程标准（草案）》

《中学物理课程标准（草案）》于 1952 年年初正式发布（以下简称《草案》）。《草案》由“总说明”“初级中学物理科课程标准草案”和“高级中学物

① 课程教材研究所. 20 世纪中国中小学课程标准教学大纲汇编：课程（教学）计划卷［G］. 北京：人民教育出版社，2001：208.

理科课程标准草案”三部分组成。其中，后两部分都包括以下条目：目标、教材内容、教学时数、实施方法、设备标准。

“总说明”部分列出了22条编订原则。可以看出，《草案》与过去历次课程标准最显著的区别是，强调了要在教材和教法中培养唯物主义世界观，以及密切结合爱国主义教育。主要体现在第3条：“本科课程有培养辩证唯物主义世界观的任务。”第5条：“本课程草案在教材内容与实施方法内强调教材编制与教学应密切结合爱国主义的教育。”第8条：“在高中教材里，运动讲在课程之初，分子运动讲在热学之前，光的二象性讲在光学之始，都是强调辩证唯物的观点。”第19条：“构成原子的基本微粒的观察法须要联系到现代物理学的发展规律，并以此教育学生，训练其思考方法，俾能巩固其唯物辩证的思想方法。”

通过“总说明”还可以看出，《草案》是“以我国已有的教学经验和现有的物质条件为基础，并吸收苏联的教学经验而编订的”。这可以从起草委员会负责人方嗣檒对编订过程的记述中反映出来：“过去精而未简的错误根源，那就是‘初、高两级课程独立，各自完整’的原则。因为这个原则，我们才不愿删去重复的教材，所以没有尽可能地简……反看苏联的物理教材和教学大纲，他的妙处就在‘初中能略和高中能辅；分则两缺，合则双全’，于是初中才能把容易的说得详明确实，高中才不重复浪费……我们有了这番认识以后，于是把握住一个课程编制的原则：初、高两级课程必须建立一个‘五年一贯’的制度，才能达到‘精而且简，简而能精’的目标，且能保全中学物理课程的统一完整性。”①

初级中学物理科课程标准中的“目标”是：

一、了解自然界和日常生活中的普通物理现象及其简单的相互关系，以获得有系统的知识。

二、了解简单的物理仪器和有关物理的器具之构造与基本原理及其应用。

三、培养从实际出发以观察物理现象而获得正确认识的能力。

四、通过课外作业与活动提高学生学习物理的兴趣。

高级中学物理科课程标准中的“目标”是：

一、了解物理学的基本规律与思考方法及其应用，为有关各专门科学之学

① 方嗣檒．怎样在准备改革普通中学物理课程［J］．物理通报，1951（2）：8-26．

习建立基础。

二、用实验方法考核物理现象间质与量的关系，使理论与实际一致。

三、通过物理学对自然的认识培养学生辩证唯物主义的观点。

四、通过课外作业与活动，以增进学生的工作技能，并启发其创造力。

《草案》的“教材内容”可参看相关教材的目录，“教学时数”与《中学暂行规程（草案）》的规定相同，此处不再赘述。

3.《中学物理教学大纲（草案）》

1952年，教育部机关刊物《人民教育》11月号的社论《进一步学习苏联的先进经验——迎接中苏友好月》中指出：“过去我们制定各级学校的课程，已经学习了一些苏联经验，但是很不够，需要进一步更有系统的学习。……除本国语文、历史、地理……等课程外，凡是苏联已有的教材，我们都要尽可能以它们为蓝本，并尽可能结合实际加以改编。”

为了贯彻上述精神，教育部邀请张子锷、汪世清、李直钧，由当时在教育部工作的雷树人牵头，以苏联十年制学校的物理教学大纲为蓝本，起草物理教学大纲。《中学物理教学大纲（草案）》于当年12月印行。

这份文件分四部分：总说明、初中大纲的说明、高中大纲的说明、大纲文本。

在总说明中规定，中学物理教学的任务是：“第一，按照学生的年龄特征，给他们以系统的和巩固的物理学的基本知识，使他们奠定辩证唯物主义世界观的基础；第二，培养学生爱国主义和国际主义思想；第三，培养学生把所获得的知识应用到实际问题中去的能力，使他们掌握理论与实际相结合的原则；第四，培养学生观察和研究问题的正确的和科学的态度和方法。”

初、高中大纲的说明，主要是分别针对初高中学生的不同特点，对教学过程和各部分内容在教学中应注意的问题作了进一步的说明。例如，在初中大纲的说明中指出：“初中物理的教学，必须按照学生的接受程度，以实验观察为基础，来探求各个现象的相互联系和相互依存关系，得出一定的简单的物理规律，并以实际应用来验证这些规律的正确性。”“必须坚决克服不训练学生思考，过早介绍公式的偏向。”在对初中教学作过这些原则性说明之后，对部分教学内容作了说明，如“关于气体的压强和体积的关系，只作定性的阐明，不引入玻意耳—马略特定律”“为了使学生更好地了解各种电现象，特别是后面更好地了解电流的本性，需要介绍电子的初步知识”等等。

第四部分是大纲文本，按篇、章的顺序编排，各章列出教学内容、学生实验、上课时数和学生课外作业时数。

为了减轻学生负担，使学生能集中力量学好基本的科学知识，教育部在1954和1955年两次对《中学物理教学大纲（草案）》进行了精简，删除了部分“较艰深的和较次要的超出基本科学知识范围”的内容。

苏联从1954—1955学年开始在十年制学校实施综合技术教育。本着“学习苏联”的方针，结合我国实际，教育部于1956年6月颁布了新的《中学物理教学大纲（修订草案）》。

（二）教科书概况

1. 教科书概览

这一时期先后投入使用的有两套教科书，均由人民教育出版社出版。这是新中国历史上首次由国家指定机构编写和出版教科书，并以行政指令的方式在全国使用。这两套教科书都是在“学习苏联模式”的大背景下产生的。初中课本的“编辑大意”指出：“编写这套课本的时候，曾经参考苏联十年制中学第六、七年级的物理课本，其中如辩证唯物主义的观点，爱国主义的精神，对于国家建设需要的配合，对于基本训练和手脑并用的注重等等，都是值得学习的。”从初中物理课本的“编辑大意”中可以集中反映这一时期教科书编写的主要特点。

（1）人教版第一套物理教科书

在制定《草案》的同时，人民教育出版社启动了教科书的编写工作。陈同新、许南明是初中上、下册和高中第一册课本的编者，他们也参加了《草案》的起草、讨论，在编写教材时吸收了其中不少意见。

初中两册是根据1951年年初的《草案》初稿，参考了苏联十年制中学六、七年级课本编写的，上册于1951年4月出版，下册于1951年8月出版。高中第一册是根据1952年初正式颁布的《草案》、参考了苏联八年级课本编写的，于1952年5月出版。高中第二、三册以东北行政区编译自苏联课本的高中第二、三册代之。

这样，陈、许合编的初中上、下册和高中第一册，再加上略加修订的东北版第二、三册，构成了人教版的第一套物理教科书。

这套教科书最初开始使用时，当时已习惯于从定义、定律文字出发的物理教师很不适应，普遍反映新课本的实例多、演示实验多、内容繁杂，给教学增加了很大麻烦，形成了用旧教法教新教材的局面。为此，《人民教育》发表了多篇宣讲文章。经过一两年的宣传教育、典型示范、经验交流等多项活动，教师们的思想观念逐步发生了改变，认识到：物理教学应使学生理解概念、规律的物理意义，而不是只记住一些条文；必须贯彻理论联系实际的原则；物理教学除了传授知识，还有思想教育的任务；等等。

（2）人教版第二套物理教科书

1956 年 6 月新的《中学物理教学大纲（修订草案）》颁布后，教材也进行了相应的修订。由于 1956 年的大纲（修订草案）与 1952 年的大纲（草案）的初中部分相差不大，所以初中物理课本只作了较小的修订。主要工作是删去了力的平衡、船闸、气控轮轫、物体的颜色等内容，以及个别章节顺序的变动。修订工作由陈同新、许南明、张同恂完成，于 1956 年付印，一直用到 1963 年。

高中的情况则复杂得多。由于作为第一套高中课本蓝本的苏联八、九、十年级课本从 1954 年开始新编，本着“以苏联最新出版的教科书为蓝本”的方针，我国高中物理课本也随之重新编写。具体做法是先把 A.B. 别雷什金等新编的八、九、十年级课本翻译成中文，从 1954 年第四季度开始编写新的高中课本，要求 1955 年秋开始从高中一年级起陆续供应。由于编写时间紧，每一册不得不分两个分册出版，第一分册供上学期用，第二分册供下学期用。高中第一册、第二册的编者是雷树人、许南明、董振邦，高中第三册编者增加张同恂，责任编辑董振邦，复审雷树人，终审吴伯箫。

当时，每编完一章，都将该章及其蓝本（苏联课本译文）寄给北京、天津十余位有经验的物理教师，在约定的周六下午聚会讨论，再根据教师们的意见、建议修改。这可以使教师对每一章都有比较充裕的阅读、思考时间，课本可以更充分地吸纳我国教师的经验，切合我国的实际。这套高中课本一直用到 1966 年“文化大革命”开始。

这样，经过修订后的初中教科书，加上重新编写的高中教科书，构成了人教版的第二套物理教科书。

2. 典型教科书的选取

新中国成立初期的这两套教科书，成书的时间间隔很短，编写的理念相同，因此它们之间的继承关系比较明显。尤其是初中教科书，第二套和第一套相比只是进行了较少的修订。在下面的具体分析中，第二套教科书仅选取了高中部分。

三、人教版《初级中学物理学课本》分析

（一）基本信息

1951 年版《初级中学物理学课本》的封面见图 7-1，其中上册 162 页，学生实验 8 个；下册 141 页，学生实验 6 个。编者是陈同新和许南明。

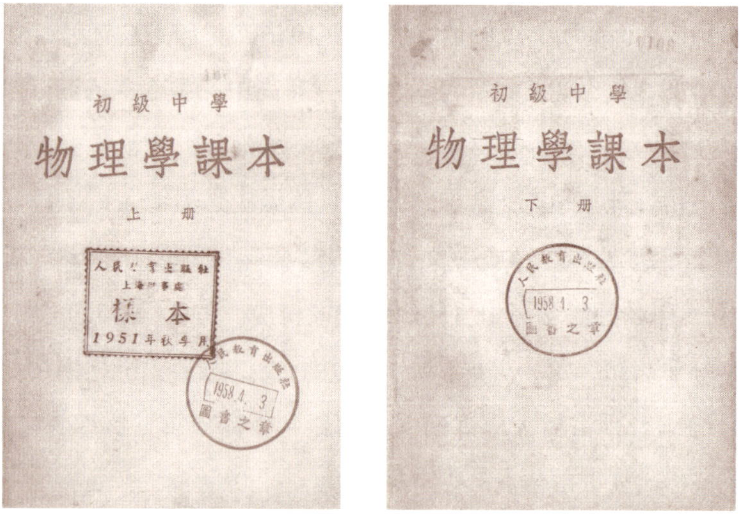

图 7-1 《初级中学物理学课本》封面

1952 年 12 月教育部印行了《中学物理教学大纲（草案）》，人民教育出版社根据这一文件对初中课本作了修订。初中上册编者是陈同新、许南明，1953 年 3 月出版；下册编者增加了张同恂，1953 年 8 月出版。修订后的初中上册 198 页，学生实验 12 个；下册 144 页，学生实验 6 个。

（二）结构与内容

1. 体系结构

本套教科书编写最重要的依据是《中学物理课程标准（草案）》。与民国时期的课程标准相比，本标准在教材内容方面规定得很细，对教材编写的指导更明确。1941 年颁布的《修正初级中学物理课程标准》在“教材大纲”部分仅罗列了 38 个知识条目，对于这些内容的排列次序则不作硬性规定。而《中学物理课程标准（草案）》在“教材内容”部分不仅列出了学生需要掌握的知识点，而且把密切相关的知识点按章划分，同时还规定了这些知识应该在哪一阶段进行教学。因此，本套教材的体系结构基本与《草案》一致，只是对个别章节进行了必要的合并。

1951 年第 1 版初中教材，体系结构如下。

上册

绪论

第一章 简单的量度

第二章 固体

第三章 液体

第四章 气体

第五章 运动和力

第六章 功和能

第七章 物体的热膨胀

第八章 热量的量度

第九章 热的传播

第十章 物态的变化

第十一章 热和功

下册

第一章 声学浅说

第二章 光的传播

第三章 光的反射

第四章 光的折射

第五章 光的色散

第六章 电的初步知识

第七章 电流和电解

第八章 磁现象和电磁现象

第九章 电流定律

第十章 电磁感应

人教版《初级中学课本物理学》（以下简称“新课本”）的体系结构与民国时期教材大体相同。以世界书局版《初中新物理学》（以下简称“代用课本”）为比较对象，两者都是按力、热、声、光、电磁的顺序来组织教材。但在章的划分上，两者又呈现出明显的区别。对于力、热、声、光、电磁这些内容，代用课本分别安排了4章、1章、1章、6章、6章，而新课本则分别安排了6章、5章、1章、4章、5章。

新课本初版时是按照每周2课时来安排内容和结构的，由于后来初二上学期的授课时数变更为3课时，因而修订后将下册的声学知识前移到上册，放在力学之后。修订版把电学安排在光学之前。

2. 内容

新课本和代用课本尽管结构、次序大体相同，但内容的选择上还是存在比较大的差别。总体上看，新课本比代用课本分量轻、难度小，新课本的修订本又更轻些、容易些，呈现难度逐渐降低的趋势。

力学部分。增加了第二章“固体”，讲述固体的体积和形状、力、弹簧测力计、压力（压强），并安排了“弹簧的伸长”实验。在1953年的修订版中增加了一节“力的图示”，这是后续分析力学问题的基础。初版中有一节“固体的传力”，在修订版中删去了。对于液体，只讲液体压强、连通器等宏观的现象，而不试图从分子、分子力等微观角度来认识（“分子和分子运动”安排在第十章“物态的变化”中），也不讲表面张力、毛细作用等较难的知识。

代用课本中在“运动和力”一章中有匀变速运动、加速度、牛顿第二定律、圆周运动、力的合成等内容（实际上这些是民国时期教材共有的）。这些知识对初中学生来说不易理解，在新课本中统统删去了。这是新、旧教材在力学部分的一个重要变化。

新课本的另一个重要变化是突出了能量的地位。第六章是“功和能”，内容不仅涵盖了代用课本中的功和功率、各种简单机械，还专门安排了两节，介绍了能量、动能和势能的概念，并通过实例和“麦克斯韦滚摆”实验，说明“能量既不能消灭，也不能创生，只可以变换形式”，即“能的变换和守恒定律”。这个变化，反映了编者对“能量”这一物理学乃至自然科学的核心概念的重视。

热学部分。新课本相较代用课本此部分变化比较大，删去了热膨胀的计算，但同时增加了很多新的内容。代用课本中热学是 1 章，而新课本则安排了 5 章。有些内容过去在代用课本中只是 1 节，现在则扩充为 1 章，如第七章“物体的热膨胀”、第九章“热的传播”。另外还增加了第八章“热量的量度”，计算物体温度升高所需要的热量等，理解海洋和大陆的气候为什么不同。

值得注意的是，第十章“物态的变化”在一开始就介绍了分子运动的理论。这部分知识并没有用于从微观角度解释本章涉及的熔化和凝固、蒸发和凝结等宏观热现象，而是为下一章学生认识热的本质进行了铺垫。

这部分还有一个重要的变化，就是在第十一章“热和功”中，通过“功变成热”和“蒸汽做功”等实验和生活实例，说明机械能和热可以互相转换，进而认识到“热量就是物体的分子在不规则运动的情形下所具有的机械能（动能和势能）”。这是用能量的观点来解释热现象。修订版还增加了能量转换与守恒一节，说明了热现象和力学现象一样，也存在着能的转变和能量守恒。这些变化是新课本重视能量概念在热学中的体现。

声学部分。本部分内容比较浅显，主要包括声源、音调、声音的传播、乐音和噪音等概念和规律，以及利用振动发声原理的装置——留声机。教科书介绍物体振动发声时，采用了丰富的生活实例来增加学生的感性认识，例如发声的音叉可以溅起水花及弹开小球，敲响的锣在振动，说话时能感受到咽喉的振动。对于乐音的三要素，只介绍了音调，而没有讲响度和音色。

新课本和代用课本很大的区别是，没有从一般意义上的机械振动和机械波出发来引入声波，删去了代用课本中的单摆、振动、波动等内容，从而大幅降低了难度。由此也引起“声音的传播”的叙述方式发生变化。新课本通过示意图，说明声源的振动使空气里“稠密”和“稀疏”的状态向外传播，从而形成声波。

光学部分。新课本光学部分包括光的传播、光的反射、光的折射和光的色散等四章内容。知识容量和过去相比有所删减，主要是删去光度学知识、全反射、球面镜和透镜的成像公式等繁难内容。

在内容的组织上，新课本把某一光学规律和此规律的应用放在同一章，便于学生及时巩固所学知识。例如，第三章“光的反射”中讲了反射定律，紧接着就利用反射定律解释了平面镜成像的规律；第四章“光的折射”的核心内容是光的折射规律和凸透镜的成像规律，由于照相机、幻灯机、电影放映机、眼镜等都利用了凸透镜的成像规律，教科书把这些光学仪器的知识也放在第四章中。而在代用课本的光学部分，规律和规律的应用（光学仪器）分在不同的章中。

在规律的得出上，新课本注重实验。例如，在光的反射这一章安排了用插针法证明反射定律的实验；在光的折射这一章，设计了实验来研究凸透镜成像的位置、大小和性质。

电磁学部分。新课本电磁学部分先介绍电的初步知识（即静电现象），并从原子结构的角度讲了电的本质；接下来讲电荷的运动形成电流，电池是产生电流的装置，电流具有化学效应——电解；在第八章中介绍了电磁现象的另一个方面——磁现象，以及电现象和磁现象的初步联系——电流的磁效应及其应用；第九章进入对电流的定量学习，学生将了解电流强度、电阻、电压、电功率等物理量及其测量工具，掌握欧姆定律；第十章讲述电和磁的更深入的联系——电磁感应，包括感生电流和交流电的产生、发电机和电动机的工作原理以及电能的输送。

与代用课本相比，新课本在知识方面有较大的删减，删去了并联电阻的计算、楞次定律、变压器公式、无线电等内容。同时，新课本的体系结构也有所不同，主要表现为：把简单磁现象和电流的磁效应及其应用合并为一章；把电流的化学效应、热效应分别放在电流和电解、电流定律两章中。而代用课本专门安排了一章“电流的效应”来讲上述三种现象。

代用课本把电的化学效应专门安排为一节，通过电解水实验认识电的化学效应，学习电解、电解质以及法拉第定律等概念规律。由于电解知识在化学课中要学习，新课本弱化了这部分内容。新课本初版还有一些电解的内容，修订版就删去了。

下册第九章“电流定律”有“电能量”，第十章“电磁感应”有“电能的输送”（修订版增加了第五章“电能转变成机械能”）。结合力学和热学部分对能量的体现来看，新课本对能量概念的建立非常重视。

3. 特点

（1）难度和分量适度，适于教学。

民国时期初中物理授课时数为初三一年共120课时（按每周3课时、40周计算），对应的代用课本上、下两册合计260页。新中国初中物理在初二、初三两年开设，授课时数合计为144课时。对应的新课本上、下两册合计303页。这两套课本的开本相同，可以粗略认为，按新课本教学，每学期的分量要略小于代用课本。（根据1954年教育部发布的《关于中学部分学科的设置、授课时数的变更及政治教材的通知》，物理学科增加为160课时。）另外，如前所述，新课本还删去了加速度、牛顿第二定律、圆周运动、热膨胀的计算、振动和波动、楞次定律等对初中生来说比较繁难的内容，因此适于教学。

时任北京师大附中教师的汪世清，在对初中课本的意见的文章中指出这套课本的优点是：“取材深浅合适，分量也能配合于教学时间和学生的接受能力。据反映按照现在的教学计划，教完这部课本实无困难，而且效果也很好。这和旧课本的一味追求艰深与包罗万象，弄得不但教不完而且教不懂的情况，完全不同。”“（课本）编列的系统大体符合于由简而繁、由易而难、由具体而抽象的教学原则，而旧课本对此则不很计较。”

（2）讲知识注意从实际出发，给学生较充分的感性基础。

这套教科书注意先从具体的事例出发，使学生了解将要学习的概念、规律的必要性，再通过观察、实验或对实例的分析得出结论。如对“压强”的处理，从走在烂泥地上会陷下很深，铺上木板后，重量增加反而陷得浅，引出研究“压强”这一概念的必要性；在给“压力”下定义时，还明确是与受力面垂直的力。

（3）增加爱国主义教育的内容。

在教科书中进行爱国主义教育，是苏联教科书的一个显著特点。在进行中国化的过程中，编者在这方面花了很多工夫，减少了一些苏联课本中的内容，尽可能加入我国的例子。由于当时是新中国成立初期，像“电力化”这类课文还只能讲我们国家的远景，能编入课本的爱国主义内容主要是我们祖先的成就，如古代的杠杆——舂（图 7-2），以及司南、指南鱼等（图 7-3）。

图 7-2　舂

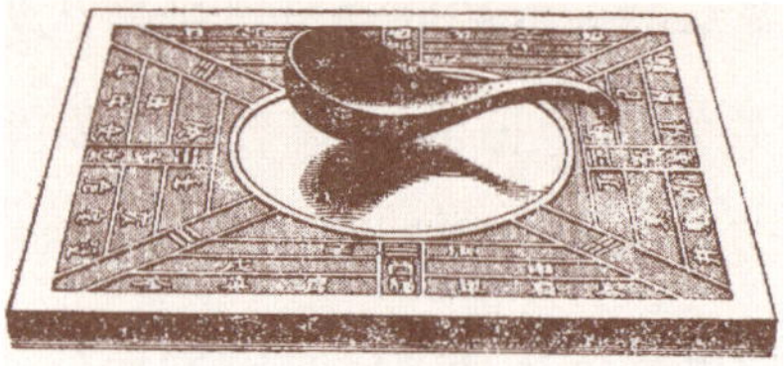

圖63　司南模型

图 7-3　司南模型

四、人教版《高级中学课本物理学》（1952 年版）分析

（一）基本信息

1952 年版高中物理课本封面如图 7-4 所示，其中第一册 199 页，没编入学生实验；第二册 228 页，学生实验 14 个；第三册 350 页，学生实验 9 个。第一

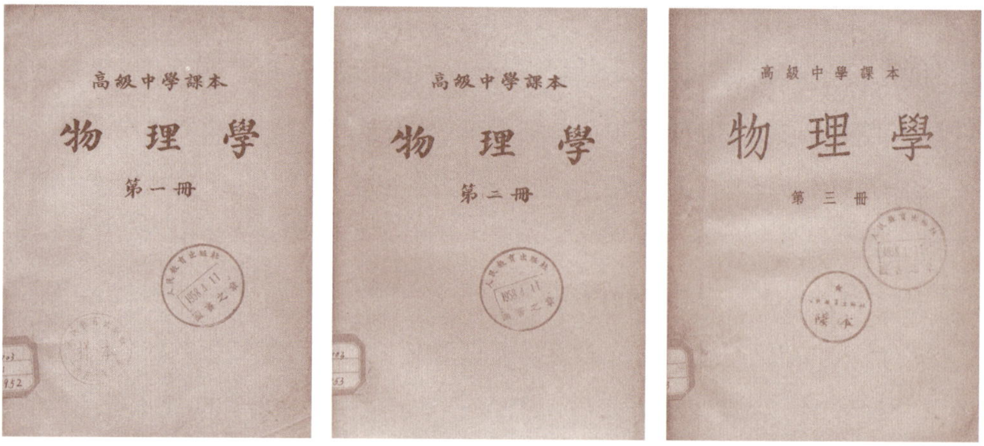

图 7-4 《高级中学课本物理学》封面

册编者是陈同新和许南明，第二、三册是东北行政区根据苏联教科书编译的。

1952 年 12 月，教育部印行了《中学物理教学大纲（草案）》，人民教育出版社根据大纲（草案）对高中课本作了修订。1953 年 3 月出版的修订版第一册 245 页，学生实验 4 个；1954 年 3 月出版的第二册 154 页，学生实验 10 个；1954 年 4 月出版的第三册 295 页，学生实验 5 个。第一册编者是陈同新、许南明，第二册编者增加了张同恂，第三册编者增加了雷树人。

（二）结构与内容

1. 体系结构

基于与初中新课本相同的原因，1952 年版《高级中学课本物理学》（以下称“新课本”）也比较严格地遵循了《中学物理课程标准（草案）》对体系结构的要求，只是作了较小的变动。除绪论外，分为 4 编，按力学、分子物理学和热学、电学、光学的次序组织教学内容。以 1952、1953 年版高中教材为例，体系结构如下。

第一册

绪论

力学

第一章 直线运动

第二章 力和运动

第三章 物体在重力下的运动

第四章 力的平衡

第五章 功和能

第六章 圆周运动和转动

第七章 万有引力

第二册

力学（续）

第八章 流体力学

第九章 振动与波

热学和分子物理学

第一章 基本知识

第二章 物体的热膨胀

第三章 气体的性质

第四章 液体的性质

第五章 固体的性质

第六章 物态的变化

第七章 热机

附录

第三册

电学

引言

第一章 电场

第二章 电流定律

第三章 通过液体和气体的电流

第四章 磁场

第五章 电磁感应

第六章 交流电

第七章 电磁振荡

光学

引言

第一章 光的传播

第二章 光的本性

原子结构

新课本在体系结构上最显著的特点是：物性和声学的内容没有以“编”这一级标题呈现；考虑到电学和磁学的内容联系密切，相关内容统一列入“电学”编；光学放在电学之后。

寿望斗编的《高中新物理学》（以下称“代用课本”）中，在第一编“物性”中有分子现象、固体、液体、气体四章，但后三章实际讲的是固体、液体和气体的宏观力学性质，如固体的弹性，气体和液体的压强等，并不涉及微观层面。新课本还有这三章的标题，但内容改为分子物理知识，后移到第二册。

声学不再单独成为一“编”，而是放在力学第九章“振动与波”中，把声波作为机械波的一个实例。

2. 内容

力学部分。新课本先用一章讲直线运动（含匀速直线运动和匀变速直线运动）；然后在第二章讲牛顿运动定律（包括动量和冲量的概念，举例说明力的作用时间长短对运动的影响，并在牛顿第三定律后讲了动量守恒）；第三章分析在重力作用下的运动（包括自由落体运动，竖直上抛、下抛运动，平抛运动），中间介绍了运动的合成和分解的方法；之后在第四章“力的平衡”中处理多个力的关系；第五章从功和能的角度来分析力和运动；第六章“圆周运动和转动”与第三章一样，是力和运动关系问题在一种曲线运动情况下的综合应用，同时它也是下一章学习万有引力定律的基础。

代用课本力学的第三章是运动，在这一章里从运动学角度分析了匀速直线运动、匀加速运动、自由落体运动以及抛体运动。新课本先在第一章“直线运动”中从运动学角度初步介绍匀速直线运动、匀加速运动，然后在第二章“力和运动”中介绍牛顿运动定律。第三章“物体在重力下的运动”中，从运动学和动力学的角度分析自由落体运动和抛体运动。新课本仅半定量地说明抛体运动的轨迹是抛物线，没有严格推导轨迹的方程式，降低了知识难度，同时增加了弹道曲线等联系实际的知识。

代用课本中万有引力定律安排了一节，直接给出结论。新课本中的万有引力定律是建立在圆周运动规律、开普勒定律的基础上，通过对地球绕日运动的动力学分析得出的。在这部分知识的处理上，新课本更重视知识的来龙去脉和相互联系。

关于流体力学，代用课本中只有流体静力学内容，而新课本中还讨论了流体动力学的初步知识，如通过实验给出流体速度与压力的关系，并用来解释喷雾器的工作原理和飞机机翼升力产生的机制。

振动和波部分。代用课本把匀速圆周运动的投影定义为简谐运动，并导出其速度、加速度、周期公式，进而导出单摆周期公式；新课本只演示了这两种运动的关系，由学生实验得出单摆公式，新课本的修订版则在演示单摆运动后给出单摆公式。代用课本没讲复摆，而新课本讲了。

热学和分子物理学部分。新课本这部分对应的是代用课本的第一编“物性”和第三编“热学”，内容则比代用课本丰满、深入，不仅描述了热现象，还深入到现象背后，用分子运动的微观理论来解释大量的宏观热现象。

热学和分子物理学内容是高二新课本的主体，共有七章。第一章“基本知识”分为两部分：第一部分从宏观角度研究热现象，介绍热量、比热容、热平衡方程、热功当量等概念及热现象中的能量守恒；第二部分探寻热现象背后的微观机制，介绍分子、分子力、分子运动等，并用分子运动论初步解释热现象。第一章的内容与结构实际上也预示了整个热学和分子物理学的研究思路——从宏观和微观两方面来研究热现象。例如，第三章“气体的性质”中先从宏观角度研究了温度不变时气体体积和压强的关系，在本章结束时利用气体分子运动论的知识来解释这个定律。在第四章“液体的性质”和第五章“固体的性质”中，也分别安排了从分子运动论角度来描述液体和固体的内容。第六章研究了熔解和凝固、汽化和液化等物态变化现象，以及空气的湿度（绝对湿度、相对湿度、露点、湿度计）。其中还用分子运动论知识解释了蒸发现象。第七章介绍了热学知识在工程技术中的重要应用——热机。

新课本比代用课本少讲的内容有：温度、温度计、热的传播（这些内容在初中已经有了，高中无需加深）；多讲的有：分子间存在斥力，气、液、固体分子运动论，普适气体恒量，液体弯月面及其附加压强，晶体和非晶体，空间点阵，物体形变时能的转变，物态变化时的热平衡方程，蒸汽机的改进，狄塞尔内燃机，喷气发动机，火箭，等等。

电学部分。电学共有七章内容，大致可划分为三个部分。第一部分包括第一、二、三章，讨论电的基础知识，包括静电场的描述、电流的描述及其规律，以及液体和气体中与电流有关的现象。第二部分包括第四、五章，重点讨论电与磁的联系，并通过大量实例说明其在生产生活中的应用，如电磁铁、发话器和收话器、发电机、电动机等。第三部分涉及变化的电流，包括第六章“交流电”和第七章“电磁振荡”。

新课本比代用课本多的比较重要的知识有：电介质中的库仑定律、电阻与温度的关系、基本电荷、大气压下的放电、电流间的相互作用、自感现象、*LC* 振荡电路及其周期公式、麦克斯韦的电磁波理论。

新课本按苏联课本的写法，从无限远移动单位正电荷反抗电场力做功开始讲电势能、电势、电势差。对于电容、电容器的学习，新课本照搬苏联课本从孤立导体的电容开始，再讲旁边有导体会对电容有影响，然后才讲到后续学习需要的电容器。新课本的这两种呈现方式都接近普通物理的讲法，学生难以理解，在后续的修订本中均进行了简化：从匀强电场中移动电荷做功开始讲电势能、电势、电势差，电容器及其电容的概念则直接给出。

光学部分。这部分包括两章内容。第一章“光的传播”是从几何光学的角度来认识光，主要包括光的反射定律、平面镜成像、光的折射定律、全反射、光的速度、照度与发光强度、球面镜及透镜成像的公式和作图法，以及透镜成像的应用等。第二章“光的本性”是从波动光学的角度进一步学习光，主要包括光的干涉、光的偏振、光的衍射、光谱、伦琴射线和量子论概述等。在光学部分的最后，教科书简要回顾了关于光的本性的各种学说，带领读者经历了从早期的微粒说和波动说之争直到光的电磁说和光子说这一段历史，并以此进行辩证唯物主义的教育。新课本指出：“关于光的本性的科学思想的发展，是一个有趣的辩证的过程。当光的微粒说碰到干涉现象或另外一些它所不能说明的事实（如光在物质中的速度小于光在真空中的速度）时，它被否定了。所发生的这些矛盾都被新兴的波动说所解决了。当波动说又遭到一些不能解决的矛盾事实时，波动说也被否定了。这个第二次的否定却又回到了光的微粒说，然而却不是在原来的形式上复活了它，而是加以修正并上升到更高的阶段。由于量子论不能说明干涉现象，所以光的学说必须是光的波动说和量子论的综合。”

新课本比代用课本多的比较重要的知识有：光速的测定、利用光栅测波长、光电效应、光的电磁说和光子说。两者都讲了波动学说的惠更斯原理，但只有新课本用惠更斯原理解释了光的反射、折射和干涉等现象。

原子结构部分。这部分可分为两大块内容。第一块讲原子的结构，主要包括闪烁镜和威尔逊云室、原子结构、原子光谱、原子的能级。第二块讲原子核的结构，主要包括放射现象、原子核的结构、人工放射现象及其应用，以及核能、链式反应和核能的应用，内容比代用课本丰富很多。课本也提到我国物理学家钱三强、何泽慧在 1946 年发现的铀核三分裂、四分裂现象，渗透了爱国主义教育。

3. 特点

（1）从适于学习的角度编排教材。

对于较难的知识点，教材编排时注意循序渐进地展开，以便于学生学习。例如，对于匀加速运动的速度公式，代用课本（以及民国时期多数课本）是从加速度定义出发，经过公式变形得出 $v_t = v_0 + at$。考虑到当时我国高中多数学生初中物理知识不扎实，根据教师意见，改为先分析初速度为 0 的匀加速运动实例（火车从站台出发的运动），列出火车在 1，2，3，…秒末的速度计算式，通过归纳得出 t 秒末的速度公式 $v_t = at$，然后再用类似的方法分析初速度不为 0 的匀加速运动（火车从平直轨道进入下坡路段的运动），得出 $v_t = v_0 + at$。这样处理适应了当时多数高一新生不善于用物理量符号推导公式的状况，因此教师觉得比较好教。但用这种方式得到公式的过程不够严格，对学生抽象思维能力的培养有所欠缺。

新课本注意为学生搭好台阶。以抛体运动为例，代用课本在学生缺乏运动的合成与分解等预备知识的情况下，经过简单的叙述，就推导出斜抛运动的轨迹方程。新课本则先从牛顿第二定律得到力的独立作用原理，然后通过实例介绍了运动合成与分解的法则。在此基础上分析平抛物体在水平和竖直方向的分运动，根据水平、竖直分运动画出运动轨迹。

（2）从实际出发以增强学生的感性认识。

该书在讲解物理规律时，一般先说明研究的必要性，再根据实验或对实例的分析、归纳，得出规律的文字表述和数学表达式，使规律、公式建立在感性认识的基础上，并得到思维方法的训练。例如，高中物理第一册牛顿第三定律安排在“作用和反作用”一节后面。在“作用和反作用”一节里，讲了一个两船互拉的实例，同时编写了两个实验，分别演示两个磁体和两个带电小球相互作用的实验（图 7–5）。由上述实例和实验得出结论：“两个相互作用的物体，一个物体受到一个作用，另一个物体就受到一个反作用。”“作用和反作用是方向相反的。”在讲牛顿第三定律时，又编写了三个能测出作用力和反作用力大小的实验，才得出牛顿第三定律。而代用课本对牛顿第三定律的处理则是生硬地给

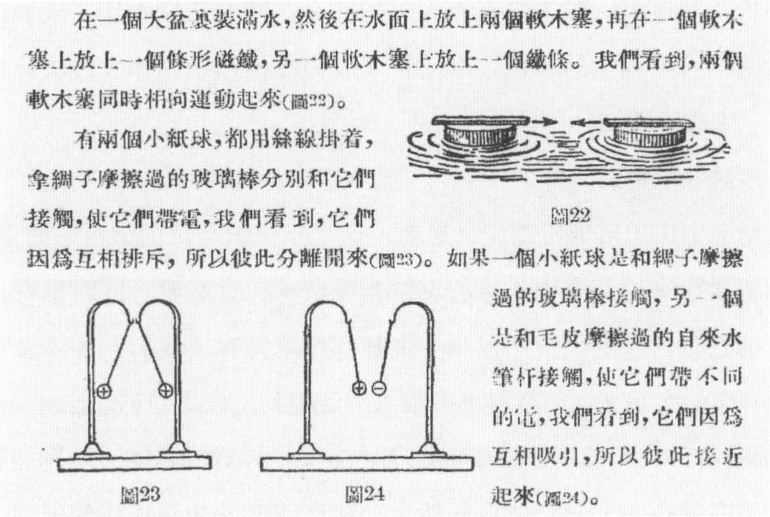

在一個大盆裏裝滿水，然後在水面上放上兩個軟木塞，再在一個軟木塞上放上一個條形磁鐵，另一個軟木塞上放上一個鐵條。我們看到，兩個軟木塞同時相向運動起來(圖22)。

有兩個小紙球，都用絲線掛着，拿綢子摩擦過的玻璃棒分別和它們接觸，使它們帶電，我們看到，它們因爲互相排斥，所以彼此分離開來(圖23)。如果一個小紙球是和綢子摩擦過的玻璃棒接觸，另一個是和毛皮摩擦過的自來水筆杆接觸，使它們帶不同的電，我們看到，它們因爲互相吸引，所以彼此接近起來(圖24)。

图 7-5　演示相互作用的实验

出，给学生的感性基础不足。

（3）渗透爱国主义教育。

在教科书中进行爱国主义教育，是苏联教科书的一个显著特点。在进行中国化的过程中，编者在这方面花了很多工夫，减少了一些苏联课本中进行爱国主义教育的内容，尽可能加入我国的例子。

高中物理课本一开始在“绪论”一章中便说：“我们祖先不论在科学上或技术上都有过许多伟大的创造和发明。例如：很早就创造了相当完善的历法，对于农作物的培养和收获有很大的帮助。很早就有日食和彗星的记载，还能够预告日食的发生。很早就发现了磁石，并且最先把磁针使用在航海方面。在二千多年前的‘墨经’里已经有光学和力学的知识的记载……”在正文中也有很多具体的例子。例如，在“力和运动”这一章里引用了《墨经》里的话“力，形之所以奋也”，并解释说：“‘形’当物体讲，‘奋’当运动讲，当快讲。把这句古文改成现在的话说，就是：力是物体开始运动和运动加快的原因……从这里可以知道，我们祖先在两千多年前对于力和运动的关系已经有了正确的观察和研究了。”

新课本重视爱国主义的做法得到了一线教师的高度肯定。例如，福建航海专科学校教师杜復钦在文章中这样写到：“新教科书不但对于我们祖先的科学成就加以介绍并予以赞扬，同时对于目前祖国建设的成就亦加以宣扬……这样，不但能使青年知道祖国的未来有着无限的前途，同时鼓励青年，应该以当家作主的态度来学习物理学的知识，以便将来成为能担当祖国伟大经济建设的任务的科学家、工程师或技师等。”①

（4）渗透唯物主义教育。

在教科书中渗透辩证唯物主义思想，这是新中国与民国教科书的重要区别。相对于初中学生来说，高中学生的思维程度较深，有必要、同时也有条件进行唯物主义的教育。以下仅引用福州一中林桐绰老师在《我们怎样体会新教材的优越性》一文的文字来说明教科书中渗透辩证唯物主义思想的做法。②

“全部教材都贯穿着培养学生辩证唯物主义世界观的目的……例如新教材讲述惯性和力时就指明力是物体之间使运动状态改变的相互作用的表现，把力和物质紧密联系起来，使学生明确力是不能离开物质而存在的……讲解物体运动时，不但明确地指出在自然界里所有的物体都在不停地运动着，而绝对不动的物体是不可想象的，使学生得到一切物质都在运动的概念；而且同样说明了没有什么抽象的没有物质的运动。使学生在学习过程中不断地体会到世界是物质的……新教材同时极重视历史唯物主义的教育，使学生知道实践和认识的关系，社会制度对科学的影响和科学发展的内在规律，这一点不但在‘绪论’中就讲得很透彻，而且各章教材中也都贯彻这一点。”

五、人教版《高级中学课本物理学》（1955年版）分析

（一）基本信息

本套教科书高中部分共3册，封面如图7-6所示。其中高中第一册第一分册1955年4月出版，第二分册1955年9月出版，合计216页，4个学生实验。第二册第一分册1956年4月出版，第二分册1956年8月出版，合计238页，6个学生实验。第三册第一分册1957年夏出版，第二分册1957年秋出版，合计

① 杜復钦．对人民教育出版社出版的陈许合编的高中物理学第一册的意见［J］．物理通报，1953（2）：99-101．

② 林桐绰．我们怎样体会新教材的优越性［J］．物理通报，1953（7）：319-326．

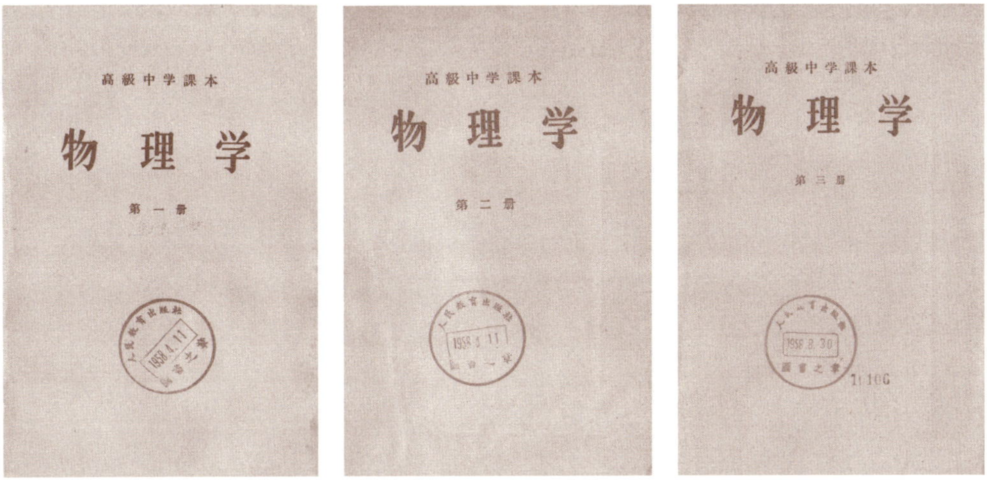

图 7-6 《高级中学课本物理学》封面

299 页，8 个学生实验。

第一册和第二册编者是雷树人、许南明、董振邦，第三册编者增加了张同恂。

从 1956 年高一年级起，各年级的两个分册陆续合并为一册出版。

（二）结构与内容

1. 体系结构

第二套课本整体上沿用了“力学——分子物理学与热学——光学——电磁学——原子结构”的编排次序，但是在某些“编”的内部进行了调整。其中，力学部分的体系结构变化较大，按照“直线运动——力——牛顿运动定律——曲线运动”的大思路对第一套课本各章进行了拆分与重组。其他“编”的结构也有一些调整，主要做法是简单的拆分。例如，把分子物理学和热学部分中“分子运动论”拆分出来作为第一章。具体体系结构如下。

第一册

绪论

第一编 力学

第一章 匀速直线运动

第二章 匀变速直线运动

第三章 惯性、力、力的合成和分解
第四章 力、质量和加速度
第五章 物体的相互作用
第六章 机械能
第七章 曲线运动、转动
第八章 万有引力定律
物理实验
第二册
第一编 力学（续）
第一章 振动和波
第二章 声学
第三章 流体力学
第二编 分子物理学和热学
第四章 分子运动论
第五章 热和功
第六章 固体和液体的热膨胀
第七章 气体的性质
第八章 液体的性质
第九章 固体的性质
第十章 物态的变化
第十一章 热机
物理实验
第三册
第三编 电学
第一章 电场
第二章 稳恒电流
第三章 磁场
第四章 电磁感应
第五章 交流电

第六章 电磁振荡和电磁波

第四编 光学

第七章 光的传播和光度学

第八章 光的反射和折射

第九章 光学仪器

第十章 光的本性

第五编 原子结构

物理实验

2. 内容

第二套课本和第一套课本相比，除力学部分外，其他各编在核心概念规律的编写思路方面变化都不大。

力学的第一、二章分别探讨了“匀速直线运动”和“匀变速直线运动”的基本规律之后，即在第三章以力这一物理学的基本概念为中心，从牛顿第一定律开始，阐述了力的性质、种类、量度、合成和分解以及物体的平衡，在第四章以牛顿第二定律为中心，阐明了力和运动的关系。第五章介绍了牛顿第三定律，然后以牛顿运动定律为基础推导了动量守恒定律。第一套课本把牛顿三大定律的内容放在同一章（第二章“力和运动”），第二套课本中则把牛顿三定律分别在三章讲述，围绕每条定律的讲解更加细致、深入。另外，第一套课本中平抛运动的内容在第三章“物体在重力下的运动”中，第二套课本则放在第七章“曲线运动、转动”中。声学从“振动和波”这一章里独立出来。

分子物理学和热学结构大体沿袭了第一套课本，内容上有所改变。第七章“气体的性质”中，在玻意耳—马略特定律、查理定律、盖－吕萨克定律之后，分别用分子动理论的知识解释了每一条气体定律，而不是像第一套课本中专门安排“气体分子运动论”一节。在第八章“液体的性质”和第九章“固体的性质”中，则不再强调用分子运动论来解释液体和固体的性质。电学的主要变化是在“稳恒电流”的标题下融入了液体和气体中的电流规律。光学的主要变化则是把“光的传播”拆分为“光的传播和光度学”“光的反射和折射”“光学仪器”三章。

3. 特点

第二套高中课本继承了第一套的许多特点，例如，从适于教学的角度编排教材、从实际出发以增强学生的感性认识、渗透爱国主义和唯物主义教育等。此处仅就课本在渗透爱国主义方面举例如下。

在我国第一个五年计划的后半期，生产建设已取得相当多的成就。课本中收入了佛子岭水库的拦河坝图，解放牌汽车、1 000 马力三级膨胀式蒸汽机、民主十号轮船、6 000 千瓦汽轮发电机等的照片，以及我国电站建设方面的成就，还有丰富的水力、煤炭资源等。

编写第二套课本时，在内容选择方面的一项重要工作，是研究如何通过物理课的学习对学生进行基本生产技术教育。苏联从 1954—1955 学年开始在十年制学校实施综合技术教育。本着“学习苏联”的方针，1956 年 5 月，教育部颁布了《关于普通学校实施基本生产技术教育的指示》。其中指出：“为了使我们的普通教育工作和整个社会主义建设事业相适应，我们培养出来的学生，不仅需要具有文化科学的知识，同时还要具有现代生产的基本知识和技能，使他们毕业以后不论升学深造或参加劳动生产都有必要的准备。因此，必须实施基本生产技术教育（综合技术教育）。”这份文件还说明了基本生产技术教育的基本内容和任务是“使学生了解一切现代生产过程的基本原理，同时使他们获得使用简单的生产工具的技能”。以下仅从落实“了解现代生产过程的基本原理”任务方面介绍教科书的编写特点。

第一，增加动力生产、能量转化和传递方面的知识。

首先，通过各种措施使学生牢固地掌握能的转化和能量守恒定律。其次，在物理教材的各部分，介绍如何把相应形态的能，通过某些手段，转化为便于利用的形态。如在力学部分，介绍修筑河坝把河流分散在很长河段的势能集中起来加以利用；在热学部分，讲燃料释放的热能如何经热机转变为便于做功的机械能，以及如何更合理地利用燃料所释放出来的热能，即懂得热力化在现代生产中的重要意义；在电学部分，介绍如何取得电能并如何把电能转变成各种需要的能量形态，了解电能的优点，懂得电力化的物理原理以及在我国迅速发展的电站建设；在光学部分，介绍把太阳的光能转变成热能和电能的原理和意义；在原子结构部分，介绍释放核能的基本原理及和平应用核能的前景。

第二，介绍重要的机器、技术设备的构造和作用原理。

物理教材在讲述研究各种物理现象和能量转变时，必然要结合着讲述不少重要机器（如蒸汽机、蒸汽轮机、内燃机、发电机、电动机等）的构造和工作原理。学生了解这些知识后，可以触类旁通，使他们易于理解其他机器。

物理教材中，还要涉及许多重要的仪器和设备。例如，力学中介绍了天平、抽气机、气压计等；热学中介绍了温度计、量热器、温度调整器、湿度计等；电学中介绍了电阻器、电流表、电压表、电磁继电器、电灯、电话、无线电收发装置等；光学中介绍了透镜、显微镜、望远镜、幻灯、照相机等。这些重要的仪器和设备的知识，是学生进一步学习现代生产技术的基础。

第三，介绍材料的重要性质及其利用加工的原理。

现代技术中应用的材料十分复杂，在中学物理课程里只能介绍为数不多但技术上很重要的物性知识，如比重、密度、弹性、可塑性、硬度、强度、导热性、导电性等。认识了材料的这些性质以后，还使学生懂得根据实际需要来选择材料。例如，学过比重以后学生应懂得为什么在飞机制造中不用钢而用跟钢同样坚硬但密度小得多的硬铝，在学过物质的导电率以后学生应明白为什么要选用铜和铝来作输电导线，等等。金属的加工是现代生产的重要的工艺之一。在高二“固体的性质”一章中讲过固体的性质以后，编入了利用金属的特性对金属进行加工的方法（锻打、模压、抽丝、轧制）。

附录 1　人教版《初级中学物理学课本》目录

10. 天平和砝码 11. 使用天平的规则

12. 实验 3 重量的测定 13. 重度 14. 实验 4 重度的测定

15. 比重 16. 竖直方向和水平方向

第二章 固体

17. 固体的体积和形状 18. 力

19. 弹簧的伸长——弹簧秤 20. 实验 5 弹簧的伸长

21. 压力 22. 固体的传力

第三章 液体

23. 液体的一些特性 24. 液体对于容器的压力

25. 液体内部的压力 26. 液体的传递压力

27. 连通器里的液面 28. 喷泉和自来水 29. 液体的浮力

30. 物体的浮沉 31. 比重的测定——比重计

32. 实验 6 比重的测定

第四章 气体

33. 气体 34. 气体的重量 35. 大气的压力

36. 大气压力随时随地不同 37. 水银气压计

38. 气体的容积和压力的关系 39. 风箱、打气筒和抽气机

40. 抽水机 41. 虹吸管 42. 空气的浮力

第五章 运动和力

43. 物体的位置 44. 物体的运动 45. 直线运动和曲线运动

46. 时间 47. 匀速度运动 48. 匀速度运动的速度

49. 惯性 50. 质量 51. 摩擦 52. 实验 7 摩擦力的测定

53. 摩擦在实际上的意义 54. 滚珠（滚棒）轴承

55. 作用力和反作用力

第六章 功和能

56. 功 57. 功率 58. 杠杆 59. 杠杆的种类 60. 秤

61. 实验 8 秤的制造 62. 滑轮 63. 滑轮组 64. 轮轴

65. 齿轮 66. 斜面 67. 螺旋 68. 能量

69. 能的转换和能量守恒

第七章 物体的热膨胀

70. 气体的热膨胀 71. 液体的热膨胀 72. 固体的热膨胀

73. 温度 74. 温度计的构造 75. 医用温度计

76. 热膨胀的应用和热胀冷缩所生力的防止

第八章 热量的量度

77. 热量的单位 78. 热容和比热

79. 怎样计算物体温度升高所需要的热量

80. 海洋和大陆的气候为什么不同

第九章 热的传播

81. 热的传播 82. 热的对流 83. 火炉是怎样通风的

84. 热水暖屋子的装置 85. 风是怎样形成的 86. 热的传导

87. 安全灯 88. 水的反常膨胀 89. 热的辐射 90. 保温瓶

第十章 物态的变化

91. 分子和分子运动 92. 物态的变化 93. 熔解和凝固

94. 熔解和凝固时体积的变化 95. 蒸发和凝结 96. 沸腾

97. 沸点和压力的关系 98. 蒸馏 99. 大气里水汽的变化

第十一章 热和功

100. 热和功 101. 热的本质 102. 热功当量

103. 往复蒸汽机 104. 配汽装置 105. 移动变转动的装置

106. 内燃机 107. 管理活门开关的装置

下册

第一章 声学浅说

1. 声源 2. 音调 3. 声音的传播 4. 声音的传播速度

5. 声音的反射——回声 6. 声音怎样传播 7. 乐音和噪声

8. 留声机

第二章 光的传播

9. 光的直线传播 10. 本影和半影 11. 日蚀和月蚀 12. 光的速度

第三章 光的反射

13. 反射定律 14. 漫反射 15. 透明体和不透明体

16. 平面镜和它的应用 17. 实验1 光的反射 18. 曲面的反射

19. 球面镜

第四章 光的折射

20. 光的折射 21. 透镜 22. 凸透镜 23. 实验2 凸透镜的成像

24. 照相机 25. 幻灯和电影机 26. 眼 27. 眼的调节 28. 眼镜

第五章 光的色散

29. 棱镜 30. 白光分成各色的光 31. 物体的颜色

32. 光的化学效应 33. 光能变成别种的能

第六章 电的初步知识

34. 摩擦起电 35. 两种电荷 36. 电荷的相互作用 37. 验电器

38. 电的本质 39. 导电体和绝缘体 40. 感应起电 41. 起电盘

42. 大气里电的现象 43. 避雷针

第七章 电流和电解

44. 电流 45. 电池 46. 干电池 47. 实验3 干电池的制造

48. 蓄电池 49. 电解 50. 电量——库仑

51. 电解在工业上的应用

第八章 磁现象和电磁现象

52. 磁体和磁极 53. 磁感应 54. 磁极的相互作用

55. 罗盘和指南针 56. 电流的磁效应 57. 电磁铁 58. 电铃

59. 电报 60. 磁极对于电流的作用——电流计

61. 实验4 悬圈电流针

第九章 电流定律

62. 电流强度 63. 安培计 64. 导体的电阻 65. 变压器和电阻箱

66. 电压 67. 伏特计 68. 电功率 69. 电能量

70. 电流的热效应 71. 欧姆定律 72. 实验5 测定导体的电阻

73. 电热器 74. 白炽电灯 75. 保险丝

第十章 电磁感应

76. 感生电流 77. 感生电流的方向 78. 怎样产生交流电

79. 交流发电机和直流发电机 80. 电能的输送 81. 变压器

82. 电动机 83. 实验6 电动机模型

附录2 人教版《高级中学课本物理学》（1952年版）目录

第一册

绪论

1. 物理学的研究范围 2. 物理学的研究方法

3. 物理学和新民主主义生产建设的关系 4. 物理量

5. 量度和单位 6. 数据的计算

力学

第一章 直线运动

1. 机械运动 2. 运动的相对性 3. 质点 4. 运动按轨迹分类

5. 运动按速度分类 6. 匀速直线运动

7. 匀速运动的速度和速度单位 8. 匀速运动的公式

9. 物体的平动 10. 匀速运动问题的解决

11. 匀速运动的速度曲线和路程曲线

12. 变速运动——平均速度和即时速度

13. 匀变速运动——加速度 14. 初速度等于零的匀加速运动

15. 初速度不等于零的匀加速运动

第二章 力和运动

16. 力学的发展和基础 17. 物体的惯性 18. 第一运动律

19. 力 20. 力和加速度的关系 21. 质量 22. 密度

23. 第二运动律 24. 力的重力单位和绝对单位 25. 动量和冲量

26. 作用和反作用 27. 第三运动律 28. 动量守恒原理

29. 应用技术里的第三运动律

第三章 物体在重力下的运动

30. 自由落体运动 31. 一切自由落体的加速度都相等

32. 竖直下抛物体的运动 33. 竖直上抛物体的运动

34. 力的独立作用原理 35. 两个匀速直线运动路程的合成

36. 速度的合成 37. 速度的分解 38. 平抛物体的运动

39. 斜抛物体的运动 40. 弹道曲线

第四章 力的平衡

41. 力的平衡 42. 力的作用点在固体里的平移 43. 合力

44. 一条直线上的同向力的合成

45. 一条直线上的两个反向力的合成

46. 成角度的两个力的合成

47. 分别在物体上两个点作用的两个力的合成

48. 三个以上的力的合成 49. 力的分解

50. 同向平行力的合成 51. 一个力分解成两个平行的分力

52. 反向平行力的合成 53. 力偶 54. 物体的重心

55. 简单几何形物体的重心 56. 有支点或支线的物体的稳度

57. 有支面的物体的稳度 58. 支持体的反作用 59. 力矩

60. 力的平衡的一般条件

第五章 功和能

61. 功 62. 功的量度 63. 功的单位 64. 功率

65. 功率的单位 66. 能量 67. 动能

68. 物体的初速度不是零的时候功和动能的关系 69. 势能

70. 能量守恒原理 71. 机械 72. 摩擦 73. 摩擦的种类

74. 摩擦定律 75. 摩擦在自然界里和在技术上的作用

76. 减少有害的摩擦和增加有益的摩擦的方法

77. 使物体沿斜面上升的力所做的功

78. 使物体从一个水平面移到另一个水平面时反抗重力所做的功

79. 机械利益和机械效率 80. 功的原理

第六章 圆周运动和转动

81. 匀速圆周运动 82. 曲线运动里速度的方向

83. 周期、频率和线速度 84. 角速度 85. 向心加速度

86. 向心力和离心力

87. 说明转动时惯性现象的各种例子、离心器械

第七章 万有引力

88. 开普勒定律 89. 太阳对于行星的引力

90. 地球对于月球的引力和地面上的重力是本质上相同的力

91. 万有引力定律 92. 用实验证明万有引力定律

93. 引力场 94. 地球上重力加速度的变化

95. 重量和质量的区别

第二册

力学（续）

第八章 流体力学

1. 液体的压缩性 2. 在液体和气体中压力的传递

3. 水压机 4. 液体内部的压力 5. 在连通器中的液体表面

6. 液体对浸入其中的物体的作用

7. 物体在液体表面上的漂浮

8. 利用阿基米德定律来求物体的重度或比重 9. 比重计

10. 实验 1：求物体的比重 11. 实验 2：由实验求浮体的条件

12. 大气压力 13. 气压计 14. 高度计 15. 大气的构成

16. 压力计 17. 流体内部的摩擦 18. 流体运动的涡旋

19. 在流体中运动的物体所受到的阻力、流线体

20. 流体的速度与压力的关系

21. 利用流体速度与压力的关系使飞机上升

第九章 振动与波

22. 简谐振动（简谐运动）23. 规定振动性质的各个量

24. 振动和转动的关系 25. 简谐振动的图

26. 实验 3：研究单摆的振动定律 27. 单摆的振动定律

28. 复摆 29. 摆在钟内的应用 30. 应用摆测量重力加速度

31. 弹性体的振动 32. 弹性体内振动的传播·波

33. 横波 34. 纵波 35. 波长 36. 波的反射和折射

37. 波的干涉 38. 驻波 39. 共振 40. 共振现象与工业技术

85. 实验 9：求温度不变时一定质量的气体的体积和压力的关系（波义耳—马略特定律）
86. 波义耳—马略特定律
87. 压力和体积的关系图——压力体积图
88. 气体密度和压力的关系
89. 利用波义耳—马略特定律解习题
90. 给吕萨克定律
91. 实验 10：测定空气在压力不变时的体胀系数
92. 查理定律 93. 气体温度计 94. 绝对温度
95. 用绝对温度来表示给吕萨克定律和查理定律
96. 理想气体 97. 气态方程式 98. 气体分子运动论
99. 气体的克分子和一克分子内的分子数
100. 气体在技术上的应用

第四章 液体的性质

101. 在外力作用下液体表面的形状
102. 液体的表面层 103. 液体的压缩性
104. 液体表面层的势能·表面张力
105. 表明表面层性质的实验 106. 浸润和不浸润
107. 弯月面 108. 分子压力和弯月面形状的关系
109. 毛细现象 110. 实验 11：表面张力的测定
111. 液体分子运动论

第五章 固体的性质

112. 结晶状态 113. 非结晶状态 114. 结晶的空间点阵
115. 形变 116. 外力与形变大小的关系
117. 韧性·脆性·范性 118. 资用应力
119. 虎克定律
120. 实验 12：研究形变的大小与外力的关系
121. 形变中能的转变 122. 固体分子运动论

第六章 物态的变化

一 熔解和凝固

123. 熔解温度和凝固温度 124. 液体的过度冷却

125. 熔解热 126. 熔解或凝固时的热平衡方程式

127. 熔解和凝固时体积的变化

128. 压力对熔解温度的影响

129. 实验 13：测定冰的溶解热

二 汽化

130. 汽化 131. 蒸发

132. 根据分子运动论解释蒸发现象

133. 汽化热

134. 在一定温度下，汽的体积和压力之间的关系

135. 饱和汽压和温度的关系 136. 道耳顿定律

137. 沸腾 138. 汽化或液化时的热平衡方程式

139. 实验 14：用量热器测定水的汽化热

140. 使未饱和汽变成饱和汽的方法

141. 临界温度 142. 气体的液化 143. 获得低温的方法

144. 液态气体的应用

三 空气的湿度

145. 空气的湿度 146. 露点 147. 湿度计

148. 干湿泡湿度计 149. 毛发湿度计

第七章 热机

150. 热机 151. 在一定压力下气体膨胀所做的功

152. 在变化的压力下气体膨胀所做的功

153. 蒸汽发动机 154. 火室 155. 锅炉 156. 蒸汽机

157. 蒸汽机的改进 158. 蒸汽在汽缸内做的功

159. 蒸汽机的效率 160. 蒸汽轮机 161. 内燃机

162. 内然机的应用 163. 喷气发动机 164. 火箭

165. 致冷机

附录

第 1 表 物质的密度 第 2 表 固体的热学常数

第 3 表 液体的热学常数 第 4 表 压力不变时的气体比热

第 5 表 由干湿泡湿度计的示度求空气的相对湿度

电学

引言

第一章 电场

1. 摩擦起电 2. 两个互相摩擦的物体同时带电

3. 和带电体接触而带电 4. 导体和绝缘体

5. 带电体的相互作用 验电器 6. 电量

7. 关于带电体相互作用的库仑定律 8. 电量的单位

9. 电子论和摩擦带电的说明

10. 在绝缘体和绝缘导体上的电的分布

11. 电荷密度 12. 电场 电场强度 电力线

13. 电势 14. 电势差的单位 15. 电场内的等电势面

16. 静电计 17. 零电势

18. 由于两个导体的电势不同使电荷从一个导体向另一个导体移动

19. 静电感应 20. 感应现象所导出的结果 21. 起电盘

22. 起电机 23. 电容 24. 电容的单位

25. 导体的电容和邻近的另一导体有关 26. 电容器

27. 电容器的组合

第二章 电流定律

28. 关于电流的概念 29. 化学电源的基础理论

30. 化学电源 31. 电路和电流的方向 32. 电流强度

33. 电路各横截面上的电流强度都相等

34. 导体的电阻 35. 导体电阻的定律 36. 物质的电阻率

37. 导体电阻的公式 38. 导电性 导电性和导热性的联系

39. 电源的内电阻 40. 变阻器 41. 欧姆定律

42. 电路各部分上的电压分布 43. 导线的串联

44. 导线的并联 45. 并联导线上电流的分布 46. 电池组
47. 电池组的内电阻 48. 电池组的电动势
49. 电池组电路中的电流强度 50. 惠斯通电桥
51. 电流的能和功率 52. 电能转变成热能
53. 实验 1：电流热效应定律的实验
54. 关于电流热效应的焦耳·楞次定律
55. 实验 2：求电热当量 56. 热线安培计和热线伏特计
57. 温差电现象 58. 温差电偶温度计 59. 弧光灯
60. 电炉 61. 电弧炉 62. 电煅接（电焊）63. 电阻温度计

第三章 通过液体和气体的电流

64. 通过液体的电流 65. 电解时的副反应
66. 实验 3：研究电解定律 67. 法拉第电解定律
68. 基本电荷 69. 电池的局部作用 70. 电池的极化
71. 无极化电池 72. 电极的极化 73. 蓄电池
74. 蓄电池的容量 75. 电解的工业应用 76. 气体的导电
77. 气体中的电流强度同电势差的关系
78. 碰撞电离 79. 在大气压力下气体中的放电 80. 电闪
81. 稀薄气体中的放电 82. 阴极射线 83. 阳极射线
84. 热电子电流

第四章 磁场

85. 电流的磁效应 86. 永久磁铁的主要性质
87. 磁极间的库仑定律 88. 磁量的单位
89. 磁场 磁场强度 90. 磁力线 91. 磁感应
92. 磁力线和重力线的比较 93. 地磁 94. 地磁的变化
95. 奥斯特的实验 96. 电流的磁场 97. 电磁铁
98. 发话器和收话器 99. 磁场对电流的作用 佛来铭左手定则
100. 电流间的相互作用 101. 安培的磁性起源假说
102. 电学的量度仪器

第五章 电磁感应

103. 感生电动势的发生条件和它的大小

104. 由电流引起的感生电流 105. 佛来铭右手定则

106. 实验 4：电磁感应定律 107. 楞次定律 108. 自感

109. 感应发电机

110. 实验 5：观察线圈在匀强磁场内转动时所产生的电动势

111. 电枢中的感生电流 112. 电枢 113. 交流发电机

114. 直流发电机 115. 自激发电机 116. 发电机的效率

117. 多极发电机 118. 久磁电机 119. 电动机

120. 直流电动机 121. 电动机电枢转动方向的改变

122. 电动机的效率

第六章 交流电

123. 线圈在匀强磁场中转动时电动势的正弦变化

124. 远距离送电 125. 变压器 126. 电力化 127. 感应圈

第七章 电磁振荡

128. 高频率的振荡电流

129. 利用火花放电来得到高频率的振荡电流

130. 利用高压电池组来得到振荡电流

131. 阴极射线示波器 132. 振荡电路 133. 电磁振荡的周期

134. 阻尼振荡和无阻尼振荡 135. 辐射 136. 电磁波

137. 无线电报发报机 138. 电共振 139. 无线电接收机

140. 检波器 141. 无线电话 142. 简单的无线电发送机

143. 实验 6：无线电接收机的组成和调谐 144. 真空管

145. 三极真空管 146. 真空管放大器 147. 单管收音机

148. 真空管振荡器 149. 短波 150. 无线电的应用

光学

引言

第一章 光的传播

151. 光在均匀媒质内的传播

152. 在两种媒质界面上的光现象 153. 光的反射定律

154. 平面镜成像 155. 实验 7：研究光的折射定律

156. 光的折射定律 157. 全反射 158. 通过平行板的光线

159. 通过棱镜的光线 160. 光的速度 161. 光源

162. 国际烛光 流明 163. 照度 164. 照度的定律

165. 照明技术 166. 光源发光强度的测定 167. 光度计

168. 实验 8：比较两个光源的发光强度

169. 光路的控制 170. 球面镜公式

171. 球面镜成像的作图解法 172. 透镜

173. 作图法和透视公式 174. 透镜的放大率

175. 透镜成像的各种情形 176. 实验 9：研究透镜的光学性质

177. 透镜的焦强 178. 幻灯 179. 照相机 180. 照相术

181. 电影机 182. 球面像差 183. 色差 184. 眼睛

185. 近视眼和远视眼 186. 看得清楚的条件　视角

187. 用两只眼睛观察时的视觉

188. 物体的大小和远近的判断 189. 视觉暂留

190. 眼的疲倦 191. 色觉 192. 眼睛对不同颜色的感觉

193. 色觉疲倦 194. 光渗 195. 光学仪器的作用

196. 显微镜 197. 望远镜

第二章 光的本性

198. 光的干涉 199. 光线 200. 光的干涉的解释

201. 光的偏振 202. 折射光的偏振 203. 惠更斯原理

204. 用光的波动说解释光的反射和折射

205. 用光的波动说解释光的直线传播 206. 光的衍射

207. 利用衍射测量光波的波长 208. 白光的色散

209. 单色光 210. 白光的合成 211. 互补色 212. 色的组成

213. 炽热物体所发射的不可见的辐射线

214. 发射光谱的种类 215. 辐射与温度的关系

216. 辐射线随温度而变化的情形

217. 不可见的辐射线在媒质中的传播 218. 物体的透明性

219. 颜料的混合 220. 炽热蒸汽的吸收光谱

221. 吸收和辐射的克希霍夫定律 222. 光谱分析

223. 太阳和其他天体的光谱 224. 伦琴射线

225. 伦琴管的构造 226. 辐射能转变为其他形式的能

227. 量子论概述 228. 关于光的各种学说 229. 电磁波一览

原子结构

230. 原子复杂结构的发现 231. 闪烁镜 威耳孙云雾室

232. 原子的结构 233. 线状光谱的结构

234. 氢原子的核外电子 235. 其他原子的核外电子

236. 原子的能级 237. 放射现象 238. 放射线的组成

239. α 射线的性质 240. β 射线的性质 241. γ 射线的性质

242. 放射性元素的半衰期 243. 放射性元素的转变

244. 原子核的结构 245. 人为放射现象

246. 人为放射现象的应用 247. 原子核的能

248. 原子能的释放 249. 铀核的分裂

250. 铀分裂中的链式反应 251. 阻碍链式反应的原因

252. 铀后元素 253. 原子弹 254. 铀堆

255. 原子能的实际应用

256. 地球里可以释放原子能的元素的贮藏

附录 3 人教版《高级中学课本物理学》(1955 年版)目录

第一册

绪论

1. 物质和运动 2. 科学和它的意义

3. 物理学和它在祖国建设中的意义

第一编 力学

第一章 匀速直线运动

4. 机械运动 5. 运动和静止的相对性 6. 固体的平动

7. 质点的运动 8. 运动的速度 9. 速度的单位

10. 速度是矢量 11. 匀速运动的公式

12. 匀速运动的路程图线 13. 匀速运动的速度图线

14. 运动的合成 15. 互成角度的匀速直线运动的合成

16. 速度的合成 17. 速度的分解

第二章 匀变速直线运动

18. 变速直线运动 19. 平均速度 20. 即时速度 21. 加速度

22. 加速度的单位 23. 匀加速运动 24. 匀加速运动的速度

25. 匀加速运动的速度图线 26. 匀加速运动的路程

27. 匀加速运动的公式 28. 自由落体运动的公式

29. 自由落体加速度 30. 匀减速运动

31. 竖直上抛的物体的运动

第三章 惯性、力、力的合成和分解

32. 动力学 33. 牛顿第一定律 34. 力 35. 重力

36. 力和物体的形变 弹力 37. 力的平衡 力的量度

38. 滑动摩擦 39. 静摩擦 40. 滚动摩擦

41. 摩擦在技术中的作用 42. 力是矢量 43. 力的合成 合力

44. 力分解成两个互成角度的分力 45. 斜面

46. 有固定转动轴的物体的平衡条件 47. 同向平行力的合成

48. 重心 49. 物体平衡的种类 50. 稳度

第四章 力、质量和加速度

51. 质量 52. 牛顿第二定律 53. 牛顿第二定律的公式

54. 质量是物体惯量的量度 55. 力的作用时间和速度的变化

56. 质量和重量 57. 密度和比重 58. 力学单位制

59. 用牛顿第二定律解题的例子

第五章 物体的相互作用

60. 物体的相互作用 61. 牛顿第三定律

62. 动量 动量守恒定律 63. 反冲运动 反冲运动的利用

64. 碰撞 碰撞的应用

第六章 机械能

65. 功 66. 功的量度 67. 功的单位 68. 功率

69. 功率的单位 70. 机械的功的原理 71. 机械的效率

72. 斜面 73. 劈 74. 螺旋 75. 能 76. 势能

77. 在外力对物体做功时物体势能的增加 78. 动能

79. 在外力对物体做功时物体动能的增加 80. 机械能

81. 运动物体克服摩擦力和媒质阻力所做的功

82. 机械能转变成其他形式的能 能的转变和守恒定律

83. 永动机的不可能性

第七章 曲线运动、转动

84. 物体在受到跟它的速度成角度的力作用时的运动

85. 曲线运动中速度的方向 86. 平抛物体的运动

87. 斜抛物体的运动 88. 匀速圆周运动 角速度

89. 线速度 线速度跟角速度的关系 90. 向心加速度

91. 向心力 92. 离心力 93. 利用向心力来研究的几种现象

94. 利用圆周运动中的现象的几种机械 95. 固体的转动

96. 使原来静止的固体发生转动的力

97. 发动机和工作机之间转动的传递 98. 皮带传动装置

99. 摩擦传动装置 100. 齿轮传动装置

第八章 万有引力定律

101. 行星的运动 102. 万有引力定律 103. 地球的质量

104. 地球上物体重量的变化

物理实验

实验一 互成角度的两个力的合成

实验二 有固定转动轴的固体的平衡条件

实验三 简单机械的效率 实验四 平抛物体的运动轨迹

第二册

第一编 力学（续）

第一章 振动和波

1. 振动 2. 简谐振动 3. 振动的振幅、周期和频率

4. 单摆的振动 5. 单摆的振动定律 6. 摆在时钟上的应用

7. 振动的图线 8. 振动中能量的转变 9. 阻尼振动

10. 受迫振动 11. 共振 12. 共振在技术上的意义

13. 振动在物体里的传播 14. 横波 15. 纵波

16. 波长 波长、频率和波的速度的关系

第二章 声学

17. 声音的发生 18. 声音的传播 19. 声音的传播速度

20. 声音的分类 21. 音调 22. 响度和声强 23. 音品

24. 声波的反射 25. 声音的共鸣和共鸣器

26. 声音的记录和重发 27. 超声波

第三章 流体力学

28. 引言 29. 液体的压强 30. 浸在液体的物体所受的浮力

31. 大气压强 32. 虹吸现象 33. 金属压强计 34. 稳流

35. 流线 36. 运动流体里的压强

37. 液流和气流的空吸作用和它的实际应用

38. 物体在液体和气体里运动时所受的阻力 流线体

39. 飞机的举力 40. 水流的能的利用

41. 水力发动机 42. 风力发动机

第二编 分子物理学和热学

第四章 分子运动论

43. 分子运动论的发展 44. 布朗运动 45. 扩散现象

46. 克分子物质里的分子数分子的大小和质量

47. 分子间的空隙 48. 分子间相互作用的力

49. 分子的热运动

第五章 热和功

50. 分子的动能 温度 51. 分子的势能 物体的内能

52. 物体内能的改变 53. 热量的单位 54. 物质的比热

55. 比热的测定 56. 热功当量 57. 能的转变和能量守恒定律

第六章 固体和液体的热膨胀

58. 固体的热胀冷缩 59. 固体的线膨胀 60. 固体的体膨胀

61. 热膨胀在技术上的意义 62. 液体的热膨胀

第七章 气体的性质

63. 引言

64. 温度不变时气体的压强跟体积的关系 玻意耳—马略特定律

65. 体积不变时气体的压强跟温度的关系 查理定律

66. 压强不变时气体的体积跟温度的关系 盖·吕萨克定律

67. 理想气体 68. 绝对温度

69. 气体的体积、压强、温度之间的关系 气态方程

70. 气体在膨胀时和被压缩时温度的变化

71. 压缩空气的应用

第八章 液体的性质

72. 液体分子间的作用 73. 液体表面的收缩趋势

74. 表面张力 75. 表面张力系数 76. 浸润现象

77. 浮游选矿法 78. 毛细现象

第九章 固体的性质

79. 晶体和非晶体 80. 空间点阵 81. 固体的形变

82. 弹性和范性 83. 弹性形变的基本类型 84. 胡克定律

85. 极限强度和安全系数 86. 硬度 87. 金属的压力加工

第十章 物态的变化

88. 熔解和凝固 89. 熔解热

90. 物体在熔解和凝固时体积的变化 压强对熔点的影响

91. 铸造 92. 蒸发 93. 蒸发时的冷却 94. 饱和汽

95. 饱和汽压 96. 未饱和汽

97. 把未饱和汽变成饱和汽的方法

98. 沸腾 99. 汽化热 100. 气体的液化

101. 液态气体的应用 102. 空气的湿度

103. 露点 104. 湿度计

第十一章 热机

105. 热机 热机的基本部分和热机工作的特点

106. 热机的效率 107. 锅炉 108. 蒸汽机 109. 蒸汽轮机

110. 热力化 111. 内燃机 112. 狄塞耳内燃机

113. 燃气轮机 114. 空气喷气发动机 115. 火箭喷气发动机

物理实验

实验一 测定重力加速度 实验二 测定物质的比热

实验三 玻意耳—马略特定律 实验四 气态方程

实验五 测定表面张力系数 实验六 测定极限强度

实验七 测定汽化热

第三册

第三编 电学

第一章 电场

1. 物体的带电 2. 电量 库仑定律 3. 电量的单位

4. 电介质中的库仑定律 5. 电子论和带电现象的解释

6. 在导体上的电荷的分布 7. 电场 8. 电场强度

9. 电场的图示 电力线 10. 匀强电场

11. 电场中的导体 12. 电势 13. 电势差

14. 电势差跟电场强度的关系 15. 导体的电势

16. 电容 17. 电容器 18. 几种常用的电容器

第二章 稳恒电流

19. 电流的产生和存在的条件 20. 电流的强度和方向

21. 电源 电动势 22. 伏打电池 23. 蓄电池

24. 通电导体中的电压 25. 部分电路的欧姆定律 电阻

26. 电阻的单位 27. 导体的电阻 电阻率 28. 导体的串联

29. 导体的并联 30. 电路的计算 31. 变阻器和电阻箱

32. 电源的内电阻 33. 全电路的欧姆定律

89. 平面镜成像 90. 凹镜 91. 凹镜成像 92. 凹镜公式

93. 凹镜的应用 94. 凸镜 95. 光的折射定律

96. 全反射 97. 通过两面平行的透明板的光线

98. 通过棱镜的光线 99. 透镜 100. 透镜的焦距

101. 凸透镜成像 102. 凸透镜公式

103. 凸透镜成像中几种主要的情况 104. 凹透镜成像

第九章 光学仪器

105. 眼睛 106. 近视眼和远视眼 眼镜 107. 视角

108. 放大镜 109. 显微镜 110. 望远镜

第十章 光的本性

111. 微粒说和波动说 112. 波的干涉 113. 光的干涉

114. 波的衍射 115. 光的衍射 116. 光的色散

117. 物体的颜色 118. 分光镜 119. 发射光谱

120. 吸收光谱 121. 光谱分析 122. 太阳光谱

123. 红外线和紫外线 124. 伦琴射线 125. 光的电磁说

126. 光电效应 127. 光电管和它的应用 128. 光子

129. 光的学说的现况

第五编 原子结构

130. 原子复杂结构的发现 131. 威尔孙云室

132. 原子的核式结构 133. 氢原子的核外电子

134. 其他原子的核外电子 135. 原子的人为嬗变

136. 中子的发现 137. 原子核的组成

138. 原子能 铀核的裂变和原子能的释放

139. 原子能的应用 140. 热核反应

141. 放射性同位素及其应用

物理实验

实验一 并联电路的研究

实验二 测定电源的电动势和内电阻

实验三 功热当量的测定

实验四 用附加电阻增大伏特计的量度范围

实验五 电磁感应现象的研究

实验六 比较光源的发光强度

实验七 验证折射定律并测定折射率

实验八 测定凸透镜的焦距

第八章　编写缩短学制、提高程度的物理教科书（1958—1960）

一、教科书编写背景

（一）社会背景

在20世纪50年代全面学习苏联经验的过程中，出现了程式化、模式化和形式主义等倾向。教育方面，照抄照搬苏联的现象比较严重。早在1956年，国家领导人就对照搬苏联的情况提出了批评。1956年1月周恩来在《关于知识分子问题的报告》中指出："在学习苏联的问题上，过去也有过于急躁、生硬和机械化的缺点。"[①] 6月，中共中央宣传部部长陆定一在部分省、市委宣传（文教）部长座谈会上指出："我们发现，有好些地方生搬硬套过苏联的经验，比如教育工作中的五年一贯制、工农速成中学，在中国行不通。"[②]

1958年5月，中国共产党第八届全国代表大会第二次会议制定了"鼓足干劲，力争上游，多快好省地建设社会主义"的总路线，号召"在继续进行经济战线、政治战线、思想战线上的社会主义革命的同时，积极地进行技术革命和文化革命"，争取在十五年或者更短的时间内，赶上和超过英国，争取提前实现《全国农业发展纲要》。全国城乡各条战线迅速掀起"大跃进"的高潮。

（二）教育概况

1958年，伴随中苏关系的恶化，教育领域展开了全面批判苏联修正主义教育理论的运动，我国教育建设既不学欧美西方国家，也不学苏联，开始步入尝试探索阶段。

1958年夏开始的教育大批判，认为中小学通用教材主要存在两个问题：一是"三脱离"——脱离政治、脱离生产、脱离中国实际，不能培养有社会主义

① 周恩来．关于知识分子问题的报告［M］．人民日报，1956-01-30（2）．
② 何东昌．中华人民共和国重要教育文献1949—1975［M］．海口：海南出版社，1998：628．

觉悟有文化的劳动者，违背党的教育方针；二是“少慢差费”，背离了“多快好省”的总路线。

1958 年 8 月，中共中央、国务院发布《关于教育事业管理权力下放问题的规定》，对教育管理体制作了重大改革，指出：“今后对教育事业的领导，必须改变过去条条为主的管理体制，根据中央集权和地方分权的原则，加强地方对教育事业的领导管理……今后教育部和中央各主管部门应该组织编写通用的基本教材、教科书。”“各地方根据因地制宜、因校制宜的原则，可以对教育部和中央主管部门颁发的各级各类学校指导性教学计划、教学大纲、教科书，领导学校进行修订、补充，也可以自编教材和教科书。”① 根据这一规定，教育部通知各地，自 1958 年秋季起停止颁发中小学教学用书表。

新中国成立以来，国家第一次下放了中小学教材的编写权限，开始了第一次尝试探索课程由国家完全统一转向局部多样化的教育改革实践。这个时期普遍推广使用的自编教材和乡土教材虽然有利于弥补统编教材的不足，有利于课程教材的丰富和完善，但在实践中过分夸大了它们的作用，甚至提到不适当的高度，反而阻碍了课程教材的发展。鉴于上述问题，1959 年 5 月中共中央转发教育部党组《关于编写普通中小学和师范学校教材的意见》，强调中小学教科书应保证全国必要的统一性和应有的水平，建议由教育部重新编写普通中小学和师范学校的通用教材。

二、教科书总体介绍

（一）课程设置

1958 年中共中央、国务院发布教育管理权限下放的规定，随后在 9 月发出的《关于教育工作的指示》中又指出：“现行的学制是需要积极地和妥当地加以改革的，各省、市、自治区的党委和政府有权对新的学制积极进行典型试验。”② 于是，以缩短学制、强调教育与生产劳动相结合为主要特征的中小学课程改革

① 金铁宽．中华人民共和国教育大事记：第 1 卷［M］．济南：山东教育出版社，1995：460．
② 刘英杰．中国教育大事典 1949—1990：上卷［M］．杭州：浙江教育出版社，1992：38．

展开了。

为适应不同学制的要求，各地编写出版不同教科书。如湖北、云南的十年制教科书，北京师范大学的九年一贯制教科书等。

（二）教科书概况

1. 教科书概览

1958 年 10 月，《人民日报》发表题为《根据党的教育方针来改革教材》的社论，指出编教材也要两条腿走路，中央编、地方编，专家编、教师和群众也可以编。在这种形势下，各地采用“增、删、补、改”等方式，对原来通用的人民教育出版社编写出版的教科书进行修订，甚至还纷纷自编了全套或部分九年制、十年制教科书。

补充教材。当时的补充教材主要针对通用教材进行了一些补充，补的主要是联系生产实际和反映现代科技成就的内容。最早见到的是 1958 年出版的福建教师进修学院编的《初级中学补充教材物理学》《高级中学补充教材物理学》。这套教材补充的内容，大部分是通用教材在历次精简中删去的内容，也增加了少量联系生产、生活和反映现代科技成就的内容。

1958—1959 年，湖南、湖北、江西、内蒙古等省、自治区也出版了这类补充教材。人民教育出版社也编了这样的物理补充教材，初中一册、高中三册于 1960 年出版，不久就作了大幅度的删减，于 1961 年出版初、高中各一册。

改革学制、提高程度的教材。北京师范大学是最早开始着手编写缩短年限、提高程度的物理教材的。从 1958 年 10 月开始，学校发动师生编写达到大学物理系一年级程度的《九年一贯制试用课本（全日制）物理学》，共五册，于 1960 年 4 月由人民教育出版社出版。

北京师范大学的做法，很快引起一些地方和高等师范院校的效仿，编出了类似的教材，有的学制更短，有的要求更高。这些课本都不是以苏联课本为蓝本，而是自力更生编写的，也具有一定的意义。

通用教材。鉴于 1958 年各地自编教材问题较多，1959 年 1 月中共中央召开了教育工作会议，建议教育部负责制定中小学和师范学校的指导性教学大纲，编写通用教材供各地采用。

1959 年 6 月教育部布署人民教育出版社编写适当提高程度的十年制中小学

通用教材。鉴于既缩短年限又提高程度难于推行，从 1960 年下半年开始，人民教育出版社在中宣部副部长张磐石领导下，编写只缩短年限、不提高程度的十年制教材（即人教版第三套教科书）。

2. 典型教科书的选取

这一时期编写出版的教材，有的“拔高”太多，大多数学生接受困难；有的内容被过多删改，教科书的系统性大打折扣；有的只在个别学校试用很短时间；有的编到中途就停下了。人民教育出版社编写的只缩短年限、不提高程度的十年制教材，使用率相对较高，因此将它们作为这一时期物理教科书的代表。

三、人教版《十年制学校初中课本物理学》《十年制学校高中课本物理学》分析

（一）基本信息

这套教科书包括初中两册、高中两册，封面如图 8-1、图 8-2 所示。参加这套教材编写的有人民教育出版社编辑人员雷树人、吴之微、张同恂、胡光中、郭桂兰、马淑美、董振邦，以及从部分省市抽调的多位编写人员。由于参加编写的人手多，初、高中共四册课本同时开始编写。

图 8-1 《十年制学校初中课本物理学》封面

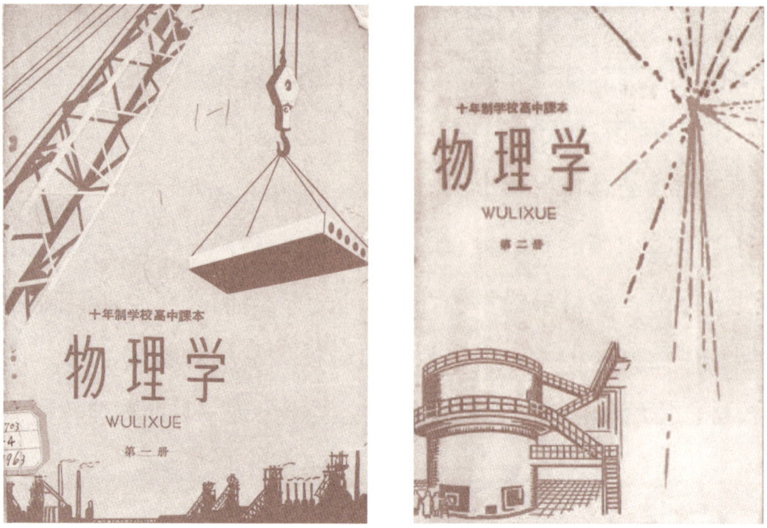

图 8-2 《十年制学校高中课本物理学》封面

这套十年制物理教科书曾在各地为数不多的试验十年制的学校试用。由于十年制学校学生负担重，在升学竞争中又不优于十二年制学校，试验学校都没有坚持试验下去。

这套教科书主要是在教育部“新编的十年制教材在程度上应该达到现行十二年制的水平。要克服少慢差费现象，力戒繁琐，删除陈腐落后的知识内容；建立适合学生程度的合理的科学体系”的编写方针指导下，本着不提高程度、不改变体系，在原十二年制物理课本基础上改编的原则而编写的。课本意图达到的目标是：使学生获得系统的物理学基础知识并了解它们的实际应用；培养学生的实验技能和物理计算能力；帮助学生形成辩证唯物主义世界观的基础。

（二）结构与内容

1. 体系结构

（1）初中部分

这套教科书是在原十二年制初中物理的基础上改编的。第一册的内容分两部分：力学部分（第一章至第六章）和热学部分（第七章至第十一章）。力学部分是这册课本的重点。

第二册的内容分光学（第一章）和电学（第二章至第八章）两部分。电学部分是本册的重点。初中两册教科书的具体结构如下。

第一册

绪论

第一章 简单的量度

第二章 固体的一些性质

第三章 液体和气体

第四章 运动和力

第五章 功和能 机械

第六章 声音知识

第七章 物质的分子结构

第八章 热量

第九章 物体的热膨胀

第十章 物态变化

第十一章 热机

实验、参观和实习

第二册

第一章 光的初步知识

第二章 简单的电现象

第三章 电流

第四章 电流的定律

第五章 电流的功和功率

第六章 用电常识

第七章 磁现象和电磁现象

第八章 电磁感应 电机

实验和实习

（2）高中部分

高中第一册课本是在原十二年制高中物理第一、二两册的基础上改编而成的，分为两编：第一编是力学（第一章至第八章），第二编是分子物理学和热学（第九章至第十三章）。力学是这册课本的重点。

高中第二册课本是在原十二年制高中物理第三册的基础上改编而成的，分为三编：电学（第一至第六章）、光学（第七、八章）、原子核物理学。电学是这册课本的重点。

高中教科书的具体结构如下。

第一册

　第一编 力学

　　第一章 直线运动

　　第二章 运动定律

　　第三章 物体的平衡

　　第四章 机械能

　　第五章 曲线运动

　　第六章 万有引力

　　第七章 流体力学

　　第八章 振动与波

　第二编 分子物理学和热学

　　第九章 热和功

　　第十章 气体的性质

　　第十一章 液体和固体的性质

　　第十二章 物态变化

　　第十三章 热机

　实验和实习

第二册

　第三编 电学

　　第一章 电场

　　第二章 稳恒电流

　　第三章 电流的磁场

　　第四章 电磁感应

　　第五章 交流电

第六章 电磁振荡和电磁波

第四编 光学

第七章 光的传播

第八章 光的本性

第五编 原子核物理学

实验和实习

2. 内容

初中第一册

第一至第六章为力学内容，第七至第十一章为热学内容。力学部分的第一章讲述几个基本物理量及其量度，为以后的学习作好准备。以后各章根据由具体到抽象、由简单到复杂的原则来编排具体内容。第二章在固体的弹性和塑性的基础上研究力和力的量度，建立力的初步概念，通过实例使学生认识到力是物体对物体的作用，通过实例和演示实验说明：压力所产生的效果不仅跟力的大小有关，还跟接触面的大小有关，从而建立压强概念。第三章在前一章学过的固体所产生的压强的基础上，把压强概念推广到液体和气体。第四章在第二章学过的力的概念的基础上，研究运动和力的关系，从而扩大和加深对力的概念的理解。演示小车在平面上的运动发现：小车所受的阻力越小，它就运动得越远。同时说明：惯性定律不能用实验直接证明，而是从实验间接得到的结论。第五章在前一章“运动和力”的基础上，讲述功和能的概念及简单机械的原理。教材从分析一些实例出发，指出做功的两个必要条件，介绍动能和势能的概念，通过滚摆演示实验说明动能和势能的转换。学生在小学已经学过一些简单机械知识，教材主要讲述它们的工作原理。最后在第六章初步研究了较为复杂的声音现象，教材通过实验和实例介绍音调和响度的意义以及它们的区别，对于音品（音色），限于学生的水平，教材只作了简单的介绍。

第七至第十一章为热学内容。热学部分首先介绍了理解各种热现象的基本观点——物质的分子结构（第七章），由于微观世界的知识比较抽象，教材从观察、实验以及日常现象出发，引出结论。为了帮助学生理解，用模型来说明分子间的引力和斥力。第八章从实际出发引出热量的概念，讨论物体受热或冷却时温度的变化，引出比热容的概念。第九章在前一章的基础上研究物体温度变化时长度和体积的变化，通过演示实验定性地讲述固体、液体和气体的热膨胀，介绍线膨胀和体膨胀系数。第十章讲述温度变化更大时物态的改变，通过实验介绍物体的熔解和凝固现象，着重说明晶体是在一定温度下熔解和凝固的，通过实例说明蒸发快慢与哪些因素有关。第十一章在前面几章所讲热现象的基础上，讲述热和功的关系，并根据热可以转化为功的原理讲述蒸汽机和内燃机的工作原理。

初中第二册

第一章为光学，教材主要介绍了一些简单的几何光学知识，着重阐述了光的直线传播和反射现象。而光的折射现象和透镜成像的规律，只通过实验作一些定性介绍。对光的色散和物体的颜色，教材也作了简单的叙述。

第二至第八章为电磁学内容，可分为三个单元：第一单元（第二章）讲述简单电现象，主要有摩擦起电和静电感应，它是学习电学的准备知识。第二单元（第三、四、五、六章）讲述电流、电流的定律、电功和电功率、用电常识等知识。第三章在简单静电现象的基础上引入了电流的概念，初步介绍了电源的作用、电路及其组成等知识。第四章在前面电流、电路等知识的基础上，从电流的化学效应引出电荷量的概念，然后通过电流效应的强弱引出电流强度；采用跟水流类比的方法使学生形象地了解电压的作用；通过演示实验引出电阻概念并总结出电阻定律；同样从演示实验归纳、总结出部分电路欧姆定律。第五章定量地讨论电流做功和电流的热效应。教材充分利用学生已有的知识（电压、电流的概念），配合必要的演示实验讲解电功的概念；讲解电功率时，在电功的基础上结合力学中功率的知识，通过用电器上功率的数值的说明，使学生真正理解电功率的意义；教材通过实验研究了焦耳定律，介绍了电热器、电弧和电焊。第六章是在前面的基础上，集中介绍一些简单的用电常识。第三单元（第七、八章）讲述了三种基本而重要的电磁现象——电流的磁场、电磁感应现象和磁场对电流的作用及其应用。第七章从实验得出磁体周围存在磁场的结论，然后引入磁感线的概念，通过演示实验研究了直线电流的磁场和通电螺线管的磁场中磁感线分布情况，简单介绍了磁性的起源；第八章对电磁感应现象和通电导体在磁场中的运动作初步的、定性的研究，揭示发电机和电动机的原理，使学生对电能的产生、输送和应用获得一个初步完整的知识。

高中第一册

这一册分为两编，第一编力学（第一章至第八章）和第二编分子物理学和热学（第九章至第十三章）。

第一编内容包括：直线运动、运动定律、物体的平衡、机械能、曲线运动、万有引力、流体力学以及振动和波。由质点的直线运动到较复杂的曲线运动再到更复杂的振动和波，从质点的平动到固体的转动，从固体的运动到流体的运动，是按机械运动从简到繁的顺序编排的。

第一章“直线运动”讲述运动学的基本概念以及匀变速直线运动的规律。学生在初中已经掌握了匀速直线运动的初步知识和速度的初步概念，教材给出了匀速直线运动更严格的定义——位移跟通过这段位移所用时间的比，指出速度是矢量；考虑到瞬时速度概念比较抽象，以及学生的数学知识不够，教材没有用严格的极限方法来讲，而是用极限的概念来说明，物体在通过某一位置以后非常短的时间内的平均速度就是物体通过该位置时的瞬时速度，教材还通过演示实验，使学生知道瞬时速度的测量方法；加速度的概念，教材先用钢珠由斜槽上滚下的演示实验，使学生形象地认识匀加速运动——在相等的时间内速度的增加量相等，然后才给出加速度的定义。

第二章“运动定律”讲述牛顿运动定律。教材从牛顿第一定律开始，引入“力”的概念，把力定义为“凡是使物体产生加速度的别的物体的作用”，把力和被作用物体的加速度直接联系起来。通过小车在光滑斜面上运动的演示实验（图 8–3），定性说明加速度、力和质量三者之间的关系；讲述牛顿第三定律，同样在演示实验的基础上进行，通过图 8–4 所示的演示实验，说明两物体间的

图 8–3　研究作用力跟加速度的关系

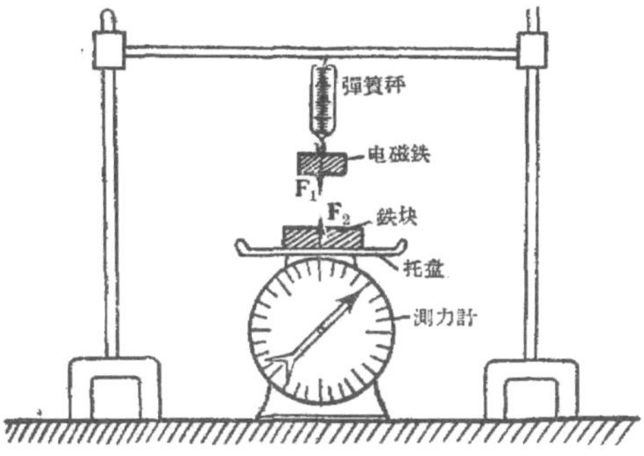

图 8–4　增加的力和测力计上减少的力相等

作用力和反作用力大小相等、方向相反。

第三章“物体的平衡”在牛顿第三定律的基础上，学习物体的平衡，主要研究物体的平衡条件、重心、物体平衡的种类和稳度。

第四章“机械能”讲述功和能等基本概念以及物体在机械运动中的能量变化规律。在初中学过的功的概念的基础上，着重讲述了功的严格定义 $W=FS\cos\alpha$，功率的定义也比初中要严格；教材用图 8-5 所示的演示实验，定性说明物体的动能跟速度和质量有关，再通过实例逐步分析得出它们之间的定量关系，给出动能公式；以自由落体为例，定量地说明机械能守恒定律。

第五章“曲线运动”主要学习平抛运动和固体的转动。教材首先介绍了曲线运动的方向，运动的合成；通过图 8-6 所示的演示实验使学生了解，平抛物体在竖直方向上的下落时间和自由落体从同样高度下落的时间相同，平抛物体的飞行时间，仅由高度决定，飞行距离由高度和初速度决定；从学生已有的知识出发，根据平抛运动中力和速度间夹角的变化规律，指出圆周运动中作用力的方向跟速度垂直，并沿着半径指向圆心，明确向心力的方向后，应用牛顿第二定律和运动学公式，导出向心加速度公式。

图 8-5　表明动能跟速度和质量有关的实验

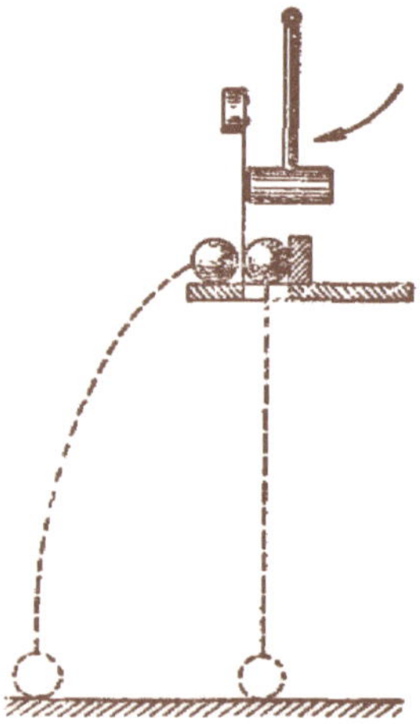
图 8-6　两球同时落地

第六章“万有引力定律”在牛顿运动定律和圆周运动知识的基础上，讲述万有引力定律，简单介绍了人造地球卫星和火箭，对开普勒定律没有作全面介绍。第七章“流体力学”和第八章“振动与波”，所研究的现象比较复杂，只用前几章所学的基本规律来初步说明其中的某些重要问题。

第二编内容包括：热和功、气体的性质、液体和固体的性质、物态变化和热机。从力学到热学，是从简单的机械运动逐渐进入较繁复的分子热运动。

第九章“热和功”在机械运动的基础上，讲述分子运动论的基本内容，从分子运动论出发，介绍温度和内能，教材简要介绍了如何观察布朗运动，说明分子永远在做无规则运动。第十章“气体的性质”讲述理想气体状态变化规律，通过实验介绍了理想气体等温变化、等容变化（图 8–7），详细介绍了实验装置和实验过程，从实验总结出规律，最后在这两个实验定律的基础上，介绍理想气体状态方程。第十一章“液体和固体的性质”从分子运动论的观点讲述发生在液体表面层和附着层的现象、固体的形变。教材先用演示实验说明液体表面具有收缩的趋势，介绍浸润和不浸润现象，根据附着层的特点说明为什么会发生浸润和不浸润现象，在此基础上讲述毛细现象，胡克定律只讲述了在拉伸形变中的具体形式，并提出了杨氏模量。第十二章“物态变化”主要讲述熔化和凝固、汽化和液化、饱和汽和未饱和汽、相对湿度和露点。物态变化在初中已学过，这里再作复习，使学生了解物体状态的变化取决于温度和压强这两个条件。教材介绍了动态平衡，在此基础上提出饱和汽的概念，通过演示实验得出饱和汽的性质，并用分子运动论初步作了说明。接着讲述什么是未饱和汽，指

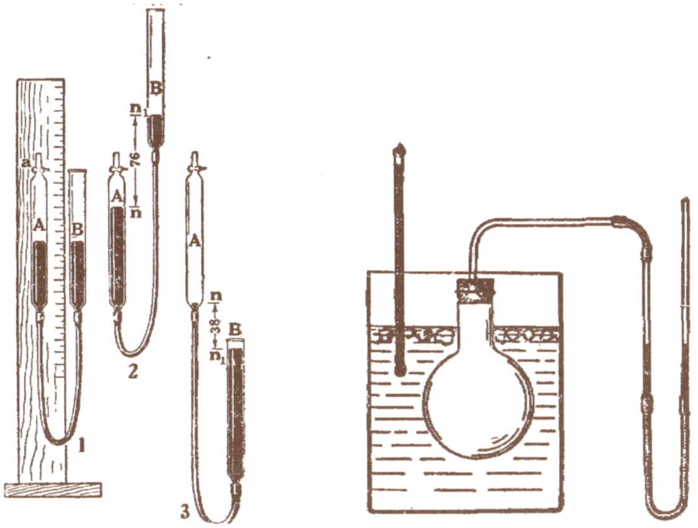

甲　　　　乙

图 8–7　研究气体的性质实验

出它跟饱和汽的区别。通过实例说明，空气干湿程度对人的生活、动植物的生长和工农业生产都有重要影响，介绍了干湿泡温度计和毛发湿度计测量湿度的原理。第十三章“热机”在初中知识的基础上讲述热机工作的特点和热机的效率。教材以提高热机效率为线索，结合模型或挂图，介绍了汽轮机和柴油机，同时还初步介绍了燃气轮机、空气喷气发动机和火箭喷气发动机，为了帮助学生学习使用柴油机，教材还安排了“柴油机的使用和检查”的实习。

高中第二册

第二册分为三编，第三编电学（第一章至第六章）、第四编光学（第七章和第八章）和第五编原子核物理学。

第三编讲了电场、稳恒电流、电流的磁场、电磁感应、交变电流以及电磁振荡和电磁波。

第一章“电场”讲述了电场强度、电势差、电容等概念，是学习后面几章的准备。教材在简单复习初中学过的两种电荷及其相互作用以后，通过一个定性的演示实验说明电荷间的作用力跟电荷量、距离有关，然后提出真空中的库仑定律，对电场的物质性没有作过多的分析，只是告诉学生电荷是通过电场这种物质发生相互作用的。以匀强电场为例说明静电力做功跟路径无关，从而引出电势差的概念。用重力场中的高度差跟静电场中的电势差相对比，引出电势的概念。教材通过演示实验说明同一导体各处的电势相同（图 8–8），电容器所带电荷量跟两板间的电势差成正比（图 8–9），介绍了平行板电容器的电容公式，使学生能更具体地了解电容的大小只取决于电容器本身。教材还用一节的篇幅介绍了静电的实际应用，使学生巩固学到的静电知识和发展运用知识的能力。

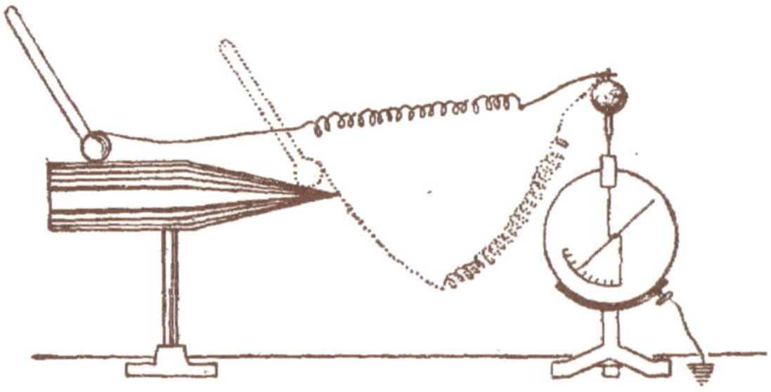

图 8–8　导体各处的电势相同

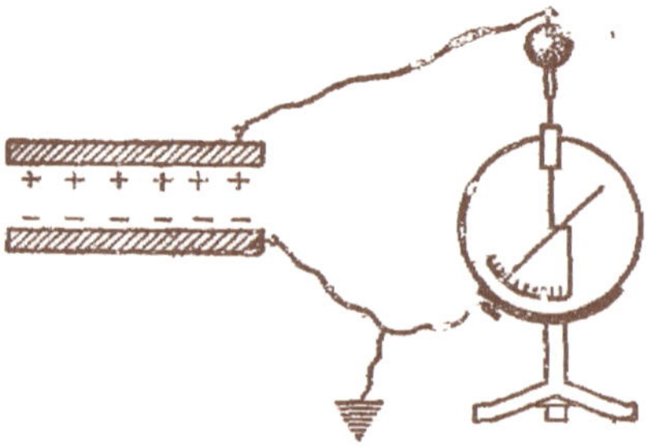

图 8–9　研究电容器的电容

第二章“稳恒电流”讲述欧姆定律，焦耳—楞次定律等基本规律。教材在简单复习初中学过的电流以及上一章学过的导体的电势的基础上，说明了导体中存在电流的必要条件，讲述了金属的结构，介绍金属导体中形成电流的过程。教材对电动势概念未作过多分析，而是从实验出发说明对同一电源来说，内、外电路电压之和是一个恒量，对于不同电源这个恒量是不同的，突出电动势是表征电源本身特性的一个物理量。在初中学过的有关知识的基础上，讲解了全电路欧姆定律。从电荷在电场中移动做功和功能关系，推出了电功的公式。教材还在这一章的最后一节，常识性地介绍了半导体的电学性质和应用。

第三章“电流的磁场”开始学习电和磁的关系，磁感线、磁场强度等概念是学习后面三章的准备。永磁体的磁现象初中已经讲过，教材直接从电流的磁场讲起，由磁场对电流的作用引入磁场强度的概念，安排了图 8-10 所示的演示实验，在实验的基础上详细阐述了$\frac{F}{IL}$是表征磁场性质的物理量，从而引入磁场强度公式$H=\frac{F}{IL}$，为了使学生对磁介质中的磁场有所了解，初步介绍了磁感应强度的概念，教材还简要介绍了磁电式电流计的基本构造以及能够指示电流大小和方向的原理。

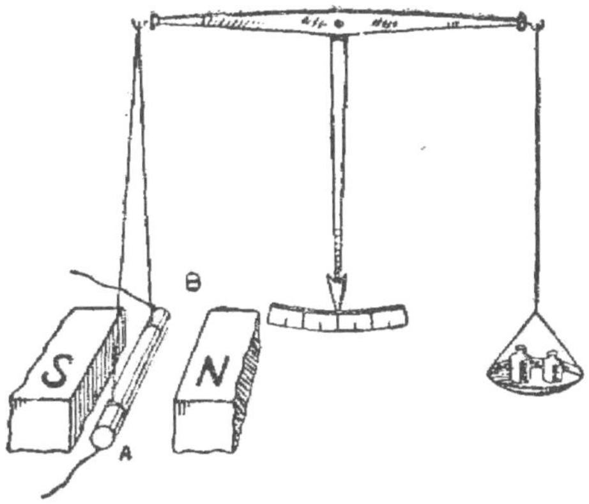

图 8-10　研究磁场对通电导体作用力的装置

第四章“电磁感应”讲述电磁感应现象产生的条件，确定感生电流的方向和感生电动势的大小。在简单复习了初中学过的“导线切割磁力线是产生感应电流的条件”后，利用图 8-11 进一步推出产生感应电流的另一种说法——闭合电路中的磁通量发生变化，从而把两种说法联系起来，同时用两个演示实验加以验证。教材利用图 8-12 配合演示实验，形象地说明感生电流的磁场取决于原来磁场的变化，得出楞次定律的一种说法——阻碍磁场变化，再进一步根据磁场的相互作用得出楞次定律的第二种说法——阻碍相对运动。教材用两个演示实验使学生确信通电和断电时有自感现象发生，再根据电磁感应的基本规律说明自感电动势产生的原因。教材对涡流的讲述，也是先从演示实验出发，再用楞次定律来说明。

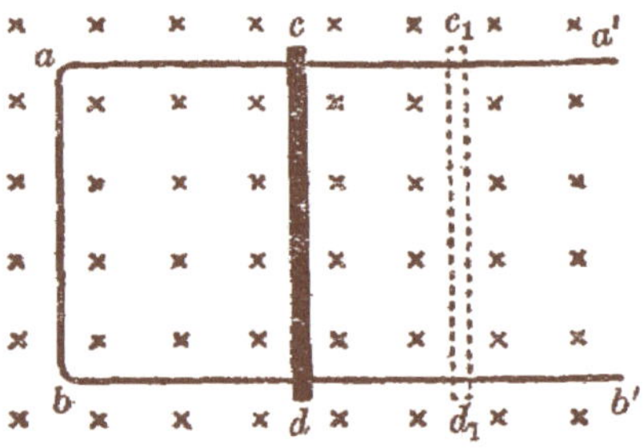

图 8-11　切割磁感线

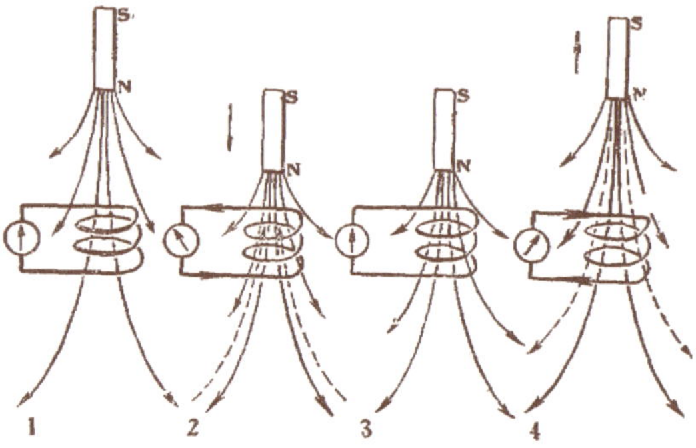

图 8-12　研究楞次定律的实验

第五章“交流电”、第六章“电磁振荡和电磁波”中分别讲述电磁学在电力、通信两方面的应用，这两章知识是第三章，特别是第四章知识在实际应用方面的扩展。在初中知识的基础上，根据前面几章学过的基本规律，讨论了交变电流的变化规律、直流电动机中的反电动势以及变压器的工作原理，等等。教材还着重讲述了热线式和电磁式仪表的构造原理。在讲述发电机、感应电动机等实际设备时，重视模型和挂图的作用，使学生获得深刻、具体的印象。在讲述振荡电路时，教材通过演示实验使学生确信能够产生振荡电流，然后根据前面学过的电容和电感知识，逐步分析振荡电流的形成过程和能量转换情况。在进一步分析电磁感应现象和简单介绍麦克斯韦假设后，提出了电磁场理论的两个最基本的结论，再据此说明振荡电路中有振荡电流时就会向外传播电磁波。

第四编讲了光的传播和光的本性。

第七章“光的传播”讲述几何光学的基本规律，光学仪器的基本原理。教材简单介绍了光速测定的历史，具体介绍了迈克耳孙—莫雷测量光速实验的设计思路，发展学生思维。在复习了光的反射定律后，教材从实验出发得出光的折射定律，引出折射率的概念，在此基础上讲述了全反射现象。在介绍了透镜的基本参数后，从实验出发，介绍了透镜成像的各种情况，同时介绍了透镜成像作图法。教材详细介绍了视角的概念，接着说明为了增大视角人类发明了各种光学仪器，使学生了解光学仪器的作用。

第八章“光的本性”揭示了光的波动性和粒子性。教材简单介绍了波的干涉和衍射。跟衍射相比，光的干涉现象学生更容易了解。教材主要利用光的干涉来揭示光的波动性，利用菲涅尔的干涉实验和肥皂膜干涉实验说明了干涉现象形成的原因（图 8-13）。对于光的衍射，教材只是作了简单的介绍，只要求学生知道光离开了直线路径射到几何阴影里。在初中学过的色散的基础上，教材说明了白光是由不同颜色的色光混合而成的。不同色光折射率不同，白光通过棱镜后形成光谱。详细介绍了棱镜分光镜的结构和工作原理，说明光谱分析的原理及其在生产中的应用。教材简单介绍了光电效应实验，说明光的波动说不能解释实验结果，只有光子说才能合理解释，使学生认识光具有粒子性。

甲 菲涅尔实验的示意图　　乙 肥皂膜干涉实验

图 8-13 研究干涉现象

第五编讲述原子核的组成、核能的原理和应用。在讲原子核知识之前，教材介绍了常用的威尔逊云室和盖革计数器的原理。关于原子核的组成，主要讲述发现质子的实验和发现中子的实验，还说明了天然放射性元素放出 α 粒子和 β 粒子的原因。教材从原子核的结合能开始讲述核能的知识，比较详细地介绍了原子核的裂变，指出链式反应进行的条件和实现方法，简要说明了原子核聚变的进行条件，并且联系了恒星和氢弹的热核反应，简要介绍了放射性同位素的应用。

3. 特点

这套教材着重解决课时减少和初中偏浅、高中偏重的问题。具有以下特点。

（1）简化并删去不必要的重复内容。

人教版第二套物理教科书中有的内容叙述得过于琐碎。例如，第二套教科书在讲匀变速直线运动时，就分成匀加速运动和匀减速运动，又把匀加速运动分成初速度为0和不为0几种情况来分析讨论。有的内容分章分节过细。例如，初中的分子物理学和热学本来是比较简单的初步知识，却分成八章，在初中力学中杠杆分成4节（不包括实验）。有的内容叙述冗长。例如，原高二的胡克定律等。改编时对这些内容作了适当的简化合并。

第二套物理教科书中有不少不必要的简单重复。例如，初中物理的“简单的量度”一章中，长度、面积、体积等的单位换算跟数学重复，自来水、气体的重量等跟小学常识重复，电子论跟化学重复；高中物理的摩擦起电等跟初中物理重复，等等。这次改编时删去了这些不必要的重复。

（2）把一部分浅易的高中教材内容下放到初中。

这次下放的有简单机械、传动装置、物体的热膨胀、熔解热和汽化热、锅炉、导体的串联和并联、光的色散等十余课时的内容。

这些内容下放到初中以后，跟原初中课本中相应的内容结合起来，初中学生能学到比较完整的知识。例如，把简单机械和传动装置下放后，初中学生就可以获得初步分析机械设备所需要的比较完整的知识，这对他们参加生产劳动是很有好处的。又例如，将熔解热和汽化热下放后，初中学生就可以得到比较完整的物态变化的知识。这些下放的内容，原本是比较浅易的，下放到初中以后，又根据初中教学的特点作了改写，所以初中学生学习起来不会有太大的困难。

（3）突出重点。

这套教材注意抓重点、关键，力求把它们讲透，这有助于学生学好全部物理知识。对其余的不是重点和关键的内容，分不同情况作了处理。例如，把原高一分五章讲授的运动学、动力学和静力学，合并成三章：第一章“直线运动”，讲运动学；第二章“运动定律”，讲动力学；第三章“物体的平衡”，讲静力学。这样，就简化了烦琐的叙述，而且突出了每章的重点。又例如，在“功和能　机械”一章中，讲功和机械能的关系，原高一课本分了四节，现在把主要内容用一节课文讲完。

（4）加强理论联系实际。

适当加强了联系实际的内容和实验、实习。除了在有关的课文中补充了一些实际例子、编入一些联系实际的习题外，还在讲过有关基础知识之后补充了“比重的应用”“皮带传动”“声音的记录和重发”“热传递的利用和防止”“电影原理”“有线广播”等内容；原来初中物理上册已有的“压强和它在技术上的意义”“连通器及其应用”“物体浮沉原理的应用”“摩擦在技术上的意义”“热膨胀在技术上的意义”等节，也有所充实。实验方面也有所加强，调换了个别实验，并增加了参观和实习，以便使实验能更好地起到巩固基础知识和培养学生实验技能的作用。

适当增加了反映现代科学技术成就的内容。如人造地球卫星、宇宙火箭、超声波、半导体和晶体管、雷达和电视原理等。

附录 1　人教版《十年制学校初中课本物理学》目录

19. 阿基米德定律 20. 物体的浮沉原理

21. 物体浮沉原理的应用

第四章 运动和力

22. 物体的运动 23. 匀速直线运动 24. 惯性定律 25. 质量

26. 运动和力 27. 摩擦 28. 摩擦在技术上的意义

第五章 功和能 机械

29. 功 30. 功率 31. 机械能 32. 杠杆 33. 滑轮 34. 轮轴

35. 功的原理 36. 机械效率 37. 斜面 38. 螺旋

39. 皮带传动 40. 齿轮传动 41. 移动和转动的互相转换

第六章 声音知识

42. 声音的发生和传播 43. 声音的传播速度

44. 音调、响度和音品 45. 声音的反射——回声

46. 声音的记录和重发

第七章 物质的分子结构

47. 分子 分子的运动 48. 分子之间的相互作用力

第八章 热量

49. 热量 50. 热量的传递方式 51. 热传递的利用和防止

52. 比热 53. 比热的测定

第九章 物体的热膨胀

54. 物体的热膨胀 55. 固体的线膨胀 56. 固体和液体的体膨胀

57. 温度计 58. 热膨胀在技术上的意义

第十章 物态变化

59. 熔解和凝固 60. 熔解热 61. 蒸发 沸腾 62. 液化

63. 汽化热

第十一章 热机

64. 热功当量 热和功 65. 能的转变和能量守恒定律

66. 锅炉 67. 蒸汽机 68. 内燃机 69. 热机的效率

实验、参观和实习

实验一 测定物体的长度 实验二 测定几种物质的比重

实验三 研究弹簧的刻度 实验四 研究物体浮在液面的条件

实验五 研究摩擦力 实验六 研究杠杆的平衡条件

实验七 测定物质的比热

实验八 测定水的汽化热 参观 参观新式农具和车床

实习 研究热机的构造和动作原理

第二册

第一章 光的初步知识

1. 光的直线传播 2. 月相 3. 光的反射 4. 平面镜成像

5. 球面镜 球面镜成像 6. 球面镜的应用 7. 光的折射

8. 透镜 透镜成像 9. 幻灯机和电影放映机 10. 照相机

11. 白光的色散 12. 物体的颜色 13. 太阳能的利用

第二章 简单的电现象

14. 摩擦起电 两种电荷 15. 验电器 16. 导体和绝缘体

17. 感应起电 18. 电荷在导体上的分布 尖端放电

19. 雷电现象和避雷针

第三章 电流

20. 电流 21. 干电池 22. 蓄电池 23. 电路 电路的连接法

24. 电流的方向 25. 电流的各种效应

第四章 电流的定律

26. 电量 27. 电流强度 电流强度的量度

28. 电压 电压的量度 29. 导体的电阻 30. 电阻率

31. 变阻器和电阻箱 32. 欧姆定律 33. 导体的串联

34. 导体的并联

第五章 电流的功和功率

35. 电功 36. 电功率 37. 焦耳－楞次定律 38. 电热器

39. 电弧和电焊

第六章 用电常识

40. 照明电路 41. 白炽电灯 42. 导线的选择 43. 保险丝

44. 安全用电

第七章 磁现象和电磁现象

45. 永磁体的磁现象 46. 磁场 47. 电流的磁场

48. 通电螺丝管的性质 49. 磁场的起源 50. 电磁铁

51. 电磁继电器 52. 电报 53. 电话 54. 有线广播

第八章 电磁感应 电机

55. 电磁感应 56. 交流电的产生 57. 交流发电机

58. 直流发电机 59. 通电导体在磁场里的运动

60. 直流电动机 61. 电动机的应用 62. 电能的输送

63. 变压器 64. 我国的电气化

实验和实习

实验一 验证光的反射定律 实验二 连接串联电路和并联电路

实验三 用安培计和伏特计测电阻 实验四 测定小灯泡的电功率

实验五 安装电磁继电器 实验六 安装直流电动机模型

实习 安装带有保险盒、灯座、插座和电键的电路

附录2 人教版《十年制学校高中课本物理学》目录

第一册

第一编 力学

第一章 直线运动

1. 机械运动 2. 匀速直线运动 速度

3. 变速直线运动 平均速度和即时速度

4. 匀变速直线运动 加速度 5. 匀变速运动的速度

6. 匀变速运动的路程 7. 匀变速运动的公式

8. 自由落体运动 9. 竖直上抛运动

第二章 运动定律

10. 力 11. 力的合成 12. 力的分解 13. 牛顿第二定律

14. 牛顿定律解的公式 15. 质量和重量

16. 力学单位制 17. 应用牛顿第二定律解题

18. 牛顿第三定律 19. 牛顿运动定律的适用范围 *

20. 动量 动量守恒定律 21. 反冲运动 反冲运动的利用

22. 碰撞 碰撞的应用

第三章 物体的平衡

23. 在共点力作用下物体的平衡

24. 力矩 有固定转动轴的物体的平衡

25. 同向平行力的合成 26. 重心

27. 物体平衡的种类 稳度

第四章 机械能

28. 功 29. 功率 30. 能 势能 31. 动能

32. 机械能守恒定律 33. 功和机械能的变化

第五章 曲线运动

34. 曲线运动的条件 速度的方向 35. 速度的合成

36. 平抛物体的运动 37. 斜抛物体的运动

38. 匀速圆周运动 角速度和线速度 39. 向心加速度

40. 向心力和离心力 41. 离心机械 42. 固体的转动

第六章 万有引力

43. 万有引力定律 44. 地球上物体重量的变化

45. 人造地球卫星和宇宙火箭 *

第七章 流体力学

46. 稳流 47. 流线 48. 运动流体里的压强

49. 液流和气流的空吸作用

50. 物体在液体和气体里运动时所受的阻力 流线体

51. 飞机的举力 52. 水能的利用 53. 水力发动机

第八章 振动与波

54. 简谐振动 55. 振动的振幅、周期和频率

56. 单摆的振动 57. 单摆的振动定律

58. 振动图线 59. 振动中能量的转变 阻尼振动

60. 共振 61. 共振的应用 62. 波 横波 63. 纵波

64. 波长、频率和波速的关系 65. 超声波 *

第二编 分子物理学和热学

第九章 热和功

66. 分子运动论 67. 分子间的相互作用力 68. 物体的内能

69. 物体内能的改变 70. 热功当量

71. 能的转变和能量守恒定律

第十章 气体的性质

72. 气体的等温变化 73. 气体的等容变化

74. 理想气体 绝对温标 75. 理想气体的状态方程

76. 气体在绝热变化时温度的改变 77. 压缩空气的应用

第十一章 液体和固体的性质

78. 液体分子间的作用 79. 表面张力

80. 浸润现象 浮游选矿 81. 毛细现象 82. 固体的形变

83. 弹性形变的基本类型 84. 胡克定律 杨氏模量

85. 极限强度和安全系数 86. 金属的压力加工

第十二章 物态变化

87. 物态变化的条件 88. 饱和汽 89. 未饱和汽

90. 气体的液化 91. 液态气体的应用 92. 空气的湿度

93. 露点 94. 湿度计

第十三章 热机

95. 热机的基本部分和热机工作的特点 96. 热机的效率

97. 汽轮机 98. 柴油机 99. 燃气轮机

100. 空气喷气发动机 101. 火箭喷气发动机

实验和实习

实验一 匀加速直线运动的公式 实验二 牛顿第二定律

实验三 共点力的平衡条件

实验四 有固定转动轴的物体的平衡条件

实验五 验证向心力公式 实验六 测定重力加速度

实验七 玻意耳－马略特定律

实验八 气态方程

实验九 测定杨氏模量

实习一 用游标卡尺和螺旋测微器测量物体的长度

实习二 利用摩擦方法测定电动机的功率 *

实习三 柴油机的使用和检查 误差和有效数字

第二册

第三编 电学

第一章 电场

1. 库仑定律 2. 电场 电场强度 3. 电场的图示 电力线

4. 在电场中移动电荷所做的功 5. 电势差

6. 电势差跟电场强度的关系 7. 导体上电荷平衡的条件

8. 电容器和它的电容 9. 决定电容大小的条件

10. 电场在生产中的应用

第二章 稳恒电流

11. 电流 12. 电阻 部分电路欧姆定律

13. 导体的串联和并联 14. 电路的计算

15. 电源的电动势 16. 全电路的欧姆定律

17. 路端电压 18. 电池组 19. 电路的功和功率

20. 法拉第电解定律 21. 基本电荷 22. 半导体 *

第三章 电流的磁场

23. 电流的磁场 磁力线 24. 磁场对电流的作用 磁场强度

25. 磁介质 磁感应强度 磁通量 26. 电流计 27. 安培计

28. 伏特计 29. 地磁场

第四章 电磁感应

30. 电磁感应现象 31. 感生电流的方向 32. 感生电动势

33. 自感现象 34. 涡电流 *

第五章 交流电

35. 交流电的产生 36. 交流发电机 37. 量度交流电的仪表 *

38. 三相交流电 39. 三相交流电的连接法 *

40. 感应电动机 * 41. 直流发电机 42. 直流电动机

43. 变压器 44. 电能的产生、输送和分配

第六章 电磁振荡和电磁波

45. 振荡电路 电磁振荡 46. 振荡电流的周期和频率

47. 电磁波 48. 电磁波的发送 调幅 49. 电磁波的传播 *

50. 电谐振 51. 检波原理 电磁波的接收

52. 无线电广播的发送和接收大意

53. 二极电子管 电子管整流器

54. 三极电子管 电子管放大器

55. 栅极检波 电子管收音机 * 56. 晶体管 *

57. 雷达 无线电天文学 *

58. 无线电传真 电视 无线电操纵 *

第四编 光学

第七章 光的传播

59. 光速的测定 60. 光的反射和折射定律 61. 全反射

62. 通过平行透明板和棱镜的光线 63. 透镜

64. 透镜的成像 65. 透镜成像的作图法 66. 透镜公式

67. 视角 放大镜 68. 显微镜 69. 望远镜

第八章 光的本性

70. 波的干涉 71. 波的衍射 72. 光的干涉 73. 光的衍射

74. 光谱 分光镜 75. 可见光谱 76. 光谱分析

77. 红外线和紫外线 78. 伦琴射线

79. 光的电磁本性和电磁波谱 80. 光电效应 光的粒子性

81. 光电管和它的应用 82. 光子的发射和吸收

83. 光的二象性

第五编 原子核物理学

84. 放射线的探测 85. 原子的人为嬗变 原子的发现

86. 中子的发现 87. 原子核的组成 88. 基本粒子 *

89. 原子核的结合能 90. 裂变 链式反应 91. 原子反应堆

92. 聚变 热核反应 * 93. 放射性同位素及其应用

94. 原子能应用的展望

实验和实习

实验一 研究并联电路中的电流分配

实验二 测定电源的电动势和内电阻

实验三 用附加电阻增大伏特计的量程

实验四 测定热功当量

实验五 电磁感应现象的研究

实验六 二极电子管的整流作用 *

实验七 测定凸透镜的焦距

实验八 装配显微镜和开普勒望远镜模型

实验九 观察钠光谱 *

实验十 用云室来观察带电粒子的径迹 *

实习一 安装简单配电盘 *

实习二 安装单管收音机 *

第九章　建立正常教学秩序，编写物理教科书（1961—1965）

一、教科书编写背景

（一）社会背景

1958 年开始的“大跃进”，给社会主义事业带来了损失。1962 年，中共中央开始实行“调整、巩固、充实、提高”的方针，国民经济进入全面调整时期，开始逐步走出低谷。

（二）教育概况

1960 年 11 月 24 日至 12 月 12 日，中共中央文教小组召开全国文教工作会议，讨论了在文教战线贯彻执行以农业为基础的方针问题，检查和批评了文教战线的“共产风、浮夸风、强迫命令风、干部特殊风和瞎指挥风”。会后向中共中央写了《关于一九六一年和今后一个时期文化教育工作安排的报告》。次年 2 月，中共中央批转了这个报告，批示提出，当前文教工作必须贯彻执行“调整、巩固、充实、提高”的方针。由此，教育系统开始进行教育事业和教育政策的调整、整顿。在学制改革方面，今后不再进行九年一贯制的试验。

1963 年 3 月中共中央印发《全日制中学暂行工作条例（草案）》，在全国各地分期分批试行。条例提出：“全日制中学必须根据中华人民共和国教育部统一规定的教学计划、教学大纲和教科书进行教学。”“全日制中学必须以教学为主，加强基础知识的教学和基本技能的训练，为学生毕业后就业和升学打好必要的文化基础。必须妥善地安排教学、劳动、放假和社会活动的时间，保持学校正常的教学秩序。”

1963 年 7 月，教育部颁发了《关于实行全日制中小学新教学计划（草案）的通知》，提到：物理和化学两门课程的上课时间有所增加，目的是加强实验和课堂练习。

二、教科书总体介绍

（一）课程设置

为了弥补“大跃进”所带来的损失，在“调整、巩固、充实、提高”方针的指导下，1963 年教育部颁发的教学计划中规定：中学每学年上课 35 周（毕业班 33 周）。物理每周上课时数：初二、初三均为 3 课时，合计 204 课时；高一、高二、高三每周均为 4 课时，合计 412 课时。

之后，为了落实毛泽东 1964 年春节在教育工作座谈会上提出的“培养青年在德智体诸方面生动活泼地主动地得到发展”的教育主张，1964 年 7 月教育部发出《关于调整和精简中小学课程的通知》，规定初中三年级物理每周减少 1 课时。

（二）教科书概况

1. 教科书概览

1961 年，中共中央文教小组指示，在总结过去编写教材经验的基础上，重新编写一套质量较好的全日制中小学教材。根据这个指示，在教育部的领导下，人民教育出版社物理室同志参与研究、制定新的物理教学大纲。大纲（草案）起草后，即着手编写初中两册的试用本。1962 年年初这两册试用本印出，发往各地征求意见，送周培源、王竹溪、朱正元教授审读，在北京景山学校、丰盛学校、天津市 41 中和静海县 1 中，从初中二年级开始试用。

在广泛的社会调查和研究古今中外物理教材的基础上，《全日制中学物理教学大纲（草案）》于 1963 年 5 月由教育部颁发，据此编写了人教版第四套物理教科书。初中上册 1963 年秋正式使用，1964 年年初，初中下册已根据各方面的意见修改完成，但在准备付印前，得悉教学计划初三物理将从每周 3 课时减为 2 课时，故对教材不得不作必要的删减，并将教材分为两个分册，分别供应 1964 年秋初三上、下学期使用。高中物理课本第一册只在 1963 年秋印出试用本，在试教学校试用，同时征求意见。1964 年 7 月教育部颁发的《关于调整和精简中小学课程的通知》只调整和精简了初中和小学课程，而对高中课程只提到“因高中问题比较复杂，教育部拟作进一步研究后，再提出调整意见”。因不知高中课程将如何设置，这套教材的后续工作全部终止。

以加强基础知识、基本技能为主要改革目标的人教版第四套物理课本，在全国使用的只有初中两册。

2. 典型教科书的选取

这一时期，中小学必须依据教育部统一制定的教学计划、教学大纲和教科书进行教学，新编并出版的人教版第四套物理教科书是这一时期的唯一代表。由于高中部分只出版了第一册（试教本），第二、三册均未付印，以下仅分析初中部分。

三、人教版《初级中学课本物理学》分析

（一）基本信息

这套书初中部分分为两册，封面如图 9-1 所示。参加这套课本和教学指导书编写工作的有：赵芳瑛、黄协堪、葛孚僧、严行新、林金庸、陈育民，以及人民教育出版社的雷树人、吴之微、张同恂、董振邦、胡光中、郭桂兰、马淑美、邢惠兰、金月红等。出版情况如下。

初级中学课本 物理学 上册，1963 年第 1 版，共 215 页。

初级中学课本 物理学 下册 第一分册，1964 年第 1 版，共 96 页。

初级中学课本 物理学 下册 第二分册，1964 年第 1 版，共 94 页。

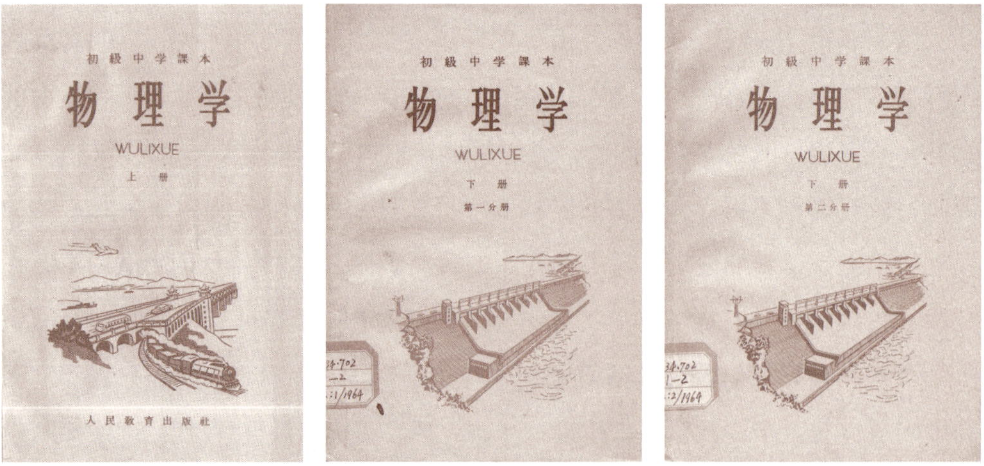

图 9-1 《初级中学课本物理学》封面

下册的两分册共190页。上册责任编辑张同恂，下册责任编辑董振邦。各册复审雷树人，终审张凌光。与各册课本配套的教学指导书和课本同时出版。

（二）结构与内容

1. 体系结构

与上一套教材相比，本套将光学与热学进行对调。调整后光学在上册，热学在下册。初中两册教科书的具体结构如下。

上册

绪论

第一章 简单的量度

第二章 力 固体的性质

第三章 液体的性质

第四章 气体的性质

第五章 浮力

第六章 运动和力

第七章 简单机械

第八章 功和能

第九章 声音

第十章 简单的光现象

下册

第一章 简单的热现象

第二章 热量

第三章 物态的变化

第四章 热和功

第五章 热机

第六章 简单的电现象

第七章 电流的定律

第八章 电流的功和功率

第九章 用电常识

第十章 磁现象和电磁现象

第十一章 电磁感应 电机

2. 内容

（1）上册

本册包括力学、声学和光学。第一至第八章为力学内容，第九章为声学内容，第十章为光学内容。

第一章“简单的量度”讲述长度、面积、体积、重量、比重等物理量及其量度。在介绍长度测量方法时，还介绍了一种辅助测量工具——卡钳（图 9–2），初步介绍了量度的精确度，使学生了解量度只能达到一定的精确度。安排了三个学生实验“量度物体的长度和体积”“称物体的重量”“测定物质的比重”，培养学生初步使用仪器的技能和实验修养。

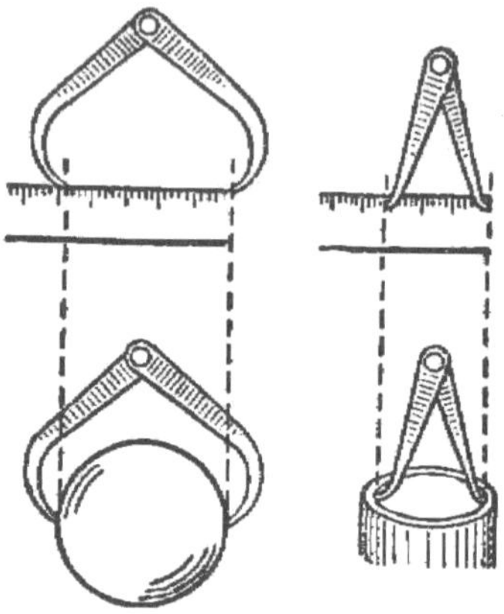

甲：外卡钳　　乙：内卡钳

图 9–2　卡钳

第二章“力 固体的性质”讲授力、固体的形变、压强。教材通过一些简单明显的事例得出“力是物体对物体的作用”的结论。通过说明怎样比较力的大小，介绍弹簧测力计的构造和用法，通过具体实例说明力使物体产生形变，安排了学生实验。通过实例和演示说明：压力所产生的效果不仅跟力的大小有关，还跟支承面的大小有关，从而提出压强的概念。教材还以决定压强的条件为线索讲授“压强在技术上的意义”。

第三章“液体的性质”讲授静止液体产生的压强，把压强概念推广到液体。教材先用图 9–3 所示的演示实验说明液体能向各个方向传递压强，然后用图 9–4 所示的演示实验说明液体向各个方向传递的压强相等，介绍帕斯卡定律。讲完液体对容器的压强后，从演示实验出发，说明液体对浸入其中的物体产生压强（液体内部压强），接着通过图 9–5 所示的演示实验说明液体内部同一深度处压强相等，以及压强跟深度的关系，然后用图 9–6 所示的演示实验再次证明液体内部同一深度处向上的压强等于向下的压强，接着推导压强公式，使学生全面认识压强跟深度和液体密度的关系。以船闸为例介绍连通器的应用，安排了学生实验“用压强计研究液体内部的压强”。

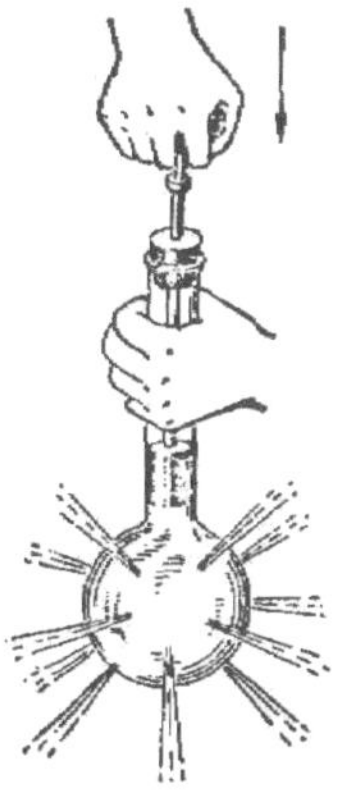
图 9-3　液体传递压强

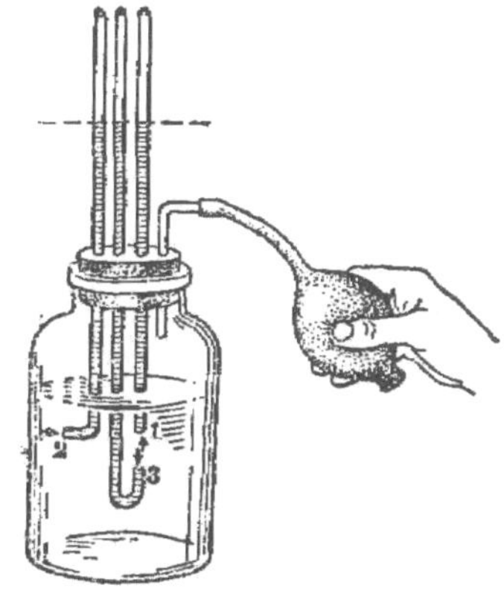
图 9-4　液体向各个方向传递的压强相等

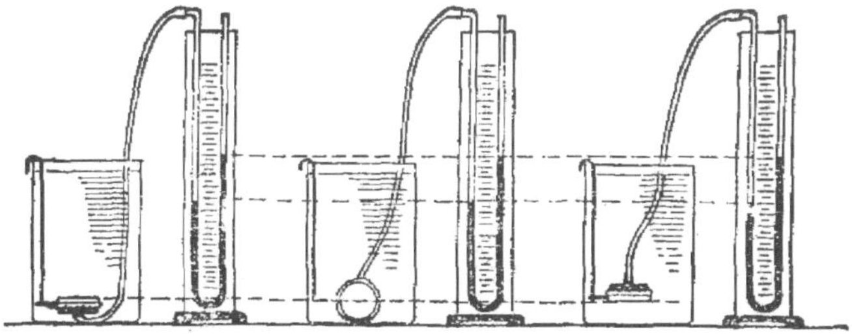
图 9-5　液体在内部同一深度的地方，向各个方向的压强相等

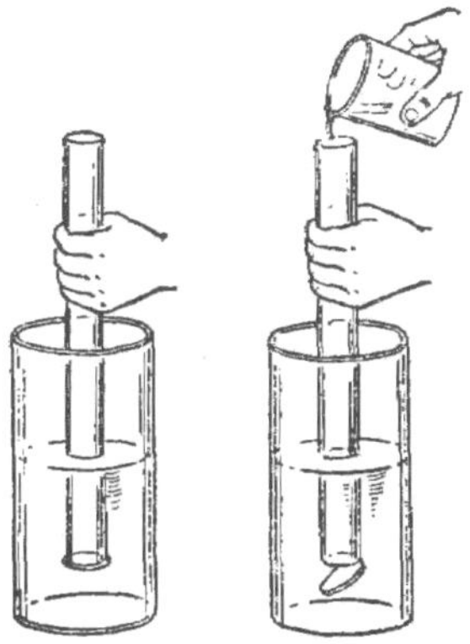
图 9-6　液体对纸片的压强

第四章“气体的性质”进一步把压强的概念推广到气体。教材先演示空气有重量，以便跟液体压强对比，说明大气也有压强，然后再演示马德堡半球实验，证实大气压强的存在。接着讲授托里拆利实验，进一步证实大气压强的存在，在托里拆利实验的基础上，教材还介绍了槽式气压计。教材还通过演示实验定性说明气体压强跟体积的关系，利用抽水机、打气筒、抽气机、喷雾器等实例，介绍气体压强知识的实际应用。

第五章“浮力”在前几章的基础上，综合应用比重、压强、二力平衡、液体内部压强等知识，讲授阿基米德定律和物体的浮沉条件，这章教材主要用演示实验来得出结论。教材先用演示实验说明浮力跟排开液体的重量有关（图 9–7），然后再通过溢水杯实验（图 9–8）得出阿基米德定律，没有用压强知识来推导。教材先分析浸在液体里的物体的受力情况，然后经过推理得出物体的浮沉条件，安排了一个学生实验“研究物体浮在液面的条件”，以便使学生获得较深刻的印象。教材以潜水艇、比重计、热气球为例，介绍了浮力知识的实际应用。

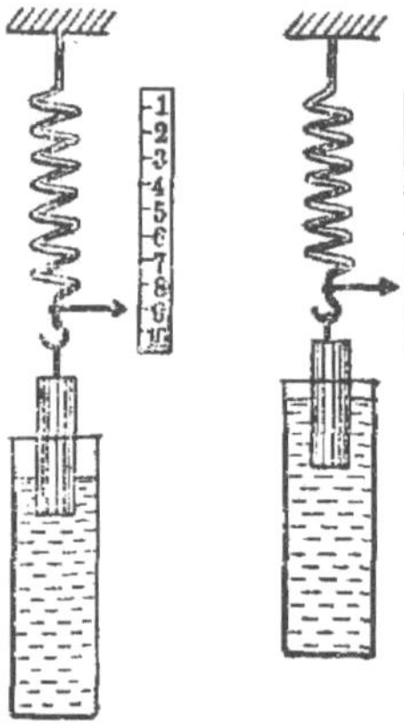

图 9–7　排开的液体越多，浮力越大

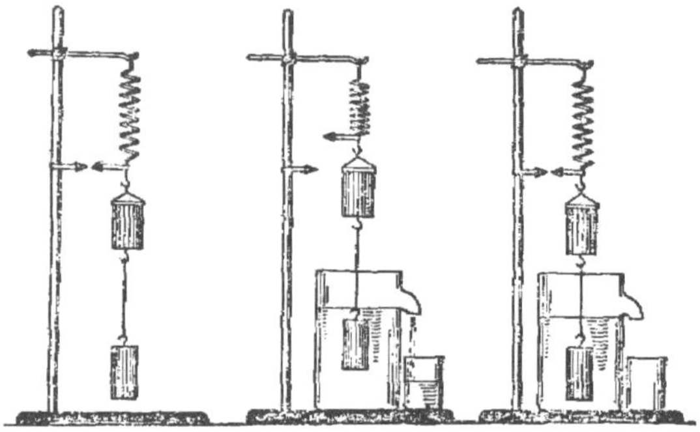

图 9–8　阿基米德定律的演示实验

第六章“运动和力”研究运动和力的关系，扩大和加深对力的概念的理解。教材通过一些实例来讲解怎样判断物体是否运动，介绍了物体运动的相对性，接着讲授什么是匀速直线运动，提出速度的概念。通过实例说明物体不受外力时，总保持静止或匀速直线运动状态，总结出惯性定律，同样通过实例说明力可以使静止的物体运动，使运动的物体静止，使物体速度的大小、方向发生改变，从而总结出力是改变物体运动状态的原因。教材详细介绍了质量的概念，说明质量和重量的区别，通过演示说明质量与惯性的关系，以扇车（图 9–9）为例介绍了惯性知识的应用。通过实例讲授摩擦力的概念，简单介绍了摩擦力产生的原因，利用演示实验介绍了摩擦力的测量方法，安排了学生实验“研究摩擦力”，使学生对摩擦力跟哪

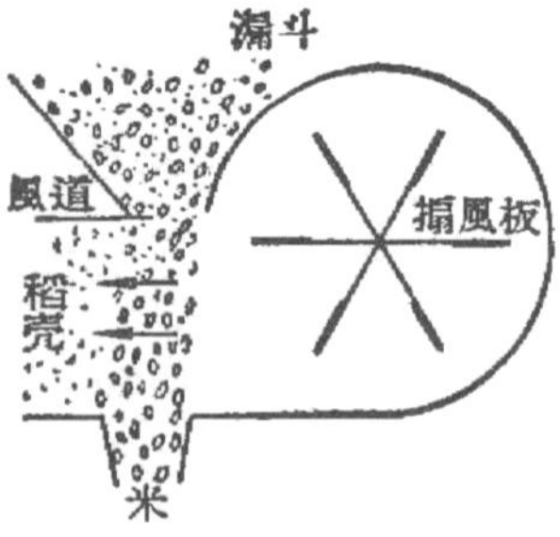

图 9–9　扇车的剖面图

些条件有关获得比较深刻的印象，而后引入滑动摩擦系数的概念。简单介绍了滚动摩擦，通过实例说明摩擦可以是有害的，也可以是有益的，让学生学会辩证地看问题。

第七章“简单机械”介绍了杠杆、滑轮和轮轴三种简单机械，了解简单机械的应用。教材通过实例引入杠杆的概念，安排学生实验“研究杠杆的平衡条件”，让学生自己通过实验得出结论，在得出杠杆的平衡条件后，介绍杠杆的实际应用，使学生全面认识杠杆的作用。通过演示实验说明定滑轮和动滑轮的作用，简单介绍了滑轮组，利用杠杆的平衡条件分析轮轴的作用，介绍了大量的利用简单机械的实例，扩展学生的眼界，发展学生的思维能力。

第八章“功和能”讲授功和机械能的概念，在前一章的基础上总结出功的原理。教材分析了一些实例，使学生对做功的两个必要因素得到较深刻的印象，说明做功多少也是由这两个必要因素决定的，同样通过分析实例，得出功率的概念。通过分析杠杆、滑轮和轮轴做功的情形，得出“使用任何机械都不能省功”的结论，从“功的原理”出发，介绍了利用斜面省力的道理。教材通过具体实例充分介绍了总功、有用功、额外功，得出机械效率的概念，安排学生实验“测定简单机械的效率”，使学生更好地掌握机械效率。通过较多实例的分析，引入动能和势能的概念，演示滚摆实验说明动能和势能的转换，在转换过程中动能和势能之和不变。教材还较详细地介绍了水力发动机和风力发动机，使学生了解水能和风能的利用。

第九章“声音”讲授声音现象的初步知识，这一章也主要利用演示实验和实例来讲授。教材通过演示实验和实例介绍了振动的初步概念，同样通过演示实验和实例说明音调和响度的含义，对音色只作了简单的介绍。先利用真空罩实验演示真空不能传声，通过实例说明声音传播需要介质，然后讲授声音的传播过程。为了巩固前面所学知识，教材还介绍了声音的记录和重发。

第十章“简单的光现象”讲授光学的初步知识，使学生了解一些常见光现象和光学仪器的原理。教材通过一些常见的现象得出光是沿直线传播的结论，介绍了小孔成像、影的生成、日月食的成因。教材先通过实例说明什么是光的反射，然后利用演示实验介绍光的反射定律，最后安排了学生实验“研究光的反射定律”，巩固所学知识。根据光的反射定律说明物体怎样成虚像，通过演示实验介绍平面镜成像原理，介绍了平面镜成像原理的应用，还通过演示实验介绍了凹面镜的作用及其应用。教材先通过演示实验介绍折射现象，得出折射定律。着重介绍了凸透镜的会聚作用，提出焦点和焦距的概念，通过演示实验介绍凸透镜成像规律，在此基础上介绍了照相机、幻灯机和电影放映机。教材还通过演示实验介绍了光的色散现象，以此为基础，简单介绍了虹的形成以及物体的颜色。

（2）下册

本册包括热学和电磁学。第一至第五章为热学内容，第六至第十一章为电磁学内容。

第一章“简单的热现象”研究热膨胀和热传递这两类常见的热现象。考虑到气体的热膨胀显著，容易观察到，教材从演示实验出发，先讲气体的热膨胀，然后依次讲液体和固体的热膨胀，强调热膨胀在技术上的意义，专门讲了温度计，作为热膨胀的应用。通过演示实验介绍了热传递和对流，通过实例介绍了热辐射，比较详细地说明了传热方式，利用热水暖室装置（图 9–10）和保温瓶（图 9–11）等实例，介绍了热传递的防止和应用。

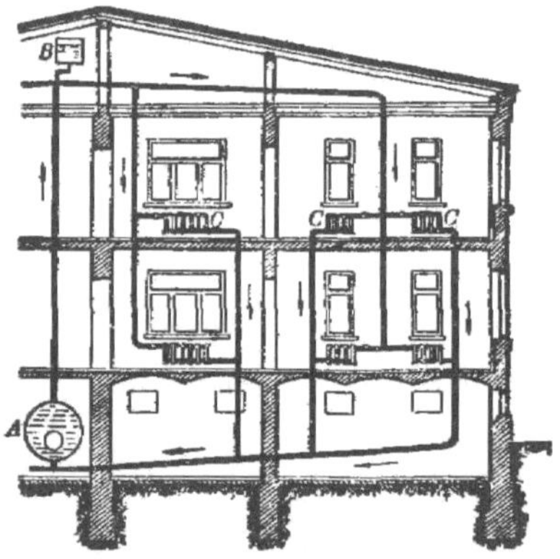

图 9–10　热水暖室装置

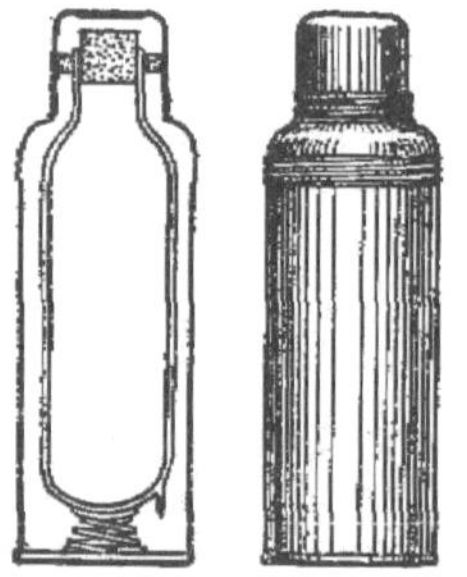

图 9–11　保温瓶

第二章“热量”讲授热量和比热容这两个重要的热学概念以及温度改变时热量的计算。教材从学生熟悉的日常生活中的一些事例引出热量的概念，介绍了燃料的燃烧值。从演示实验引出比热容的概念，安排一定数量的例题和习题讲解比热容的意义，采用逐步分析的方法介绍了测定比热容的原理，安排了学生实验“测定物质的比热”，使学生巩固所学知识和培养实验技能。

第三章“物态的变化”讲授物态变化以及物态变化过程中热量的计算。教材演示了冰、萘和松香的熔解过程，以晶体为重点，说明什么是熔解和凝固，介绍了晶体和非晶体的区别，安排了学生实验“萘的熔解和凝固”，加深对所学知识的理解。在此基础上引出熔解热的概念，介绍熔解和凝固过程中热量的计算，同时安排了实验“测定冰的熔解热”，加深对熔解概念的理解。从日常生活中的实例出发介绍了蒸发，强调任何温度下都可以蒸发。利用演示实验介绍沸腾现象，同时演示了沸点跟压强有关（图 9–12），在此基础上介绍了汽化热的概念。对液化和升华，教材只作了简单的介绍。

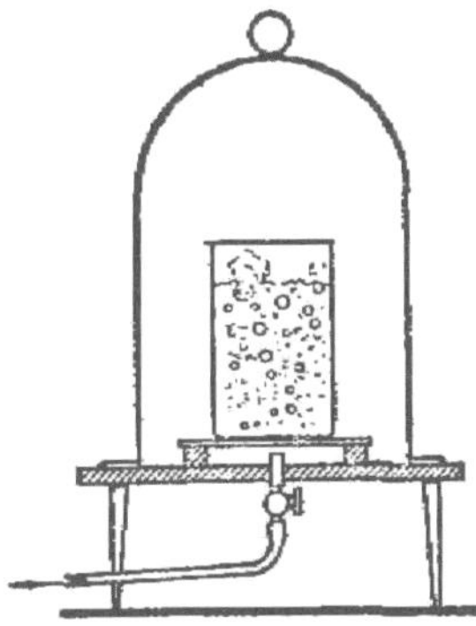

图 9–12　水在低压下的沸腾

第四章“热和功”讲授热和功的关系，初步揭示热的本质，介绍内能的概念、能的转化和守恒定律。教材通过实例和演示实验讲解热功当量，说明做功可以产生热，消耗热也可以做功。利用化学课中学过的分子运动知识，说明什么是热量，使学生对热的本质有初步的了解。列举了较多的实例阐述各种形式的能可以相互转变，考虑到高中还要较深入地学习，教材只是简单说明了在转变过程中总能量守恒。

第五章“热机”在前面几章知识的基础上讲授蒸汽机、蒸汽轮机、汽油机、柴油机的构造和动作原理，并说明这些原理是热学知识在生产实践中的重要应用。新的热机通常是在人们认识了原有热机的缺点，设法避免这些缺点的过程中设计制造出来的，教材以此为线索，从已学过的热机中引出新的热机，依次介绍了这四种热机，使学生知道一些热机之间的继承和发展关系，培养学生的科学思维方法。教材重视图片的作用，注意突出机械结构的主要部分。例如对于蒸汽机，指出四个主要组成部分（图 9–13）：① 汽缸和活塞　② 曲柄连杆机构　③ 机轴和飞轮　④ 配汽装置（包括汽室、滑动阀、连杆、偏心轮）。关于动作原理，主要是讲清蒸汽机工作时这些组成部分是怎样动作的以及起什么作用，其他三种热机的讲授方法与此类似。限于学生的知识水平，教材没有从热力学方法上分析热机效率的问题，而是简单说明不可避免要有能量损失后，用具体的数据使学生对各种损失有明确的印象，同时简单介绍了提高效率的问题。

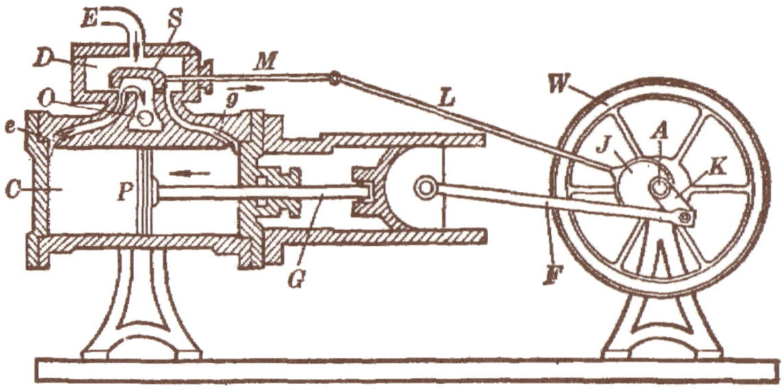

图 35　蒸汽机的构造示意图

C—汽缸，*P*—活塞，*D*—汽室，*S*—滑动阀，*e*、*g*—汽路，*E*—进汽管，*O*—排汽管，*G*—活塞杆，*F*—連杆，*K*—曲柄，*A*—机軸，*W*—飞輪，*J*—偏心輪，*L*、*M*—連杆。

图 9-13　教材中的蒸汽机的构造示意图

第六章“简单的电现象”讲授简单的静电现象、电流的概念、电路及其连接法等，是学习电学的准备。教材关于电现象的讲述，大都是从演示实验出发得出结论的，不作过深的解释，有意识地控制难度。教材在讲授两种电荷、摩擦起电后，介绍了电子论的初步知识，并以此解释摩擦起电的原因。从产生瞬间电流的演示实验（图 9-14）出发，直观地说明电流是电荷移动形成的，接着提出要得到持续的电流必须要有电源，随后说明电流方向是如何规定的。以具体的用电器——电灯为例说明电路的连接方法，让学生认识串、并联电路的特点。安排了学生实验“连接串联电路和并联电路”，使学生熟悉电路的连接。教材还把插图中的实际电路与电路图配合起来（图 9-15），使学生能够辨认实际电路并且学会画出电路图。

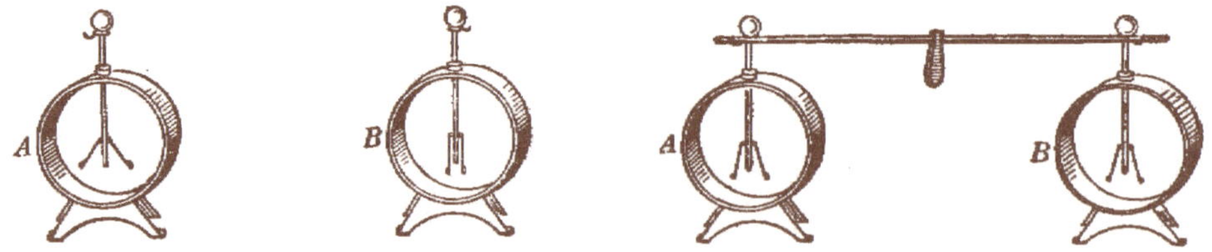

图 9-14　瞬间电流的演示

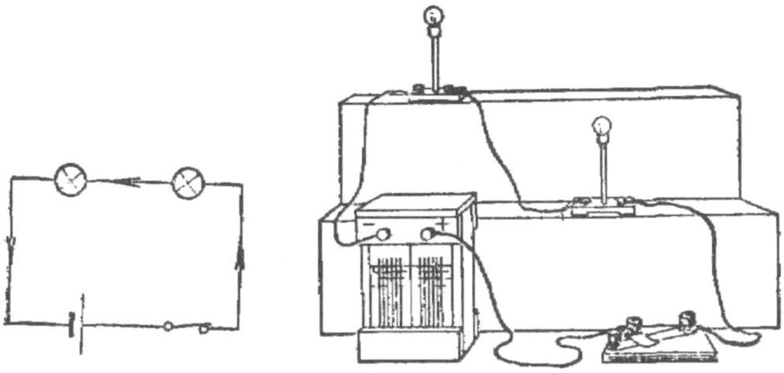

图 9-15　串联电路

第七章“电流的定律”讲授电流强度、电阻、电压这三个基本电学概念，以及部分电路欧姆定律。教材从电流的化学效应引出电荷量概念，根据电流的强弱引出电流强度的定义和单位，介绍了量度电流的仪器——安培计（电流表），接着要求学生进行实验“用安培计量度电流强度”，让学生熟悉安培计的使用方法，知道串、并联电路中电流的规律。直接给出“导体对电流有阻碍作用，这种作用叫作电阻”，通过演示实验说明电阻与哪些因素有关，介绍了滑动变阻器和转柄变阻器（图 9-16）的结构和作用。采用跟水流类比的方法引出电压概念，介绍了量度电压的伏特计（电压表）的使用方法，要求学生进行实验“用伏特计量度电压”，知道串、并联电路中电压的规律。通过演示实验归纳、总结得出欧姆定律，安排学生实验“用安培计和伏特计测电阻”，使学生进一步熟悉电流表、电压表、滑动变阻器的使用以及电路的连接，了解欧姆定律的应用，加深对欧姆定律的理解。教材根据前面学生实验的结果，总结、归纳得出串、并联电路中电流、电压的规律，以此为基础，根据欧姆定律推导得出串、并联电路中总电阻的计算公式，进一步安排了学生实验“测并联导体的电阻”和一些例题，巩固串、并联电路的知识。

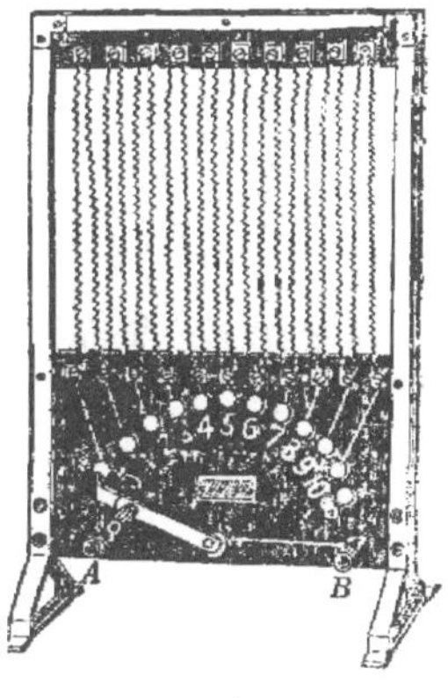

图 9-16　转柄变阻器

第八章“电流的功和功率”讲授电功、电功率的概念以及电流热效应的规律和应用。教材从分析几种用电器中电能转变入手，通过对并联电路中阻值不同电灯亮度的分析，得出“电流在一段电路上所做的功，跟通过的电荷量成正比，跟这段电路上的电压成正比”。进一步分析推导得出计算电功的公式，在此基础上，通过实例分析电流做功的快慢，介绍电功率的概念及其计算公式，安排了学生实验“测定小电灯的功率”，巩固电功和电功率的知识。从演示实验（图 9–17）研究电流通过导体时发出的热量与电流强度、电阻和通电时间的关系，在此基础上介绍焦耳—楞次定律，介绍了电烙铁、电弧和电焊等电热器件，使学生了解电热知识的应用。

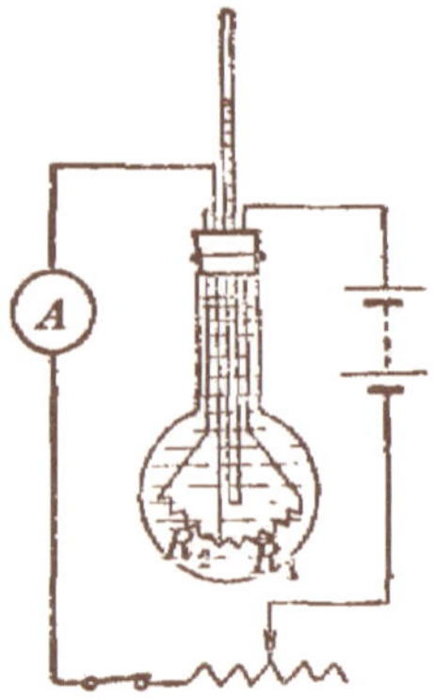

图 9–17　焦耳—楞次定律演示实验

第九章“用电常识”介绍了照明电路和安全用电的常识，使学生了解电学知识在实际生活中的应用。教材介绍了家庭照明电路的一般概念，围绕焦耳—楞次定律等基础知识，讨论了白炽电灯、导线、保险丝，最后介绍了安全用电常识。

第十章“磁现象和电磁现象”讲授永磁体的磁现象，电流的磁效应和应用，初步揭示电与磁之间的联系。教材从演示实验出发，说明了磁体的吸铁性、指向性、磁极及其相互作用、磁化等；同样，从实验得出磁体周围存在磁场的结论，引入磁感线的概念，着重研究了磁感线的分布情况和磁感线的方向；通过演示研究了直线电流的磁场和通电螺线管的磁场中磁感线的分布情况，提出了判定电流周围磁场方向的法则；在通电螺线管的基础上，通过实验（图 9–18）研究了电磁铁的特性，讨论了电磁铁在实际中的一些应用，详细介绍了电磁继电器、电铃、电话等仪器的基本工作原理。

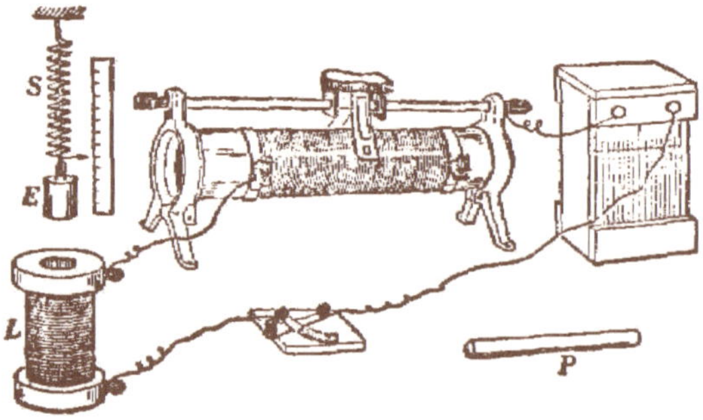

图 9–18　研究电磁铁的特性

第十一章“电磁感应 电机”进一步揭示电和磁之间的联系，讲授电磁感应现象，通电导体在磁场里的运动，以及发电机、电动机、变压器等的构造和原理。教材从闭合导体在磁场中切割磁感线的演示实验出发，研究了电磁感应现象，介绍了右手定则；通过演示实验研究了产生交变电流的方法，讲述了交流发电机和直流发电机的工作原理；在实验的基础上，讨论了通电导体在磁场中运动的现象，介绍了左手定则，在此基础上介绍了直流电动机的工作原理，安排学生实验“安装直流电动机模型”，巩固所学知识；通过演示实验说明了变压器的工作原理，简单说明了电能的优点，较详细地介绍了我国在电气化方面取得的成就。

3. 特点

（1）适当调整初、高中物理的教学内容。

这套教科书改变初中物理偏少偏浅，高中物理负担重的情况，更好地贯彻“基本一贯，又适当分段，保留必要的螺旋上升”的编写意图。适当充实了初中物理的内容，把少量的原来高中的浅易教材，连同有关的学生实验和习题，下放到初中。这样做的好处是，既可以使学生在初中学到的物理知识能更好地满足他们毕业后参加工农业生产的需要，又可以降低初高中物理的台阶，使升入高中的学生在知识、实验技能和物理计算能力上都有较好的基础，有利于减轻高中物理的负担。

（2）加强基础知识的教学。

主要是加强重点、难点的教学。例如，在初中上册第一章“简单的量度”中，增加了量度的精确度，使学生了解量度只能达到一定的精确度，不要因为量度结果有估计数字而否定量度的正确性，也不要在计算中取过多的没有意义的估计数字，还懂得应该根据实际需要选择适当的量具。把原来过于简单的长度量度、体积量度两个实验合并为一个“量度物体的长度和体积”，在这个实验中让学生多用几次刻度尺，并增加了卡钳的使用。对重点知识，注意增加或改进演示实验，有的还配备了学生实验；一般都配备了较多的习题。在讲一般知识时，注意联系重点知识，既有利于把一般知识与重点知识结合起来，又能巩固、加深重点知识。

（3）加强基本训练。

基本训练包括实验技能（使用物理仪器、实验修养）和物理计算能力。为加强实验技能的培养，教材增加了学生实验的数目，达到20个。对较难掌握的、容易损毁的仪器，详细说明使用方法和注意事项。对要求学生学会使用的仪器，尽可能多用几次。例如，在初中下册第七章“电流的定律”中，安排了“用安培计和伏特计测导体的电阻”“用安培计量度电流强度”“用伏特计量度电压”“测并联导体的电阻”等4个实验。在每个实验里都要几次连接电路、接入电表，得出结论。在量度电流、量度电压的两个实验中，还让学生从自己的实验得出串联电路各部分电压与总电压的关系、并联电路中各分路电流与总电流的关系。在第八章“电流的功和功率”中的“测小电灯泡的功率”的实验，再次使用安培计、伏特计、滑动变阻器等。

为了逐步培养计算能力，教材作了两方面的安排。一是解题方法：在初中二年级要求学会解题的算术方法并获得代数方法解简单习题的训练；在初中三年级要求熟练地掌握算术方法并进一步用代数方法来解稍微复杂的习题；在高中一年级要求学会解题的代数方法，主要是分析法；在高中二、三年级继续巩固分析法，并在学生逐渐熟练的基础上增加综合法解题的训练。二是注意练习的层次，大致可分为三步：第一步是习题课，主要是教给学生怎样在实际问题上应用所学的知识，教给学生解题的方法；第二步是课堂练习，让学生在教师的辅导下半独立地运用所学知识来解题；第三步是课外练习，要求学生完全独立地解题。题目难度也要逐步提高，不编入过难的题，不过早过多地编入综合题。

课本增加了例题，大多数例题在解题以前都有一段简短的文字叙述，目的在于向学生指出思考的线索，怎样利用所学的知识来从已知量寻求未知量。对每个年级都留出课堂练习时间，习题数量也有所增加，初中两册总共近450题。

（4）适当反映了现代科学技术的重大成就。

课本用少量的篇幅适当介绍了一些重要的新成就，以扩大学生的眼界，引起他们的学习兴趣，给进一步学习现代科学技术作一些初步的准备。例如在初中下册第五章“热机”中，鉴于柴油机在农村用得普遍，还考虑与高中热机的分工，增加了柴油机；在上册第九章“声音”中，增加了测海底深度的回声探测实例，作为回声的实际应用；在初中下册第十章“磁现象和电磁现象”中，删去了较为陈旧的磁分子说，删去与小学自然重复的永磁体的磁性、罗盘、指南针，用重要的自动化元件——电磁继电器取代老式的电报，省出了课时，增添了现代气息。

附录　人教版《初级中学课本物理学》目录

第五章 浮力

39. 液体和气体的浮力 40. 阿基米德定律

41. 物体的浮沉条件 42. 实验6 研究物体浮在液面的条件

43. 物体浮沉条件的应用 44. 物体浮沉条件的计算

第六章 运动和力

45. 物体的运动 46. 匀速直线运动 47. 变速直线运动

48. 惯性定律 49. 运动和力 50. 物体在平衡的力作用下的运动

51. 质量 52. 质量和惯性的关系 53. 摩擦

54. 实验7 研究摩擦力 55. 滑动摩擦系数 56. 滚动摩擦

57. 摩擦在生产和生活上的意义

第七章 简单机械

58. 杠杆 59. 实验8 研究杠杆的平衡条件 60. 杠杆的平衡条件

61. 杠杆的应用 62. 滑轮 63. 滑轮组 64. 轮轴

65. 简单机械在机器设备里的应用

第八章 功和能

66. 功 67. 功率 68. 功的原理 69. 斜面 70. 机械效率

71. 实验9 测定简单机械的效率 72. 机械能

73. 动能和势能的相互转变 74. 水力发动机 75. 风力发动机

第九章 声音

76. 声音的发生 77. 音调、响度和音品 78. 声音的传播

79. 声音的传播速度 80. 声音的反射——回声

81. 声音的记录和重发

第十章 简单的光现象

82. 光的直线传播 83. 影 日食和月食 84. 光的速度

85. 光的反射 86. 实验10 研究光的反射定律

87. 平面镜成像 88. 凹镜 89. 光的折射 90. 透镜

91. 凸透镜成像 92. 照相机 93. 幻灯机和电影放映机

94. 光的色散 95. 物体的颜色

下册

第一章 简单的热现象

1. 气体的热膨胀 2. 液体的热膨胀 3. 温度计

4. 医用温度计 5. 固体的热膨胀 6. 热膨胀在技术上的意义

7. 热传递传导 8. 对流 9. 辐射 10. 热传递的利用和防止

第二章 热量

11. 热量 12. 比热 13. 热量和比热的计算 14. 比热的测定

15. 实验 1 测定物质的比热

第三章 物态的变化

16. 熔解和凝固 17. 实验 2 萘的熔解和凝固 18. 熔解热

19. 熔解和凝固过程中热量的计算 20. 实验 3 测定冰的熔解热

21. 蒸发 22. 沸腾 23. 汽化热 24. 液化 25. 升华

第四章 热和功

26. 热和功 热功当量 27. 能的转变和守恒定律

第五章 热机

28. 蒸汽机 29. 蒸汽轮机 30. 内燃机 汽油机 31. 柴油机

32. 热机的效率

第六章 简单的电现象

33. 摩擦起电 34. 两种电荷 35. 电子论的初步知识

36. 导体和绝缘体 37. 电流 38. 电池 39. 蓄电池

40. 电流的方向 41. 电流的效应 42. 电路 电路的连接法

43. 实验 4 连接串联电路和并联电路

第七章 电流的定律

44. 电量 45. 电流强度 46. 实验 5 用安培计量度电流强度

47. 电阻 48. 变阻器 49. 电压 50. 实验 6 用伏特计量度电压

51. 欧姆定律 52. 实验 7 用安培计和伏特计测电阻

53. 导体的串联 54. 导体的并联 55. 实验 8 测并联导体的电阻

56. 简单电路的计算

第八章 电流的功和功率

57. 电功 58. 电功率 59. 实验 9 测定小电灯的功率

60. 电功和电功率的计算 61. 焦耳—楞次定律

62. 电热器 63. 电弧和电焊

第九章 用电常识

64. 照明电路 65. 白炽电灯 66. 导线 67. 保险丝

68. 安全用电

第十章 磁现象和电磁现象

69. 永磁体的磁现象 70. 磁感应 71. 磁场

72. 通电螺丝管的性质 73. 电磁铁 74. 电磁继电器

75. 电铃 76. 电话

第十一章 电磁感应 电机

77. 电磁感应 78. 感生电流的方向 79. 交流电的产生

80. 交流发电机和直流发电机 81. 通电导体在磁场里的运动

82. 直流电动机 83. 实验 10 安装直流电动机模型

84. 变压器 85. 我国的电气化

第十章 “文化大革命”时期的物理教科书（1966—1976）

一、教科书编写背景

（一）社会背景

1966年5月16日，中共中央政治局扩大会议通过《中国共产党中央委员会通知》，这标志着“文化大革命”的开始。1966年8月，中共八届十一中全会通过《中国共产党中央委员会关于无产阶级文化大革命的决定》。其中在教育改革方面提出：“改革旧的教育制度、教育方针和方法，是这场无产阶级文化大革命的一个极其重要的任务……学制要缩短，课程设置要精简，教材要彻底改革，有的首先删繁就简。学生以学为主，兼学别样。也就是不但要学文，也要学工、学农、学军，也要随时参加批判资产阶级的文化革命的斗争。”

1966年7月，中央作出了决定，宣布撤出派驻学校的工作组，大、中学校开始“放假闹革命”。其后，大、中、小学全都停课，全国掀起大串连高潮，正常教育教学工作陷入瘫痪。

（二）教育概况

1966年6月，中共中央、国务院批转教育部党组《关于1966—1967学年度中学政治、语文、历史教材处理意见的请示报告》。中央的批示中指出：“目前中学所用教材，没有以毛泽东思想挂帅，没有突出无产阶级政治，违背毛泽东主席关于阶级和阶级斗争的学说，违背党的教育方针，不能再用。教育部应该积极组织力量，根据党和毛泽东主席有关教育工作的指示，重新编辑中学各科教材。”[①] 自此以后，以前出版的通用教材一律被视为“封资修大杂烩”，是“复辟资本主义的工具”，成为被批判的材料。

---

① 金铁宽．中华人民共和国教育大事记：第2卷［M］．济南：山东教育出版社，1995：828．

1967年7月《人民日报》发表了题为《打倒修正主义教育路线的总后台》的文章。文章中指出新中国成立后17年的教育是“封建主义、资本主义、修正主义教育的一套破烂”[①]，从而全面否定了新中国成立后17年的教育工作。

二、教科书总体介绍

（一）课程设置

“文化大革命”开始后不久，教育部、教育机关处于机构瘫痪、工作停顿的状态，教育部与其所属的人民教育出版社等单位的职工被全部下放劳动改造，导致教育部及其所管辖的教材编审、出版机构被撤销，编审、编辑队伍被拆散，通用教材的出版、发行工作被迫停顿。

“文化大革命”时期全国没有统一的中学教学计划，全国通用教材停止使用。

（二）教科书概况

1. 教科书概览

从1968年起，各地相继成立了中小学教材编写组，在批判通用教材的基础上，开始自编教材。各地编写教材的同志到工厂、农村中开展深入调查，在教材编写上花费了大量心血。根据当时的要求，教材必须是大批判开路，并且提出了“以战斗任务组织教学”“结合典型产品进行教学”“以生产为主线安排教学内容”等等五花八门的口号，编出各色各样的教材。在物理教材的编写上，突出表现为忽视基础知识，片面强调生产技术，严重缺乏系统性和学术性。

1969年，上海、北京等地自编的中小学暂用教材首先开始发行试用。后来没有自编教材的地区采用上海、北京等地发行试用的暂用课本。一方面由于时间极其有限，另一方面编写者在当时也有颇多顾忌，因此对教材并没有太多把握，所以大多将初期的过渡性质的教材称为“暂用课本”或“试用课本”。

---

① 金铁宽. 中华人民共和国教育大事记：第2卷［M］. 济南：山东教育出版社，1995：854.

1969年年底开始，各地陆续出版的第一轮自编教材中，真正的物理课本不多，更多是把物理、化学合并纳入“工业基础知识”课本，以“三机一泵”（拖拉机、柴油机、电动机和农用水泵）为主体内容。物理学科的结构体系和知识体系被打乱，基础理论也被弄得支离破碎。对于少数保留物理名称的课本，其中也删减了大量物理知识，增加了大量具体的生产内容。这些教材大多数是工业知识加上碎片化的物理知识。

以湖南省1971年出版的《工业基础知识（高中理工部分）》为例，可以大致看出此类课本的内容及结构。

上册

第一章 兵器知识

第二章 起重机

第三章 金属加工基础知识

第四章 拖拉机

第五章 人造卫星

第六章 几种光学仪器

下册

第七章 电场

第八章 发电和输电

第九章 电动机

第十章 扩音机

第十一章 无线电广播

“文化大革命”中后期，许多地方改编课本都加强了基础知识。这批各地自编的第二轮课本从1972年年底相继出版。不少省市取消了“工业基础知识”课，重新恢复了物理课和化学课。然而这批课本才刚出版不久，就被“四人帮”诬蔑为“复辟”“回潮”的产物。于是各地不得不赶编第三轮教材或补充教材。相较第一轮教材，多数地区的第三轮教材中基础知识进一步削弱。在物理课本中脱离知识去讲哲学、阶级斗争，有的甚至要以“批林批孔”为纲讲物理。

1972 年 7 月，在周恩来的关怀下，人民教育出版社得以重建，部分干部被从“五七干校”调回北京工作。1972 年 8 月，国务院科教组发出了《关于新建人民教育出版社的通知》。但是，由于“四人帮”的干扰和破坏，中小学教材的编写工作直到 1977 年 9 月才在中央直接关怀下开始进行，分配到各地的干部才陆续调回一部分。

1973—1976 年，人民教育出版社主要进行调查研究，并编辑出版了“工农兵大学生”文化补习教材、农村应用科技读物、简单医疗卫生常识等。与物理学科关系密切的是《中学生农机、农技读物》丛书，包括:《195 柴油机》(湖北省中小学教学教材研究室编),《农用水泵》(湖北省中小学教学教材研究室编),《农村小水电》(广东省中小学教材编写组编),《农村有线广播》(广东省中小学教材编写组编),《拖拉机的使用和维护》(河南省教育局教材编辑室编)等。

2. 典型教科书的选取

相对而言，在“文化大革命”中后期各地自编的物理课本中，北京市中学的物理课本内容相对丰富，结构也比较完整。下面就选择《北京市中学课本物理》进行分析。

三、北京人民出版社版《北京市中学课本物理》分析

（一）基本信息

《北京市中学课本物理》由北京市教育局中小学教材编写组编写，北京人民出版社于 1972 年至 1974 年陆续出版，由第一册、第二册、第三册（上）、第三册（下）、第四册（上）、第四册（下）组成，供北京市中学二到五年级使用。这套书的封面如图 10-1 所示。

“文革大革命”期间，全国并没有统一的教学计划和教学大纲，每套教材的教学目的、要求以及编选标准，都只能从教材封底的“说明”中体现。教科书的编写说明反映了当时教科书编写的具体背景和编写的指导思想，还原了当时的具体编写背景。

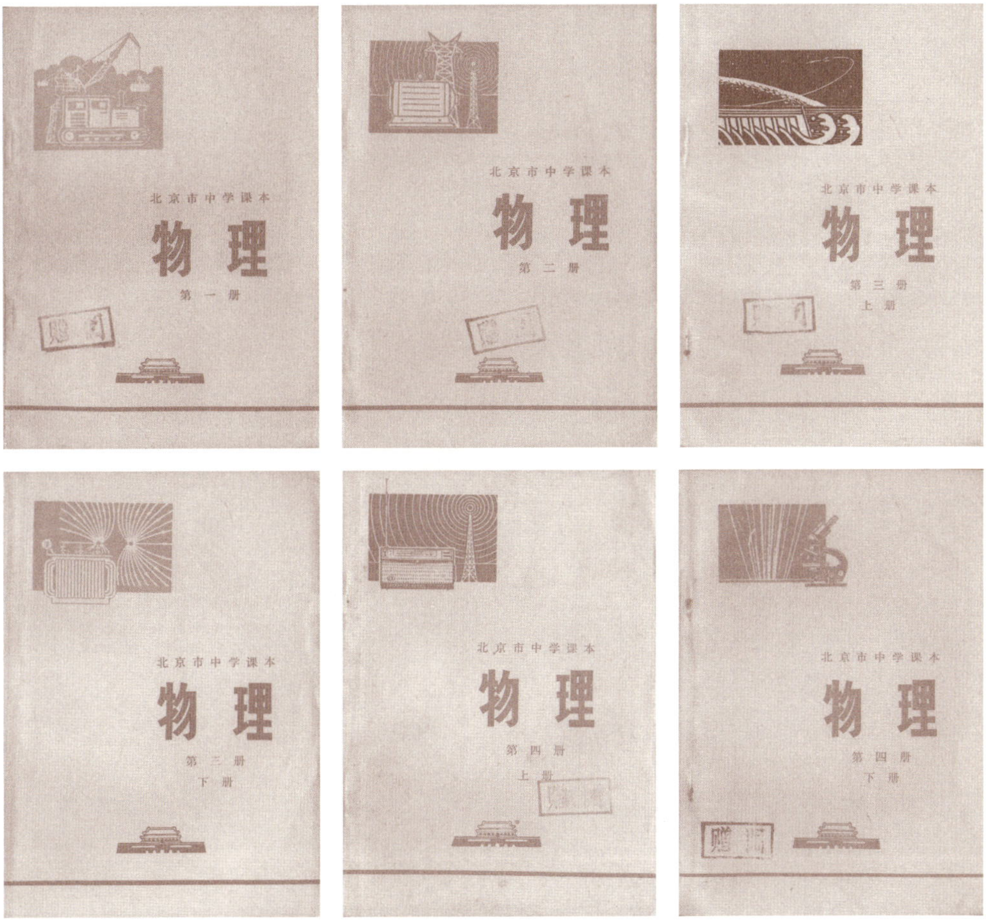

图 10-1 《北京市中学课本物理》封面

（二）结构与内容

1. 体系结构

本套教科书打破了原有的知识体系，并未按照学科内在的逻辑安排知识的讲解，而是偏重对应用方面的知识的讲解，这也成为这一时期教科书的一大特色。内容覆盖了物理学力、热、光、电、原子物理等几乎所有方面。与同期许多地区编写的《工业基础知识》和其他物理教科书相比，本套书内容相对比较完整，具体结构如下。

第一册

序言

第一章 力和简单机械

第二章 机械运动和传动装置

第三章 压强和水泵

第四章 热现象和热机

实验

第二册

第一章 电流的基本规律和照明电路

第二章 电磁运动的基本规律和电机

第三章 扩音机的原理和有线广播

实验和实习

第三册（上）

第一章 运动和力

第二章 力的平衡

第三章 机械能

第四章 流体的运动和射流技术

附录

实验

第三册（下）

第五章 振动及其传播

第六章 电场

第七章 直流电路

第八章 磁场 电磁感应

第九章 交流电路

第十章 电动机

实验

第四册（上）

第一章 半导体和半导体低频放大器

第二章 电磁波的发射和接收

实验

附录

第四册（下）

第一章 几何光学的基础知识

第二章 物理光学的基础知识

第三章 原子和原子能

实验

2. 内容

第一册

第一至第三章为力学内容，第四章为热学内容。

第一章“力和简单机械”首先介绍了力、重力、弹力和摩擦力的概念，这部分内容，教材只是定性介绍，并没有过多地介绍它们的产生条件及其定量研究。接着，教材介绍了一些典型的简单机械——杠杆、轮轴、滑轮、斜面、螺旋、起重机等，教材着重介绍了它们的原理以及在工农业生产上的应用，并对有关实际问题进行了定量计算。为了讲授“使用动滑轮只能省力不能省功”以及“使用任何机械做功时，动力对机械所做的功，总是等于机械克服阻力对物体所做的功”，教材在第六节首先介绍了功的定义、公式和单位，到了第八节才介绍功率的定义、公式和单位，第九节介绍了机械效率的概念及其计算。

第二章“机械运动和传动装置”主要是运动学内容，教材的前两节主要介绍机械运动、平动、转动、参照物等概念，并在此基础上进一步介绍速度、平均速度、转速、线速度的定义及其公式。在第三节，教材通过一些具体的实例，深入浅出地讲述了惯性、质量的概念，给出了它们的定性关系，并指出了惯性的利与弊。在第一章基础上，教材在第四节通过一些实例和实验，层层深入讲授了滑动摩擦、静摩擦、滚动摩擦的概念，并通过实验引导学生分析、了解滑动摩擦与哪些因素有关，为本章后续学习轴承、传动装置奠定了知识上的基础。教材很突兀地在本章第九节简单、定性地介绍了机械能、动能、重力势能和弹性势能等有关概念。

第三章“压强和水泵”是初中物理的重点内容。教材内容编写的基本思路是先重点介绍核心知识压强（包括液体压强和大气压强）、比重、浮力等定义及其计算公式，然后以此为基础介绍相关应用——液压机、水泵的构造和原理。

在介绍相关概念时，教材基本都是通过学生能体验到的具体实例进行讲解，充分让学生体会到物理规律来源于生活和实践。无论是对压强（包括液体压强和大气压强）、比重、浮力等核心内容的介绍还是对它们的应用，都加强了定量研究和计算，例如通过压强定义式推导出液体压强公式，通过帕斯卡定律推导出液压机的工作原理。另外，教材通过液体浮力实验，得出浮力定律（阿基米德原理）。

第四章"热现象和热机"为热学内容，教材前四节介绍了热学的核心知识，即热传递及其三种方式——热传导、对流和热辐射；热量和比热容；物态变化（熔解和凝固、汽化和液化、升华）；热功当量。根据热可以转化为功的原理，教材第五至第十节介绍柴油机（图 10-2）、汽油机和拖拉机的构造和原理。本章除了热传递和热功当量的定量计算，其他内容均为定性介绍。

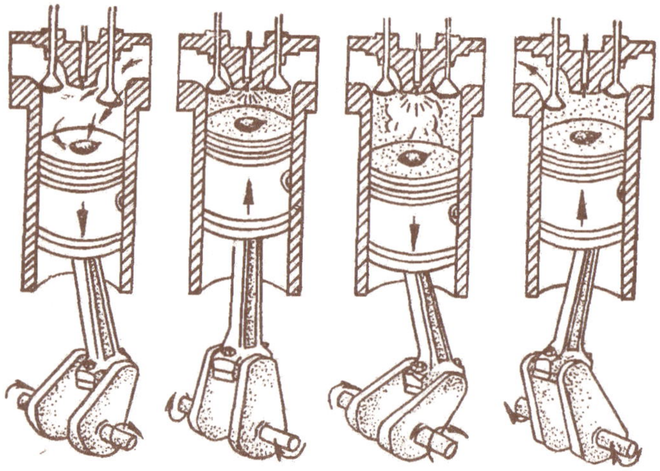

图 10-2　柴油机工作过程

第二册

全册均为电磁学内容。

第一章"电流的基本规律和照明电路"也是初中物理的重点内容。主要介绍的核心概念有：电流、电压、电阻、电功、电功率，核心物理规律有：电流的热效应、欧姆定律、电阻的串联和并联规律。

教材以电路为背景，介绍了电路中相关的物理量及其有关规律。在讲解电流时，教材先介绍物质结构，物质是由分子组成的，分子是由原子构成的，原子又是由原子核和核外电子构成的，进而引出了“电荷定向移动形成电流”。在讲解电压时，教材采用了类比法，即河水从高处向低处流是因为存在水位差，同理，电路中形成电流必须有“电位差”，即电压。在讲解电阻定律、欧姆定律、电阻的串联和并联规律时，教材均是采用实验的手段，通过实验数据得到有关规律。为了配合当时的教育形势，教材对各种电表的使用、照明电路、安全用电均作了详细的介绍。

第二章“电磁运动的基本规律和电机”共十节，几乎囊括了和电磁现象有关的所有内容。本章可以分为四个单元，第一单元为磁场和磁效应，主要介绍了磁场、磁感线、电流的磁效应、右手定则、电磁铁；第二单元为电磁感应与交变电流，主要介绍电磁感应、感应电流方向的判定——右手定则、交流发电机构造与原理、表征交变电流的物理量（周期与频率、最大值与有效值、三相交流的产生）；第三单元为高压输电与变压器，主要介绍高压输电的原理，变压器的构造、原理和两个变比公式；第四单元为电动机，主要介绍三相异步电动机的构造、原理。本章很多内容的讲解都是通过演示实验进行的，比如，通过“铁屑实验”讲解磁感线（图 10-3）；通过“奥斯特实验”讲解电流的磁效应；通过“导体棒切割磁力（感）线、条形磁铁插入螺线管实验”讲解电磁感应现象和产生感应电流的条件等。

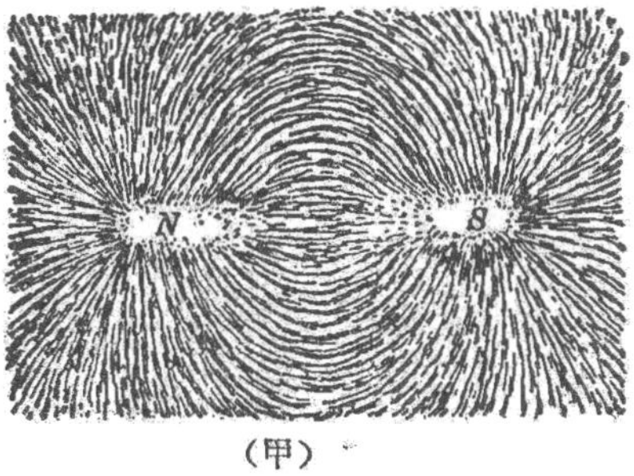

（甲）

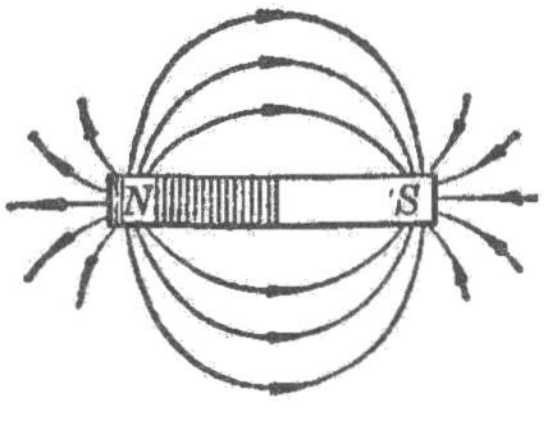

（乙）

图 10-3　条形磁铁的磁感线

第三章“扩音机的原理和有线广播”的第三节是“二极管的整流”，主要介绍二极管的构造、二极管的单向导电性和二极管整流原理；第四节是“三级电子管的放大”。其他内容对我们今天已经没有意义了。

第三册（上）

全册均为力学内容，可分为六个单元。第一单元为运动学（第一章的第一节和第二节），主要介绍运动学的基本概念，即平均速度、瞬时速度、加速度，以及匀变速直线运动的规律。教材由匀变速直线运动的加速度公式 $a=\frac{v-v_0}{t}$，推导出速度公式 $v=v_0+at$，在推导位移公式时，教材先给出平均速度公式 $\overline{v}=\frac{v_0+v}{2}$，再由 $v=v_0+at$ 和 $\overline{v}=\frac{v_0+v}{2}$ 推导出位移公式 $s=v_0t+\frac{1}{2}at^2$。然后由 $v=v_0+at$ 和 $s=v_0t+\frac{1}{2}at^2$ 推导出 $v^2-v_0^2=2as$。最后，教材讲述了自由落体运动的概念、性质和规律。

第二单元为动力学（第一章第三节、第四节、第五节），教材主要介绍了牛顿第一定律、牛顿第二定律、牛顿第三定律和动量守恒定律。教材根据日常生活现象，采用说理的方法给出了牛顿第一定律和牛顿第二定律的内容。通过弹簧测力计对拉实验总结出牛顿第三定律。根据牛顿第二定律和牛顿第三定律推导出动量守恒定律，显然这部分内容的讲述缺少实验探究和实验验证的环节。

第三单元为曲线运动和万有引力（第一章第六节、第七节、第八节、第九节）。教材在第六节，先介绍运动的合成，为讲述抛体运动作铺垫。在讲述抛体运动时，教材只是定性分析了弹道曲线。在圆周运动部分的讲述中，教材比较完整地介绍了线速度、角速度的定义和定义式，并在牛顿第二定律的基础上定量给出了向心加速度和向心力公式。同样，教材采用简单说理的方式给出了万有引力定律的内容和数学表达式。在万有引力定律的基础上，教材介绍了人造地球卫星的发射以及三种宇宙速度（图 10-4）。

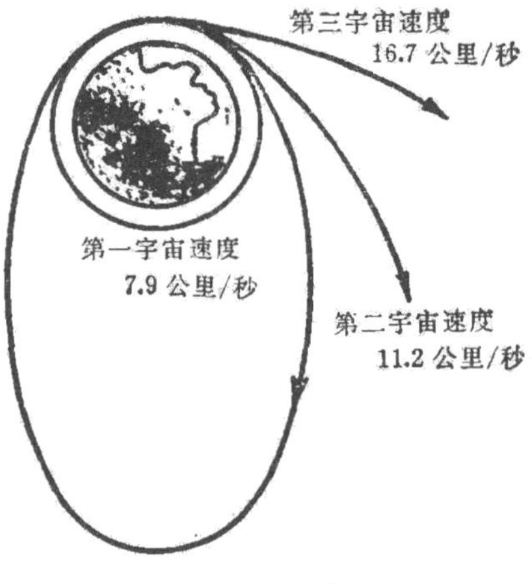

图 10-4　三种宇宙速度

第四单元为静力学（第二章），教材介绍了力的合成与分解，以及力和力矩的平衡。

第五单元为机械能（第三章），主要介绍动能及其表达式、重力势能和弹性势能的概念及重力势能的表达式、功能关系、能的转化和守恒定律。没有介绍动能定理和机械能守恒定律的相关内容。

第六单元为流体力学（第四章），主要介绍流体的速度与截面积的关系，流体压强、喷雾器和射流的附壁效应。

第三册（下）

第五章为力学中机械振动和机械波内容，第六章至第十章为电磁学内容。

第五章“振动及其传播”第一节首先引入振动的两个特例——弹簧振子和单摆，介绍了关于振动的几个概念，如振动的位移、振幅、周期、频率；接着根据弹簧振子和单摆模型给出了物体做简谐振动的条件，同时交代了简谐振动的概念；最后教材依据“做圆周运动的质点在直径上投影运动是简谐振动”导出了简谐振动的位移公式，介绍了简谐振动的图像。第二节介绍了简谐振动过程中势能与动能的相互转化以及阻尼振动和无阻尼振动。第三节介绍了振动合成的规律，提出了“任何复杂运动都是由若干个简谐振动合成”的思想。第四节介绍了自由振动、受迫振动和共振等概念。第五节首先交代了波的概念、形成波的条件，接着教材通过绳波讲述了横波的产生过程，通过弹簧波讲述了纵波的产生过程。最后给出了波长、频率与波速的关系式。

第六章“电场”主要讲述的核心概念有电场、电场强度、电场线、电势能、电势、电势差、电容。核心规律有库仑定律、电场力的功与电势差的关系、处于静电平衡的导体的特点等。教材采用比值法定义了电场强度、电势、电容等物理量。为了学以致用，教材最后介绍了静电场的应用，即静电除尘和静电喷漆等。

第七章“直流电路”首先介绍了电源及其内电路和外电路，根据能的转化和守恒的思想，指出电源是把其他形式的能转化成电能的装置，同时给出了电动势的定义。接着，教材根据部分电路欧姆定律和能的转化和守恒定律推导出闭合电路欧姆定律，并讨论了两个特例——断路和短路时的电流和路端电压。最后教材讲述了分流电路、分压电路、欧姆表电路、万用表电路、桥式电路及其有关计算。

第八章“磁场 电磁感应”主要讲述的核心概念和核心知识有磁场、磁感线、磁感应强度、磁场对电流的作用力、磁通量、感生电流、感生电动势、自感、互感、涡流、变压器等。核心规律有楞次定律、法拉第电磁感应定律等。本章多数内容均比较抽象，为了使学生更直观形象理解有关内容，教材在讲述磁感线、磁场对电流的作用力的方向、产生感应电流的条件、感应电流的方向、自感现象、涡流、变压器时均采用演示实验进行讲解。

第九章“交流电路”是对第二册第二章有关内容的补充，主要讲述交流电的变化规律，即 $i = I_m \sin \omega t$，在此基础上，教材介绍了交流电的矢量表示法以及相位和相位差。接着教材讲述了交流电路，即纯电阻电路、纯电感电路、纯电容电路以及它们的串并联电路，给出了感抗和容抗的表达式和电流、电压的相位关系。最后教材又介绍了交变电流的功率和功率因数。

第十章“电动机”也是在第二册第二章有关内容基础上，讲述了三相感应电动机的原理，并分析了旋转磁场的作用。补充讲解了直流电动机的构造和原理。

第四册（上）

本册为电磁学中无线电技术内容。第一章“半导体和半导体低频放大器”主要讲述半导体元件，即二极管、三极管的构造和工作原理；半导体元件的应用，即二极管的整流（半波整流、全波整流、桥式整流）、滤波、三极管的放大作用；几种放大器的构造和原理。

第二章“电磁波的发射和接收”可分为三个单元。第一单元是电磁振荡，主要讲述电磁振荡的产生过程、振荡电流、电磁振荡的周期和频率公式、半导体振荡器电路的组成和原理。第二单元是电磁波，主要讲述电磁波的产生、电磁波的波长、频率和波速的关系、电磁波的发射（调制）、电磁波的接收（调谐、检波）。第三单元是收音机电路，主要讲述收音机部分电路的组成和原理。

第四册（下）

本册第一章和第二章为光学内容，第三章为原子和原子核内容。

第一章“几何光学的基础知识”主要介绍的核心知识为光的反射定律、光的折射定律、全反射规律、平面镜和球面镜的成像规律、透镜成像规律及其应用、眼睛、显微镜和望远镜。

全反射是本章的重点，教材没有通过真实的实验，只是通过一个“说明式”实验得出全反射的概念、临界角的概念及其计算式，并介绍了全反射的应用，如全反射棱镜、潜望镜、光导纤维等。透镜成像规律是本章的另一个重点内容，教材先讲述了关于透镜的几个概念，如凸透镜、凹透镜、主光轴、副光轴、焦点、焦距、焦平面等，接着教材通过透镜成像实验总结了透镜成像的规律，通过透镜成像作图法，推导了透镜成像公式。

第二章“物理光学的基础知识”主要介绍的核心知识有光的干涉、光的色散、光谱、电磁波谱、光电效应和光的本性。本章内容的介绍相对比较简单，只是在第六节，教材比较详细地介绍了爱因斯坦的光子说，并给出了光电效应方程。

第三章“原子和原子能”主要介绍原子结构、氢原子的核外电子、原子核的衰变、原子核反应、原子核的组成、原子核的裂变和聚变、放射性同位素的应用、基本粒子。

在第一节和第二节，教材介绍了通过α粒子散射实验，建立原子核式结构模型的过程；通过氢原子光谱和爱因斯坦的光子说等理论计算，说明氢原子的电子轨道和能量是不连续的，并给出了氢原子的能级图。

第三至第九节为原子核物理内容，教材讲述了天然放射性现象，并研究了射线的性质，提出了衰变的概念；教材提出用高能粒子轰击原子核证明原子核是可以再分的，并给出发现质子和中子的核反应方程，介绍了原子核的结构；教材详细介绍了两种典型的核反应，即裂变和聚变。

3. 特点

（1）教科书中有大量政治教育的内容。

在“以政治内容统帅知识体系”口号下，当时几乎所有的教材都加上了毛主席语录。这个时期的教科书都会把毛主席语录放到学习内容的最前面。北京市的这套中学物理课本也同样选取了毛泽东在1966年5月7日写给林彪的信（即“五七指示”）中关于学生学什么的一段话印在内封中（图10–5）。书中有很多毛主席语录，如讲到“力”会有：“人民，只有人民，才是创造世界历史的动力。”讲到“机械效率”有：“武器是战争的重要的因素，但不是决定的因素，决定的因素是人不是物。”“世间一切事物中，人是第一个可宝贵的。在共产党领导下，只要有了人，什么人间奇迹也可以造出来。”教科书中随处出现“毛主席教导我们说”这样的字样。例如，在讲到动能和势能时，教科书提到：“毛主席教导我们：‘一切矛盾着的东西，互相联系着，不但在一定条件之下共处于一个统一体中，而且在一定条件之下互相转化。’”在讲到柴油机的基本结构时提到：“毛主席教导我们：‘马克思主义者看问题，不但要看到部分，而且要看到全体。’”

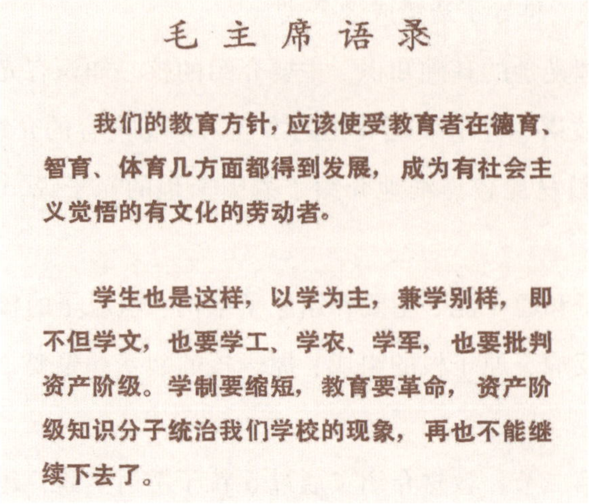

毛主席语录

我们的教育方针，应该使受教育者在德育、智育、体育几方面都得到发展，成为有社会主义觉悟的有文化的劳动者。

学生也是这样，以学为主，兼学别样，即不但学文，也要学工、学农、学军，也要批判资产阶级。学制要缩短，教育要革命，资产阶级知识分子统治我们学校的现象，再也不能继续下去了。

图 10-5　内封

另外，这套中学物理课本在介绍工业生产设备和产品时，会将新旧中国作对比，以此进行政治思想教育。例如：“膨胀珍珠岩是一种新型隔热保温材料。它是将珍珠岩矿石小颗粒放在焙烧炉里，经高温膨胀，而形成的颗粒状保温材料。它应用在国防、工业建设、民用建筑等各方面。过去我国不能生产这种材料，需要从外国进口，而帝修反便趁机卡我们，对我国实行百般刁难和封锁。在贸易中，他们肆意抬高价格，并要求我们只能用黄金购买。北京工人阶级对此无比气愤，他们在无产阶级文化大革命中，自力更生、破除迷信，仅用 14 个月时间，于 1968 年成功地制成了具有国际水平的膨胀珍珠岩，为我国的社会主义建设作出了贡献！”

（2）编排上忽视基础知识，片面强调应用。

本套教科书介绍物理学在工农业生产和生活中的应用比例较大。编排与过去的课本相反，不再是先学习系统的学科基础知识，再介绍它们在工业中的应用，而是先介绍工业中的典型产品和设备，再引出一些专业基本原理。因此，基础知识只能局限于按照典型产品和设备来编排，学科本身的基础知识体系被片断化、割裂和删减。

教科书中例题、练习题或思考题的设计也十分强调“学了就要用”。学，主要是复习学习过的知识；用，则是将知识运用到解决实践的问题中去。图 10-6 给出本套书中第一个作业，先是复习本节所学的“公斤”和“克”的转化关系，接着就是举出本节所学知识在生产、生活中的例子。

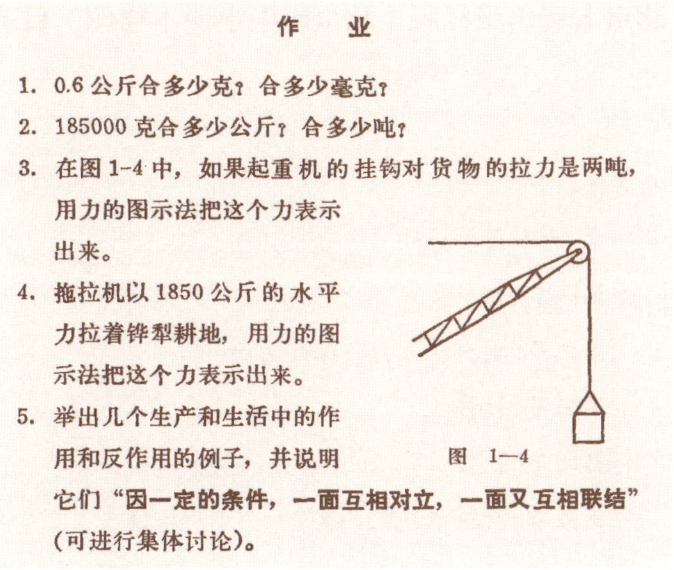

作　业

1. 0.6 公斤合多少克？合多少毫克？
2. 185000 克合多少公斤？合多少吨？
3. 在图 1-4 中，如果起重机的挂钩对货物的拉力是两吨，用力的图示法把这个力表示出来。
4. 拖拉机以 1850 公斤的水平力拉着铧犁耕地，用力的图示法把这个力表示出来。
5. 举出几个生产和生活中的作用和反作用的例子，并说明它们“因一定的条件，一面互相对立，一面又互相联结”（可进行集体讨论）。

图 1—4

图 10-6　作业

（3）呈现方式粗糙简单。

本套教科书的各章、节深度不统一，有些内容讲得比较深，而有些内容讲述得比较简单。在呈现方式方面，本套教材略显粗糙和简单，大多数概念、定义、规律往往都是先举几个例子加以说明，然后把抽象的物理概念、物理量的定义和物理规律强加给学生。例如，在讲述库仑定律时，教材采用一个简单的演示实验（图 10-7），即用一根带有正电荷的玻璃棒靠近挂在丝线上的带正电荷的纸筒，采用控制变量法，改变两者之间的距离或改变两者的电荷量，观察丝线偏角的变化，从而归纳出库仑定律。

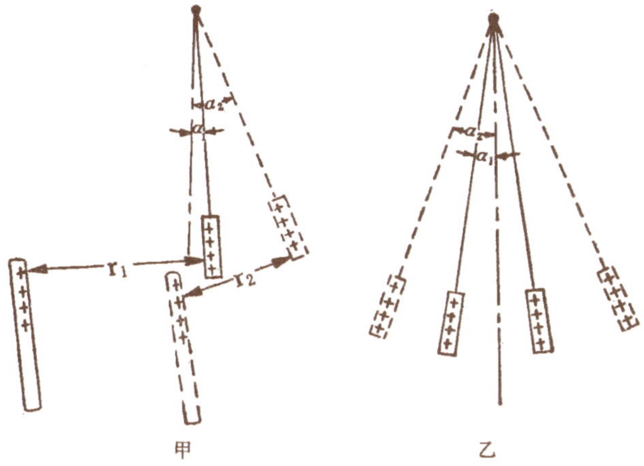

图 10-7　电荷间的作用力

附录　北京人民出版社版《北京市中学课本物理》目录

第四节 液压机

第五节 浮力

第六节 大气压强

第七节 压缩气体

第八节 离心式水泵

第九节 其他水泵

第四章 热现象和热机

第一节 热传递

第二节 热量和比热

第三节 物态变化

第四节 热和功

第五节 柴油机的工作原理

第六节 柴油机的基本构造

第七节 拖拉机

第八节 汽油机与柴油机的比较

第九节 热机效率

第十节 其他热机

第十一节 能的转化和守恒定律

实验

实验一 杠杆的平衡条件

实验二 传动装置的安装

实验三 测定物质的比重

实验四 测定物体的比热

第二册

第一章 电流的基本规律和照明电路

第一节 电路

第二节 电流

第三节 电压

第四节 电阻

第五节 欧姆定律

第六节 电阻的串联和并联

第七节 电功 电功率

第八节 电流的热效应

第九节 安全用电

第十节 照明电路的安装和检修

第二章 电磁运动的基本规律和电机

第一节 电流的磁效应和电磁铁

第二节 电磁感应

第三节 发电机和交流电

第四节 三相交流电

第五节 高压输电

第六节 变压器

第七节 三相异步电动机的构造

第八节 三相异步电动机的转动原理

第九节 三相异步电动机的性能

第十节 三相异步电动机的起动和维护

第三章 扩音机的原理和有线广播

第一节 几种常用的无线电元件

第二节 话筒和扬声器

第三节 二极电子管整流

第四节 三极电子管放大

第五节 扩音机和扬声器的配接

第六节 扩音机的使用和维护

第七节 农村有线广播网

实验和实习

实验一 用电流表测量电流强度

实验二 用电压表测量电压

实验三 验证欧姆定律

实习一 安装照明电路

实习二 简单配电盘的安装

实习三 三项异步电动机的接线运转

实习四 扩音机的使用

第三册（上）

第一章 运动和力

第一节 变速运动

第二节 匀变速直线运动

第三节 牛顿第二定律

第四节 牛顿第三定律

第五节 动量 动量守恒定律

第六节 抛体运动

第七节 圆周运动

第八节 万有引力定律

第九节 人造地球卫星

第二章 力的平衡

第一节 力的合成

第二节 力的分解

第三节 力的平衡

第四节 力矩的平衡

第五节 屋架的受力分析

第三章 机械能

第一节 动能

第二节 势能

第三节 功和能

第四节 能的转化和守恒定律

第五节 水流能的利用

第四章 流体的运动和射流技术

第一节 运动流体的压强

第二节 空吸作用和喷雾器

第三节 射流的附壁效应

第四节 附壁式射流元件

第五节 射流技术及其应用

附录

物理量的量度单位

实验

实验一 验证力的平行四边形定则

实验二 有固定转动轴的物体的平衡条件

第三册（下）

第五章 振动及其传播

第一节 简谐振动

第二节 简谐振动过程中能量的转化

第三节 振动的合成

第四节 自由振动、受迫振动、共振

第五节 振动的传播

第六章 电场

第一节 库仑定律

第二节 电子论和带电现象的解释

第三节 电场、电场强度

第四节 电势、电势差

第五节 电场中的导体

第六节 电容、电容器

第七节 电容器的并联和串联

第八节 静电场在生产上的应用

第七章 直流电路

第一节 电源 电动势

第二节 全电路的欧姆定律

第三节 电池组

第四节 万用表的电路

第五节 桥式电路

第六节 电路的计算

第八章 磁场 电磁感应

第一节 磁场对电流的作用 磁感应强度

第二节 感生电流

第三节 实验：电磁感应现象的研究

第四节 感生电动势

第五节 自感和互感

第六节 涡流

第七节 变压器

第九章 交流电路

第一节 交流电

第二节 具有电阻、电感、电容的电路

第三节 电阻、电感、电容的串联电路

第四节 交流电的功率和功率因数

第十章 电动机

第一节 三相感应电动机的旋转磁场

第二节 感应电动机的运转原理

第三节 直流电动机

实验

实验一 测定电源的电动势和内电阻

实验二 扩大伏特计的量程

实验三 用电桥测电阻

实验四 电磁感应现象的研究

第四册（上）

第一章 半导体和半导体低频放大器

第一节 半导体

第二节 半导体二极管

第四节 光的折射

第五节 全反射

第六节 透镜

第七节 眼睛

第八节 显微镜

第九节 望远镜

第二章 物理光学的基础知识

第一节 光的干涉

第二节 光的色散 分光镜

第三节 物质的光谱

第四节 不可见光线 电磁波谱

第五节 光电效应 光电管

第六节 光的本性

第三章 原子和原子能

第一节 原子的结构

第二节 原子的核外电子

第三节 放射性现象

第四节 原子核反应

第五节 原子核的组成

第六节 原子核的裂变

第七节 原子核的聚变

第八节 放射性同位素及其应用

第九节 基本粒子

实验

实验一 测定玻璃的折射率

实验二 凸透镜成像

第十一章　拨乱反正，编写物理教科书（1977—1980）

一、教科书编写背景

（一）社会背景

1976年1月，我国发展国民经济的第五个五年计划开始执行。1976年10月，中共中央政治局采取果断措施，粉碎江青反革命集团，全国开展揭露和批判“四人帮”的斗争。

1977年5月邓小平在一次谈话中指出：“我们要实现现代化，关键是科学技术要能上去。发展科学技术，不抓教育不行。”“抓科技必须同时抓教育。从小学抓起，一直到中学、大学。我希望从现在开始做起，5年小见成效，10年中见成效，15年、20年大见成效。”[①]

1977年7月，中共十届三中全会在北京举行，会议通过关于恢复邓小平职务的决议。邓小平复出后，一开始就抓了中小学课程教材问题。1977年8月，他在科学和教育工作座谈会中谈到要重视中小学教育：“关键是教材，教材要反映现代科学文化的先进水平，同时要符合我国的实际情况。”[②] 此外，他几次同教育部负责人谈话时谈到教材非从中小学抓起不可，要编印通用教材，同时引进外国教材作为参考，并要求1978年秋季开学时能用上新教材。

1977年9月，教育部积极安排中小学教材的编写工作，召开200多人的全国中小学教材编写工作会议，组织人员起草、编写中小学各科大纲及教科书。

（二）教育概况

1977年10月，国务院批转教育部《关于1977年高等学校招生工作的意见》，从此恢复了高等学校招生统一考试的制度。

---

① 李忠杰．邓小平理论全书［M］．北京：中共中央党校出版社，1998：810.
② 邓小平．邓小平文选（1975—1982）［M］．北京：人民出版社，1983：52.

1978年4月，教育部在北京召开全国教育工作会议。22日，邓小平发表重要讲话，强调：提高教育质量，提高科学文化的教学水平，更好地为社会主义建设服务；学校要大力加强革命秩序和革命纪律，促进整个社会风气的革命化；教育事业必须同国民经济发展的要求相适应，培养社会主义建设需要的合格人才；尊重教师的劳动，提高教师的质量。会后，6月至9月，各省、自治区、直辖市先后召开教育工作会议。7月，经国务院批准教育部重建中央教育科学研究所。

1979年3月，教育部、中国社会科学院在北京联合召开全国教育科学规划会议。会议讨论了1978—1985年的《全国教育科学发展规划纲要（草案）》。

1980年12月，中共中央、国务院发出《关于普及小学教育若干问题的决定》，提出在20世纪80年代全国应基本实现普及小学教育的历史任务，有条件的地区还可以普及初中教育。

二、教科书总体介绍

（一）课程设置

“文化大革命”后期，全国各地中小学的学制不统一，有九年制的，也有十年制的。1977年，教育部确定以十年制为基本学制。

1978年1月，教育部颁发《全日制十年制中小学教学计划（试行草案）》，规定小学五年，初中三年，高中二年。物理在初二、初三、高一、高二开设。初中每年上课32周，高中每年上课34周。初二、初三物理都是每周3课时，两年合计192课时，占初中上课总时数的7.1%；高一、高二物理都是每周5课时，两年合计340课时，占高中上课总时数的17.2%。

（二）教科书概况

1. 教科书概览

由中小学通用教材物理编写组编写、人民教育出版社出版的全国通用物理教科书分别于1978年、1979年、1980年的秋季，开始供初中二年级、三年级，高中一年级、二年级使用。因此，1977年的初二、初三、高一、高二，1978年的初三、高一、高二，1979 年的高二年级的教科书都是由各省、自治区、直辖市自行解决的。在 1978 年的《全日制十年制学校中学物理教学大纲（试行草案）》颁布以前，1977 年各省、自治区、直辖市出版的教科书还是“文化大革命”时期的版本。教学大纲颁布以后，各省、自治区、直辖市根据大纲的要求，或是重印、稍加修改出版以前的教材，删减出版人民教育出版社编写的教材，或是出版补充教材供初三、高一、高二各年级使用。

例如，河北人民出版社 1978 年 9 月出版的《中学试用课本物理》的“说明”显示，该教材基本是重印由吉林、辽宁、山西、河北四省 1973 年协作编写的一套教材，限于时间和人力，仅在个别地方作了必要的修改，作为过渡教材使用。使用这套教材时，要根据 1978 年教育部颁布的教学大纲进行适当的删减和补充。上海教育出版社 1978 年 6 月出版的《上海市初中物理学课本热学》是人民教育出版社编写的《全日制十年制学校初中课本物理》第一册的删节本，供读完 1974 年第一版《工业基础知识》第二册的市区四年制二年级、郊区五年制三年级的学生接读。其他省份，如浙江、江西、湖北、湖南、四川等也都有相应的补充教材出版。

2. 典型教科书的选取

这一时期，除了人民教育出版社出版的全国通用物理教科书外，其他各省、自治区、直辖市都没有出版成套的供中学物理教学使用的教科书。因此，下面只介绍人民教育出版社出版的全国通用物理教科书。

三、人教版《全日制十年制学校初中课本（试用本）物理》分析

（一）基本信息

《全日制十年制学校初中课本（试用本）物理》分为第一册、第二册两册，封面如图 11-1 所示，由人民教育出版社出版，编者为中小学通用教材物理编写组。其中第一册 1978 年 3 月印出，共 251 页，学生实验 10 个，习题 254 道，参观活动 2 次，供 1978 年秋季初中二年级使用。第二册教科书于 1979 年 2 月出版，共 276 页，学生实验 13 个，习题 236 道，参观活动 1 次。

图 11-1 《全日制十年制学校初中课本（试用本）物理》封面

这套教科书是根据 1978 年制定的《全日制十年制学校中学物理教学大纲（试行草案）》初中二、三年级的教学内容要求编写的。编者是中小学通用教材物理编写组，即 1977 年 9 月组成的“全国中小学教材编写工作会议”物理组。先后参加过物理组编写工作的有：赵芳瑛、赵宇昂、丁定一、龚国芳、周礼平、陈子正、李龙图，以及人民教育出版社的雷树人、张同恂、窦国兴、郭连璧、马淑美、邢蕙兰、董振邦。为提高新编教材质量，教育部聘请了 45 名专家分别担任各科教材顾问。物理科的顾问有北京大学的周培源、王竹溪、褚圣麟和中国科学院理论物理研究所的何祚庥。

（二）结构与内容

1. 体系结构

这套教科书以学科知识为依托，初中有四个部分：第一册包括力学（9 章）、热学（4 章）两部分，第二册包括电学（6 章）、光学（3 章）两部分。

具体体系结构如下。

第一册

绪论

第一章 测量

第二章 重量

第三章 力

第四章 液体的压强

第五章 气体的压强

第六章 浮力

第七章 运动和力

第八章 简单机械

第九章 功和能

第十章 热量

第十一章 物态变化

第十二章 分子热运动 热能

第十三章 热机

附录

第二册

第一章 电流和电路

第二章 电流定律

第三章 电功 电功率

第四章 液体、气体、真空中的电流

第五章 电磁现象

第六章 电磁感应

第七章 光的反射

第八章 光的折射

第九章 光学仪器

2. 内容

这套初中物理教科书的主要内容如下。

（1）第一册

运动和力包括前九章，依照测量、力、压强、浮力、运动和力、简单机械、功和能的顺序展开。第一章中的“时间的测量”一节是新增的，主要考虑时间也是一个基本物理量，应该予以介绍。在介绍时间的单位之后，还使学生初步了解时间测量的基本方法，即任何周期性的过程都可以用来测量时间，并详细介绍用单摆测时间的方法，以便学生具体了解。

安排了“实验：研究弹簧的伸长”（第三章第四节）和“弹簧的伸长跟外力的关系”（第三章第五节）两节内容及有关习题，让学生先动手定量研究，再学习规律，使学生更容易理解弹簧测力计的原理。

对于研究液体内部压强跟深度关系的学生实验，教科书不再使用压强计，而是利用平底玻璃管和直尺来做。这样做的好处是，器材易得，便于得到定量结果，还可以巩固前面学过的二力平衡、压强等知识。

在“气体的压强”一章中，编写了虹吸现象的内容（第五章第四节），从解决问题引入，引导学生动手实验、观察现象，在此基础上，运用前面大气压的知识，详细解释虹吸现象的成因，并列举日常生活和生产中的实例，增加学生的感性认识。

介绍惯性时，不再涉及质量与惯性大小的关系。介绍静摩擦的相关内容时，从现象的分析中介绍了静摩擦的概念，指出静摩擦力的方向总是和运动趋势的方向相反，说明最大静摩擦力跟哪些因素有关，列举静摩擦在生产技术的应用等。

“简单机械”一章的最后安排了参观起重机（第八章第六节），目的是希望学生通过参观比较复杂的机器设备，找出其中蕴藏的简单机械，分析它们的作用，以此开阔眼界、发展思维、增强运用知识的能力，同时学习体会观察的一般原则：从整体到局部，注意局部同整体的关系，要有目的、有重点地进行观察等。

在测滑轮组的机械效率的实验中（第九章第六节），教科书要求学生熟悉实验目的、器材和步骤，梳理出要测量和计算的物理量，在此基础上，首次自行设计、填写用于记录实验数据的表格。这对于逐步提高学生的实验能力很有益处。

热现象包括后四章。当时的小学自然课中，学生已经学习过有关温度、热膨胀、热传递的内容，为了节省教学时间，初中的这套教科书没有再介绍这些内容，而是直接给出温度的概念，说明无论是日常生活中还是工农业生产中，测量温度都是很重要的，温度的改变会影响物质的性质，接下来就介绍温度计。

在“热量”一节（第十章第四节），在说明水温变化会吸收或放出热而引入热量的概念、从卡和千卡的定义出发计算水温变化时水吸收或放出的热量之后，介绍了燃料的燃烧值概念。这样可以使学生对热量的认识更全面，即不仅物体温度降低时会放出热量，燃料燃烧时也会放出热量。

教科书除重点介绍汽油机和柴油机的工作原理外，还循着科学技术发展、热机构造日益完善、效率不断提高的线索，描绘了从蒸汽机到火箭的演变过程，使学生能够粗浅地认识各种热机，了解它们之间的继承和发展关系，以开阔视野。

（2）第二册

电磁现象包括前六章。简单的静电现象已经在小学自然课中学过，因此第一章“电流和电路”的第一节在简单复习摩擦起电、两种电荷及其相互作用后，着重介绍电子论的初步知识。为了使学生开阔眼界、增长知识，介绍了几种新型电池（第一章第四节），包括电子手表里的银锌电池、人造地球卫星上用的硅光电池、锂电池等。

对于电阻，教科书除了在实验的基础上给出了电阻的概念，还给出了电阻定律（第二章第五节），并简单介绍了金属电阻率和温度的关系、超导性（第二章第七节），以及半导体和它的应用（第二章第八节）。在介绍导体的串、并联时（第二章第十一节、十二节），增加了串、并联电路中的电压分配和电流分配规律，使学生可以从不同的角度解决实际问题，有利于思维能力的训练。

为了扩大学生对电流的了解和知识面，教科书专门编写了第四章“液体、气体、真空中的电流”，用于介绍液体、气体、真空中的导电情况及其应用。教科书先说明所要研究的导电液体是靠离子导电的，即电解质，通过分析实验介绍了电解质的电离，说明欧姆定律的适用条件。然后回顾化学课和之前的实验，引入电解的概念，说明电解过程中的能量转化情况。介绍电解在工业上的重要应用，包括电镀、电冶。对于大气压下气体导电的现象，教科书用感应起电机演示火花放电，介绍了雷电的产生原因，通过实验引入弧光放电，介绍其应用。接着，通过实验介绍稀薄气体的辉光放电，说明气体导电只在电压很低时遵守欧姆定律。至此，学生就对金属、电解质、气体导电的机制有了全面的了解。之后介绍气体放电电源，日光灯、高压钠灯等，并从能量转化效率的角度提出问题，让学生思考。

在电磁感应之后，介绍了铁磁性材料，包括硬磁性材料和软磁性材料的应用。对于电磁铁的应用，重点介绍应用广泛的电磁继电器，并分析如何用光敏电阻实现光电自动控制，说明利用电磁继电器实现自动化的原理，以此提高学生的学习兴趣。为了培养学生灵活运用知识和动手的能力，教科书安排了安装水位自动报警器模型的学生实验。为增加学生的实际知识，新增三相交变电流和三相异步电动机的内容，并安排参观三相异步电动机。

光现象包括后三章，介绍几何光学的基础知识。其中，第七章“光的反射”共五节，其内容可以分为两部分。第一部分在说明光具有能、光源可把其他形式的能转化成光能之后，通过分析实验现象给出光在同一种介质中是沿直线传播的，指出人眼就是根据光的直线传播来确定物体的位置的，介绍光的速度（第一节）。第二部分是关于光的反射定律及其应用。首先通过实验研究光的反射定律，指出反射时光路可逆，区分镜面反射和漫反射，说明能看到不发光的物体是由于有漫反射（第二节）；说明平面镜成虚像，先理论分析再通过实验检验，给出平面镜成像的特点，说明平面镜成像的应用及不利之处（第三节）；让学生通过实验研究平面镜成像的特点（第四节）；介绍球面镜，即凹镜和凸镜的特点及应用（第五节）。

第八章“光的折射”内容比较多，共十节，可以分为三部分。第一部分与光的折射定律有关，通过分析实验数据，给出光的折射定律，其中包括定量关系，即入射角的正弦跟折射角的正弦之比为常数（第一节），由此引出介质的折射率（第二节），通过实验验证光的折射定律、测定玻璃的折射率（第三节）。第二部分介绍全反射现象及其应用——光导纤维、临界角的计算（第四节）。第三部分主要与透镜有关，介绍棱镜和透镜（凸透镜和凹透镜）的结构和特点（第五节），通过实验研究凸透镜成像的特点（第六节），介绍用作图的方法求出各种情况下凸透镜所成的像（第七节），推导出凸透镜成像的公式（第八节），让学生用三种方法测出凸透镜的焦距（第九节），通过实验介绍凹透镜成虚像，并给出凹透镜成像的作图法（第十节）。

第九章“光学仪器”主要介绍眼睛以及显微镜、望远镜的原理，共四节，可以分为两部分。第一部分介绍眼睛实际上是一个光学仪器，有构成凸透镜的部分、有成像的部分，说明眼睛如何调节，什么是近视眼、远视眼以及如何用眼镜矫正（第一节）。第二部分介绍显微镜、两种望远镜（开普勒望远镜、伽利略望远镜）的结构和原理（第二节、第三节），让学生亲手实验，用焦距不同的凸透镜组装成显微镜和望远镜模型（第四节）。

3. 特点

这套初中物理教科书努力贯彻打好基础、培养能力的指导思想，同时注意反映先进的科学技术成就，使教科书具有时代感。

（1）打好基础，主要是针对概念和规律的学习而言的。教科书注意突出重点，使学生能够很好地掌握力、压强、功、功率、欧姆定律、串联和并联电路、电功率等重点内容。考虑到大部分来自农村的初中学生毕业后不能升学，只能参加工作，为适应他们的需要，增加三相交变电流的有关内容。由于高中阶段只有两年，课时紧，为减轻高中的教学负担，将几何光学及液体、气体、真空中的电流等内容下放到初中学习。为避免与小学自然课的内容重复，删减简单的热现象、简单的电现象等内容。

（2）在培养能力方面，教科书在“绪论”中就给初学物理的学生提示学习物理的方法。为了逐步培养学生的实验能力和自学能力，从第一册的热学部分（第十至十三章）开始，学生实验中不再列出目的、器材、步骤，而是让学生通过阅读教科书中的相关内容，自己弄懂如何进行实验和记录数据，并设计简单的实验表格。为了培养学生运用知识解决实际问题的能力，例题按“已知、求、解、答”的格式编排；使学生注意先要分析题目中有哪些已知条件、需要求解的问题是什么，再来解答；同时进行物理解题思路的基本训练。

（3）为使内容现代化，教科书注意联系一些现代科学技术中的事例。例如，在介绍压强的应用时提到，有一种注射器，没有针头而是靠很大的压强把药液注射进皮肤。在介绍液体的压强时，增加技术中常用的液压传动，如拖拉机上利用液压传动来提起和放下它后面的农具，飞机上利用液压传动来收起和放下轮子。在介绍运动的相对性时，增加同步卫星的例子，简单介绍通信卫星的作用。另外还将新型电池、半导体、超导体等内容引进了教科书。

四、人教版《全日制十年制学校高中课本（试用本）物理》分析

（一）基本信息

《全日制十年制学校高中课本（试用本）物理》分为上册、下册两册，封面如图 11–2 所示，由人民教育出版社出版，编者为中小学通用教材物理编写组。其中上册教科书于 1979 年 12 月出版，共 364 页，学生实验 13 个。下册教科书于 1980 年 2 月出版，共 363 页，学生实验 13 个。

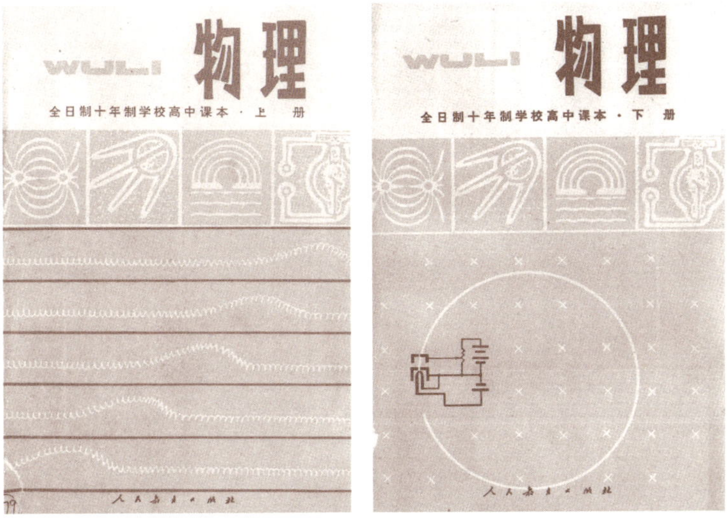

图 11–2 《全日制十年制学校高中课本（试用本）物理》封面

本书是根据 1978 年制定的《全日制十年制学校中学物理教学大纲（试行草案）》高中阶段的教学内容要求编写的。

（二）结构与内容

1. 体系结构

高中有五个部分：上册包括力学（7 章）、热学（2 章）两部分，下册包括电学（7 章）、光学（1 章）、原子和原子核（2 章）三部分。

具体体系结构如下。

上册

第一章　学好物理知识

第二章　力　物体的平衡

第三章 变速运动

第四章 运动定律

第五章 圆周运动 万有引力

第六章 机械能

第七章 动量

第八章 机械振动和机械波

第九章 气态方程 气体分子运动论

第十章 内能 能的转化和守恒定律

学生实验

附录

下册

第一章 电场

第二章 稳恒电流

第三章 磁场

第四章 电磁感应

第五章 交流电

第六章 电磁振荡和电磁波

第七章 电子技术基础

第八章 光的本性

第九章 原子结构

第十章 原子核

学生实验

附录

2. 内容

（1）上册

力和运动包括七章（第二章至第八章）。其中，第二章属于静力学。从“力”的概念开始，在介绍力的矢量性、矢量的图示后，还强调书写时应在矢量符号上加箭头（印刷时矢量用粗体字）。这样做为后面的矢量式作了准备，是以前教科书中没有的。对于弹力，给出胡克定律 $F=-kx$，说明负号表示弹力的方向与形变的方向相反；给出最大静摩擦力公式；指出摩擦力、静摩擦力的方向是阻碍物体的相对运动或相对运动趋势，这也是此前的教科书中没有的。考虑到受力分析是解决力学问题的关键，因此专门安排了一节“物体受力情况的分析”。在平行四边形法则、三角形法则之后，讲了力的正交分解法，以便处理多个共点力的情况，但没有介绍一般的平衡条件。

第三章“变速运动”属于运动学。为了使学生熟悉常用的函数表示法，这一章里多次出现利用图像来表示位移 - 时间、速度 - 时间的函数关系，匀变速直线运动的位移公式也是根据图像，采用微积分的思想导出的。速度、加速度、位移公式，几乎都是先给矢量式、后给代数式，并说明如何确定代数式中的正、负号。引入瞬时速度时，采用了“取极限”的办法。将竖直上抛运动分成上抛、下落两个过程处理，没有采用矢量式计算。将平抛、斜抛运动都分解为竖直、水平两个分运动处理，不涉及轨迹方程。

第四章“运动定律”是重点章。在第一节中，从伽利略理想实验得出牛顿第一运动定律后，推理得出力是使物体产生加速度的原因，然后在第二节由演示得出加速度与外力成正比、与质量成反比，说明通过选择合适的单位使比例常数等于 1，即得出牛顿第二运动定律的表达式 $F=ma$。接着强调持续不断的恒力才能产生持续恒定的加速度、物体的即时加速度总跟那一时刻所受的外力成正比，为后面即将学习的向心加速度、简谐振动奠定基础。在第六节“牛顿运动定律的应用（一）”中，通过例题使学生明白运用牛顿第二定律和运动学公式解决实际问题时，应该先分析物体的受力情况和运动情况。在第七节“牛顿运动定律的应用（二）”中，详细介绍了研究连接体问题常用的隔离法。

第五章“圆周运动　万有引力”在介绍线速度的方向和向心加速度的方向时，都采用了极限法。对于向心力，除了指明任何作用效果是使质点产生向心加速度的一种力或几种力的合力，都是向心力，还专门说明力的名称可分为两类，向心力是根据效果命名的，并借助向心力公式研究了圆锥摆和火车转弯。在第五节离心机械的介绍中，用柴油机的节速器代替了蒸汽机的瓦特节速器，还介绍了训练飞行员的离心实验器。第六节“行星的运动”介绍开普勒定律，为推导万有引力定律作准备。为促进学生科学思维能力的发展，第七和第八节详细介绍牛顿如何将地面的动力学推广到天体得出万有引力定律、卡文迪什用实验验证定律正确并测出万有引力常量、海王星和冥王星的发现等。而在第八节最后指出广义相对论能够解决万有引力定律解释水星运动的困难，为学生展示了物理理论是在实践中接受检验和得到发展的。

第六章“机械能”是重点章。功和功率都在初中基础上有所提高，具体介绍了力与位移成角度时功的计算公式、正功和负功的意义、即时功率的概念、功率不变时牵引力与速度的关系。动能定理的内容，此前的教科书也讲过，但这是第一次把它作为重要的力学规律，并冠以“动能定理”之名。从弹力做功的图像导出弹性势能的公式，也是过去教科书没有的。在第八节中，用三道例题显示，很多情况下应用机械能守恒定律解决实际问题会更简便，但要注意适用条件。

第七章“动量”是重点章。教科书采用气垫导轨、闪光照相研究滑块和小球的碰撞。在利用滑块正碰、小球斜碰的闪光照片得出动量守恒后，第三节详细说明动量守恒定律在自然界中的普适性。在第四节“动量和牛顿运动定律”中，教材指出应用动量守恒定律时只须考虑相互作用前、后的状态，不管细节，可以避免直接应用牛顿运动定律时遇到的困难。正因为如此，使得包括动量守恒定律在内的各种守恒定律在物理学的研究中有广泛的应用。第五节“弹性碰撞”只讨论了正碰的情况，为下一节“中子的发现”作准备。第七节“反冲运动　火箭”在导出火箭所受的推力公式后，说明了实际中为何要采用多级火箭。

这套教科书没有将声学知识单独列为一章，而是穿插在第八章的相关部分。教科书在演示简谐振动与匀速圆周运动投影一致的基础上，给出简谐振动方程、周期公式、频率公式，进而给出单摆的周期公式。在讲过振动图像后，利用图像，讲了相、相差、初相、同相、反相、同一直线上振动的合成。在演示受迫振动、研究摆的共振后，得出共振曲线，介绍共振的应用和危害。用绳子、弹簧分别演示横波、纵波后，得出波长、频率、波速之间的关系式。在第九节“波的图像”中，重点介绍波形图像和振动图像的区别。用水波配合作图定性地介绍波的干涉、衍射，常识性地介绍超声波、噪声的危害和控制。

热学部分包括两章（第九章和第十章）。第九章“气态方程　气体分子运动论”分两个单元。第一单元包括前七节，先介绍气体状态的三个参量，而后在玻意耳－马略特定律、盖－吕萨克定律这两个实验定律的基础上导出热力学温标，进而得出理想气体状态方程——克拉珀龙方程，并算出普适气体恒量 R 的值。第二单元包括后两节，在初中基础上进一步介绍分子运动论的实验基础、气体分子速率分布曲线及其随温度的变化，用弹性碰撞的知识定性地讨论气体压强的大小，从微观上解释气体实验定律。

在第十章“内能　能的转化和守恒定律”中，为了使学生全面了解分子动能，先介绍单原子、双原子、多原子气体分子的运动情况，再指出单原子分子只有平动动能，双原子和多原子分子还有转动和振动动能。之后，说明气体的温度是其分子平均平动动能的量度。先介绍气体分子的势能由它的体积决定，再进一步说明气体的内能由它的状态决定。初中已介绍过做功和热传递都可以改变物体的内能，第二节进一步指出前者是其他形式的能与内能的相互转化，后者则只是内能的转移。在介绍了多个不同形式的能间相互转化的实例后，给出能的转化和能量守恒定律及其数学表达式，并举例说明利用此式解决实际问题时应注意正确使用符号。

（2）下册

电场与电流包括前两章，都是重点章。第一章“电场”增加了带电粒子在电场中的运动（加速和偏转）、示波管、电容器的串联和并联等内容。没有复习初中已学过的摩擦起电、两种电荷、导体和绝缘体等，直接介绍库仑定律、库仑扭秤实验，说明库仑如何巧妙地解决作用力和电荷量的关系。电势能、电势、电势与电场强度的关系都是在匀强电场情况下导出的。平行板电容器的电容公式，是在定性实验的基础上直接给出的。教科书借助类比的方法介绍库仑定律、在电场中移动电荷做功、电势能、带电粒子在电场中的移动、电容器的电容等内容，目的是利用学生较熟悉的力学知识介绍这些抽象的电学知识，同时使学生熟悉类比的方法，了解它的局限性。

第二章“稳恒电流”增加了电阻的测量（欧姆表、惠斯通电桥）和电势差计的内容。这一章的电流、电流强度、电阻、电功率、电阻定律、部分电路欧姆定律、焦耳定律、串并联电路等内容，都在复习初中相关内容的基础上有所提高。第一节“电流”介绍金属导电模型，给出自由电子定向移动的速率。第二节“欧姆定律”增加微观解释。第三节“电功和电功率”讨论电功和电热的

公式 $W=UIt$、$Q=I^2Rt$、$W=I^2Rt$ 的适用条件。第四节“串联电路”中增加分压作用和电压表，第五节“并联电路”增加分流作用和安培表。第六节由非静电力做功引出电动势概念，然后推导出闭合电路的欧姆定律。第八节“欧姆定律的应用”讨论电源的最大输出功率和含反电动势的电路。

电与磁部分包括五章（第三章至第七章）。其中，第三章“磁场”和第四章“电磁感应”都是重点章。第三章“磁场”删去永磁体的磁现象，增加了直线电流的磁场（定量讨论磁感应强度 B 与电流 I、距离 r 的关系）、洛伦兹力、测定带电粒子的质量（质谱仪原理）、回旋加速器等内容。第一节在说明磁现象的电本质时，介绍了罗兰实验。磁感应强度 B 是用通电导线所受的磁场力定义的，即 $B=\frac{F}{Il}$。在第四、五节，在介绍磁场对电流的作用力后，说明电流天平和电流表的工作原理。在第六节介绍磁场对运动电荷的作用力后，介绍测定带电粒子质量（第七节）和回旋加速器（第八节）的原理。

第四章“电磁感应”增加涡流的相关内容（第五节）。第二节先从能量守恒定律推论出感生电流的方向后，再用实验验证。第三节法拉第电磁感应定律也是应用能量守恒定律逐步推理得出的。

第五章“交流电”删去交流发电机、电子管整流器、直流发电机、直流电动机等内容，新增交流电的相和相差、电感和电容对交流电的作用（感抗和容抗）、交流电的功率（功率因数）等内容。第一节给出了交流电电动势和电流瞬时值的表达式，第二节直接给出交流电的有效值，没有经过推导。在第三、四节中，用电子开关和示波器演示电感电路和电容电路的电压、电流图像，给出感抗和容抗公式。第五节介绍视在功率、有功功率、功率因数，以及提高功率因数的方法。第六节推导出变压器的电压与线圈匝数、电流与线圈匝数的关系式。

第六章“电磁振荡和电磁波”增加位移电流的概念、电磁波的传播、传真、电视、雷达等内容。由于电磁振荡能够产生电磁波，因此第一节先通过实验介绍电磁振荡的产生、类型和周期公式。第二节在粗略地介绍麦克斯韦的电磁理论、位移电流概念后，指出麦克斯韦对电磁波的预见，给出无线电波各波段的参数和用途等。第三、四、五节则分别介绍电磁波的调制和发射方法、无线电波的三种传播方式，以及如何通过调谐和检波来接收电磁波。第六节介绍电磁波的应用——传真、电视和雷达的原理。

第七章“电子技术基础”的内容是以前十二年制教科书中没有的。教科书第一、二节利用具有共价键结构的半导体硅的模型，介绍电子导电、空穴导电、N 型和 P 型半导体。在此基础上，第三、四节介绍 PN 结单向导电的机理、晶体二极管、半波整流、全波整流、桥式整流和滤波。之后，第五、六节介绍晶体三极管的构造、放大作用、电流放大系数、晶体管放大器的工作原理。最后两节介绍晶体管收音机、电子二极管和电子三极管、集成电路。

光学部分只有一章（第八章）。新增定量研究光的干涉、物质波及其统计解释等内容。这一章按照人类对光的本性认识的发展过程来介绍。第一节作为全章的引言，简单回顾了这个过程。考虑到光的干涉、衍射内容的学习需要色散知识，因此把光的色散内容安排在第二节，介绍牛顿的实验研究和光的频率决定光的颜色。第三节“光的干涉”介绍杨氏实验，导出相邻两条明纹或暗纹间的距离与波长的关系式。对于光的衍射，只介绍实验和形成明暗条纹的原因，没有给出定量推导。以机械波为例说明横波的偏振，在此基础上，引导学生建立自然光和偏振光模型。第七节“电磁波谱”介绍红外线、紫外线、伦琴射线的性质和应用。第八节“光电效应”详细介绍光电效应实验及其得出的规律，以及给波动说带来的困难，之后介绍爱因斯坦的光子说和光电效应方程。最后两节“光的波粒二象性”“物质波”详述微观粒子既不是宏观观念的粒子，也不是宏观观念的波，经典物理无法解释，导致量子力学诞生。

原子和原子核包括两章（第九章和第十章）。第九章“原子结构”增加氢光谱的规律、原子的受激辐射和激光等内容。第一节描述 α 粒子散射实验、分析大角度偏转，给出卢瑟福提出的原子的核式结构学说。在第二、三节介绍的光谱和氢原子光谱各线系的基础上，第四节介绍玻尔理论，给出玻尔利用经典电磁理论和牛顿力学计算出的氢的电子在各个可能轨道上运动时的能量公式。最后一节在能级概念的基础上，介绍原子的受激辐射、氦氖激光器机理、激光的特性和应用等内容。

第十章“原子核”新增原子核的结合能和基本粒子的相关内容。在第二节探测放射线的方法中，增加对于计数器的介绍。第四节“放射性同位素”中介绍它的两类应用，即利用它的射线和作为示踪原子。在第五节“原子核的结合能”中，给出爱因斯坦的质能方程和平均结合能曲线。在第八节“基本粒子”

中，粗略介绍基本粒子的发现史和分类，以及我国的基本粒子理论工作者提出的强子结构的层子模型。

3. 特点

这套高中物理教科书注重对学生能力的培养，主要表现在培养学习能力和思维能力两个方面。

（1）注重培养学习能力。

学习能力，包括自学能力，需要在学习实践中不断积累经验，逐步提高。教科书作了新的尝试，在第一章“学好物理知识”就明确指出要学好物理，需要在做实验、学习概念规律、做练习题时注意哪些问题，并在之后的章节中不断提醒学生注意，以便加快学生学习经验的积累和学习能力的提高。

学习物理，实验能力的提高很重要。第一章第一节“做好物理实验”中，介绍过人类的物理知识来源于实践，特别是来源于科学实验的实践之后，说明做好实验对学习物理知识具有重要意义。然后就实验前、实验中、实验后三个环节分别提出具体的要求。

为了促使学生能够做到实验前预习、实验中手脑并用，切实培养实验能力，教科书改变了学生实验的写法。没有采用多年沿用的“目的要求、仪器设备、实验步骤”这一套格式，而是着重说明实验原理和做法，并随时提出一些问题让学生思考。

对于概念规律的学习，在第一章第二节“学好物理概念和规律”中，介绍过用数学公式和函数图像表示物理概念和规律的好处后，强调要特别注意概念的物理意义、规律的适用范围，并列举初中物理的例子加以说明。在后面的章节中又多次提醒学生注意概念的物理意义和规律的适用范围。如在第四章牛顿第二定律后专设一节“质量和重量”，强调这两个概念的物理意义是不同的，并根据 $G=mg$ 和 $\frac{G_1}{G_2}=\frac{m_1}{m_2}$ 介绍两者的联系；在第九章“理想气体的状态方程”一节，说明玻意耳－马略特定律、盖－吕萨克定律和查理定律的适用范围等。

对于如何对待练习，第一章第三节“做好练习”中，说明做好练习对学习物理知识的重要作用后，重点说明做练习时一般要注意的几个问题，即审题、确定要用的物理规律、利用规律解答、检验答案是否合理等。尽管这一节没有列举解题的实例，但全书复杂一些的例题的解答中，都有一段说明解题思路的文字，以帮助学生理解、掌握这里所说的问题。

（2）注重培养思维能力。

这套高中物理教科书主要在培养抽象思维能力、用实验研究问题的思维能力、建模并用模型研究问题的思维能力方面作了努力。

高中物理的学习虽然仍以实验观察为基础，但抽象思维的作用大大增加了。因此，教科书十分注意培养和发展学生的抽象思维能力。为使学生能够具体了解抽象思维的重要作用，教科书引用了伽利略的理想实验。先在第一章第二节“学好物理概念和规律”中简单说明物理规律的得出，需要分析、综合等抽象思维活动的参与，并举例说明，得出物体不受外力时将保持匀速直线运动的结论，就是在观察和实验的基础上，通过抽象思维得到的。然后，在第四章第一节“牛顿第一运动定律”给了学生一个抽象思维的范例，即专设小标题“历史的回顾”，用两页的篇幅，配合插图，详细介绍伽利略的理想实验，描述伽利略在日常经验的基础上，经过什么样的思维过程得出正确的结论，从而否定了长期以来人们相信的亚里士多德的说法。

教科书在叙述从观察物理现象中寻求规律时，力求呈现在经验事实的基础上，是经过怎样的抽象思维过程总结归纳出来的。例如，教科书下册第四章第一节在研究电磁感应现象时介绍了六个演示实验。先让学生观察三个实验得出假设，当导体和磁场发生相对运动时，就可以产生感生电流。这个假设是否正确需要检验，为此设计第四个实验。而实验表明相对运动产生感生电流的假设失败，因此需要更换假设。同时，第四个实验的现象又提示了一个新的假设，即可能是穿过电路的磁场发生变化会产生感生电流。如此，再设计第五个实验检验新的假设。果然，实验现象表明，这个新的假设是正确的，感生电流确实是与磁场的变化联系在一起的。但教科书并没有到此止步，而是引导学生进一步思考，并用第六个实验证明，只要穿过闭合电路的磁场发生变化，就会有感生电流。教科书如此不惜笔墨地给学生粗略地展示了“假设→考验，失败→更换，成功→继续……”这类从观察、实验获得物理规律的抽象思维过程，对于学生思维能力的发展很有帮助。

为进一步提高学生的抽象思维能力，教科书还在多处采用应用理论知识分析、推理，然后用实验去检验的方式引导学生思考。例如，教科书下册第一章

第八节“电场中的导体”中，从金属导体的自由电子模型出发，先从理论上分析，得到处于静电平衡状态的导体四个特点，然后用法拉第圆筒实验检验第四个特点。在下册第三章第六节讨论洛伦兹力问题时，以及第四章第二节研究感生电流的方向和楞次定律时，也都采用了这种方式。从教学的角度看，采用这种方式可能比分析实验现象总结出结论困难些，但对于培养学生的抽象思维能力有好处，有助于以后学习更抽象的内容。

为培养学生用实验来研究问题的思维能力，教科书注意介绍物理学史中一些著名的实验，既介绍实验的做法，也介绍一些实验的设计思想。例如，教科书下册第八章第二节在研究色散时，介绍牛顿的棱镜实验；第三节在研究光的干涉时，介绍杨氏实验。介绍这些实验，既有利于介绍相关的物理内容，又会使学生从前人的经验中学到一些科学的思维方法。

建立模型和用模型来研究问题，是物理学研究中常用的方法。为培养学生这方面的思维能力，教科书注意引导学生懂得建立物理模型的一些思考、了解一些用模型来研究问题的思维方法，以促进思维发展，降低学习近代物理观点时遇到的困难。例如，在研究光的偏振现象、光电效应和原子结构时，都是在演示实验的基础上，通过细致的分析、引导，介绍光的横波模型、爱因斯坦的光子模型和卢瑟福的原子核式结构模型，为之后学习较难理解的玻尔的原子模型奠定思维方法方面的基础。这些细致的介绍使学生了解物理模型只是在一定程度上对客观实际的模拟，是有一定的局限性的，并随着科学的发展而发展，因此我们从模型得到的知识也不应该是一成不变的。了解这一点，对于学生思维的发展也是有益的。

学习建立理想模型对于学习知识，研究、处理复杂问题都很有效。为了帮助学生掌握这种形式的科学抽象，教科书不厌其烦地介绍多种理想模型。如在说明哪些情况下可以把物体看成质点后，指出质点这个概念是一种科学的抽象，是一种理想化的模型。这种研究问题的方法，在物理学中常常用到。之后还介绍了弹簧振子、单摆、理想气体、点电荷等理想模型。

附录1　人教版《全日制十年制学校初中课本（试用本）物理》目录

第四章 液体的压强

一、液体对压强的传递

二、液压机液压传动

三、液体内部的压强

四、实验：研究液体内部的压强

五、连通器

第五章 气体的压强

一、大气压

二、大气压的变化

三、气压计

四、虹吸现象

五、离心式水泵

六、气体的压强和体积的关系

七、参观：离心式水泵

第六章 浮力

一、浮力 阿基米德定律

二、实验：用阿基米德定律测比重

三、物体的浮沉条件

四、物体浮沉条件的应用

第七章 运动和力

一、机械运动

二、匀速直线运动

三、变速直线运动

四、惯性定律

五、运动和力

六、摩擦

七、实验：研究滑动摩擦

八、滑动摩擦系数

九、增大和减小摩擦的方法

第八章 简单机械

一、杠杆

二、实验：研究杠杆的平衡条件

三、杠杆的应用

四、轮轴

五、滑轮

六、参观：起重机

第九章 功和能

一、功

二、功率

三、功的原理

四、斜面螺旋

五、机械效率

六、实验：测滑轮组的机械效率

七、机械能

八、水流能的利用

第十章 热量

一、温度

二、温度计

三、实验：用温度计测量温度

四、热量

五、比热

六、热量的计算

七、比热的测定

第十一章 物态变化

一、熔解和凝固

二、实验：萘的熔解和凝固

三、汽化

四、液化

五、升华和凝华

第十二章 分子热运动 热能

一、分子运动论的初步知识

二、气体、液体和固体的分子结构

三、热能

四、热功当量

五、能的转化和守恒定律

第十三章 热机

一、汽油机的工作原理

二、柴油机的工作原理

三、热机的效率

四、热机发展概况

五、参观：柴油机

附录：本书中用到的物理量及其单位

第二册

第一章 电流和电路

一、电子论的初步知识

二、导体和绝缘体

三、电流

四、电池

五、电路

六、实验：组成串联电路和并联电路

第二章 电流定律

一、电流强度

二、实验：用安培表测电流强度

三、电压

四、实验：用伏特表测电压

五、电阻 电阻定律

六、实验：用滑动变阻器改变电流强度

七、金属电阻率和温度的关系

八、半导体

九、欧姆定律

十、实验：用伏特表、安培表测电阻

十一、导体的串联

十二、导体的并联

十三、简单电路的计算

第三章 电功 电功率

一、电功

二、电功率

三、实验：测定小灯泡的功率

四、焦耳定律

五、照明电路

六、安全用电

七、实验：安装简单的照明电路

第四章 液体、气体、真空中的电流

一、液体中的电流

二、电解

三、气体中的电流

四、气体放电光源

五、真空中的电流

第五章 电磁现象

一、简单磁现象

二、磁场

三、电流的磁场

四、磁体的结构和本质

五、电磁铁和它的应用

六、实验：安装水位自动报警器模型

七、磁场对电流的作用

八、直流电动机

九、实验：安装直流电动机模型

第六章 电磁感应

一、电磁感应现象

二、右手定则

三、实验：验证右手定则

四、交流电

五、发电机

六、三相交流电

七、三相异步电动机

八、变压器

九、远距离输电

十、参观：三相异步电动机

第七章 光的反射

一、光的直线传播 光的速度

二、光的反射定律

三、平面镜成像

四、实验：研究平面镜成像

五、球面镜

第八章 光的折射

一、光的折射定律

二、折射率

三、实验：验证光的折射定律、测定玻璃的折射率

四、全反射

五、棱镜和透镜

六、实验：研究凸透镜成像

七、凸透镜成像作图法

八、凸透镜公式

九、实验：测定凸透镜的焦距

十、凹透镜成像

第九章 光学仪器

一、眼睛

二、显微镜

三、望远镜

四、实验：组装显微镜、望远镜模型

附录2 人教版《全日制十年制学校高中课本（试用本）物理》目录

上册

第一章 学好物理知识

一、做好物理实验

二、学好物理概念和规律

三、做好练习

第二章 力 物体的平衡

一、力

二、重力

三、弹力

四、摩擦力

五、牛顿第三定律

六、物体受力情况分析

七、共点力的合成

八、力的分解

九、力的正交分解法

十、共点力作用下物体的平衡

十一、有固定转动轴的物体的平衡

第三章 变速运动

九、人造地球卫星

第六章 机械能

一、功

二、功率

三、动能定理

四、动能定理的应用

五、重力势能

六、弹性势能

七、机械能守恒定律

八、机械能守恒定律的应用

九、功和能

第七章 动量

一、冲量和动量

二、动量的变化

三、动量守恒定律

四、动量和牛顿运动定律

五、弹性碰撞

*六、中子的发现

*七、反冲运动火箭

第八章 机械振动和机械波

一、机械振动

二、简谐振动

三、简谐振动方程和周期公式

四、单摆

五、简谐振动的图象 相和相差

六、同一直线上的简谐振动的合成

七、受迫振动 共振

八、机械振动在媒质中的传播——机械波

九、波的图象

十、波的干涉

十一、波的衍射

*十二、超声波

*十三、噪声的危害和控制

第九章 气态方程 气体分子运动论

一、气体的状态参量

二、气体的等温变化 玻意耳－马略特定律

三、气体的等压变化 盖·吕萨克定律

四、热力学温标

五、气体的等容变化 查理定律

六、理想气体的状态方程

七、理想气体状态方程的应用

八、物质分子运动论

九、气体实验定律的微观解释

第十章 内能 能的转化和守恒定律

一、物体的内能

二、内能的变化

三、能的转化和守恒定律

四、能的转化和守恒定律的重要意义

学生实验

一、游标卡尺的使用

二、螺旋测微器的使用

三、互成角度的两个力的合成

四、有固定转动轴物体的平衡

五、研究匀变速运动的规律

六、研究平抛物体的运动

七、验证牛顿第二定律

八、验证机械能守恒定律

九、研究弹性碰撞

十、用冲击摆测弹丸的速度

十一、研究单摆的振动周期

十二、验证玻意耳－马略特定律

十三、验证气体状态方程

附录一 有效数字

附录二 国际单位制（SI）

附录三 量纲

下册

第一章 电场

一、库仑定律

二、电场电场强度

三、在电场中移动电荷做功 电势能

四、电势 等势面

五、电势差 电势差跟电场强度的关系

六、带电粒子在电场中的运动

七、示波管

八、电场中的导体

九、电场中的电介质

十、电容器 电容

十一、常用电容器的连接

第二章 稳恒电流

一、电流

二、欧姆定律

三、电功和电功率

四、串联电路

五、并联电路

六、电动势 闭合电路的欧姆定律

七、电池组

八、欧姆定律的应用

五、电磁波的接收

* 六、传真 电视 雷达

第七章 电子技术基础

一、半导体的导电特性

二、N 型半导体和 P 型半导体

三、晶体二极管 PN 结

四、二极管整流

五、晶体三极管

* 六、晶体管放大器

* 七、晶体管收音机

* 八、电子器件的发展

第八章 光的本性

一、光的微粒说和波动说

二、光的色散

三、光的干涉

四、光的衍射

五、光的偏振

六、光的电磁说

七、电磁波谱

八、光电效应

九、光的波粒二象性

* 十、物质波

第九章 原子结构

一、原子的核式结构的发现

二、光谱

三、氢光谱的规律

四、原子的定态和能级

* 五、原子的受激辐射 激光

第十章 原子核

第十二章 调整学制、课程，编写物理教科书（1981—1991）

一、教科书编写背景

（一）社会背景

20 世纪 80 年代，中国的政治、经济、文化、科技与教育都在逐步恢复和发展。作为改革开放的总设计师，邓小平直接推动了教育领域的“拨乱反正”，成为了这一时期教育方针和教育改革方向的奠定者。1983 年，他为景山学校题词“教育要面向现代化，面向世界，面向未来”，正式提出了教育现代化的任务。20 世纪 80 年代初期的思想解放，孕育了中国教育改革的能量，这些能量充分的发挥出来，成为推动包括教育在内的整个社会改革的巨大动力。

1984 年，党的十二届三中全会通过的《中共中央关于经济体制改革的决定》指出：“进行社会主义现代化建设必须尊重知识，尊重人才。”“科学和教育对国民经济的发展有极其重要的作用。随着经济体制的改革，科技体制改革和教育体制改革越来越成为迫切需要解决的战略性任务。”随后，科技体制改革与教育体制改革的有关决定也相继公布。1986 年《中华人民共和国义务教育法》的颁布标志着我国义务教育进入了依法普及的历史阶段。

（二）教育概况

1980 年 12 月，中共中央、国务院发布《关于普及小学教育若干问题的决定》，提出了从小学到初中的普及教育，为 20 世纪 80 年代中期义务教育的提出作了充足的准备工作。

1985 年 5 月颁布的《中共中央关于教育体制改革的决定》是新时期教育的真正起点。《决定》提出与“以经济建设为中心”的政治路线相一致的新的教育方针，即：“教育必须为社会主义建设服务，社会主义建设必须依靠教育。”强调教育促进经济和社会发展的功能。《决定》还指出：“教育体制改革的根本目的是提高民族素质，多出人才，出好人才。”“把发展基础教育的责任交给地方，有步骤地实行九年义务教育。”

1986年4月，第六届全国人民代表大会第四次会议审议通过了《中华人民共和国义务教育法》。自1986年7月1日起，全国推行九年制义务教育。这是我国首次把免费的义务教育用法律的形式固定下来，义务教育法的制定标志着我国基础教育发展进入一个新阶段。

二、教科书总体介绍

（一）课程设置

教育部1978年1月颁布的《全日制十年制中小学教学计划（试行草案）》规定小学5年，中学5年分为初中3年和高中2年。经过两年多的实践，发现按照这个教学计划，中学5年难以完成教学任务，而小学5年毕业后不能升学的学生因为年龄太小又不能就业。

1980年12月中共中央、国务院发布的《关于普及小学教育若干问题的决定》指出：“中小学学制准备逐步改为十二年。”1981年4月教育部颁布《全日制六年制重点中学教学计划（试行草案）》和《全日制五年制中学教学计划试行草案的修订意见》，规定：“中学学制定为六年……多数地区争取在1985年以前，把中学学制改为六年。”

两种学制教学计划的初中物理课时安排相同，都是初二每周2课时，初三每周3课时，两年合计164课时，占初中上课总时数的5.36%。

《全日制六年制重点中学教学计划（试行草案）》附加了两个教学计划表：“单科型选修”的教学计划表和“分科型选修”的教学计划表。

“单科型选修”的教学计划表中，高中二、三年级每周各开4课时选修课。选修课根据学生的要求、社会的需要和学校的条件而定，可以另设新课，例如职业技术课，也可以就必修课的某一门或某几门开设加深加宽的选修课，供学生选修。学生可以选一门或两门，也可以不选。在这个计划表中，高一、高二、高三每周的物理课时分别为4、3、4，三年合计336课时，占高中上课总时数的

12.32%。

“分科型选修”的教学计划表中，侧重文科的，高中物理课只在高一开设，每周4课时，全年128课时，占高中上课总时数的2.30%；侧重理科的，高一、高二、高三都开物理课，每周的课时数分别为4、4、5，三年合计396课时，占高中上课总时数的14.84%。侧重文科的学生对于数学、物理、化学等学科在程度上要求浅一些，计算和实验等方面要求低一些。而侧重理科的学生则在数学上适当加强基本技能的训练和能力培养，对物理、化学适当加强实验。

五年制中学的高中物理课时是高一每周4课时，高二每周5课时。两年合计268课时，占高中上课总时数的14.63%。

同1978年的教学计划相比，1981年的教学计划中安排的物理课时数发生了较大的变化：初中物理课时数减少，初二物理由3课时减为2课时，因此减少了教学内容，以适应课时减少的变化。高中物理课时数，五年制的减少，六年制的增加，因此六年制不分文、理科的重点高中基本保持程度不变，但是适当降低了力学部分的要求，以利于打好基础，减轻学生负担。

1983年8月教育部在北京召开中学数理化教学要求讨论会，确定高中数理化三科实行两种教学要求——基本要求和较高要求，使不同文化程度的学生都能在原有基础上学有所得，减轻过重的学习负担，为就业和升学打下必要的基础。同年11月教育部颁发《高中数学、物理、化学三科两种要求的教学纲要》。文件第二条提到：“学校采用哪种教学要求，要从实际出发，根据学生基础和学校条件确定。一般地说，二年制高中，由于课时少，可按基本要求的教学纲要进行教学；首批办好的重点中学，学生的学习基础、学校的条件较好，可按较高要求的教学纲要进行教学；其他三年制高中，可根据学校的实际情况自行确定。”文件的附件二是《高中物理教学纲要（草案）》，分“基本要求内容”和“较高要求内容”，都是在1980年第2版十年制学校物理教学大纲高中教学内容基础上修改的。

（二）教科书概况

1. 教科书概览

在20世纪80年代，全国主要使用的初中物理教科书是由人民教育出版社编写的《初级中学课本物理》，而根据高中两种不同的教学计划，由人民教育出版社编写的《高级中学课本（试用）物理（甲种本）》和《高级中学课本（试用）物理（乙种本）》也是最广泛使用的两套教科书。1988年以后，我国开始了教科书多样化的探索，一些地方和大学开始进行不同版本教科书编写的工作，这些教科书主要在20世纪90年代开始使用。

人民教育出版社1982年出版的《初级中学课本物理》，是根据1981年的中学教学计划试行草案，在1978年人民教育出版社出版的《全日制十年制学校初中课本（试用本）物理》的基础上编写的。1986年根据新颁布的《全日制中学物理教学大纲》，人民教育出版社对该套教科书进行了修订，成为人教版第六套物理教科书中的初中教材。

《高级中学课本（试用）物理（甲种本）》（以下简称“甲种本”）是人民教育出版社根据教育部1981年颁发的《全日制六年制重点中学教学计划（试行草案）》和1983年颁发的《高中物理教学纲要（草案）》的“较高要求”，在1978年版的《全日制十年制学校高中课本（试用本）物理》的基础上改编而成的，全套书共分三册。

与甲种本对应，同时期的《高级中学课本（试用）物理（乙种本）》（以下简称“乙种本”）是人民教育出版社根据教育部1981年颁发的《全日制五年制中学教学计划试行草案的修订意见》和1983年颁发的《高中物理教学纲要（草案）》的“基本要求”编制成的，供五年制中学和条件一般的六年制中学高中选用。这套书分为上、下两册。甲种本与乙种本成为人教版第六套物理教科书中的高中教材。在使用中，由于高等学校入学考试是按教学纲要的较高要求命题，很多教师和学生认为学习乙种本在高考竞争中会处于劣势，因此即使是在普通中学，一些教师和学生也会使用甲种本，教学内容的深度和广度、练习和习题的难度也都向甲种本靠拢。所以，可以说乙种本从影响力上要逊于甲种本。由此也可以看出，在高等学校入学考试按一个标准命题的情况下，要在中学实施不同的教学要求是很困难的。

1986年颁布的《全日制中学物理教学大纲》把1983年《高中物理教学纲要（草案）》的基本要求作为高中的教学内容，较高要求只作为附录。因而甲种本不再列入教学用书表，乙种本修订成为通用的《高级中学课本物理》第2版，删去了“乙种本”字样，供全国使用。

1986 年 9 月，全国中小学教材审定委员会成立大会在北京召开。会上，国家教委明确了“一纲多本”的中小学教材编选原则，即全国统一教学大纲，各地、各单位或个人均可编写教材，经全国中小学教材审定委员会审查通过后，就可以向全国推荐，由各地选择使用。1988 年 5 月国家教委颁布了《九年制义务教育教材编写规划方案》，规划部署了中小学教材多样化改革的具体实施方向。教材的多样化是为了供不同地区、不同条件的学校使用适合自己的教材。不同版本教材的出现，对促进我国教材建设的繁荣，提高教材的编写质量，推动教材建设竞争机制的形成，起到了一定的积极作用。①

2. 典型教科书的选取

20 世纪 80 年代我国中小学教科书的编写还是“一纲一本”，使用的教科书是由人民教育出版社根据教学大纲进行编写的，初中是《初级中学课本物理》，而高中根据两种不同的教学计划分别有《高级中学课本（试用）物理（甲种本）》和《高级中学课本（试用）物理（乙种本）》两套教科书。

1988 年以后，一些地方和大学开始进行不同版本教科书编写的工作。这些新加入进来的编写组织，没有完全重新编写新的教材，而是参考人教版教材，针对不同地区和学生情况对教材进行了改写，并在教学中逐步实验、完善起来。这些教材主要在 20 世纪 90 年代开始逐步走向成熟。

由于甲种本内容深、容量大，与作为选拔性考试的高考更加贴近，甚至在 20 世纪 90 年代仍然有很多重点学校将它作为学生学习的参考资料，因此产生了很大的影响。乙种本在 1986 年以后修订成为《高级中学课本物理》，供全国中学生使用。因此，本部分选择了人民教育出版社出版的《初级中学课本物理》和《高级中学课本（试用）物理（甲种本）》和《高级中学课本（试用）物理（乙种本）》三套教材进行分析。

① 闫金铎．教育回望：1988 中小学教材建设改革的发端［N］．中国教育报，2009.9.7.

三、人教版《初级中学课本物理》分析

（一）基本信息

《初级中学课本物理》共两册，封面如图 12-1 所示，由人民教育出版社出版，使用时间从 1982 年至 1994 年。第一册由马淑美和邢蕙兰编写，由雷树人审订，1982 年秋季在全国初中二年级开始使用。1982 年 2 月第 1 版，共 198 页，10.6 万字，彩图 7 幅，插图 167 幅，学生实验 9 个，习题 184 道，小实验 10 个，阅读材料 9 篇。第二册由郭连璧、马冬玲编写，由雷树人审订。1983 年 1 月第 1 版，共 260 页，14 万字，彩图 8 幅，插图 228 幅，学生实验 13 个，习题 187 道，小实验 15 个，阅读材料 13 篇。

图 12-1 《初级中学课本物理》封面

1986 年《全日制中学物理教学大纲》颁布后，初中物理教科书作了修订，1987 年出版了第 2 版。由于大纲的教学内容变化不大，所以修改的内容不多。

（二）结构与内容

1. 体系结构

这套教科书分为上、下两册，共 19 章。其中，力学的有关内容集中在第一册，包括力和运动、密度、压强、浮力、功和机械能等。而光学、热学、电学则在第二册。各章下分 4～14 节，节中编有“练习”，各章末编有“复习题”。

全书具体体系结构如下。

第一册

序言

第一章 测量

第二章 力

第三章 运动和力

第四章 密度

第五章 压强

第六章 浮力

第七章 简单机械

第八章 功和能

附录

第二册

第一章 光的初步知识

第二章 热膨胀 热传递

第三章 热量

第四章 物态变化

第五章 分子热运动 热能

第六章 热机

第七章 简单的电现象

第八章 电流的定律

第九章 电功 电功率

第十章 电磁现象

第十一章 用电常识

附录

2. 内容

初中第一册主要涉及力学，包括以下内容。

运动和力主要包括基本物理量的测量、力、运动和力的关系等内容。首先介绍了长度和质量的测量。长度测量的工具主要介绍了刻度尺。在介绍重力时，强调了物体所受重力的大小跟质量成正比，为下一节介绍力的单位作好铺垫。在“机械运动的分类”一节，先说明研究问题要从最简单的情况入手这种研究问题的方法，再研究最简单的运动——匀速直线运动。为了教给学生如何运用物理公式解题，教科书还增加了一节“运动路程和时间的计算”，让学生通过公式变形来求出运动路程和时间。

压强和浮力涉及大气压强、液体压强以及液体的浮力等相关知识。教科书在第五章分三节由浅入深地介绍了液体内部的压强。第五节用几个简单的演示实验，使学生直观地看到液体对底部和侧壁都有压强，压强随深度的增加而增大；第六节让学生自己动手实验，得出液体的压强跟深度成正比的规律；第七节再进一步研究计算液体内部压强的公式，然后把计算方法推广到一般情况，逐步推导出计算液体压强的一般公式。这样通过一步步由浅入深、由具体到抽象、由具体例子推广到一般情况的方法，减小了抽象思维的跨度。对于托里拆利实验，学生不能直观地感受到玻璃管外水银面上的大气压强，因而对实验不容易理解。针对这一情况，教科书特别加以分析：如果玻璃管上端是开口的，那么管内水银面上就受到跟管外水银面上相同的大气压强，管内外的水银面就会相平；现在管内水银面上方没有空气，管内水银柱不下降，正是由管外水银面上受到的大气压强支持着的。关于浮力，为了使学生认识不但浮在液面的物体受到浮力，浸在液体里的物体也受到浮力，因而教科书安排了将金属块浸没在水中的实验。在此之后设计的学生实验“研究物体浮在液面的条件”，在试管里装入沙子作为浮体，放入盛水的量筒中，通过改变沙子的多少来改变浮体的重量和排开水的体积，这样的设计降低了实验中计算的难度，还有利于巩固浮力的知识和加深对物体浮在液面的条件的认识。

此外，教科书中的物理量单位一律改用国际单位制单位。其中变化最大的是力的单位不再用千克力，而改用牛顿，压强的单位改用帕斯卡。由于取消了物理名词“比重”，计算液体压强的公式也改为 $p=\rho gh$。

简单机械、功和能主要介绍了杠杆和滑轮等简单机械的内容，并介绍了功和机械能的有关知识。首先简单介绍了杠杆，只给出支点在动力和阻力中间的一种杠杆，重点介绍了动力、阻力、支点、动力臂、阻力臂等概念，为下节用实验研究杠杆的平衡条件作好准备。对于功的单位只介绍了焦耳，而功率的单位主要介绍了瓦特和千瓦。考虑到马力在工程技术上还常用，所以介绍了马力跟瓦特的换算关系。对于功的原理的表述是："利用任何机械时，人们所做的功，都等于不用机械而直接用手所做的功。"这种说法虽然有一定的局限性，不很严谨，但是通俗易懂，也不违背科学性，从而避开了学生不好理解的动力对机械做功、机械克服阻力做功的问题。同时，机械效率也避开了有用阻力和额外阻力的概念，而是直接通过杠杆、轮轴、动滑轮提起钩码做功的实验，指出利用机械做功，由于存在摩擦等因素，不得不用更大的拉力，做的功也更多，然后说明什么是有用功、额外功和总功。计算机械效率时，也是要求学生能直接找出有用功和总功即可。

初中第二册主要涉及光学、热学和电磁学的相关知识，包括以下内容。

光现象包括光的传播、平面镜成像和凸透镜成像规律等知识。光的直线传播没有涉及光在非均匀介质中的传播情况，也就没有提出"均匀介质"一词，通俗地表述为"光在同一种物质里传播的路线是直的"。对于平面镜成虚像，为了便于学生理解，教科书先把物体简化为一个发光点，研究这个发光点在镜中的像是怎样形成的，然后再推论到整个物体的成像情况。平面镜成像的规律由实验得出，没有几何证明，因为数学课中学生还没有学过平面对称。光的折射只作了定性介绍，在演示基础上给出了初步的规律，而凸透镜成像的规律则是由学生通过实验得出的，没有介绍成像作图法和公式。

热现象包括热膨胀、温度、热传递、热量和比热容等内容。为了使学生认识热量跟温度的区别，课文先以加热水为例，说明水吸收的热量不但跟水升高的温度有关系，还跟水的质量多少有关系，然后用 1 g 水升高 1 ℃吸收的热量作为热量的单位——卡。接着根据卡的定义，直接计算水的温度改变时吸收或放出的热量。燃料的燃烧值在课文中没有给出计算公式，而是让学生直接计算，以便于理解其物理意义，避免死套公式。在介绍过比热容的概念后，通过例题给出物体温度改变时热量的计算公式和热平衡方程。由于学生是第一次遇到用图像表示物理过程，教科书把萘的熔解和凝固图像放在正文中讲解，使学生理解图像各段的物理意义，也为后面的学生实验作准备。介绍热和功时，为了使学生能准确认识内能、热量和功，教科书增加了一节“改变物体热（内）能的方法”，用实验说明热传递和做功是改变物体内能的两种方法，并指出它们是等效的，从而使学生正确理解量度热传递和做功这两种过程的物理量（热量和功）之间的关系。在介绍了能的转化和守恒定律以后，还增加了一节“能源的开发和利用”，简单介绍开发新能源和节能的问题，从而加强了科学与社会的联系。关于热机的效率，主要使学生了解热机能量损失的原因和提高热机效率的途径，没有给计算公式。最后一节“热机和环境保护”，其目的是使学生对热机的大量使用造成的环境污染和危害有所认识，增强环保意识。

电现象包括电流、电压、电功、电磁现象以及用电常识等内容。电流是电学的重点知识，教科书在介绍了电流是由电压引起的之后，接着研究电流跟电压的关系，得出导体中的电流跟加在导体两端的电压成正比的结论，进而引出电阻，最后再总结出欧姆定律。这个过程有利于学生对欧姆定律的理解，也比较符合学生的认知规律和历史发展过程。为减轻教学负担，对于电功率只介绍基本公式。在介绍额定功率时，只指出如果加在用电器上的电压不等于它的额定电压，它的实际功率就不等于它的额定功率。而电磁感应现象，只做闭合电路的部分导体在磁场里做切割磁感线运动的演示，没有做闭合的螺线管与磁体做相对运动产生感生电流的实验，也是为了减轻教学。第十章最后还有一节“电能在国民经济中的重大意义”，介绍我国电力工业的发展情况，对学生进行爱国主义教育。

3. 特点

（1）教材内容与紧贴教学实际。

这套书继承了第五套初中物理教科书重视基础知识和培养能力，重视知识的系统性和理论联系实际等优点。同时，删去了原教科书中某些过难的内容，降低了部分内容的教学要求，增加了教科书的可读性和趣味性。在教学内容的安排、讲述语言、重难点的教学设计以及例题和习题等方面，都根据教学的实际情况，进行了调整。

教学内容的顺序符合学生认知。这套教科书的内容编排充分考虑了物理知识的难易程度和学生的接受能力。例如，初中关于运动和力的知识比较浅显，主要只涉及匀速直线运动，同时学生对有关的一些力学现象也比较熟悉，因而教科书把运动和力提到密度、压强前面学习。对于其中有关速度计算的问题，由于学生在小学数学中就已经接触过，所以难度不大。而密度、压强、液体压强、大气压强的知识则比较抽象，学生也比较陌生。所以调整后有利于降低初二学生初学物理的难度。另外，根据教学大纲的要求，数学知识较为复杂的几何光学和三相交变电流的内容被移到高中学习，因此删减后的光学部分比较简单易学，放在了热学前面学习。

内容阐述通俗易懂，适合初中学生水平。初中学生的知识水平和理解能力有限，因此许多知识不可能介绍得很严谨，否则就会增加学生的学习困难。所以，这套教科书中的一些学生理解困难的内容，在不违背科学性的前提下，进行了简单通俗地改写，不过分追求严谨，不死抠定义，以便于学生学习。例如，匀速运动的定义就表述为："物体在一条直线上运动，如果在相等的时间内通过的路程都相等，这种运动就叫作匀速直线运动。"除此以外，在功的原理的表述中采用"用手做的功"、机械效率避开有用阻力等概念和光的直线传播中不出现"均匀介质"等地方，都可以看出这种改变。

突出重点，减少次要内容。这套教科书在讲述知识时，注意突出重点，讲清基本知识，减少次要内容，从而帮助学生解决重难点内容。例如，对液体内部的压强，教科书采用从具体到抽象，减小抽象思维跨度的办法来引导学生学习。从简单的演示实验认识液体压强，学生动手实验得出液体的压强跟深度成正比，再分析、研究，逐步导出计算液体压强的一般公式。在介绍浮力时的实验安排、比热容所涉及的热量计算中，都体现了突出重点、减少次要内容的设计思路。此外，与第五套初中物理教科书相比，本套教科书删去了弹簧的伸长跟外力的关系、滑动摩擦系数、液压传动、虹吸现象、功的原理在螺旋上的应用、光的折射定律、凸透镜成像作图法和公式、光学仪器、热平衡方程、液体、气体、真空中的电流，三相交变电流等内容。

通过习题、例题培养解决问题的能力。为了使学生更好地理解知识，学习运用知识解释物理现象和解决简单的实际问题，减轻学习负担，这套教科书计算题数量不多、难度不高，同时配有较多的问答题和实验题。在上、下两册的 371 道题目中，问答题和实验题共计 219 道，约占题目总数的 60%。这些题目中不仅有大量的类似解释高原反应或夏天自行车容易爆胎这样与生活结合的物理知识题目，也有利用功的原理讨论为什么要使用机械这样的理论问题，还有观察电能表的使用这样的调查活动以及很多适合学生动手的小实验。让学生在做题的过程中，加深对物理概念的理解。此外，编入的计算题多数是基本练习性的，只有少量比较简单的综合题。这套教科书中例题的写法也重在突出解题的思路，从而逐步培养学生运用知识解决简单物理问题的能力。

（2）注意激发学生学习物理的兴趣和愿望。

语言叙述生动、亲切。本套教科书语言生动、亲切，课文的可读性和趣味性较高，有利于提高学生的学习兴趣。例如，作为初二学生初学物理的第一课“序言”，通过增加什么是自然现象、什么是物理学、怎样研究物理、怎样学习物理等问题，改变了过去学术味较浓的写法。从“太阳为什么会发光？月亮为什么时圆时缺？雷电是怎么产生的？彩虹又是怎么产生的？为什么夏天扇扇子觉得凉快，冬天要穿棉、毛衣才觉得暖和？”这样在生活中常见的问题出发，引出要回答这些问题，就需要物理知识。这些问题拉近了学生与物理知识的距离，增加了学生的亲切感，引起了学生的学习兴趣和学习愿望。

教科书通过“阅读材料”等扩展内容，提高学生兴趣。这套书的“阅读材料”，两册共有 22 篇，几乎每章都有。阅读材料中有的是介绍一些科学史，例如，长度单位的发展过程、大气压发现的历史、人类对摩擦起电的认识、我国古代对杠杆的应用。有的是介绍科学家的故事，例如，阿基米德的故事、牛顿、欧姆、焦耳、法拉第、爱迪生等科学家的简介。还有的是扩展知识，例如，伽利略论运动和静止的相对性、水的反常膨胀、制冷设备、新型电池、风能和潮汐能的利用。这些阅读材料可以使学生开阔眼界，扩展知识，体会科学家思考、研究问题的方法，学习他们刻苦钻研的精神。

教科书还结合教学内容，介绍了一些有趣的现象并提出一些开放性的问题供学生思考。例如，介绍过重力后，列举一些现象说明重力的重要性，并提出如果失去重力，我们的生活和世界都会改变。在此基础上，在介绍摩擦时，就直接安排让学生自己思考没有摩擦的世界会是什么样子。

另外，教科书中还增加了课外的“小实验”栏目，两册共有小实验 25 个。小实验主要是一些有趣味和有一定实际意义的实验，实验器材易得，简单易做。例如，测量细金属丝的直径、求形状不规则的物体的重心、“筷子提米”（图

12-2)、测自己的最大功率、用纸盒烧开水、自制滑动变阻器控制小灯泡亮度、测用电器的功率、安装楼梯开关等。这些小实验能够培养学生爱观察、爱动手的习惯并提高学生的观察和实验能力。

这些阅读材料和小实验不仅提高了教科书的趣味性，而且还可以因材施教，给爱好物理并且学有余力的学生提供课外发展的余地。

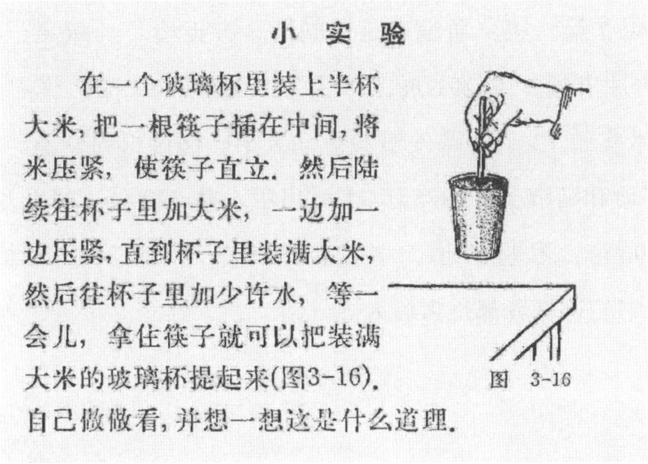

小 实 验

在一个玻璃杯里装上半杯大米，把一根筷子插在中间，将米压紧，使筷子直立．然后陆续往杯子里加大米，一边加一边压紧，直到杯子里装满大米，然后往杯子里加少许水，等一会儿，拿住筷子就可以把装满大米的玻璃杯提起来(图3-16)．自己做做看，并想一想这是什么道理．

图 3-16

图 12-2 “筷子提米”小实验

（3）培养学生的实验和自学能力。

以前教科书中的学生实验大都是验证性的，用来验证学过的知识。而在这套教科书中把有些验证性的学生实验改成了探索性实验，例如，研究液体内部的压强、研究杠杆的平衡条件、研究凸透镜成像等。在探索性实验中，需要学生在实验中注意观察现象，自己分析实验数据、归纳得出结论，从而可以使学生通过实验研究，逐步学习探索问题的方法，进而培养观察和实验的能力。另外，教科书中的一些实验题、课外小实验、小制作，都是让学生自己独立完成的，也有助于提高学生的实验操作的能力。

此外，这套教科书把以前教科书中章末的“内容提要”改成了“复习题”，让学生以“复习题”为线索，自己复习本章的知识，进行总结，提高自学能力。

四、人教版《高级中学课本（试用）物理（甲种本）》分析

（一）基本信息

《高级中学课本（试用）物理（甲种本）》共三册，封面如图 12-3 所示。第一册编者是张同恂、方玉珍和马淑美，1983 年 11 月出版，共 371 页，24 万字，插图 243 幅，练习题 274 道，习题 99 道，学生实验 16 个，课外实验活动 8 个，阅读材料 7 篇。第二册编者是张同恂、方玉珍、马淑美、郭连璧和李福利，1984 年 7 月出版，共 291 页，19 万字，插图 187 幅，练习题 210 道，习题 35 道，学生实验 13 个，课外实验活动 8 个，阅读材料 9 篇。第三册编者是张同恂、方玉珍和马淑美，1985 年 11 月出版，共 372 页，24.1 万字，插图 302 幅，练习题 196 道，习题 64 道，学生实验 11 个，课外实验活动 8 个，阅读材料 7 篇。三册书的审订者都是雷树人。

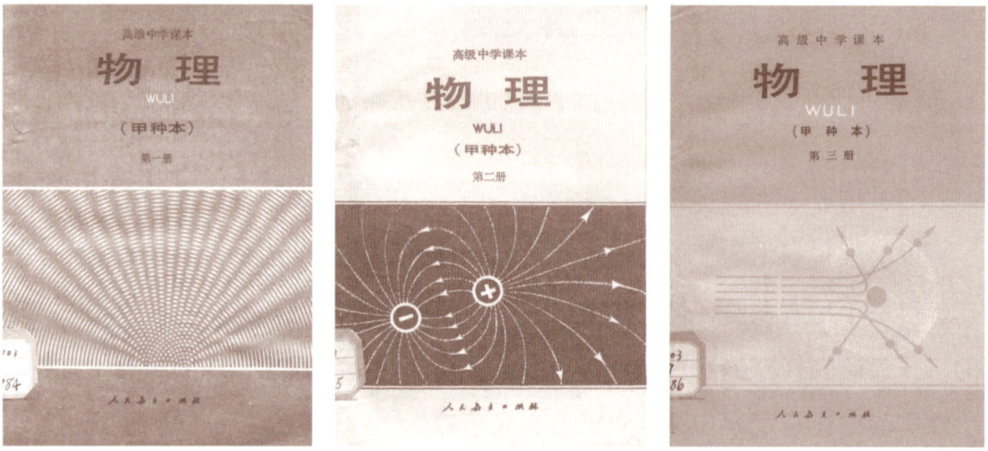

图 12-3 《高级中学课本（试用）物理（甲种本）》封面

甲种本是为重点高中编写的，但是一些普通校也要求学生使用。1986 年《全日制中学物理教学大纲》把 1983 年教学纲要的基本要求作为高中的教学内容，较高要求只作为附录，因而甲种本不再列入教学用书表。但一些重点高中仍然坚持使用甲种本，持续到 1990 年。正式停止使用后，为了响应重点高中的教学需求，人民教育出版社于 1993 年，由张同恂、扈剑华改编为《高中物理读本》，作为学生课外读物继续使用，一直持续到 2000 年。

（二）结构与内容

1. 体系结构

这套教科书是人民教育出版社根据教育部 1981 年颁发的《全日制六年制重点中学教学计划（试行草案）》和 1983 年颁发的《高中物理教学纲要（草案）》的“较高要求”，在《全日制十年制学校高中课本（试用本）物理》的基础上改编而成的，内容的深度、广度与试用本的基本相同。

甲种本分为三册，第一册内容包括力学，第二册内容包括热学、电学，第三册内容包括电学、光学、原子结构和原子核。全套书内容共分 26 章，每节后编有“练习”，章末编有“复习题”“习题”。各册末编有“学生实验”“课外实验活动”。

全书具体体系结构如下。

第一册

　　引言

　　第一章 力

　　第二章 直线运动

　　第三章 运动定律

　　第四章 曲线运动

　　第五章 万有引力定律

　　第六章 物体的平衡

　　第七章 机械能

　　第八章 动量

　　第九章 机械振动和机械波

　　学生实验

　　课外实验活动

　　附录

第二册

　　第一章 分子运动论基础

　　第二章 内能 能的转化和守恒定律

第三章 气体的性质

第四章 固体和液体的性质

第五章 物态变化

第六章 电场

第七章 稳恒电流

第八章 物质的导电性

学生实验

课外实验活动

附录

第三册

第一章 磁场

第二章 电磁感应

第三章 交流电

第四章 电磁振荡和电磁波

第五章 光的反射和折射

第六章 光的波动性

第七章 光的粒子性

第八章 原子结构

第九章 原子核

学生实验

课外实验活动

附录

2. 内容

第一册

力和运动主要包括力、运动规律、曲线运动、万有引力、平衡、机械能、动量、机械振动和机械波等内容。为了减少学生开始学习高中物理时遇到的困难，降低与初中物理的台阶，教科书没有安排静力学的知识，而是从动力学所必需的预备知识入手。由于学生在初中已经学习过匀速直线运动的知识，这里主要是在复习的基础上予以提高。而在曲线运动中讲授运动的合成和分解以及平抛、斜抛和匀速圆周运动。对于曲线运动的研究，是从运动学和动力学两方面来进行的。阐明曲线运动的特点和描述方法，分析物体做曲线运动的受力情况，突出牛顿运动定律在曲线运动中的运用，这是贯穿教科书的基本思想。

万有引力定律分为两个单元，分别讲解万有引力定律和万有引力定律的应用。这部分内容综合运用了牛顿运动定律、圆周运动的知识和万有引力定律，综合运用知识的程度进一步提高，所要处理的问题也进一步扩展，由地球上的物体扩展到天体。

物体的平衡重点是两个平衡条件：共点力作用下物体的平衡条件，有固定转动轴物体的平衡条件。

机械能讲述了功和能的概念，以及动能定理和机械能守恒定律。通过引入功和能的概念，在牛顿运动定律的基础上，得出守恒定律，使学生对自然的认识更加深入，并为分析和解决力学问题提供了新的途径。在第七章的第三节解决了两个问题。第一个问题：什么是能量？对能量教科书没有给出定义，而是通过一些实例说明，最后总结：如果一个物体能够对外界做功，我们就说这个物体具有能量。第二个问题：怎样定量地确定物体的能量？教科书通过一些实例说明定量地确定物体的能量，不能脱离开做功。物体对外界做多少功，物体的能量就减少多少；外界对物体做多少功，物体的能量就增加多少。最后总结："这是人类经过长期实践对功和能之间的关系所得到的基本认识。下面我们要从这个基本认识出发来定量地讨论动能和重力势能。"第十一节进一步具体地阐述功能关系。教科书通过举例说明做功和机械能改变的关系，即：物体的机械能发生变化，是因为其他力（除重力外）对物体做了功；其他力做多少功，机械能就增加多少，克服其他力做多少功，机械能就减少多少。接着，从能量转化的角度说明做功的过程，是能从一种形式转化成另一种形式的过程。在机械能不守恒的运动中，其他力做了多少功，就有多少机械能和其他形式的能发生转化。最后总结：功是能的转化的量度。功能关系、能的转化和守恒，不仅是这一章的基本线索，而且贯穿全书。

第二册

热学主要包括分子动理论、能量守恒、物态变化等内容。教科书首先介绍了分子动理论的基本观点，并贯穿于整个热学。在初中物理的基础上，特别强调了分子动理论的实验基础，目的是使学生认识到，分子动理论不是人们凭空想象出来的，而是在实验的基础上建立起来的，进而引导学生了解物理学中实验的重要性。之后，从能量的观点研究热现象，介绍了内能的概念、热力学第一定律以及普遍的能的转化和守恒定律。跟初中比较，教科书对这些概念的讲解和对问题的分析都有所扩展和加深，从机械能守恒定律以及功和能的关系，进一步扩展为热力学第一定律以及能的转化和守恒定律。能的转化和守恒定律是自然界的一个普遍定律，对这个定律的学习能帮助学生逐渐学会用能的转化的观点来分析物理现象和解决物理问题，这对学好物理很重要。

气体的性质介绍了理想气体状态方程，以实验为基础研究气体的宏观性质，并推导出理想气体状态方程。然后简单介绍气体分子动理论，对气体实验定律给出微观解释。最后从能的观点来讨论，介绍了理想气体的内能及其变化。

关于固体，主要介绍了晶体及其微观结构。关于液体，主要介绍了液体的表面现象。物态变化知识在初中介绍过一些，但是比较简单，考虑到熔解热、汽化热和饱和汽等知识在许多方面都有应用，因此教科书对初中学过的物态变化知识进行了扩展和加深，并且重点讲解了饱和汽的知识。

电场与电流主要包括静电学和电流的相关知识。静电学从电荷在电场中受力和电荷在电场中具有能量两个角度出发引导学生认识电场的基本性质。从两种电荷出发，介绍了电荷守恒定律和库仑定律，以此为基础，引导学生认识表征电场的力的性质和能的性质的物理量——电场强度和电势，以及它们之间的相互联系，从而构成较完整的静电场基础知识。作为上述知识的应用，教科书还介绍了电场中的导体、带电粒子在电场中的加速和偏转、密立根油滴实验。作为基础理论的引申，介绍了电容的概念及电容器的连接。电势和电势能是教学难点，不但概念抽象程度高，而且又有正负之分，因而教科书用相当充分的篇幅进行了详细的讲述，并在节后的练习中设一些概念题，以求对知识有正确的理解。在下一章介绍了电流的产生、电功、电路中的电势降落等知识，同时用学过的电场、电势能、电势等知识给予说明，以加深学生的理解。直流电路的基本知识是学生学习电工和电子技术的基础，对日常生活和生产中使用电器也很有用。在介绍串联和并联电路、电路的分析和计算、闭合电路的欧姆定律等知识时，强调它们的实际应用。特别是在培养能力方面，教科书注意教给学生分析解决电路问题的方法。

教科书把有关物质导电性的知识集中在一起，系统地阐述了金属、液体、气体和半导体等各种物质的导电性，以及真空中的电流。这样，可以使学生对物质的导电性有一个较为全面的认识；同时也使学生通过比较学习，更容易理解和掌握这些内容。教科书对各种不同的导电现象在技术上的实际应用的介绍，也可以丰富学生的知识，开阔他们的眼界。这部分还从物质的微观结构讨论各种物质的导电机理，对一些宏观现象要作出微观解释，也是为了使学生对宏观现象的认识深入一步。此外，教科书对于金属导电、电解液导电和电子电荷量的确定等内容也进行了定量讨论。由于气体导电和半导体导电的过程都比较复杂，有些是无法用经典理论加以解释的，因此只作了定性叙述，有些演示实验也以定性观察为主。

第三册

电和磁主要包括电磁感应及其相关内容。电磁感应是紧扣磁通量变化这个线索展开的。第二章第一节通过三个演示实验，逐步分析引导，得出产生感生电流的条件，即穿过闭合电路的磁通量发生变化。第二节的楞次定律是用磁通量变化来表述的。通过分析演示实验，得出“感应电流的磁场总要阻碍引起感应电流的磁通量的变化”。教科书同时说明，从导体和磁场相对运动的角度看，感应电流总要阻碍相对运动。第三节则是楞次定律的应用。从学生能力的角度看，楞次定律难在对理解能力要求高，楞次定律的应用难在对分析问题的能力要求高。课文一开始就指明分析的步骤，对实例按步骤进行了仔细分析。第四节的法拉第电磁感应定律，也是用磁通量变化来表述的。通过分析实验结果，说明感应电动势的大小与磁通量变化的快慢有关，从而给出磁通量变化率的概念，用磁通量变化率表述电磁感应定律及其公式。第五节从能量的观点分析电磁感应现象。通过实例，分析电磁感应现象中能的转化，并根据能量守恒定律，对导体切割磁感线的情况进行分析，推导出感应电动势的公式。

交变电流的性质、规律以及有关交变电流的实际知识不仅是前面所讲的电学基础知识的具体运用，具有综合性，而且能够广泛联系实际，有较强的实用性。基于上述两个特点，第三章不仅可以扩展学生的知识面，而且能够培养学生运用知识的能力。这章内容包括交变电流的产生和变化规律，以及表征交变电流的物理量、交流电路的基本知识、变压器、整流、滤波、三相交变电流和感应电动机。

在电场、磁场、电磁感应等知识的基础上，教科书又介绍了电磁振荡和电磁波，以及无线电发射和接收的初步知识。这些内容既是电学知识的继续，也是振动和波的知识的发展。第四章的知识又为后面认识光的电磁本质作了准备。电磁波的实际应用中，需要解决许多实际技术问题。教科书对解决发射与接收的主要问题——开放电路、调制、调谐和检波作了简要介绍。

光学部分主要包括几何光学与波动光学。几何光学知识包括两部分内容，一部分是几何光学的基本规律，包括光的反射定律和折射定律；另一部分是运用基本规律来研究平面镜、球面镜、棱镜和透镜等基本光学元件，这些元件在成像和控制光路方面各有其自身的规律和特点。这些知识可以使学生认识自然界和生活中的许多光现象，理解基本光学元件的作用和光学仪器的原理。

光的波动性及其电磁本质，在物理学史上有重要的意义。光谱学的知识，为研究原子结构提供了信息。光的干涉、衍射、偏振等现象，在现代科学技术中也有重要的应用，因此在教科书中都有所设计。光的干涉现象作为第六章的重点，根据学生的知识水平和接受能力，分析得较为深入。而衍射现象的分析要复杂一些，因此只介绍了现象。本章的其他知识都是介绍性的。光的粒子性包括光电效应、爱因斯坦的光子说等主要内容，还简要介绍了光的波粒二象性以及物质波的概念。这些知识也为学习原子物理作了准备。

人类对原子与原子核的认识是逐步深入的。教科书沿着历史的线索来讲述人类对原子结构的认识。由于玻尔的原子理论在一定程度上反映了原子的真实情况，又比较适合于中学生的理解能力和知识水平，因此，教科书把这个内容作为第八章教学的重点。之后教科书也指出了玻尔理论的局限性，并粗略地介绍了现代原子理论中关于原子结构的一般图景。

原子核的初步知识，主要包括原子核的组成、核能及其应用两方面的内容。这部分内容包括了解天然放射现象，知道三种射线的性质以及放射性元素衰变的规律，了解探测放射线的方法；了解核能的人工转变，知道原子核的组成，会写核反应方程，了解放射性同位素的应用；理解原子核的结合能的概念，会用质能方程进行计算，了解释放核能的两种途径——裂变和聚变，以及它们的应用。这些知识对于学生进一步认识微观世界，了解研究微观世界的方法都有重要意义。

3. 特点

甲种本是较高要求的教科书，注重较为深入细致地讲述概念和规律，使学生获得扎实的物理知识；在获得和运用知识的过程中，着力提高学生的能力，包括理解能力、分析解决问题的能力、实验能力等；同时，使学生受到科学精神和科学方法的熏陶。因而这套书具有知识面宽、内容充实、注重联系实际、学生实验数量较多等特点。

（1）突出概念和规律的建立过程。

甲种本讲解概念和规律，力求使学生正确理解概念的物理意义和物理量的定义，正确理解规律所表达的物理量之间的关系。教科书重视得出概念和规律的过程，设计思路清楚，分析细致，包括以下几方面。

为了帮助学生对于物理概念能够形成整体认识，教科书特别注意相关概念的区别和联系。例如，为了明确区分速度和加速度，教科书通过阅读材料“速度和加速度的区别”仔细作了分析，给出变化率的概念，说明变化率表示变化的快慢，所以加速度表示速度的变化率。再例如，对于物体的内能，说明“任何物体都具有内能，它同时还可以具有机械能”，并安排练习题，让学生区分机械能和内能。

为了帮助学生分清物理规律的主次关系，教科书注意区分基本公式和导出公式或结论。例如，在“匀变速直线运动规律的应用”中，先介绍“两个基本公式”，指出：“速度公式和位移公式是两个基本公式，它们表明匀变速直线运动的基本规律。”在后面“两个有用的推论”中，再推导出速度和位移的关系式以及用平均速度表达的位移公式。又如在“串联电路”和“并联电路”两节中，首先分析串联电路（并联电路）的基本特点，再说明串联电路（并联电路）的总电阻、电压分配（电流分配）、功率分配等结论，是根据欧姆定律这个基本规律，并结合串、并联电路的基本特点推导出来的。

教科书注意讲清定律的成立条件和适用范围。例如，在机械能守恒定律的表述中，说明“在只有重力做功的情形下”，机械能保持不变。在动量守恒定律的表述中，说明定律的成立条件是“系统不受外力或所受外力的合力为零”。此外，还介绍了牛顿运动定律的适用范围、动量守恒定律的适用范围，并说明“动量守恒定律具有更大的普遍性，它的有效性已经超出了经典力学的适用范围”。

根据学生的知识水平和认识能力讲解概念和规律，不过分追求严谨。例如，内能的概念只给出狭义的定义：“物体中所有分子的运动的动能和分子势能的总和，叫作物体的内能。”在热现象中，这样定义不失严谨，因为在一般的热现象中系统的其他能量不发生改变，但在具体到分子的动能时，则把分子作为质点，而没有涉及分子的转动动能和振动动能。又如，教科书没有用非静电力做功来定义电动势，而是先说明电动势是表征电源特性的物理量，数值等于电源断路时两极间的电压，然后从能量的角度说明其物理意义。还有，用安培力定义某点的磁感应强度时，本应用电流元 *Idl*（类似点电荷），但这种定义对学生要求过高，所以在定义中不用“某点的磁感应强度”的说法，而用“所在处的磁感应强度”这种模糊说法。

（2）渗透了科学方法和物理思想。

甲种本渗透了物理学的一些研究方法和物理思想，通过引导学生对科学方法和物理思想的重视，培养学生进行科学研究的能力。

例如，理想化的方法是物理学中常用的一种方法，包括理想模型和理想实验。教科书承袭第五套高中物理教科书的做法，多处用到理想模型，如质点、简谐振动、单摆、理想气体、点电荷等，并说明建立理想模型的意义。例如，在讲述伽利略的理想实验时，指出：“这类理想实验在真实的实验基础上，抓住主要因素，忽略次要因素，可以深入地揭示现象的本质，它是科学研究中的一种重要方法。”再例如，提出假说（假设或猜想）是一种广泛应用的科学方法。教科书在讲述某些知识，特别是近代物理知识时，就是沿着历史的线索展开，使学生了解人类是如何运用“假说——推理——实验”的方法进行探索的。从光的波动说到光的量子说，从光的波粒二象性到物质波，从汤姆孙的原子模型到原子核式结构模型，从玻尔的原子理论到量子力学（简介），教科书的叙述都体现出这种科学研究的方法。

在物理学中守恒定律具有广泛的应用。应用守恒定律只涉及初状态和末状态，不涉及过程的细节，处理问题方便。因此，教科书不仅介绍了能量守恒、动量守恒等守恒定律，还进一步指出守恒定律的意义，说明在物理学中寻求“守恒量”已经成为物理研究工作的一个重要方面。

物理学中存在一些物理常量，它们的测定对物理学的发展有着重要作用。对此，教科书也有比较充分的反映，讲述了引力常量的测定、阿伏伽德罗常数的测定、电子电荷量的测定、法拉第常数的测定、荷质比 $\frac{e}{m}$ 的测定、光速的测定（图 12-4）等。

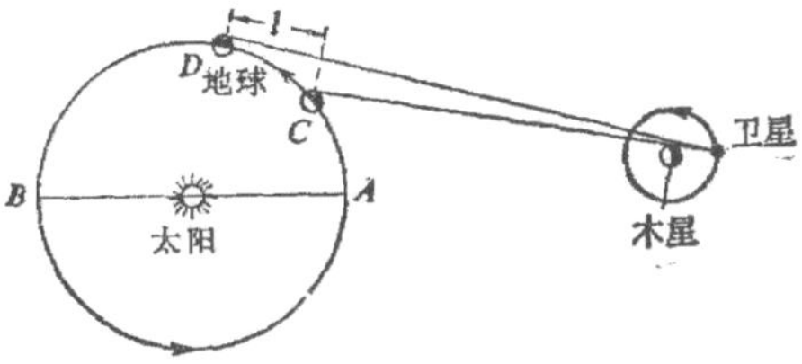

罗默用天文观测的方法测定光速的示意图。设卫星第一次食毕，地球在 C 点，卫星绕木星公转一周，第二次食毕，地球在 D 点，因此光要多传播一段距离 l 才能到达地球。

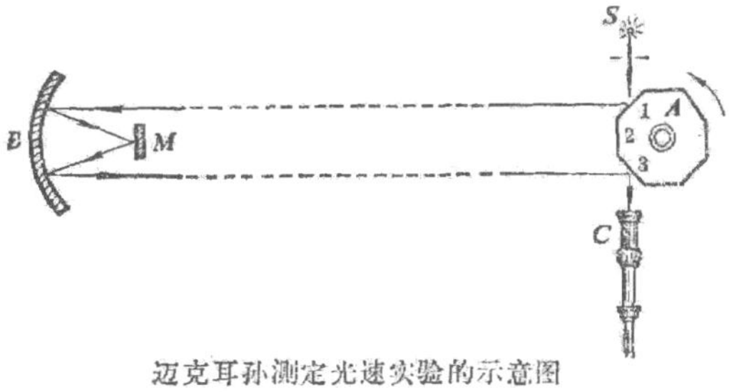

迈克耳孙测定光速实验的示意图

图 12-4　光速的测定

（3）与实际联系紧密。

联系实际是物理教科书的传统，把相关的物理知识应用到实际中，可以加深学生对知识的理解、学会应用物理知识。在甲种本中联系实际的内容较多，大体分为以下三种情况。

第一种是作为基本知识，单独成章讲授。例如，交变电流的知识应用性强，教科书将其单独列为一章，内容相当充实，包括正弦式交变电流瞬时值的公式和图像、最大值和有效值、周期和频率、相和相差、感抗和容抗的公式及感抗和容抗的应用（扼流圈、隔直电容、旁路电容）、电感和电容对交变电流相位的影响（选学）、交变电流的功率、变压器和电能输送的原理、交变电流的整流（半波整流、全波整流）和滤波、三相交变电流瞬时值、三相交变电流的星形连接和三角形连接、相电压和线电压、三相三线制、感应电动机的原理等。学生学了这些知识，如果将来从事电工类工作，也有了相当不错的基础。

第二种是作为基本物理知识的应用介绍，其中单独成节的内容有：离心现象，人造地球卫星，反冲运动，示波管，PN 结和晶体二极管，晶体三极管，电流天平，电流表的工作原理，质谱仪，回旋加速器，自感现象的应用（日光灯的镇流器），显微镜和望远镜，薄膜干涉及其应用（检查精密零件的表面质量，增透膜），光电效应的应用（光电管），等等。

第三种是带有介绍性的，其中单独成节的内容有：噪声的危害和控制，超声波（选学），能源的利用和开发，静电的防止和应用（静电除尘，静电喷涂，静电分选等），气体电光源（选学，包括霓虹灯、日光灯、高压水银灯），磁性材料，涡流（选学），电磁波的发送和接收，传真电视雷达（选学），电磁波的传播，电磁波谱（红外线、紫外线、伦琴射线及其应用），等等。这些内容主要是简单的介绍，目的主要在于扩展知识面，开阔学生的眼界，了解物理知识在实际中的广泛应用。

（4）重视实验。

甲种本重视学生动手实验，三册教科书共编入 40 个学生实验。实验设计中要求学生能根据课文的叙述自己确定实验步骤，会选用仪器并能正确地使用，会读取数据并自己设计表格记录数据，会分析实验数据得到结论。知道误差的概念，在少数实验中要求会分析误差。知道有效数字的概念，测量时会按照有效数字的规则来读数，但不要求按照有效数字的运算规则进行运算。

三册书共编入将近 150 个演示实验（包括要求课堂上实际做的和介绍性的）。此外，教科书中还增加了“课外实验活动”一项，三册教科书共编入 24 个课外实验活动。习题中也增加了实验题。

（5）习题设置合理。

甲种本的习题有两种形式，练习和习题。练习设置在每节或每单元之后，大部分是基本练习题。习题则在每章之后，其中有综合题和较难的题目。三册教科书共编入 680 道练习题，198 道习题，共 878 题。三学年的总课时数为 336 课时，因此平均每课时 2 道练习题，0.6 道习题，共 2.6 题。所以，题目的数量并不多。

题目的类型多样化，难度也适当。题目的安排注意循序渐进，逐步提高。如第一册前两章，安排的习题都是基本题。从第三章运动定律开始增加了综合题。第七章机械能和第八章动量的习题，要求有所提高，需要学生综合运用知识分析解决问题。第二册和第三册则出现热学、电学与力学综合的题目。

（6）增加了扩展知识的阅读材料。

相比以前的教科书，甲种本增加“阅读材料”栏目是一种有意义的尝试，其目的是扩展学生的知识面，引起他们对科技知识的兴趣，把系统学习和灵活渗透获得知识结合起来。三册教科书共编入 28 篇阅读材料。这些阅读材料大致可以分为以下三类。

第一类是知识的延伸，包括：显示微小形变的装置，力的种类，速度和加速度的区别，爱因斯坦谈运动的问题，力的分解与曲线运动，声强级，过热液体、过冷液体和过饱和汽，用比值定义物理量，电流强度的单位——安培，海市蜃楼。

第二类是物理学史的材料，包括：伽利略对匀变速运动的研究，伽利略对自由落体的研究，笛卡儿和动量守恒定律，热的本质，法拉第和场的概念，欧姆定律的建立，*e* 和 *N* 的测定，法拉第电磁感应现象的发现，定态存在的实验证明——夫兰克—赫兹实验。

第三类是介绍现代科技成就的材料，包括：离子显微镜，液晶，电子发射，寻找磁单极子，直流输电，直线电机和磁悬浮列车，电子显微镜和射电望远镜，偏振光与立体电影。

五、人教版《高级中学课本（试用）物理（乙种本）》分析

（一）基本信息

乙种本共上、下两册，封面如图 12-5 所示。这两册的编者都是刘克桓、邢蕙兰、马冬玲、杜敏。上册 1983 年 12 月出版，共 336 页，22.2 万字，插图 208 幅，练习题 215 道，习题 88 道，学生实验 13 个，小实验 12 个，阅读材料 9 篇。下册 1984 年 12 月出版，共 361 页，25.4 万字，插图 361 幅，练习题 189 道，习题 89 道，学生实验 15 个，小实验 8 个，阅读材料 11 篇。

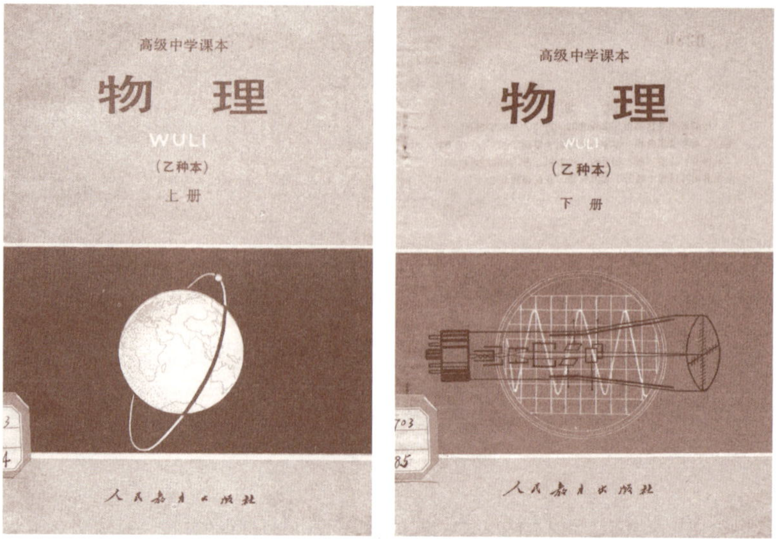

图 12-5 《高级中学课本（试用）物理（乙种本）》封面

（二）结构与内容

1. 体系结构

乙种本是人民教育出版社根据教育部 1981 年颁发的《全日制五年制中学教学计划试行草案的修订意见》和 1983 年颁发的《高中物理教学纲要（草案）》的“基本要求”，在《全日制十年制学校高中课本（试用本）物理》的基础上改编成的，供五年制中学和条件一般的六年制中学高中选用。

乙种本分为上、下两册，上册内容包括力学、热学，下册内容包括电学、光学、原子和原子核。由于都是在《全日制十年制学校高中课本（试用本）物理》的基础上改编而来的，乙种本的体系结构和章节栏目的设置都与甲种本相似，但是其中具体的内容和写法，根据不同的学习要求，在呈现上有所不同。

全书具体体系结构如下。

上册

　　绪论

　　第一章　力　物体的平衡

　　第二章　直线运动

　　第三章　运动和力

第四章 物体的相互作用

第五章 曲线运动 万有引力

第六章 机械能

第七章 机械振动和机械波

第八章 分子运动论 热和功

第九章 固体和液体的性质

第十章 气体的性质

学生实验

附录

下册

第一章 电场

第二章 稳恒电流

第三章 磁场

第四章 电磁感应

第五章 交流电

第六章 电磁振荡和电磁波

第七章 电子技术初步知识

第八章 光的反射和折射

第九章 光的本性

第十章 原子和原子核

学生实验

附录

2. 内容

上册

力和运动包括运动的描述和运动规律的有关内容。同甲种本一样，乙种本也是从力开始高中内容的学习的。为了帮助学生树立起学好高中物理的信心，教科书大幅度降低了与初中物理衔接的“台阶”。例如，与甲种本相比，对于弹力的方向只要求知道如何判定压力、拉力、支持力的方向，没有概括成“总是与作用在物体上使物体发生形变的外力的方向相反”；没有讲静摩擦系数，也没有讨论静摩擦力作动力时的方向问题；没有讲力矩的正负，而是把有固定转动轴物体的平衡条件表示为“使物体向顺时针转动的力矩之和，等于使物体向反时针转动的力矩之和”。

除了力以外，对比甲种本可以发现，力和运动中其他内容的要求也有所降低。例如，对运动的描述没有用矢量式，同时也降低了对图像的要求；通过速度计介绍瞬时速度而没有用极限的概念；匀加速运动的位移公式用平均速度的公式推导出（而后交代这个公式只适用于匀变速运动）；将竖直上抛运动分为上抛和下落两个过程处理，等等。

此外，为了帮助学生理解，一些概念和规律是从实际例子或特例发展出的。例如，通过实例说明二力平衡跟作用力和反作用力的区别；从自身受到同样速度的壮汉和小孩碰撞时的感受不同引入，提出考虑物体的运动效果，既要考虑物体的运动速度，也要考虑物体的质量，从而提出动量概念，导出动量定理；没有区分弹性碰撞和非弹性碰撞；通过观察火星沿砂轮切线飞出等现象得出曲线运动线速度的方向；根据演示实验得出初速度一定时，斜抛运动抛射角为45° 时射程最远；向心力的公式也是在定性的演示基础上给出的；在没讲开普勒定律的情况下，直接给出万有引力公式，而后较详细地介绍了卡文迪什测定万有引力常量的实验，等等。

机械能、振动和波主要包括能量与振动和波的相关内容。教科书首先介绍了功和能，在初中已有的知识基础上，得出功是能量转化的量度这一概念，从而帮助学生认识到动能、势能都是与做功紧密联系的。而机械能守恒定律主要是通过自由落体这一实例展开的，介绍了如果只在重力作用下，在动能和重力势能相互转化的过程中机械能守恒。机械能守恒定律及其适用条件的表述，都没有涉及系统、内力等概念。

根据《高中物理教学纲要（草案）》的“基本要求”，在机械振动部分不涉及简谐振动方程、相和相位差、同一直线上振动的合成等内容。机械波的部分也进行了相应的调整，并降低了波的图像的教学要求。此外，还把分散在各节里的声学知识集中起来。简谐振动的介绍中，教科书用力的分解、圆周运动等知识导出了单摆的运动方程，而它的周期公式是在定性的演示基础上给出的，它的图像则是利用沙摆得出的。波的干涉和衍射，都只作了定性的讨论。声学的初步知识集中到了“声波”和“乐音”两节里。这样就从机械波到声波帮助学生建立起了一个比较完整的认识。

热学包括分子动理论和物态的有关知识。分子动理论的知识是在初中已有的基础上扩大和加深的。在“物质是由大量分子组成的”一节里增加了用油膜法测分子大小、阿伏伽德罗常数、分子的质量。“分子的热运动”讲了布朗运动。在讲“分子间相互作用的力”时，采用了弹簧连接的小球的模型，帮助学生想象分子距离大于平衡距离 r_0 时表现为引力，小于 r_0 时表现为斥力。与甲种本对比可以看到，乙种本在介绍分子的热运动与温度的关系时，没有用“气体温度是分子平均平动动能的量度”这种严谨说法，由于介绍分子运动时没涉及转动动能、振动动能，这里也就简化为“温度是物体分子平均动能的标志”。分子的势能也利用了弹簧连接的小球的模型，通过对比帮助学生想象势能随分子距离的变化。

物态的有关内容主要是固、液、气的有关知识。用空间点阵解释了晶体的各向异性和存在熔点的原因；用液体表面层的分子分布比液体内的稀薄，解释表面张力；用液体与固体接触的附着层的分子分布疏于（或密于）液体内部的，解释了浸润（或不浸润）和毛细现象；根据教学纲要的基本要求删去了普适气体常量和克拉珀龙方程，也没有理想气体的微观模型；简化了气体压强和实验定律的微观解释；液体的汽化增加了过热气体、饱和汽、饱和汽压、湿度、湿度计。

下册

电学部分主要是静电场和稳恒电路的相关内容。静电场中，首先用一个定性显示电荷间作用力与距离、电荷量关系的演示实验引入库仑定律，而将库仑扭秤实验作为阅读材料。之后用库仑定律进行计算时，只要求把电荷的绝对值代入公式，再根据电荷是同种、异种来判定作用力是斥力还是引力。电势能、电势差、电势是类比重力势能、高度差、高度讲述的。带电粒子在电场中的偏转，突出带电粒子沿垂直于电力线方向进入匀强电场，它的运动与平抛运动相似。静电的应用介绍了静电除尘和静电复印。

稳恒电路中欧姆定律是由探索性演示实验得出的。对粗细不同的两根导线测出两组数据，画出图像后通过分析图像得出定律。这样设计有助于学生了解从实验寻找规律的一般方法。串联电路、并联电路的电阻、电功率的关系式都是根据电路基本特点和已知知识推导出的，帮助学生学会推导的思路。为了强调应用物理知识解决实际问题，教科书安排了“分压和分流在伏特表和安培表中的应用”。电动势的概念是在内外电压之和为恒量的演示实验基础上建立的。全电路欧姆定律讨论了路端电压和外电阻大小的关系，以及用电压表测电压的道理。

电和磁部分主要是电磁感应、交流电与电磁波有关的知识。磁现象的电本质简单介绍了安培分子电流假说，磁感应强度的定义简化为“穿过某一面积的磁力线条数”。楞次定律是结合演示实验把结论直接给出的，而后先概括地介绍应用的步骤，再结合实例说明如何判定出感应电流的方向。在定性的演示实验基础上给出电磁感应定律的一般表达式，再导出导线切割磁感线时感应电动势的计算式。阅读材料“寻找磁单极子”从电、磁之间有许多相似之处出发，介绍了磁单极子理论的提出，从而帮助学生认识到新课题的提出往往是以一定事实为依据的。

交变电流部分首先通过分析线圈在匀强磁场中匀速转动一周，得出正弦式交变电流的表达式和图像，然后介绍了交流电的有效值、周期、频率以及感抗和容抗，此外还给出了原、副线圈电压之比等于其匝数之比的公式。

电磁振荡和电磁波的内容，在演示电磁振荡后，仔细分析了振荡电流的产生过程，但重点放在电场和磁场的相互转化上。麦克斯韦的电磁场理论只定性地初步介绍理论的核心，即变化的电场和磁场交替产生，由近及远传播出去。电磁波的发射、接收都只讲了最基本的原理及其应用——传真、电视和雷达。二极管单向导电性、三极管的放大作用，都由实验得出。最后还介绍了电子技术的发展及其对科学技术的影响，以及我国电子技术发展情况和取得的成就。

光学部分主要涉及几何光学和波动光学的有关知识。其中，光的直线传播、反射、平面镜成像主要都是复习初中的知识。在此基础上，教科书相当仔细地介绍了用迈克尔孙八面旋转镜法测量光速，从而使学生体会物理学家构思的巧妙。折射定律则是按照人们认识的历史过程讲述的，可以帮助学生了解科学道路的艰难曲折。此外，利用全反射的知识介绍了光导纤维（选学）；在“棱镜”

一节介绍了全反射棱镜和色散；透镜成像则讲了成像作图法和透镜公式，作为透镜的应用，还介绍了开普勒望远镜和反射望远镜。

对于波动光学部分，教科书作了系统的设计。根据教学纲要的“基本要求”，教科书对光的干涉和衍射只作了定性的讨论，干涉的应用介绍了检查平面和增透膜；光的衍射则强调有光传到阴影部分，微粒说不能解释它们；再进一步揭示光波本质上不同于机械波，还简单介绍了红外线、紫外线、伦琴射线的性质和应用、发射光谱、吸收光谱以及光谱分析在科学技术上的应用；之后，在定性实验的基础上，列出了光电效应研究的四条结果，说明波动理论为什么不能解释它们，而后提出光子说，并将爱因斯坦的光电效应方程作为选学；最后简单通俗地说明物理学家是如何把波和粒子统一的，并通过阅读材料“物质波”将二象性推广到微观粒子。

原子和原子核部分，原子的核式结构是从汤姆孙的原子模型讲起的，这部分内容可以使学生从历史发展上认识 α 粒子散射实验的重大意义。之后，直接给出玻尔的氢原子理论、氢原子的电子轨道半径公式、能级公式、能级图（选学），接着介绍“玻尔理论的成功和局限”（选学）。原子核的知识则是从天然放射现象讲起的，介绍了三种射线的性质、α 衰变和 β 衰变的核反应方程、云室、计数器、乳胶照相、发现质子、中子的实验及放射性同位素的应用，最后用质量亏损和爱因斯坦的质能方程介绍了裂变和聚变。第十章有三篇阅读材料——激光、增殖反应堆、基本粒子，其目的是使学生接触一些与现代科学技术相关的内容，扩大视野。

3. 特点

相比甲种本教材，乙种本的内容降低了理论高度和计算要求，为了便于教学，教材的讲述方式也进行了改进，同时还注意培养学生的思维和实验能力。

（1）知识点减少，教学要求降低。

相比第五套高中物理教科书和甲种本，乙种本通过删减知识点、降低抽象和严谨的程度以及减少推导和计算过程等方式对普通学校的学生降低了教学要求。

首先，乙种本删去了一些抽象难懂的概念和微观机理。例如，删去了位移电流、相和相位差、金属电子论、半导体导电机理。由此带来了一系列简化，删去相和相位差，波的干涉和光的干涉就回避了波源、光源要同相或相位差恒定；交流电就不涉及电感、电容对交流电相位的影响。删去金属电子论，除了没有自由电子定向移动速率的关系式，还不涉及金属电阻、欧姆定律的微观解释。而删去半导体导电机理，不仅不用讲本征导电和杂质导电机理，而且 PN 结特性、二极管整流、三极管放大也都是由演示实验得出的。

负功的概念是比较抽象的，因此教科书也进行了回避。例如，在做功与动能改变的关系中，教科书只分别讨论了动力做功和克服阻力做功两种不同情况；在讨论电场力做功与电势能的变化时，也改为用克服电场力做功的说法。

此外，在动量守恒定律和能量守恒定律的表述中，没有使用系统、内力、物体系的概念，这样虽不太严谨，但学生容易接受；在原子核的教学中，也没有提出结合能的概念，而是着重讨论了核子在结合成原子核时的质量亏损，介绍了爱因斯坦的质能方程，在此基础上讲裂变和聚变，从而避开了结合能这个难点。

其次，乙种本降低了概念、规律的抽象、严谨程度。例如，乙种本从汽车的速度计出发，使学生在直观基础上初步建立即时速度的概念。而重力势能的概念则从举起石头的事例，给出跟物体的高度有关的能叫重力势能的定义。再如，电动势的概念着重说明了电动势是表示电源特性、决定电源两极间电压大小的物理量，它的大小等于电源没有接入电路时两极间的电压，然后通过具体的例子从能量观点说明电动势的意义，而没有从理论上作进一步解释。

此外，乙种本在理论推导方面也降低了要求。例如，匀速圆周运动向心力公式，万有引力定律的定量表达式、单摆的周期公式等都没有推导，而是直接给出的。

对于计算也同样降低了要求。例如，全书都不用矢量式进行推导计算；力和运动的合成、分解主要用作图法，计算只限于用直角三角形知识求解；匀变速运动只讨论没有往复运动的情况；竖直上抛运动分成上升和下落过程；气体状态的变化，只讨论气体质量不变的情形；带电粒子在电场中的计算，只限于带电粒子进入电场时的速度垂直于电场的情况；直流电路的计算，只限于简单的混联电路；安培力的计算，只限于 I 跟 B 垂直的情况；洛伦兹力的计算，只限于 v 跟 B 垂直的情形；透镜成像作图法和透镜成像的计算只限于单个透镜成像的情况，等等。

（2）根据学生情况，设计重难点内容的讲述方式。

乙种本改变了一些重难点内容的讲法，使之适合多数学生的接受能力。例如，动量守恒定律本可以作为独立的定律由实验得出，但是，为了使定律的导出简明易懂一些，教科书采用从牛顿运动定律导出的办法，在得出动量守恒定律之后，再告诉学生这一定律的适用范围比牛顿运动定律更广。再例如，匀变速直线运动的位移公式是用平均速度求位移的方法导出的。此外还有，把“功和能”一节放在“动能”一节前面，先从初中已有的能量转化和守恒的知识出发，定性地讲述了功是能量转化的量度，再在这个基础上，根据功和能量转化的关系，给出动能的定量表达式；从研究电荷在电场中两点间移动时电势能的变化出发定义两点间的电势差，然后仿照确定高度的方法定义电势。这种根据学生的情况设计的讲法可以帮助学生更好地理解这些概念。

教科书还注意从学生熟悉的事例引入概念，通俗、形象地讲述知识。例如，在介绍稳定平衡时举了不倒翁的例子，而介绍不稳定平衡时则举了杂技演员走钢丝的例子（图 12–6）；介绍分子间相互作用力时用弹簧连起来的小球模型帮助学生想象。这些通俗易懂的事例、模型都有助于学生理解知识。

对于一些学生容易混淆的概念，教科书注意通过典型例子加以澄清。例如，为了分清作用力和反作用力跟两个平衡力的区别，教科书举了用绳子把水桶挂在天花板上的例子（图 12–7）。先分析天花板和绳子、绳子和水桶、水桶

图 12–6　杂技演员走钢丝

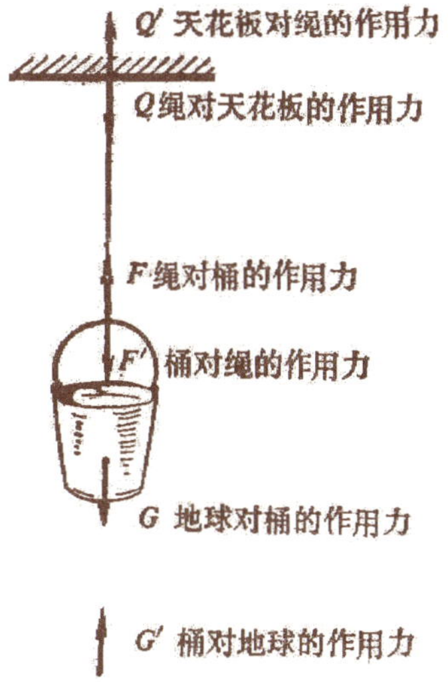

图 12–7　成对出现的作用力和反作用力

和地球之间的三对作用力和反作用力，再分析静止的水桶受到的一对平衡力。通过这个例子说明，作用力与反作用力分别作用在两个物体上，而平衡力是作用在同一个物体上。有些学生分析匀速圆周运动问题时，往往在运动物体受到的合外力之外，再加一个向心力，为减少这类错误，教科书加了一个阅读材料“向心力的来源”。有关向心力的题目，只限于向心力由一条直线上的力合成的情况。

（3）注意培养学生的实验和自学能力。

在培养思维能力方面，这套教科书特别加强了培养实验能力。在总课时减少（指二年制高中）的情况下，学生实验由第五套高中物理教科书的26个增加到28个。同时，对实验内容的安排也进行了循序渐进的设计。由于多数学生在初中受到的实验训练较少，因此上册的前五个实验列出了实验目的、器材、步骤，还画好填写实验数据和计算结果的表格，而在之后的实验中则只写出实验原理和方法，由学生自己设计实验步骤和记录表格。

乙种本还编入了20个小实验，如自制杆秤、人工模拟打点计时器、测定人的反应时间、自制秒摆、水上浮针、验证环形电流的磁场方向、自制测电笔，等等。这些小实验器材简单，实验难度不大，容易引起学生兴趣。

为增进学生学习兴趣，提高自学能力、乙种本还编入了20篇阅读材料。大致可以分为四类：基本知识的延伸，如向心力的来源、光在大气中的折射；我国古代科技成就，如候风地动仪、我国古代对共鸣现象的研究和应用；物理学史的重要史实，如伽利略对自由落体的研究、电子荷质比的测定和电子的发现；科学技术的新发展，如直流输电、基本粒子。

附录1　人教版《初级中学课本物理》目录

第一册

序言

第一章 测量

一、长度的测量

一、功

二、功率

三、功的原理

四、斜面

五、机械效率

六、实验：测滑轮组的机械效率

七、机械能

八、水能的利用

附录：本书中用到的物理量及其单位

第二册

第一章 光的初步知识

一、光的直线传播

二、光的反射

三、平面镜成像

四、球面镜

五、光的折射

六、透镜

七、实验：研究凸透镜成像

八、凸透镜的应用

九、光的色散

十、物体的颜色

第二章 热膨胀 热传递

一、物体的热膨胀

二、热膨胀在技术上的意义

三、温度计

四、实验：用温度计测量温度

五、热传递 传导

六、对流

七、辐射

八、热传递的利用和防止

第三章 热量

一、热量

二、燃料的燃烧值

三、比热

四、热量的计算

五、比热的测定

六、实验：测定物质的比热

第四章 物态变化

一、熔解和凝固

二、实验：研究萘的熔解过程

三、汽化

四、液化

五、升华和凝华

第五章 分子热运动 热能

一、分子运动论的初步知识

二、气体、液体和固体的分子结构

三、热能

四、改变物体热能的方法

五、热功当量

六、能的转化和守恒定律

七、能源的开发和利用

第六章 热机

一、汽油机的工作原理

二、柴油机的工作原理

三、热机的效率

四、热机和环境保护

第七章 简单的电现象

一、摩擦起电 两种电荷

二、摩擦起电的原因

三、导体和绝缘体

四、电流

五、电池

六、电流的效应

七、电路

八、实验：组成串联电路和并联电路

第八章 电流的定律

一、电流强度

二、实验：用安培表测电流强度

三、电压

四、实验：用伏特表测电压

五、电流强度跟电压的关系

六、电阻

七、欧姆定律

八、实验：用伏特表、安培表测电阻

九、决定电阻大小的因素

十、变阻器

十一、实验：用滑动变阻器改变电流强度

十二、研究串联电路

十三、研究并联电路

第九章 电功 电功率

一、电功

二、电功率

三、实验：测定小灯泡的功率

四、焦耳定律

五、电热器

第十章 电磁现象

一、简单的磁现象

附录2 人教版《高级中学课本（试用）物理（甲种本）》目录

三、弹力

四、胡克定律

五、摩擦力

六、牛顿第三定律

七、物体受力情况分析

八、力的合成

九、力的合成的计算

十、力的分解

十一、矢量和标量

十二、同一直线上的矢量的运算

第二章 直线运动

一、机械运动

二、质点

三、位置和位移

四、匀速直线运动 速度

五、匀速直线运动的图象

六、变速直线运动 平均速度 即时速度

七、匀变速直线运动 加速度

八、匀变速直线运动的速度

九、匀变速直线运动的位移

十、匀变速运动规律的应用

十一、自由落体运动

十二、竖直上抛运动

第三章 运动定律

一、牛顿第一定律

二、物体运动状态的改变

三、加速度和力的关系

四、加速度和质量的关系

五、牛顿第二定律

六、质量和重量

七、力学单位制

八、牛顿运动定律的应用（一）

九、牛顿运动定律的应用（二）

十、超重和失重

十一、牛顿运动定律的适用范围

第四章 曲线运动

一、曲线运动

二、运动的合成和分解

三、平抛物体的运动

四、斜抛物体的运动

五、匀速圆周运动

六、向心加速度

七、向心力

八、匀速圆周运动的实例分析

九、离心现象

第五章 万有引力定律

一、行星的运动

二、万有引力定律

三、万有引力恒量的测定

四、万有引力定律在天文学上的应用

五、地球上物体重量的变化

六、人造地球卫星

第六章 物体的平衡

一、在共点力作用下物体的平衡

二、力对物体的转动作用

三、有固定转动轴的物体的平衡

四、力偶

五、平衡的种类

八、机械振动在媒质中的传播——机械波

九、波长、频率和波速之间的关系

十、波的图象

十一、波的干涉

十二、波的衍射

十三、声波

十四、某些声音现象

十五、音调 响度 音品

十六、噪声的危害和控制

十七、超声波

学生实验

误差和有效数字

一、练习分析实验数据

二、游标卡尺的使用

三、螺旋测微器的使用

四、测量滑动摩擦系数

五、互成角度的两个力的合成

六、练习使用打点计时器

七、研究匀变速直线运动

八、研究加速度和力的关系

九、研究加速度和质量的关系

十、研究平抛物体的运动

十一、验证向心力公式

十二、研究有固定转动轴物体的平衡条件

十三、验证机械能守恒定律

十四、研究弹性碰撞

十五、用冲击摆测弹丸的速度

十六、用单摆测定重力加速度

课外实验活动

六、克拉珀龙方程

七、气体分子运动的特点

八、气体实验定律的微观解释

九、理想气体的内能

十、理想气体的内能变化

第四章 固体和液体的性质

一、晶体和非晶体

二、空间点阵

三、液体的微观结构

四、液体的表面现象

五、浸润和不浸润

六、毛细现象

第五章 物态变化

一、熔解和凝固

二、熔解热

三、蒸发

四、饱和汽与饱和汽压

五、沸腾

六、汽化热

七、气体的液化

八、空气的湿度

九、露点 湿度计

第六章 电场

一、两种电荷 电荷守恒定律

二、库仑定律

三、电场 电场强度

四、电力线

五、电场中的导体

六、电势能

七、电势

八、等势面

九、电势差

十、电势差跟电场强度的关系

十一、带电粒子在电场中的运动

十二、基本电荷的测定：密立根实验

十三、电容器 电容

十四、电容器的连接

十五、静电的防止和应用

第七章 稳恒电流

一、电流

二、欧姆定律

三、电阻定律 电阻率

四、电功和电功率

五、焦耳定律

六、串联电路

七、并联电路

八、分压和分流在伏特表和安培表中的应用

九、电路的分析和计算

十、电动势 闭合电路的欧姆定律

十一、路端电压

十二、电池组

十三、电阻的测量

十四、惠斯通电桥

第八章 物质的导电性

一、金属的导电性

二、液体的导电性

三、法拉第电解定律

四、电子电量的确定

五、气体的导电性

六、几种自激放电现象

七、气体电光源

八、真空中的电流

九、示波管

十、半导体的导电性

十一、N 型半导体和 P 型半导体

十二、PN 结 晶体二极管

十三、晶体三极管

学生实验

一、验证玻意耳—马略特定律

二、验证气体状态方程

三、测定冰的熔解热

四、测定空气的相对湿度

五、电场中等势线的描绘

六、利用电容器放电测电容

七、测定金属的电阻率

八、把电流表改装为伏特表

九、用安培表和伏特表测定电池的电动势和内电阻

十、练习使用万用电表

十一、用惠斯通电桥测电阻

十二、测定铜的电化当量

十三、练习使用示波器

课外实验活动

一、观察扩散现象

二、自制冰淇淋

三、人造云雾

四、测定水的汽化热

五、估计水升高的温度

第三章 交流电

一、交流电的产生

二、交流电的变化规律

三、表征交流电的物理量

四、纯电阻电路

五、纯电感电路

六、纯电容电路

七、电感和电容对交流电相位的影响

八、交流电的功率

九、变压器

十、电能的输送

十一、交流电的整流

十二、滤波

十三、三相交流电

十四、三相电路的连接

十五、感应电动机

第四章 电磁振荡和电磁波

一、电磁振荡

二、电磁振荡的周期和频率

三、电磁场

四、电磁波

五、赫兹实验

六、电磁波的发送（一）开放电路

七、电磁波的发送（二）调制

八、电磁波的接收（一）电谐振

九、电磁波的接收（二）检波

十、传真 电视雷达

十一、电磁波的传播

十二、电子技术一瞥

第五章 光的反射和折射

一、光的直线传播

二、光的速度

三、光的反射 平面镜

四、球面镜

五、光的折射

六、折射率

七、全反射

八、棱镜

九、透镜

十、透镜成像

十一、透镜成像作图法

十二、透镜成像公式

十三、眼睛

十四、显微镜和望远镜

第六章 光的波动性

一、光的微粒说和波动说

二、光的干涉

三、薄膜干涉及其应用

四、光的衍射

五、光的偏振

六、光的电磁说

七、电磁波谱

八、光谱

第七章 光的粒子性

一、光电效应

二、爱因斯坦对光电效应的解释 光子

三、光电效应的应用

四、光的波粒二象性

五、物质波

第八章 原子结构

一、电子的发现

二、原子的核式结构的发现

三、玻尔的原子理论

四、玻尔原子理论对氢光谱的解释

五、玻尔原子理论的困难和量子力学

六、原子的受激辐射 激光

第九章 原子核

一、天然放射现象

二、探测放射线的方法

三、原子核的人工转变 原子核的组成

四、放射性同位素及其应用

五、原子核的结合能

六、重核的裂变

七、轻核的聚变

八、基本粒子

学生实验

一、观察磁铁对电流的作用

二、研究电磁感应现象

三、用示波器观察交流电的波形

四、用示波器观察交流电的整流和滤波

五、研究变压器的作用

六、安装简单的收音机

七、测定玻璃的折射率

八、测定凸透镜的焦距

九、组成显微镜模型

十、利用双缝干涉测定光波的波长

十一、观察光的衍射现象

附录 3 人教版《高级中学课本（试用）物理（乙种本）》目录

六、应用向心力研究几个实例

七、离心现象

八、万有引力定律

九、万有引力定律在天文学上的应用

十、宇宙速度 人造地球卫星

第六章 机械能

一、功

二、功率

三、功和能

四、动能

五、做功和物体动能变化的关系

六、势能

七、机械能守恒定律

八、应用机械能守恒定律解题

第七章 机械振动和机械波

一、简谐振动

二、振幅、周期和频率

三、单摆

四、简谐振动的图象

五、振动的能量 阻尼振动和受迫振动

六、共振

七、机械波

八、波的图象

九、波长、频率和波速

十、波的衍射

十一、波的干涉

十二、声波

十三、乐音

十四、噪声的危害和控制

十五、超声波及其应用

第八章 分子运动论 热和功

一、物质是由大量分子组成的

二、分子的热运动

三、分子间的相互作用力

四、分子的动能和势能物体的内能

五、物体内能的变化 热和功

六、能的转化和守恒定律

七、能量的利用和能源开发

第九章 固体和液体的性质

一、晶体和非晶体

二、空间点阵

三、液体的表面张力

四、浸润和不浸润

五、毛细现象

六、熔解和凝固

第十章 气体的性质

一、气体的状态和状态参量

二、气体的等温变化 玻意耳—马略特定律

三、气体的等容变化 查理定律

四、热力学温标

五、理想气体的状态方程

六、气体的液化

七、液体的汽化

八、饱和汽和饱和汽压

九、空气的湿度

十、湿度计

学生实验

一、共点的两个力的合成

二、有固定转动轴的物体的平衡

三、练习使用打点计时器

四、测定匀变速直线运动的加速度

五、验证牛顿第二定律

六、研究平抛物体的运动

七、碰撞中的动量守恒

八、验证向心力公式

九、验证机械能守恒定律

十、用冲击摆测弹丸的速度

十一、用单摆测定重力加速度

十二、验证玻意耳—马略特定律

十三、验证理想气体状态方程

附录 国际单位制（SI）

下册

第一章 电场

一、库仑定律

二、电场 电场强度

三、电力线

四、电场中的导体

五、电势能 电势差

六、电势 等势面

七、电势差跟电场强度的关系

八、带电粒子在匀强电场中的运动

九、示波管

十、电容器 电容

十一、平行板电容器的电容 常用电容器

十二、电容器的连接

十三、静电的防止和应用

第二章 稳恒电流

一、电流

二、欧姆定律

三、电阻定律

四、电功和电功率

五、焦耳定律

六、串联电路

七、并联电路

八、分压和分流在伏特表和安培表中的应用

九、电动势

十、闭合电路的欧姆定律

十一、电池组

十二、电阻的测量

第三章 磁场

一、磁场

二、磁现象的电本质 磁性材料

三、磁感应强度

四、磁场对电流的作用

五、电流表的工作原理

六、磁场对运动电荷的作用

七、带电粒子的圆周运动

八、回旋加速器

第四章 电磁感应

一、电磁感应现象

二、感生电流的方向 楞次定律

三、法拉第电磁感应定律

四、自感

五、涡流

第五章 交流电

一、交流电的产生

二、表征交流电的物理量

三、纯电感电路

四、纯电容电路

五、三相交流电

六、感应电动机

七、变压器

八、远距离输电

第六章 电磁振荡和电磁波

一、电磁振荡

二、电磁振荡的周期和频率

三、电磁场和电磁波

四、电磁波的发射

五、电磁波的接收

六、电磁波的传播特性

七、传真 电视 雷达

八、我国广播电视事业的发展

第七章 电子技术初步知识

一、二极管及其单向导电性

二、整流和滤波电路

三、三极管及其放大作用

四、晶体管放大器

五、简单收音机的原理

六、电子技术的发展及其对科学技术的影响

第八章 光的反射和折射

一、光的直线传播

二、光的速度

三、光的反射 平面镜

四、球面镜

五、光的折射

第十三章　实施义务教育，编写义务教育和配套的高中物理教科书（1992—2000）

一、教科书编写背景

（一）社会背景

中共十一届三中全会以来，中国经历了改革开放的大潮，各项事业取得了长足的发展。1992 年 1 月，邓小平视察武昌、深圳、珠海和上海等地，就坚定不移地贯彻执行党的基本路线、坚持走中国特色社会主义道路，特别是抓住有利时机，加快改革开放的步伐，集中精力把经济建设搞上去等一系列重大问题，发表了重要讲话。1992 年 10 月，中国共产党第十四次全国代表大会在北京召开。中共十四大在党的历史上第一次明确提出了建立社会主义市场经济体制的目标。自此，我国社会经济开始发生重大转型，社会主义市场经济体制开始着手建立。

与此同时，教育体制的改革也越来越引起国家的重视。1993 年 2 月，中共中央、国务院印发《中国教育改革和发展纲要》，指出："必须把教育摆在优先发展的战略地位，努力提高全民族的思想道德和科学文化水平，这是实现我国现代化的根本大计。""中小学要由'应试教育'转向全面提高国民素质的轨道，面向全体学生，全面提高学生的思想道德、文化科学、劳动技能和身体心理素质，促进学生生动活泼地发展。"关于教材，还指出："学校教材要反映中国和世界的优秀文明成果以及当代科学技术文化的最新发展。中小学教材要在统一基本要求的前提下实行多样化。提倡各地编写适应农村中小学需要的教材。"

（二）教育概况

改革开放以来，我国的经济、文化、科学技术水平和人民生活水平都有了很大的提高，这些都对我国儿童的智力和身体的发展产生了良好的影响。但总的看来，我国的基础教育仍然比较薄弱，还不能完全适应社会主义现代化建设的需要。1986 年 4 月，第六届全国人民代表大会第四次会议审议通过了《中华人民共和国义务教育法》。为便于各地贯彻实施，1986 年 9 月，国务院办公厅转发了国家教委、国家计委、财政部、劳动人事部《关于实施〈义务教育法〉若干问题的意见》，对普及九年义务教育提出了原则性意见。1997 年 10 月，国家教委发布《关于当前积极推进中小学实施素质教育的若干意见》，指出："改革人才培养模式，由'应试教育'向全面素质教育转变，这是我国国民经济和社会发展对中小学教育提出的要求，是基础教育面临的一项重大任务。"1998 年 12 月，教育部制定了《面向 21 世纪教育振兴行动计划》，提出："改革课程体系和评价制度，2000 年初步形成现代化基础教育课程框架和课程标准，改革教育内容和教学方法，推行新的评价制度，开展教师培训，启动新课程的实验。争取经过 10 年左右的实验，在全国推行 21 世纪基础教育课程教材体系。"

二、教科书总体介绍

（一）课程设置

1988 年国家教委颁发了《义务教育全日制小学、初级中学教学计划（试行草案）》，1992 年在广泛征求意见的基础上进行了修改，并将"教学计划"更名为"课程计划"。这个课程计划第一次将小学和初级中学的课程统一设计，并且根据各学校学制的不同情况，课程计划中的课程表分为"六三制"和"五四制"两表。这份课程计划对物理学科的课时要求是：对小学、初中五、四分段的初中物理课时为初三每周 3 课时，初四每周 2 课时，共计 166 课时，占初中总课时数的 4.2%；小学、初中六、三分段的初中物理课时为初二、初三每周各 2 课时，共计 132 课时，占初中总课时数的 4.3%。

1988 年 9 月，国家教委颁布了《九年义务教育全日制初级中学物理教学大纲（初审稿）》，作为编写义务教育初中物理课本的依据。经过几年教学实验后，1992 年对大纲（初审稿）进行了修改，正式颁布。《九年义务教育全日制初级中学物理教学大纲（初审稿）》是我国第一个专门为初中阶段物理教育制定的大纲，所以"义务教育"和"初中物理"是制定大纲的两个立足点。大纲的各部分都体现出"义务教育"和"初中物理"这两个特点。大纲对知识和技能提出了分层次的教学要求，并首次对每个层次的含义作出了说明。大纲在“关于教学要求的说明”中指出：“初中物理的教学要求是初中物理课结束时应达到的目标，分以下三个层次：‘知道’是对知识的初步认识。要求知道的知识，应该能够说出它的要点、大意，在有关的问题中能够识别它们。‘理解’是对知识的进一步认识。除了包含‘知道’的要求外，还要了解知识的确切含义，并能用来分析、解决简单的问题，如解释简单的现象，进行简单的计算。‘掌握’除了包含‘理解’的要求外，主要是运用知识的要求比‘理解’高一些，应能灵活地用来分析、解决简单的问题，如能比较灵活地运用知识解释简单的现象，能比较灵活地运用知识进行简单的计算。除了以上三个层次外，对于技能的要求用‘会’来表示。所谓‘会’，就是要求能正确操作并得出结果。”另外，与过去不同的是，大纲只列出了初中物理的教学内容和教学要求，没有规定各年级的内容编排顺序，编排顺序由教材编写者决定。

在总结执行 1990 年《现行普通高中教学计划的调整意见》、开设选修课的经验和教训的基础上，1996 年 3 月，国家教委基础教育司印发《全日制普通高级中学课程计划（试验）》。该课程计划是新中国成立以来第一个独立的高中课程计划，它与九年义务教育课程计划相衔接，是编订普通高中各学科新教学大纲、编写各学科新教材、进行教学试验的依据。该课程计划从培养目标、课程设置、考试考查、课程管理四个方面对高中课程作了规定。该课程计划在培养目标中指出：“培养学生掌握现代社会需要的普通文化科学基础知识和基本技能，具有自觉的学习态度和自学的能力，掌握基本的学习方法，具有创新的精神和分析问题、解决问题的基本能力。”

普通高中课程由学科类课程和活动类课程组成。普通高中学科类课程分为必修、限定选修和任意选修三种。必修学科是每个高中学生必须修习的课程。限定选修学科是学生在完成必修学科学习的基础上，侧重接受升学预备教育或接受就业预备教育所必须进一步学习的课程。学生可根据自己的志向、爱好和需求，在教师的指导下选择修习。任意选修学科是为发展学生兴趣爱好、拓宽和加深知识、培养特长、提高某方面能力而设置的。学生可根据个人的兴趣和志向，在教师的指导下，从学校提供的任意选修学科科目中自主选择修习。活动类课程包括校会、班会、社会实践、体育锻炼、科技、艺术等活动。校会班会、社会实践和体育锻炼是全体学生必须参加的活动课程，科技、艺术等活动是学生自愿选择参加的活动课程。社会实践活动可集中安排，其他活动宜分散安排。

与以往的教学计划相比，这一计划有比较明显的三方面特点。一是明确了普通高中是“与义务教育相衔接的高一层次的基础教育”，对普通高中的教育目标有了明确的提法。二是首次将过去单一的学科类课程，改为学科类课程和活动类课程两类，学科类课程占总课时的90%，活动类课程占总课时的10%。课程又分为必修、限定选修和任意选修三种方式，并按照优化必修课、规范选修课、加强限定选修课的原则构建学科课程体系。三是提出普通高中课程由中央、地方和学校三级管理的构想，体现了教育的统一性和灵活性。

（二）教科书概况

1. 教科书概览

1992年11月，国家教委颁发《关于九年义务教育小学、初级中学教材选用工作的意见》。国家教委制定了义务教育教材建设规划，并成立了全国中小学教材审定委员会和学科审查委员会。中小学教材实行编、审分开，在统一基本要求、统一审定的前提下实行教材多样化。依据教学计划和义务教育初中物理教学大纲，各教材编写单位开始编写实验教材。1993年9月，经全国中小学教材审定委员会审查通过的试用教材开始在全国推广使用。

下面列出了这一时期的物理教材及相应的编者、出版单位（表13-1）。

表13-1　1992—2000年出版的初中物理教材信息

序号	书名	编者	出版单位
1	《义务教育三年制、四年制初级中学教科书（实验本）物理》	中国教育学会物理教学研究会 人民教育出版社物理室	人民教育出版社
2	《九年义务教育四年制初级中学教科书物理》	“五·四”学制教材总编委会	北京师范大学出版社
3	《九年制义务教育三年制初中课本（内地版）物理》	九年制义务教育教材（内地版）编写领导小组	西南师范大学出版社
4	《九年义务教育三年制初级中学教科书物理》	北京市义务教育初中物理教材编写组	首都师范大学出版社

续表

序号	书名	编者	出版单位
5	《九年制义务教育课本物理》	上海中小学课程教材改革委员会	上海科学技术出版社
6	《九年义务教育三年制初级中学课本物理》	华东地区初中物理教材编写协作组	上海科学技术出版社
7	《九年义务教育教材初级中学物理》	九年义务教育教材（沿海版）编委会	广东教育出版社
8	《九年义务教育三年制初级中学课本物理》	《物理通报》杂志社	北京教育出版社

根据国家教委的安排，1997年9月，人民教育出版社编写出版的与义务教育教材相衔接的《全日制普通高级中学教科书（试验本）》在天津、江西、山西开始试验。2000年1月，教育部印发《关于扩大普通高中新课程方案试验的通知》，将原来在“两省一市”进行的课程试验扩大至黑龙江、辽宁、山东、江苏、安徽、河南、青海七省。这样，2001年秋季，全国已有九省一市开始使用新的高中课程计划、教学大纲和新教材。

1988年全国教材工作会议上，国家教委委托上海市率先进行中小学课程改革，并有明确要求和特殊政策：适合经济发达地区的学校使用，中小学统一系统的整体设计；可以自己制定课程计划，可以自己制定教学大纲，可以自己编审教材。自此，上海市成为全国课程改革的一个试验区。1989年4月，《上海中小学课程改革方案（草案）》获得通过，方案包括九年义务教育课程方案和高中课程方案两部分。上海《九年制义务教育物理学科课程标准（草案）》于1992年8月出版，上海《全日制高级中学物理学科课程标准（草案）》于1992年6月出版。基于这两份标准编写的上教（科）版物理教材，分别于1993年9月、1995年9月起在上海市初中八年级、高中一年级全面推广使用。

2. 典型教科书的选取

这些版本的教科书在编写时都着力于提高全体学生的科学文化素质，培养学生学习物理的兴趣，并引导学生学习物理学的初步知识及其实际应用，注重物理实验，结合物理教学对学生进行爱国主义和辩证唯物主义教育，培养实事求是的科学态度。编者普遍选取最常用的、基础的、学生能接受的物理知识，并重视物理知识与实际的联系。部分教科书还通过补充阅读材料，适当拓宽一些物理基础知识，并补充本地广泛应用的物理知识及有关技术常识，以体现地方特色。

在这些版本的教科书中，人教版教科书因其适应面广而用得最多。在经济较发达的华东地区，上海科学技术出版社出版的《九年义务教育三年制初级中学课本物理》也因其显著的特色受到欢迎。下面着重分析这两套初中物理教科书和人教版高中教科书《全日制普通高级中学教科书（试验本）物理》。

三、人教版《义务教育三年制、四年制初级中学教科书（实验本）物理》分析

（一）基本信息

《义务教育三年制、四年制初级中学教科书（实验本）物理》由人民教育出版社物理室和中国教育学会物理教学研究会合作编著，封面如图 13-1 所示。

图 13-1 《义务教育三年制、四年制初级中学教科书（实验本）物理》封面

第一册编写人员如下。顾问：严济慈，沈克琦；主编：雷树人；副主编：董振邦、陈子正、张同恂；主要执笔人：董振邦、张同恂、马淑美、林婉、李福利、王金铮；责任编辑：马淑美；绘图：何慧君；助理编辑：彭前程。

第二册编写人员如下。顾问、主编、副主编同第一册；执笔人：张同恂、林婉、李福利；责任编辑：李福利；绘图：何慧君、王德森。

根据国家教委1992年颁布的《九年义务教育全日制初级中学物理教学大纲（试用）》和《义务教育三年制、四年制初级中学教科书（实验本）物理》的使用情况，教科书的原编者1993年对实验本进行了修改。修改后的课本经全国中小学教材审定委员会审查通过，人民教育出版社于1993年10月出版了《九年义务教育三年制初级中学教科书物理》第一册，1994年10月出版了三年制初中的第二册和四年制初中的第一、二册。这是人教版第七套物理教科书。根据2000年教育部颁布的《九年义务教育全日制初级中学物理教学大纲（试用修订版）》，人教社对第七套物理教科书进行了修订。参加这次修订的有张大昌、彭前程、孙新。经全国中小学教材审定委员会审查通过，2001年出版了新的《九年义务教育初级中学教科书物理》。

（二）结构与内容

1. 体系结构

这套义务教育初中物理教材面向全国大多数学校和大多数学生，使学生达到九年义务教育初中物理教学大纲规定的基本要求。为适应学习水平较高、爱好物理的学生的需要，还配套了三种供学生选用的课外读物。全套教材共2册，具体结构如下。

第一册

致同学们

序言

第一章 简单的运动

第二章 声现象

第三章 热现象

第四章 光的反射

第五章 光的折射

第六章 质量和密度

第七章 力

第八章 力和运动

第九章 压强 液体的压强

第十章 大气压强

第十一章 浮力

第十二章 简单机械

第十三章 功

附录

第二册

第一章 电路

第二章 电流

第三章 电压

第四章 电阻

第五章 欧姆定律

第六章 电功和电功率

第七章 生活用电

第八章 电和磁

第九章 无线电通信常识

第十章 有用的电子元件

第十一章 机械能

第十二章 内能

第十三章 内能的利用 热机

第十四章 电能

第十五章 能源的开发和利用

附录

2. 内容

第一册包括序言和十三章内容。

“序言”包括三节，第一节“有趣、有用的物理”，作为学生学习物理的开篇，主要任务是激发学生的学习兴趣。课本首先利用学生在小学自然常识中学过的知识，用一幅图画形象地提出了关于力学、热学、光学、电学的四个问题。以学生能够理解的方式，生动、简洁地说明物理研究什么。接下来课本从物理课能帮助他们认识物理现象，解开心中的谜来说明“物理是有趣的”，并选了四个带有新奇性、出乎多数学生预料的力学、热学、光学、电学的实验。“物理是有用的”这部分课文主要是举出一些学生熟悉的事例简明地说明物理是有用的。还介绍了我国在核武器、航天等尖端技术方面取得的卓越成就，增强民族自豪感和自信心，进行爱国主义教育。第二节利用伽利略发现了摆的等时性的故事，说明观察、实验是研究物理的基本方法，提出今后学习中进行观察、实验时的要求和注意事项。第三节考虑到学生在小学数学中已经学习过长度测量的知识，把用刻度尺测长度作为学生实验放在引言中，先简单复习一下长度的单位，让学生观察刻度尺的刻度、量程、零刻度线和正确使用方法，然后动手实验，进行测量。

第一章到第三章主要介绍了一些生活中的物理现象，分别是第一章“简单的运动”、第二章“声现象”、第三章“热现象”。主要的目的是降低学习难度、激发学生的兴趣。如采用了比较通俗易懂的写法对匀速直线运动、速度进行定义。用联合收割机和装载粮食的卡车、加油机和受油机的图例，加深学生对相对静止的认识。在声学部分通过让学生自己动手拨动张紧的橡皮筋和摸自己发声的喉头等实验，使学生认识声由物体振动产生。“音调、响度和音品”一节，涉及乐音、噪声、频率、振幅、音调、响度、音色等多个名词，课本尽可能利用学生在日常生活和音乐课中获得的知识，使他们认识这些名词的含义。从环境保护的角度讲述了噪声的危害和控制。在热学部分，讲温度计时，介绍了热力学温度。讲熔解、凝固时，让学生通过自己实验得到的萘（或海波）和石蜡的熔解曲线，认识晶体有一定的熔点，非晶体没有一定的熔点，晶体在熔解过程中吸热。

第四章“光的反射”、第五章“光的折射”主要介绍了光学的知识。学生在小学自然中学过光的直线传播，课本主要讲了激光准直、手影、日食和月食的成因等。凸透镜成像的几种情况不是通过一次实验得出，而是结合照相机、幻灯机、放大镜来讲述的。这种讲法，让学生多观察实验，印象深刻，与实际也结合得更加紧密。

第六章到第十一章主要介绍了力学的内容，分别是第六章“质量和密度”、第七章“力”、第八章“力和运动”、第九章“压强　液体的压强”、第十章“大气压强”、第十一章“浮力”。讲述力的概念时，还讲了力的效果——改变物体的运动状态和改变物体的形状，使学生对力有具体的认识。学生对摩擦现象比较熟悉，课本通过分析在地面上推箱子的例子，使学生认识摩擦力是在两个物体接触面上产生的一种阻碍运动的力。再用实验研究影响摩擦力大小的因素。讲压强时，先用一幅漫画引导学生分析思考。由此提出猜想：压力作用的强弱是不是跟受压面积有关？猜想对不对，要用实验来检验。渗透了分析现象、找出原因、提出猜想、用实验检验猜想的研究问题的方法。液体压强的计算，用潜水时深度不同需要的装备不同来引入，使学生认识研究这个问题的实际意义。阿基米德实验改变了做法：把以前用的溢水杯改换成了斜放着的烧杯，实验器材更简单易得，便于让学生自己动手来做。大气压强先讲了马德堡半球实验的故事，引发学习兴趣。关于大气压的变化，增加了大气压随时间的变化、气压变化对人的影响、高原反应等。

第十二章、第十三章主要介绍了简单机械和功。用阿基米德关于杠杆的豪言壮语和三千多年前埃及人用杠杆修建金字塔的图画说明杠杆的威力。用一幅科学漫画讽刺不懂滑轮原理的人闹的笑话，增加了这一章的趣味性。为了使学生理解力学里所说的做功的两个必要因素，从汉字“功”的含义“成效”的意思出发，说明物体在力的作用下移动了一段距离，这个力的作用就有了成效，力学里就说这个力做了功。如果力没有使物体移动，这个力就没有成效，它就没有做功。讲过机械效率后，补充了做一切工作都要注意提高效率和提高机械效率的途径等内容。

第二册包括十五章内容，前十章为电学知识，后五章是关于能量的知识。

第一章到第五章主要介绍了简单的电现象和电学基础知识，如电路、电流、电压、电阻、欧姆定律。考虑到电在生活、生产中的普遍应用，为了使大多数学生在规定的教学时间内掌握好实际应用中最重要的知识，又减轻学习负担，没有讲小学自然课中讲过的摩擦起电、两种电荷等知识，而是第一节就讲电路的组成。讲完串联电路和并联电路后，为了使学生对串联电路和并联电路有实际的认识，并学习看简单的电路图，课本选了几个实例，给出它们的实物图和电路图，让学生对照着看。课本对电流和电压的概念讲得比较简单，重点讲述它们的单位和测量方法。

第六章、第七章介绍了电功率和生活用电。这部分内容讲得很简洁，在前几章讲解电流、电压、电阻的基础上，介绍电功，然后接着介绍家庭用的电能表和它的读数方法。讲用电器的额定功率时，增加了演示实验：观察一个小灯泡先后在额定电压、低于额定电压、高于额定电压条件下的发光情况，使学生对额定功率和额定电压留下深刻的印象。焦耳定律也是在定性实验的基础上给出的。对于电热的作用，课本既讲了它有用的一面，又讲了有害的一面，并且举出一些实例。“家庭电路”一节介绍了家庭电路的组成和连接，还介绍了如何用测电笔辨别火线和零线。避免短路和超负荷用电是保证家庭用电安全的重要常识，课本单设一节“家庭电路中电流过大的原因”，从实验观察和理论分析两方面说明短路和超负荷是家庭电路电流过大的原因，使学生既看到现象又明白道理。

第八章到第十章分别介绍电和磁、无线电通信常识、有用的电子元件等知识。先讲述简单的磁现象和电流的磁场，然后介绍了无线电通信在生活中的普遍应用和电子技术。电子技术是现代高科技的产物，已越来越多地进入人们的日常生活和各行各业的生产实践中。为了使学生对电子技术有些初步的感性认识，消除神秘感，激发学习电子技术的兴趣，课本增加了“有用的电子元件”这一章，作为选学内容。主要内容有二极管和发光二极管的特性和应用、光敏电阻的特性和应用以及门电路等。

第十一章、第十二章介绍了机械能和内能。第十二章在第十一章机械能的基础上引入内能，通过实验说明物体的内能与温度有关。通过热传递可以改变物体的内能，引出热量的概念，再讲述比热容。在做功和热传递都可以改变物体的内能的基础上，讲能的转化和守恒定律。能的转化和守恒讲得比较丰满，列举了电现象、热现象、机械运动、化学现象间联系的事例，说明自然界的各种现象都不是孤立的，而是相互联系的。科学家经过长期研究确立了反映自然界这种联系的最普遍的规律——能的转化和守恒定律。举例说明各种形式的能在转化过程中都遵守这一规律，消耗多少某种形式的能量，就得到多少其他形式的能量，能的总量保持不变。

第十三章到第十五章介绍了内能的利用、热机、电能，以及能源的开发和利用。第十三章结合讲述物理知识，注意进行节能和保护环境的教育。讲热机的效率时，分别给出了内燃机和火电站的能流图，直观地说明了各部分能量损失的情况。提出了减少各种能量损失，提高效率的途径。最后一节专门讲内能的利用和环境保护。说明煤、石油、天然气的大量利用对环境造成的污染和危害。提醒大家要注意有效地利用能源，减少环境污染。第十四章讲述电能的产生、输送和利用。讲述电磁感应是为了说明发电机的原理，所以教材对电磁感应讲述得比较简单，主要是通过实验使学生认识导体在磁场中做切割磁感线的运动可以产生感生电流，感生电流的方向跟导体运动方向和磁场的方向有关。为了减轻学习负担，没有讲述右手定则。讲发电机时，通过实验让学生看到线圈在磁场中转动时产生的电流是周期变化的，简单分析了线圈在磁场中转动时电流方向的变化情况。介绍了我国交变电流的周期和频率。讲磁场对电流的作用时也没有讲左手定则。本章最后一节“电能的优越性”，从电能可以由各种形式的能转化而来、便于输送、便于利用、便于管理、无污染等方面作了说明，并用形象的图示说明电能的产生、输送、应用的过程。

3. 特点

这套教材是在总结教师教学改革的经验，汲取国外教材的优点，广泛听取意见，经过反复研究修改和教学试验的基础上编写出来的。主要有以下特点。

（1）以大多数学校和大多数学生为对象。

义务教育是全体适龄儿童、少年都必须接受的国民教育，为适应师资、学生、设备情况不同的学校，课本注意了统一性与灵活性相结合。力求课本具有弹性，适应学校差异和学生个人差异。供三年制初中必修的教学内容根据大纲规定的内容和要求编写，个别内容比大纲的要求还略低一点，使大多数学生能达到统一的基本要求。课本中有一些标了“*”号的内容，是供四年制初中使用的（四年制初中比三年制初中物理多32课时），三年制初中也可以选学。另外还有一些要求较高的、用小字排印的内容，供学生基础较好的学校选读。每章末编有“阅读材料”和“小实验”，供学有余力、对学习物理有兴趣的学生选用。课本中的演示实验注意选用日常用品和容易购得的器材，以使设备条件不足的学校也能完成。

（2）注意全面提高学生的素质。

义务教育的任务是提高全体学生的素质，包括身体素质、思想品德素质、科学文化素质等。初中物理的主要任务是提高学生的科学文化素质。教材在知识选材上注意加强联系实际，内容配置上注意从物理知识内部发掘政治思想教育和品德教育的潜能。同时结合物理知识的讲述注意对学生进行爱国主义教育，介绍我国古代的科学技术成就，增强民族自豪感和自信心；介绍我国现代科学技术成就，使学生热爱社会主义祖国，激发学生为建设社会主义祖国而努力学习的精神。

（3）注意按照学生认知规律由浅入深、循序渐进地学习。

根据初中学生的年龄特点和认知规律，为了让学生由浅入深、由易到难地学习，降低学生初学物理的难度，培养学习兴趣，教材把初中物理的教学内容划分为四大部分来设计教材的体系。第一部分为简单的物理现象，包括：简单的运动、声现象、热现象、光现象。这部分内容具体直观，定性的知识多，比较浅显易懂。由于观察、实验比较多，也易于引起学习兴趣。第二部分为力学的概念和规律，包括：质量、密度、力、压强、惯性定律、简单机械、功等。第三部分为电学的概念和规律，包括：电流、电压、电阻、欧姆定律、电功、电和磁。后两部分是初中物理的重点内容，讲述得比第一部分深入，对于概念、规律要求学生理解。第四部分是关于能量的知识，包括：机械能、内能、电能、核能、能的转化和守恒，这部分知识的综合性较强，放在教材的最后学习。结合各部分知识的学习，有重点地培养能力。第一部分观察、实验比较多，重点培养观察、实验能力；第二、第三部分力学、电学的概念和规律大都是在观察、实验的基础上，通过比较、分析、归纳、概括得出来的，所以除了继续培养观察、实验能力，还重点培养分析、概括能力；第四部分知识的综合性较强，要用到前面学过的一些知识，侧重培养应用物理知识解决简单问题的能力。

（4）注意启发思维，促进学生动手、动脑、主动地学习。

为了使学生主动地学习，积极地思考和实践，教材在编写上作了很大的改进，改变了过去平铺直叙讲述知识的写法。首先在每章的开头提出几个问题，使学生明确本章的学习目标。在每节的开头都有一个大“？”号，用有趣的故事、事例、现象或实验提出问题，引起学生的兴趣和思考。然后让学生通过观察、实验或其他方法来研究，引导学生通过分析物理事实得出结论。在许多节的后面有“想想议议”，提出一些值得思考和讨论的问题，供课堂讨论，帮助学生理解、巩固或应用知识，同时可以活跃学生的思想。在讲述知识、归纳总结以及实验、插图中，注意编排一些启发性的问题。总之，就是要引导学生在课堂上动手、动脑、动口、主动地学习，而不是被动地听讲。各章后面有“学到了什么”，用问题、填空、列表等方式引导学生自己总结这一章学过的知识，形成知识结构，同时在学习知识的过程中逐步培养自学能力。

（5）加强联系实际，重视知识的应用。

除了联系常见的物理现象和生产实际外，教材更加注意联系现代社会生活和日常生活，使学生感到物理知识有用，并适应科学技术发展和社会经济发展产生的新情况。教材设置专章、专节讲述能源的开发和利用，内能的利用和环境保护，节能，噪声的危害和防治，生活用电常识，等等。结合凸透镜成像，介绍了常见、常用的照相机、显微镜的知识。讲述大气压强时，联系了气压变化对人的影响。在讲生活用电常识时，重点讲了家庭电路中常遇到的断电问题，分析了家庭电路中电流过大的原因——短路和连入电路的用电器功率过大。对于安全用电的知识，采用问答对话的方式，讲述得更加实际和有用。

课本还注意编排一些实践性的、贴近生活、有实际意义的题目，让学生用学过的物理知识去解决，增强实践能力。例如，为了给学生普及一点电子技术的知识，教材增加了一章选学内容“有用的电子元件”，介绍二极管和发光二极管、光敏电阻和它的应用，与门、非门、与非门等知识，供有兴趣的学生学习。课本还注意结合物理知识的讲述为经济建设服务，例如，注意让学生学会看简单的机器、设备的构造和工作过程示意图等。

全书共安排了 18 个学生实验，30 多个课外小实验和许多实践性习题。特别是加强了穿插在各节课文中的课堂实验，主要用来引出概念或得出规律，既可以由教师演示，也可以让学生在课堂上做，共 100 多个。这类实验多数器材易得，简单易行，费时不多，效果良好。在观察、实验中，注意教给学生观察的方法，逐步提高观察、实验能力。浅化知识，降低要求，便于初中学生学习物理学的初步知识。教材注意在不违背科学性的前提下降低了一些知识的严谨程度，讲得通俗、简单一些，使学生容易学一些，文字叙述得简明轻快。例如，匀速直线运动的定义，教材改为通俗浅显的写法：“快慢不变，经过路线是直线的运动，叫作匀速直线运动。”这种说法，学生容易懂，科学性上也过得去。对于测量中的估测、误差、精确度、有效数字等知识，由于过去我国的初中物理教材在讲述测量时逐步加强了这部分内容，逐渐成了教学中的难点。考虑到义务教育培养的对象是全体学生而不是专业测量人员，日常生活和一般工作中并不需要很多的测量知识，教材作了简化，降低了要求，只简单地讲了测量必然存在误差，没有讲精确度、有效数字等，也就避免了许多这类的习题。其他有些知识也采用了便于学生理解的方法，例如液体压强的计算、浮力等。

（6）力求生动、活泼，图文并茂。

为了使学生喜欢阅读课本，提高学习物理的兴趣，教材力求生动、活泼。用一些新奇有趣的故事、事例、现象、实验引入课题，说明知识。例如用第一次世界大战中一名法国飞行员在空中用手抓住一颗德国子弹的故事来引入运动等。每章后面还有一些有趣的阅读材料和小实验，可以扩展知识，满足学生的求知欲。书中的插图数量较多，有的用来提出问题，有的用来说明现象和问题。插图力求生动、活泼，有的还采用了有趣的漫画形式。实验本采用 16 开本，版面设计活泼、美观，便于学生阅读。

四、人教版《全日制普通高级中学教科书（试验本）物理》分析

（一）基本信息

《全日制普通高级中学教科书（试验本）物理》共七册，是人教版第十套物理教科书的试验本（图 13-2）。（必修）第一册，1996 年 12 月第 1 版，供高一上学期用，5 个学生实验（其中 1 个是选做），3 个专题（选做）。（必修）第二册，1997 年 6 月第 1 版，供高一下学期用，3 个学生实验，5 个专题（选做）。第三册Ⅰ，1997 年 12 月第 1 版，供高二上学期用，7 个学生实验（其中 1 个是选做）。第三册Ⅱ，1997 年 12 月第 1 版，供高二上学期用，5 个学生实验，2 个专题（其中 1 个是选做）。第四册Ⅰ，1998 年 6 月第 1 版，供高二下学期用，2 个学生实验。第四册Ⅱ，1998 年 6 月第 1 版，供高二下学期用，7 个学生实验。第五册，1998 年 12 月第 1 版，供高三用，4 个学生实验（其中 1 个是选做），3 个专题。

图 13-2 《全日制普通高级中学教科书（试验本）物理》封面

本套教科书由张同恂、扈剑华、张大昌主持编写。雷树人、董振邦审读了书稿。主要编者有张同恂、扈剑华、张大昌、杜敏、彭前程、马冬玲、邢蕙兰、周国强、张颖、周誉蔼。

（二）结构与内容

1. 体系结构

该套书具体体系结构如下。

（必修）第一册

绪言

第一章 力

第二章 直线运动

第三章 牛顿运动定律

第四章 物体的平衡

学生实验

专题

附录

（必修）第二册

第五章 曲线运动

第六章 万有引力定律

第七章 动量

第八章 机械能

学生实验

专题

第三册Ⅰ

第九章 机械振动 机械波

第十章 分子动理论 能量守恒

第十一章 固体和液体

第十二章 气体

第十三章 电场

第十四章 恒定电流

第十五章 磁场

第十六章 电磁感应

第三册Ⅱ

第九章 机械振动

第十章 机械波

第十一章 分子热运动 能量守恒

第十二章 固体和液体

第十三章 气体

第十四章 电场

学生实验

专题

附录

第四册Ⅰ

第十七章 交变电流

第十八章 电磁波

第十九章 光的传播

第二十章 光的本性

第二十一章 原子和原子核

学生实验

第四册Ⅱ

第十五章 恒定电流

第十六章 磁场

第十七章 电磁感应

第十八章 交变电流

第十九章 电磁波

学生实验

第五册

第二十章 光的反射和折射

第二十一章 透镜成像及其应用

第二十二章 光的波动性

第二十三章 量子论初步

第二十四章 原子核

第二十五章 相对论简介

学生实验

2. 内容

第一册主要涉及力、运动以及牛顿运动定律等相关内容。第一章主要讲解力的有关知识，如力、重力、弹力、胡克定律、摩擦力、力的合成和力的分解等。第二章讲解直线运动，如机械运动、位移、位移和时间的关系、速度、速度和时间的关系、加速度、匀变速直线运动的规律、匀变速直线运动规律的应用和自由落体运动。第三章讲解有关牛顿运动定律的知识，如牛顿第一定律、物体运动状态的改变、牛顿第二定律、牛顿第三定律、力学单位制、牛顿运动定律的简单应用、超重和失重、牛顿运动定律的适用范围等。第四章主要讲解物体的平衡、共点力平衡、有固定转动轴物体的平衡、力矩平衡和平衡的条件等。此外，教科书还列出了一系列的相关实验以及专题，实验有：长度的测量、验证力的平行四边形定则、练习使用打点计时器、研究匀变速直线运动和验证牛顿第二定律；专题包括：同一直线上的矢量运算，小力和大力，用频闪照相研究自由落体运动。

第二册主要对曲线运动、万有引力定律、动量以及机械能等内容进行了介绍。第五章讲解了曲线运动、运动的合成和分解、平抛物体的运动、匀速圆周运动、向心力与向心加速度、匀速圆周运动的实例分析和离心现象及其应用。第六章包括行星的运动、万有引力定律、引力常量的测定、万有引力在天文学上的应用、人造卫星和宇宙速度等。第七章包括冲量和动量、动量定理、动量守恒定律、动量守恒定律的简单应用、反冲运动等。第八章讲解功、功率、功和能、动能及动能定理、重力势能、机械能守恒定律和机械能守恒定律的应用等。学生实验包括：研究平抛物体的运动、验证动量守恒定律、验证机械能守恒定律；专题包括：研究排球击球不触网且不越界的条件、翻滚过山车和水流星的原理和通信卫星、发动机的额定功率与车的最大速度，以及重力做功与路径无关。

第三册Ⅰ包括力学部分内容以及热学和电磁学内容。第九章讲解机械振动和机械波，包括：简谐运动、单摆、简谐运动的图像、振动中的能量转化、受迫振动和共振、机械波、波长、频率和波速等。第十章为分子动理论以及能量守恒，包括：物质是由大量分子组成的、分子的热运动、分子间的相互作用力、内能、热力学第一定律和热力学第二定律等。第十一章包括固体和液体内容，具体是：固体、固体的微观结构、液体的表面张力、毛细现象和液晶。第十二章主要内容为气体，具体为气体的状态参量、玻意耳定律、查理定律和理想气体的状态方程。第十三章讲解电场，包括：电荷、电荷间的相互作用、电场强度、电场线、电势差、电势、电势差与电场强度的关系、电容器、电容、传感器、静电的防止和利用。第十四章的主要内容为恒定电流，包括欧姆定律、闭合电路的欧姆定律、半导体和超导。第十五章讲解磁场、磁场的方向、磁感线、安培力、感应强度、电流表的工作原理、磁场对运动电荷的作用和磁通量。第十六章主要包括电磁感应现象、法拉第电磁感应定律、楞次定律、自感等内容。学生实验包括：用单摆测定重力加速度、用油膜法估测分子的大小、描绘小电珠的伏安特性曲线、测定电源的电动势和内阻、用多用电表探索黑箱内的电学元件、练习使用示波器、研究玩具电机的能量转化。

第四册Ⅰ包括交变电流、电磁波、光学以及原子物理的相关知识。第十七章包括交变电流的产生和变化规律、表征交变电流的物理量、电阻、电感和电容对交变电流的作用、变压器、三相交变电流和电能的输送。第十八章包括电磁场与电磁波、无线电波的发射和接收、电视和雷达。第十九章包括光的直线传播、光的反射和折射、全反射和光的色散。第二十章包括波的干涉和衍射、光的干涉、光的衍射、光的电磁说、光电效应、光子和激光等。第二十一章包括原子的核式结构、原子核、玻尔的原子理论、能级、氢原子的光谱、天然放射现象、衰变、核反应、核能、重核的裂变、轻核的聚变和基本粒子。学生实验包括：测定玻璃的折射率和传感器的简单应用。

第三册Ⅱ包括机械振动、机械波、分子热运动、固体和液体、气体、电场的内容。第九章包括简谐运动、振幅、周期和频率、简谐运动的图像、单摆、简谐运动的能量、阻尼振动、受迫振动和共振等。第十章包括波的形成和传播、波的图像、波长、频率和波速、波的反射和折射、波的衍射、波的干涉、驻波和多普勒效应等。第十一章包括分子热运动和能量守恒，具体为：物体是由大量分子组成的、分子的热运动、分子间的相互作用力、物体的内能、改变内能的两种方式、能量守恒定律、能量守恒定律的建立和热力学第二定律。第十二章为固体、晶体的微观结构、液体、毛细现象和液晶。第十三章包括气体的状态参量、等温变化、玻意耳定律、等容变化、查理定律、理想气体的状态方程、理想气体状态方程的应用、气体实验定律的微观解释、饱和汽和未饱和汽、空气的湿度等。第十四章讲解电场，包括两种电荷、电荷守恒定律、库仑定律、电场、电场强度、电场线、电场中的导体、电势差、电势、等势面、电势差与电场强度的关系、电容器、电容和带电粒子在匀强电场中的运动。学生实验包括：用单摆测定重力加速度、用油膜法估测分子的大小、研究气体等温变化的规律、用描迹法画出电场中平面上的等势线、练习使用示波器等。专题为密立根油滴实验和示波管的原理。

第四册Ⅱ包括恒定电流、磁场、电磁感应、交变电流和电磁波的内容。第十五章讲解恒定电流，包括电流、欧姆定律、电阻定律、电阻率、电功和电功率、串联电路和并联电路、电压表和电流表、滑动变阻器、电动势、闭合电路欧姆定律和电阻的测量等。第十六章包括磁场、磁感线、电流磁效应的发现、安培力、磁感应强度、电流表的工作原理、磁场对运动电荷的作用、带电粒子在磁场中的运动、回旋加速器、安培分子电流假说和磁通量等。第十七章讲解电磁感应现象、法拉第电磁感应定律、楞次定律、楞次定律的应用、自感、日光灯原理和涡流等。第十八章讲解交变电流的产生和变化规律、表征交变电流的物理量、电感和电容对交变电流的影响、变压器、电能的输送、三相交变电流、感应电动机等。第十九章包括电磁振荡、电磁振荡的周期和频率、电磁场、电磁波、无线电波的发射和接收、电视雷达。学生实验包括描绘小灯泡的伏安特性曲线、测定金属的电阻率、传感器的简单应用、把电流表改装为电压表、研究闭合电路欧姆定律、测定电源电动势和内阻、用多用电表探索黑箱内的电学元件。

第五册包括光的反射和折射、透镜成像及其应用、光的波动性以及近代物理的相关内容。第二十章包括光的直线传播、光速、光的反射、平面镜、光的折射、全反射和棱镜等。第二十一章包括透镜、透镜成像作图法、透镜成像公式、眼睛、显微镜和望远镜等。第二十二章包括光的干涉、光的衍射、光的电磁说、光的偏振和激光。第二十三章为量子论初步，包括光电效应、光子、热辐射和普朗克的量子说、光的波粒二象性、玻尔的原子模型、能级、物质波等。第二十四章包括原子的核式结构、原子核、天然放射现象、衰变、探测射线的方法、放射性同位素的应用、核反应、核能、裂变、轻核的聚变和基本粒子。第二十五章包括狭义相对论的基本假设、时间和空间的相对性、狭义相对论的其他三个结论、惯性力、惯性质量和引力质量、广义相对论简介。学生实验包括：测定玻璃的折射率、测量凸透镜的焦距、用双缝干涉测光的波长、用气垫导轨验证动量守恒定律。专题包括：弹性碰撞和非弹性碰撞、中子的发现和多用电表的原理。

3. 特点

（1）降低教学要求和难度。

在课时数减少近四分之一、教材内容减少不多的情况下，要使全体学生达到大纲必修课的要求，出路只能是降低教学要求和难度。在各节后的练习题，多为简单的基本题，目的是辨析概念、澄清认识，或巩固知识、加深理解，或训练方法、提高能力。章末的习题则是对全章知识的深化、综合、应用。高中一年级章末习题分A、B两组，A组为必做题，是对全体学生的要求，灵活性不大，难度不超过例题。B组标有“*”号，为选做题，灵活性较大，供学有余力的学生选做。

（2）增大教材的弹性。

在课本的课文、习题、学生实验等处的某些地方标了“*”号，这些是不作考查的选学内容。另外，必修课本中的“专题”也都是选学。总地来说，这套课本的选学内容比以前的各套课本都多，从而增加了教材的弹性。一方面更便于教师对大多数学生按照必学内容施教，达到基本要求；另一方面又有较多的选学内容可供基础较好，又有兴趣学习物理的学生选用。课本这样编排，也有助于学生根据自己的情况，确定进入高中二年级后，学习“必修”类，还是“必修加限选”类的物理课。

（3）优化版式设计，激发学生的学习兴趣。

这是人教社首次采用胶版纸双色印刷的16开本高中物理教科书，页面美观、大方、活泼、醒目。采用16开本，可以在页边留空白，或安排插图、旁批，或供学生记录。另外，课本注意增加漫画式的插图，力求图文并茂，直观易懂。双色印刷的工艺使课本在页面设计时，除了字号、字体、黑框、图标等，还多了颜色这个手段。对学生打开书本首先接触的“绪言”，在写法上也作了较大的变动。改变了过去用长篇文字叙述的写法，用了4张彩图插页，以图文结合的形式讲述，希望激发学生学习物理的兴趣。例如，在第一页，用“蛋碎瓦全还是瓦碎蛋全？”“声音怎么会将酒杯震碎？”和“带电鸟笼里的鸟安然无恙”3幅有趣的实验彩图引起学生的好奇心。

（4）促进学生独立思考。

课本中设有“思考与讨论”栏目，其中涉及的多是基本问题，供学生分析、讨论，从而加深对知识的理解和掌握，明确知识之间的区别和联系，提高思维能力。有的要求学生自己作些推理、推导、证明；有的鼓励学生适时总结，使学过的知识和方法系统化，既可以培养良好的学习习惯，又促进他们独立思考。课本除了在各章末尾的“本章小结”用一系列问题引导学生总结本章知识，还在一些重要之处，如物体受力分析、动力学问题的解法、静力学问题的解法等处，提出了总结的要求。在每章的前面，选录了一句科学家（或名人）名言，力求与课文内容有内在联系。希望前辈学者的深刻思想，能够对学生有所熏陶，有所启迪。这也是对学生进行思想教育和科学素质教育的一种尝试。

（5）重视联系实际、重视实验。

在继承人教版物理课本重视联系实际、重视实验的传统方面，这套课本也作了努力。例如，在牛顿第一定律后面的练习中，编入了让学生解释公安交通部门规定小汽车前排乘客和司机必须系好安全带的题目。学生实验增加了“研究平抛物体的运动”“练习使用打点计时器”“验证牛顿第二定律”“验证动量守恒定律”。本套高中物理课本还编写了数十个阅读材料，如动圈式话筒的原理，磁带录音机的原理，汽油机点火装置，移动电话，泊松亮斑，如何确定古木的年代等。

五、上海科学技术出版社版《初级中学试用教材物理》分析

（一）基本信息

这套教材由华东地区初中物理教材编写协作组编写。[①] 编委会的成员如下。

总主编：许国梁、束炳如；副总主编：谢坚城、何润伟、汪延茂；编委：朱文章、许国梁、邱金章、汪延茂、何润伟、束炳如、胡次瑗、胡名章、张显霜、程先成、谢坚城、童寿康、戴恒志。

第一册的主编为何润伟、汪延茂，第二册的主编为戴恒志、童寿康。

（二）结构与内容

1. 体系结构

本套教材按照“先现象后本质、先宏观后微观、先部分后整体”的原则进行编写。全书内容共六篇，具体的体系结构如下。

① 此书为上海科学技术出版社版《九年义务教育三年制初级中学课本物理》的试用教材。

第一册

第一章 希望你喜爱物理

第二章 运动和静止

第三章 声现象

第四章 热现象

第五章 电磁现象

第六章 光现象

第七章 物体的质量和物质的密度

第八章 力

第九章 运动状态变化和力

第十章 压强

第十一章 浮力

第十二章 简单机械

第十三章 热量和热平衡

第二册

第十四章 电路

第十五章 电流 电压 电阻

第十六章 欧姆定律

第十七章 电动机和发电机

第十八章 无线电通讯常识

第十九章 分子运动论的初步知识

第二十章 原子和原子核

第二十一章 机械功和机械能

第二十二章 内能与热机

第二十三章 电功与电能

第二十四章 家庭电路与家庭用电

第二十五章 能源的开发和利用

第二十六章 物理学的现在和未来

2. 内容

第一册的主要内容包括：有趣的物理世界、物理学与人类社会、测量物体的长度和体积；物体的运动与静止、比较物体运动的快慢、直线运动和速度公式的变形及其应用；声音的产生与传播、音调、响度、音色；温度计、熔化和凝固、汽化和液化、升华和凝华；磁体和磁极、磁场、简单的电现象和电磁现象；光的反射定律、面镜、光的折射规律、透镜、凸透镜的应用、凸透镜成像作图法；物体的质量、用天平称物体的质量、物质的密度、测定物质的密度、密度知识的应用；怎样认识力、怎样表示力、怎样测量力、重力、弹簧的伸长与外力的关系、研究滑动摩擦；物体在平衡力作用下怎样运动、物体不受力作用时怎样运动、物体在非平衡力作用下怎样运动；压强、液体的压强、静止液体内部压强跟深度的定量关系、大气压强、大气压强和人类生活、连通器及其应用；浮力、阿基米德原理、浮力是怎样产生的、物体的浮沉条件及其应用、气体的浮力；杠杆、杠杆的平衡条件、杠杆的应用、滑轮和滑轮组；热量、比热容、热量的简单计算、热平衡等内容。

第二册的主要内容包括：电路的组成、连接串联电路、连接并联电路、导体和绝缘体；电流、用电流表测量电流、用电压表测量电压、电阻、变阻器；欧姆定律、欧姆定律的应用、用伏安法测量电阻、串联电路的电阻、并联电路的电阻、简单电路的设计与计算、奥斯特的发现、电磁铁、电磁继电器、电话、磁场对电流的作用、安装直流发电机模型、法拉第的发现、左手定则与右手定则、发电机；电磁波、广播与电视；分子假说的提出、分子运动论的初步知识；原子的组成、放射性现象及其防护；功、功率、功的原理、机械效率、测定滑轮组的机械效率和机械能；内能、热机；电功、电功率、用电能表测量电功和电功率、焦耳定律及其应用；家庭电路、白炽灯、熔断器、家庭用电的计算与测量、家庭安全用电；能源、太阳能、核能、能的转化与能量守恒；探索宇宙的奥秘、“基本粒子”不基本、“高温”超导能实现吗、“冷”核聚变已实现了吗等内容。

3. 特点①

这套教材以引导学生全面、正确地认识物质世界为基本出发点，把物理知

① 束炳如，谢坚城．反映教改成果 促进教学改革——初中物理教材（华东版）介绍［J］．学科教育，1994（01）：7-9.

识的教学、能力的培养、方法的渗透紧密结合起来，注意激发与培养学生的学习兴趣，重视教法与学法的指导。

为了把学生作为知识的主动学习者，本套教材改变了“叙述式”的编写方式，用“观察与思考”“实验与思考”“读读议议”“想想议议”等多种形式，让学生主动地从看、做、读、想中进行学习，得出结论。例如，为推导液体压强公式，教材作了必要的提示，留出五个方框，让学生一步步推导出结果。

本套教材注重知识与能力同步协调发展。例如，第二章至第六章在使学生对基本物理现象获得正确认识的同时，着重培养和发展他们的观察能力；第七章至第十八章，在使学生学习和掌握有关规律的同时，着重培养他们的实验能力以及由实验结果归纳出规律的能力；第二十一章至第二十五章，要求学生从功能观念综合学习和掌握有关知识的同时，着重培养他们综合运用有关知识分析解决有关实际问题的初步能力。

必学与选学相结合。这套教材是为普及九年义务教育服务的。为了使它适应大多数学校的实际，教材必学部分的内容要求严格按照九年义务教育初中物理教学大纲的要求编写；考虑一些条件较好的学校的需要，在有些章节的后面，增加了选学的内容。如第一册中有“间接测量”“物理图象”“弹簧的伸长跟外力的关系”“研究滑动摩擦”“互成角度的力的合成”“气体的压强跟体积的关系”“浮力的原因和阿基米德原理”“阿基米德原理的应用”“轮轴”“凸透镜成像作图法”等选学内容。这部分内容的深、广度高于大纲的要求。

重视影响学生学习的兴趣、态度、习惯等非智力因素。在教学内容的选取和整体安排上，本套教材既考虑到知识的内在联系，促进智力的发展，又考虑到学生的心理特征，注意兴趣、情感、意志和性格等非智力因素的培养，力求达到两者紧密结合。例如，第一部分就是从生动有趣的物理现象开始，以激发学生强烈的兴趣和好奇心，进而通过物理学与人类社会的关系认识物理学的价值，产生学的愿望，再通过科学家与物理学的关系，教育学生要向科学家那样，不怕困难，努力学习。

重视物理知识的应用。本套教材从学生熟悉的环境和事物出发，对于能源环境、家用电器等都给予了相当的重视，既满足学生初中毕业后就业的需要，又满足初中毕业后继续升学的需要。除了安排一定的阅读材料外，还选编了一些科技说明书及科技表格让学生阅读，在作业中编排了联系学生日常生活的练习题。

附录 1　人教版《义务教育三年制、四年制初级中学教科书（实验本）物理》目录

七、升华和凝华

第四章 光的反射

一、光的直线传播

二、光的发射

三、平面镜

四、凹镜和凸镜

第五章 光的折射

一、光的折射

二、透镜

三、照相机

四、幻灯和 * 电影

五、放大镜 * 显微镜

* 六、颜色之谜

第六章 质量和密度

一、质量

二、实验：用天平测固体和液体的质量

三、密度

四、实验：用天平和量筒测定固体和液体的密度

五、密度的应用

第七章 力

一、什么是力

二、力的测量

三、力的图示

四、重力

五、摩擦力

第八章 力和运动

一、惯性 惯性定律

二、惯性现象

三、力的平衡

一、电路和电路图

二、导体和绝缘体

三、串联电路和并联电路

四、实验：组成串联电路和并联电路

第二章 电流

一、电流

二、安培计

三、实验：用安培计测电流

第三章 电压

一、电压

二、伏特计

三、实验：用伏特计测电压

第四章 电阻

一、导体对电流的阻碍作用——电阻

二、变阻器

*三、半导体

第五章 欧姆定律

一、电流跟电压、电阻的关系

二、欧姆定律

三、实验：用伏特计和安培计测电阻

四、电阻的串联

五、电阻的并联

第六章 电功和电功率

一、电功

二、电功率

三、实验：测定小灯泡的功率

四、关于电功率的计算

五、焦耳定律

六、电热的作用

第七章 生活用电

一、家庭电路

二、家庭电路中电流过大的原因

三、安全用电

第八章 电和磁

一、简单的磁现象

二、磁场和磁力线

三、地磁场

四、电流的磁场

五、实验：研究电磁铁

六、电磁继电器

七、电话

第九章 无线电通信常识

一、电磁波

二、无线电广播和电视

*第十章 有用的电子元件

一、二极管和发光二极管

二、光敏电阻和它的应用

三、与门

四、非门

五、与非门

六、与非门作为非门、与门

第十一章 机械能

一、动能和势能

二、动能和势能的转化

三、水能和风能的利用

第十二章 内能

一、分子运动论的初步知识

二、内能

三、做功和内能的转变

四、热传递和内能的改变 热量

五、比热

六、能的转化和守恒定律

第十三章 内能的利用 热机

一、燃料及其燃烧值

二、内能的应用

三、热机的发展

四、内燃机

五、热机的效率

六、内能的利用和环境

第十四章 电能

一、电磁感应

二、发电机

三、电能的输送

四、磁场对电流的作用

五、直流电动机

六、实验：安装直流电动机模型

七、电能的优越性

第十五章 能源的开发和利用

一、能源

二、核能

三、核电站

四、太阳能

五、节能

附录：本书中用到的物理量及其单位

附录2　人教版《全日制普通高级中学教科书（试验本）物理》目录

六 牛顿运动定律的简单应用

七 超重和失重

八 牛顿运动定律的适用范围

第四章 物体的平衡

一 共点力作用下物体的平衡

二 共点力平衡条件下的应用

三 有固定转动轴物体的平衡

四 力矩平衡条件的应用

五 平衡的种类 稳度

学生实验

一 长度的测量

二 验证力的平行四边形定则

三 练习使用打点计时器

四 研究匀变速 直线运动

五 验证牛顿第二定律

专题

一 同一直线上的矢量运算

二 小力和大力

三 用频闪照相研究自由落体运动

附录 国际单位制（SI）

（必修）第二册

第五章 曲线运动

一 曲线运动

二 运动的合成和分解

三 平抛物体的运动

四 匀速圆周运动

五 向心力 向心加速度

六 匀速圆周运动的实例分析

七 离心现象及其应用

五 重力做功与路径无关

第三册Ⅰ

第九章 机械振动 机械波

一 简谐运动

二 单摆

三 简谐运动的图象

四 振动中的能量转化

五 受迫振动 共振

六 机械波

七 波长、频率和波速

第十章 分子动理论 能量守恒

一 物质是由大量分子组成的

二 分子的热运动

三 分子间的相互作用力

四 内能

五 热力学第一定律 能量守恒

六 热力学第二定律

第十一章 固体和液体

一 固体

二 晶体和微观结构

三 液体的表面张力

四 毛细现象

五 液晶

第十二章 气体

一 气体的状态参量

二 玻意耳定律

三 查理定律

四 理想气体定律

第十三章 电场

一 电荷 电荷间的相互作用

二 电场强度 电场线

三 电势差 电势

四 电势差与电场强度的关系

五 电容器 电容

六 静电的防止和利用

第十四章 恒定电流

一 欧姆定律

二 闭合电路的欧姆定律

三 半导体

四 超导

第十五章 磁场

一 磁场

二 磁场的方向 磁感线

三 安培力 磁感 应强度

四 磁场对运动电荷的作用

五 磁通量

第十六章 电磁感应

一 电磁感应现象

二 法拉第电磁感应定律——感应电动势的大小

三 楞次定律——感应电流的方向

四 自感

学生实验

一 用单摆测定重力加速度

二 用油膜法估测分子的大小

三 描绘小电珠的伏安特性曲线

四 测定电源的电动势和内阻

五 用多用电表探索黑箱内的电学元件

六 练习使用示波器

七 研究玩具电机的能量转化

第三册Ⅱ

第九章 机械振动

一 简谐运动

二 振幅、周期和频率

三 简谐运动的图象

四 单摆

五 简谐运动的能量 阻尼振动

六 受迫振动 共振

第十章 机械波

一 波的形成和传播

二 波的图象

三 波长、频率和波速

四 波的反射和折射

五 波的衍射

六 波的干涉

七 驻波

八 多普勒效应

第十一章 分子热运动 能量守恒

一 物体是由大量分子组成的

二 分子的热运动

三 分子间的相互作用力

四 物体的内能

五 改变内能的两种方式

六 能量守恒定律

七 热力学第二定律

第十二章 固体和液体

一 固体

二 固体和微观结构

三 液体

四 毛细现象

五 液晶

第十三章 气体

一 气体的状态参量

二 等温变化 玻意耳定律

三 等容变化 查理定律

四 理想气体的状态方程

五 理想气体状态方程的应用

六 气体实验定律的微观解释

七 饱和汽和未饱和汽

八 空气的湿度

第十四章 电场

一 两种电荷 电荷守恒定律

二 库仑定律

三 电场 电场强度

四 电场线

五 电场中的导体

六 电势差 电势

七 等势面

八 电势差与电场强度的关系

九 电容器 电容

十 带电粒子在匀强电场中的运动

学生实验

一 用单摆测定重力加速度

二 用油膜法估测分子的大小

三 研究气体等温变化的规律

四 用描迹法画出电场中平面上的等势线

五 练习使用示波器

专题

一 密立根实验

二 示波管的原理

附录 1 常用电磁学量的国际单位制单位

附录 2 常用的物理常量

第四册 Ⅰ

第十七章 交变电流

一 交变电流的产生和变化规律

二 表征交变电流的物理量

三 电阻、电感和电容对交变电流的作用

四 变压器

五 三相交变电流

六 电能的输送

第十八章 电磁波

一 电磁场与电磁波

二 无线电波的发射和接收

三 电视和雷达

第十九章 光的传播

一 光的直线传播

二 光的反射和折射

三 全反射

四 光的色散

第二十章 光的本性

一 波的干涉和衍射

二 光的干涉

三 光的衍射

四 光的电磁说

五 光电效应 光子

六 激光

第二十一章 原子和原子核

一 原子的核式结构 原子核

二 玻尔的原子理论 能级

三 天然放射现象 衰变

四 核反应 核能

五 重核的裂变

六 轻核的聚变

七 基本粒子

学生实验

一 测定玻璃的折射率

二 传感器的简单应用

第四册Ⅱ

第十五章 恒定电流

一 电流

二 欧姆定律

三 电阻定律 电阻率

四 电功和电功率

五 串联电路和并联电路

六 电压表和电流表

七 滑动变阻器

八 电动势 闭合电路欧姆定律

九 电阻的测量

第十六章 磁场

一 磁场 磁感线

二 安培力 磁感应强度

三 电流表的工作原理

四 磁场对运动电荷的作用

五 带电粒子在磁场中的运动 质谱议

六 回旋加速器

七 安培分子电流假说 磁性材料

八 磁通量

第十七章 电磁感应

一 电磁感应现象

二 法拉第电磁感应定律——感应电动势的大小

三 楞次定律——感应电流的方向

四 楞次定律的应用

五 自感

六 日光灯原理

七 涡流

第十八章 交变电流

一 交变电流的产生和变化规律

二 表征交变电流的物理量

三 电感和电容对交变电流的影响

四 变压器

五 电能的输送

六 三相交变电流

七 感应电动机

第十九章 电磁波

一 电磁振荡

二 电磁振荡的周期 频率

三 电磁场

四 电磁波

五 无线电波的发射和接收

六 电视 雷达

学生实验

一 描绘小灯泡的伏安特性曲线

二 测定金属的电阻率

三 传感器的简单应用

四 把电流表改装为电压表

五 研究闭合电路欧姆定律

六 测定电源的电动势和内阻

七 用多用电表探索黑箱内的电学元件

第五册

第二十章 光的反射和折射

一 光的直线传播 光速

二 光的反射 平面镜

三 光的折射

四 全反射

五 棱镜

第二十一章 透镜成像及其应用

一 透镜

二 透镜成像作图法

三 透镜成像公式

四 眼睛

五 显微镜和望远镜

第二十二章 光的波动性

一 光的干涉

二 光的衍射

三 光的电磁说

四 光的偏振

五 激光

第二十三章 量子论初步

一 光电效应 光子

二 光的波粒二象性

三 玻尔的原子模型 能级

四 物质波

第二十四章 原子核

一 原子的核式结构 原子核

二 天然放射现象 衰变

三 探测射线的方法

四 放射性同位素及其应用

五 核反应 核能

六 裂变

七 轻核的聚变

八“基本”粒子

第二十五章 相对论简介

一 狭义相对论的基本假设

二 时间和空间的相对性

三 狭义相对论的其他三个结论

四 惯性力 惯性质量和引力质量

五 广义相对论简介

学生实验

一 测定玻璃的折射率

二 测量凸透镜的焦距

三 用双逢干涉测光的波长

四 用气垫导轨验证动量守恒定律

专题

一 弹性碰撞和非弹性碰撞

二 中子的发现

三 多用电表的原理

附录 3 上海科学技术出版社版《初级中学试用教材物理》目录

第一册

第一章 希望你喜爱物理

一、有趣的物理世界

二、物理学与人类社会

三、科学家、实验与物理学

四、测量

五、测量物体的长度和体积

第二章 运动和静止

一、怎样确定物体的动和静

二、怎样比较物体运动的快慢

三、直线运动

四、物理公式及其运用

第三章 声现象

一、声音是怎样产生与传播的

二、音调、超声与次声

三、响度

四、乐音、噪声的危害和控制

第四章 热现象

一、温度计

二、熔解与凝固

三、汽化

四、液化

五、升华与凝华

第五章 电磁现象

一、磁体与磁极

二、磁场

三、简单电现象

四、电磁现象

第六章 光现象

一、光源与光的传播

二、光的反射现象

三、平面镜

四、球面镜

五、光的折射现象

六、透镜

七、凸透镜

八、光学仪器

第七章 物体的质量和物质的密度

一、物体的质量

二、测量物体的质量

三、物质的密度

四、测定物质的密度

五、密度应用

第八章 力

一、力是什么

二、重力

三、力的测量

四、力的三要素和力的图示

五、摩擦力

第九章 运动状态变化和力

一、物体不受力作用时的运动

二、物体受平衡力作用时的运动

三、物体受非平衡力作用时的运动

第十章 压强

一、压强

二、液体的压强

三、液体的压强与深度的关系

四、帕斯卡定律

五、大气的压强

第十一章 浮力

一、浮力和阿基米德定律

二、浮力是怎样产生的

三、物体的浮沉条件

四、气体的浮力

第十二章 简单机械

一、研究杠杆的平衡条件

二、杠杆的应用

三、滑轮和滑轮组

第十三章 热量和热平衡

一、热量

二、比热容与热量计算

三、热平衡规律及其应用

第二册

第十四章 电路

一、电路的组成

二、连接简单的串联电路

三、连接简单的并联电路

四、导体和绝缘体

第十五章 电流 电压 电阻

一、电流

二、电流的测量

三、用安培表测量电路中的电流

四、电压

五、用伏特表测量电压

六、电阻

七、变阻器

第十六章 欧姆定律

一、欧姆定律

二、欧姆定律的应用

三、串联电路的电阻

四、并联电路的电阻

五、简单电路的设计与计算

第十七章 电动机和发电机

一、磁场对电流的作用

二、直流电动机

三、安装直流电动机模型

四、法拉第的发现

五、发电机

第十八章 无线电通讯常识

一、电磁波

二、广播与电视

第十九章 分子运动论的初步知识

一、分子假说的提出

二、分子运动论

三、分子运动论的应用

第二十章 原子和原子核

一、电子是怎样一种粒子

二、用电子理论来解释一些现象

三、原子有哪些家庭成员

四、放射性现象及其防护

第二十一章 机械功和机械能

一、功

二、功率

三、机械的功的原理

四、机械效率

五、机械能

第二十二章 内能与热机

一、内能

第十四章　新课程改革后的物理教科书（2001—2012）

一、教科书编写背景

（一）社会背景

进入 21 世纪以来，我国各项事业均保持着快速发展的良好势头，人民生活水平和综合国力不断提高。政治经济的不断发展与进步对我国公民的素质提出了新的要求，为了培养适应未来社会发展要求的高素质公民，迫切需要进行教育改革。1999 年 6 月，《中共中央国务院关于深化教育改革全面推进素质教育的决定》提出："实施素质教育，就是全面贯彻党的教育方针，以提高国民素质为根本宗旨，以培养学生的创新精神和实践能力为重点，造就'有理想、有道德、有文化、有纪律'的、德智体美等全面发展的社会主义事业建设者和接班人。"要"调整和改革课程体系、结构、内容，建立新的基础教育课程体系"。

（二）教育概况

为贯彻《中共中央国务院关于深化教育改革全面推进素质教育的决定》，教育部决定大力推进基础教育课程改革，调整和改革基础教育的课程体系、结构、内容，构建一个开放的充满生机的有中国特色的社会主义基础教育课程体系。

2001 年 6 月，教育部颁布了《基础教育课程改革纲要（试行）》（以下简称《纲要》），全面启动基础教育课程改革实验工作。《纲要》对课程改革的目标、课程结构、课程标准、教学过程、教材开发与管理、课程管理等提出了具体的要求。例如，在课程结构中要求，整体设置九年一贯的义务教育课程。初中阶段设置分科与综合相结合的课程，主要包括思想品德、语文、数学、外语、科学（或物理、化学、生物）、历史与社会（或历史、地理）、体育与健康、艺术（或音乐、美术）以及综合实践活动。高中以分科课程为主。为使学生在普遍达到基本要求的前提下实现有个性的发展，在开设必修课的同时，设置丰富多样的选修课程，开设技术类课程。积极试行学分制管理。在教材的开发与管理中要求完善基础教育教材管理制度，实现教材的高质量与多样化。实行国家基本要求指导下的教材多样化政策，鼓励有关机构、出版部门等依据国家课程标准组织编写中小学教材。建立教材编写的核准制度，如教材编写者应根据教育部《关于中小学教材编写审定管理暂行办法》，向教育部申报，经资格核准通过后，方可编写。除经教育部授权省级教材审查委员会外，按照国家课程标准编写的教材及跨省使用的地方课程的教材须经全国中小学教材审查委员会审查，地方教材须经省级教材审查委员会审查，教材审查实行编审分离，等等。2001 年，经过教育部批准，初中新课程在全国 27 个省（自治区、直辖市）的 38 个国家级实验区开始实验。高中新课程改革是以省级为单位实施的。2004 年秋季，广东、山东、海南、宁夏四省区作为基础教育高中新课程改革实验省区，首批进入实验。

二、教科书总体介绍

（一）课程设置

2001 年 5 月，教育部颁布了《全日制义务教育物理课程标准（实验稿）》（以下简称《义教标准》）。《义教标准》对义务教育阶段物理教育目的的定位是“培养全体学生的科学素养”，认为：“这不是面向少数学生的精英教育，而是面向全体学生的大众教育，无论其年龄、性别、民族、文化和社会背景等有什么差异，都应该有机会接受基本的科学素质教育。并且应该是全面的科学教育，使学生在科学知识与技能，过程与方法，情感态度与价值观等方面得到全面的教育。”上述“知识与技能，过程与方法，情感态度与价值观”被称为“三维课程目标”。另外，《义教标准》特别强调了“科学探究”，指出：“科学探究既是学生的学习目标，又是重要的教学方式之一。将科学探究列入内容标准，旨在将学习重心从过分强调知识的传承和积累向知识的探究过程转化，从学生被动接受知识向主动获取知识转化，从而培养学生的科学探究能力、实事求是的科学态度和敢于创新的探索精神。”《义教标准》将科学内容首次通过“物质”“运动和相互作用”“能量”三个主题进行划分与表征，将原有知识按照三个大的概念进行整合，帮助学生更好地理解各个学科概念间内在的关系。

2003 年 4 月，教育部颁布了《普通高中物理课程标准（实验）》（以下简称《普高标准》）。《普高标准》指出高中物理的课程性质，即“高中物理是普通高中科学学习领域的一门基础课程，与九年义务教育物理或科学课程相衔接，旨在进一步提高学生的科学素养”。《普高标准》进一步从知识与技能、过程与方法、情感态度与价值观这三个方面提出了具体要求。在科学探究方面，《普高标准》保留了《义教标准》中关于科学探究的七个要素的提法。为了体现物理课程结构的基础性与选择性，《普高标准》把物理课程分为 12 个模块，分别是：物理 1，物理 2；选修 1–1，选修 1–2；选修 2–1，选修 2–2，选修 2–3；选修 3–1，选修 3–2，选修 3–3，选修 3–4，选修 3–5。其中物理 1 和物理 2 为共同必修模块。这样的安排是为了适应社会对多样化人才的需求，满足不同学生的发展需要，在保证每个学生达到共同基础的前提下，各学科分类别、分层次设计了多样的、可供不同发展潜能学生选择的课程内容，以满足学生对课程的不同需求。但无论哪一组模块，都不仅含有物理学概念、规律和实验，而且含有物理与社会发展、物理与技术应用、物理与生活等方面的内容。

在课程内容方面，《普高标准》规定：物理 1 主要包括对运动的描述，相互作用与运动规律两方面内容。物理 2 则主要包括机械能与能源，抛体运动与圆周运动，经典力学的成就与局限性等内容。在选修模块中，选修 1–1、选修 1–2 侧重物理学与社会科学和人文学科的融合，强调物理学对人类文明的影响。选修 2–1、选修 2–2、选修 2–3 侧重从技术应用的角度展示物理学，强调物理学的应用和实践。选修 3–1、选修 3–2、选修 3–3、选修 3–4、选修 3–5 在注重物理学的应用和社会意义的同时，较系统地介绍物理学内容，进一步强调物理学的研究思想和方法。具体来讲，选修 1–1 包括电磁现象与规律、电磁技术与社会发展和家用电器与日常生活等内容。选修 1–2 包括热现象与规律、热与生活和能源与社会发展。选修 2–1 包括电路与电工和电磁波与信息技术。选修 2–2 包括力与机械、热与热机两部分内容。选修 2–3 包括光与光学仪器、原子结构与核技术。选修 3–1 包括电场、电路和磁场。选修 3–2 包括电磁感应、交变电流和传感器。选修 3–3 包括分子动理论与统计思想、固体、液体与气体、热力学定律与能量守恒和能源与可持续发展。选修 3-4 包括机械振动与机械波、电磁振荡与电磁波、光和相对论。选修 3-5 包括碰撞与动量守恒、原子结构、原子核和波粒二象性。

（二）教科书概况

1. 教科书概览

2001 年 6 月，教育部颁布了《基础教育课程改革纲要（试行）》，并决定从 2001 年秋季开始，用 5 年的时间在全国实行基础教育新的课程体系、新的课程理念、新的教材。新一轮物理课程改革在课程管理上，实施中央、地方、学校三级管理，在课程结构上重视基础，体现课程的选择性。为了促进学生学习方式的转变，突出科学探究活动的设计，物理新课程倡导“一标多本”，可以根据物理课程标准编写不同特色和风格的物理教科书。教育部决定，有计划地编写多套教材，鼓励各地方、高校、科研单位，还有专家、学者以及教师个人按课程标准编写教材，允许在内容选择和体系安排上有不同风格，包括适合不同特点的地方教材，经审定后公开发行供学校选用。第一批通过教育部核准立项编写并通过审查的新课程初中物理教材有如下 6 个版本（表 14-1）。

表 14-1　第一批通过教育部核准立项编写并通过审查的新课程初中物理教材

出版社	主编
人民教育出版社	张大昌　彭前程
上海科学技术出版社	廖伯琴　何润伟
上海科学技术出版社　广东教育出版社	束炳如
教育科学出版社	吴祖仁
北京师范大学出版社	阎金铎
江苏科学技术出版社	刘炳昇　李容

各个版本初中物理教材在内容的顺序上都发生了变化，纵观各个版本的内容编排，都有各自的线索和特点。教学内容顺序的调整，是在课程改革的大背景下进行的。各个版本初中物理教材在知识内容及顺序上的变化，体现了教材编写者们不囿于学科知识本位，而是根据学生学习的实际情况进行编写的。所

有调整的目的都是为了适应学生的学习规律，都在落实物理教育的课程总目标。

人民教育出版社出版的初中物理教材，内容设计上注意科学探究能力培养的连续性，强调打好学生学习物理的基础。这套教材把初中物理中容易引起学习兴趣、方便探究的内容放到八年级学习，把比较难学、对探究技能有一定要求的力学内容放到九年级学习。这样做，有利于学习兴趣的延续，有利于落实科学探究能力的培养，把培养科学精神、科学方法和初中物理学习的基础知识相融合，为形成学生的终生学习能力打基础。这样的安排，加强了体验性、探究性、思考性的学习活动，有利于增强学生的学习信心，并理解所学的内容。

上海科学技术出版社出版的初中物理教材，内容设计上强调对学生的直观认识产生冲击，从而引起物理学习的兴趣。例如，在“运动的世界”中有动与静、快与慢；“小粒子与大宇宙”中有走进微观、看不见的运动、探索宇宙，等等。

上海科学技术出版社、广东教育出版社联合出版的初中物理教材，内容设计上注意把学生在学习中属于基础性、容易的内容先处理，具有相似的物理实质内容集中处理。这样的处理，有利于学生理解所学的内容，不局限在具体物理内容上，建立较上位的物质观。对于学习者来说，循序渐进地学习，有利于理解物理知识，有利于保持学习兴趣。

教育科学出版社出版的初中物理教材，在内容设计上注意物理知识与社会生活的联系。学生学习物理知识后，能够更好地理解科学，了解物理学习的价值。

北京师范大学出版社出版的初中物理教材，内容设计上注意把物理教育宏观理念与具体内容相结合，注重从研究客观世界的形态入手，再学习研究物质大小、质量和密度、简单运动。然后再分别介绍形形色色的运动，介绍物质的运动与相互作用以及电磁运动和人类对信息、粒子、宇宙的探索。

江苏科学技术出版社出版的初中物理教材，内容设计上强调学生对于物理知识的理解。教材编写者不仅用大量的实验阐述物理是什么，物理与生活的密切关系，物理与技术的关系，而且提倡学生参与多种学习活动，用多种学习方式来学习物理。在这套书中，为学生提供了探索物理、发现身边事物的物理奥秘的典型学习活动——综合实践活动。

第一批通过教育部核准立项编写并通过审查的新课程普通高中物理教材有

如下 5 个版本（表 14-2）。

表 14-2 第一批通过教育部核准立项编写并通过审查的新课程高中物理教材

版本	主编
人民教育出版社	张大昌
山东科学技术出版社	廖伯琴
上海科学技术出版社	束炳如 何润伟
北京出版社（后改为教育科学出版社）	陈熙谋 吴祖仁
广东教育出版社	保宗悌

由于高中课程模块化设置的规定，各版教材的总体结构和次序大致相同。共同必修两个模块介绍了机械运动、相互作用、与能量有关的物理概念和规律；提高学生实验技能，帮助学生学习科学研究方法，了解物理学在生活和生产中的应用以及对社会发展的影响；帮助学生了解自己的兴趣与发展潜能，为后续向不同方向的发展打好基础。选修 1 系列以物理学的核心内容为载体，侧重物理学与社会的相互关联、相互作用，突出物理学的人文特色，注重物理学与日常生活、物理学与人文学科的大融合，强调物理学对人类文明的影响。选修 2 系列以物理学的核心内容为载体，侧重从技术应用的角度展示物理学，强调物理学与技术的结合，着重体现物理学的应用性、实践性。选修 3 系列侧重较全面地展示物理学的基本内容，以便让学生全面学习物理知识与技能，进一步了解物理学的思想和方法，较为深入地认识物理学在技术中的应用以及对经济、社会的影响。

2. 典型教科书的选取

由于以上初、高中各个版本的教材都是依据统一的课程标准编写的，在内容的选取上基本一致。虽然编写者的理念有所不同，但都强调科学探究和遵从学生的认知规律。为了能够较为准确地体现这一时期物理教科书的整体特点，因此选取在全国范围内应用范围最广的、由人民教育出版社出版的初、高中教材作为代表进行详细介绍。为便于了解其他版本的情况，选取了江苏科学技术出版社出版的初中物理教材作了分析。

三、人教版《义务教育课程标准实验教科书物理》分析

（一）基本信息

人教版《义务教育课程标准实验教科书物理》把八年级分为上、下两册出版，分别供秋季和春季使用，而九年级则合为一册（图 14-1）。学科编委会主任：张大昌，副主任：宣桂鑫。主编：彭前程，副主编：杜敏。编写人员主要有：杜敏，付荣兴，谷雅慧，黄恕伯，雷洪，苗元秀，彭前程，彭征，曹磊，孙新，张大昌，张颖。

图 14-1 《义务教育课程标准实验教科书物理》封面

（二）结构与内容

1. 体系结构

人教版初中物理教科书（2006 年 10 月第三版）的知识顺序依次为：声、光、物态、电、电与磁、信息的传递（电磁波）、力与运动、热和能、原子核与能源。具体体系结构如下。

八年级上册

科学之旅

第一章 声现象

第二章 光现象

第三章 透镜及其应用

第四章 物态变化

第五章 电流和电路

八年级下册

第六章 电压 电阻

第七章 欧姆定律

第八章 电功率

第九章 电与磁

第十章 信息的传递

九年级全一册

第十一章 多彩的物质世界

第十二章 运动和力

第十三章 力和机械

第十四章 压强和浮力

第十五章 功和机械能

第十六章 热和能

第十七章 能源与可持续发展

2. 内容

该套教科书的八年级上册包括了声、光、物态以及电学相关内容，下册则主要为电、磁学内容；九年级全一册包括物质、运动与力、功与机械能以及能源等内容。

八年级上册

“科学之旅”相当于序言。让学生认识到物理是有趣的、有用的。并让学生初步了解学好物理应该注意的问题。

第一章“声现象”。这一章主要是通过对生活、生产中丰富多彩的声现象的学习，使学生了解声音是怎样产生和传播的。声音有哪些特性，以及人们是怎样利用和控制声音的。特别注意使学生了解声音在生活、生产和社会等方面的应用和对人类生活的影响，使学生获得更多的实际知识，培养他们学习科学的兴趣。使学生在学习知识的同时，培养他们的观察能力、初步的探究物理规律的能力，以及应用物理规律解释简单现象的能力等。

第二章“光现象”。这章主要研究光现象及其规律，如光的直线传播、光传播的速度、颜色、光的反射规律、光的折射和两种看不见的光（红外线、紫外线）及其应用。全章安排了三个主要的探究活动：色光的混合和颜料的混合，光反射时的规律，平面镜成像的特点。

第三章“透镜及其应用”。这一章主要讲述透镜的初步知识和透镜在日常生活中的应用。先交代透镜的基础知识及其对光的作用，然后介绍生活中的透镜，使学生对生活中常用的透镜及其成像的情况获得丰富、具体、生动的感性认识。以此为基础，让学生带着问题，用探究的方法深入研究凸透镜成像的规律。本章把眼睛作为一种照相机式的光学仪器，深入浅出地向学生介绍了眼睛的成像原理、近视和远视的原因及其矫正的方法，使学生获得一些实际知识。照相机、显微镜和望远镜的成像原理比较抽象，学生在理解上有些困难。本章采用模拟的方法，用简单的手段，使学生获得学习的基础。

第四章“物态变化”。本章介绍了温度的概念，以及使用常用的温度计测量温度的方法。介绍了熔解、凝固，并通过这些物态变化介绍了晶体和非晶体的不同特点。介绍了液化、汽化、升华和凝华现象。通过引导学生观察生活中的各种热现象，以及动手做好实验的过程，使学生在切身体验中获得思考的基础，并探究物态变化跟温度的关系、理解物态变化跟吸热、放热的关系。

第五章“电流和电路”。本章的内容由“电流和电路”“串联和并联”“电流的强弱”“探究串、并联电路中电流的规律”“家庭电路”构成。这些内容是学习电学概念和规律的基础，生活中又经常用到，所以在讲解知识与技能的同时，特别强调过程与方法的学习。例如，“探究串、并联电路中电流的规律”的设计就是为了避免过分强调知识的结论而忽视学生对过程的体验，完成学生从被动接受知识向主动获取知识转化。其中将科学探究的各要素较完整地展现给学生，让学生经历与科学工作者进行科学探究相似的过程，体验科学探究的乐趣，领悟科学思想和精神。

八年级下册

第六章“电压 电阻”。主要内容包括通过实例介绍电压、电压的单位。通过引导学生阅读直流电压表使用说明书，让学生知道如何正确连接电压表、正确读数与使用。在“探究串、并联电路中电压的规律”中，让学生亲自动手实验操作练习正确使用电压表，探究出串、并联电路中电压的规律，亲身体验科学探究的全过程。在“电阻”中介绍电阻的定义、符号，电阻的单位及其换算，通过实验演示，探究影响电阻大小的因素。在“变阻器”中，介绍了滑动变阻器、电位器等变阻器的构造及其符号，实验探究怎样用变阻器改变灯泡的亮度。本章安排了三个实验探究，培养学生观察现象、设计实验、进行实验、收集信息、处理信息的能力，在科学探究的过程中，初步体验研究物理问题常用的控制变量的方法。

第七章“欧姆定律”。第一节“探究电阻上的电流跟两端电压的关系”是按科学探究的思路展现的，它为学生提供了足够的时间和空间，力图使学生经历基本的科学探究过程，使学生明确同一电路中电流、电压与电阻的关系，并进一步学习科学探究的方法，提高学生研究物理问题的能力。第二节“欧姆定律及其应用”在学生探究成果的基础上给出欧姆定律，并运用欧姆定律对电阻串、并联作定性分析，加深了学生对欧姆定律的理解，并把学到的知识与实际紧密地联系起来。第三节“测量小灯泡的电阻”作为欧姆定律的一种应用，不仅使学生获得了一种测量电阻的方法，并能使学生体验到物理规律在解决实际问题中的作用，还可以使学生在实验过程中获得新的发现，提出新的问题，促使学生把前后知识进行联系，完成知识的系统化。第四节“欧姆定律和安全用电”由欧姆定律出发，从电压高低、电阻大小对电流的影响来讨论安全用电问题。

第八章“电功率”。本章在学习了欧姆定律的基础上，把对电学的研究拓展到电能和电功率。这一章里讲述了电能和电功率这两个重要的电学概念和焦耳定律这个重要的物理定律，同时介绍了电热的作用和有关安全用电方面的知识。教材首先从我们生活中离不开的“电能”说起，列举出电能的多种来源，以及多种用电器工作时将电能转化为我们所需要的各种能量。然后，通过电能的计量单位，较为详细地介绍了电能表的有关参数和电能表的计数方法。随后逐步学习电能、电功率、电热等相关知识。每节教材都是从实际问题、实际现象引人新课，讲了知识后又应用所学知识解决实际问题。第五节“电功率和安全用电”先从电功率角度分析、说明电路中用电器的总功率过大时，电路中的电流会过大，会引起不安全问题，然后从安全角度说明保险丝的作用。第六节“生活用电常识”，联系生活实际，让学生认识家庭电路的组成、试电笔的使用、火线和零线、安全用电常识、触电急救知识等，培养学生的安全用电意识。

第九章“电与磁”。这一章主要讲述磁现象、电流的磁场、电磁铁及其应用、电动机、电磁感应及其应用。教材从生活常见的磁现象出发，介绍磁的一些基本知识，通过各种课堂活动让学生感知“磁场”的存在，培养学生的抽象思维能力。通过电磁知识在生活、生产中应用的教学，进一步提高学生学习物理的兴趣、培养学生解决实际问题的能力。本章的物理概念、规律几乎都需要学生通过亲自动手实验概括得出，更加注重学生的亲自体验与感悟，更加注重知识的实际应用。

第十章“信息的传递”。这一章主要讲述了电磁波及信息的传递。首先用组合图的方式对通信发展过程进行回顾，使学生对通信在人类社会中的地位有清醒的认识，了解通信是社会生活的重要组成部分，同时也可感悟现代通信的快捷和方便。本章先介绍了电流传递信息——电话。通过讲述电话的工作方式，使学生理解如何用电流把信息传递到远方。简要地介绍了模拟通信和数字通信，并说明了数字通信的优势。然后介绍电磁波传递信息。在我们周围存在着各种频率的电磁波，但由于电磁波看不见、摸不着，教材通过演示实验说明电磁波是如何产生和如何传播的，并给出了电磁波频率、波长和波速的关系。教材通过框图的形式讲述了广播和电视的大致工作过程，简要介绍了微波通信、卫星通信、光纤通信、网络通信等，为学生展示了现代通信的发展方向。

九年级全一册

第十一章“多彩的物质世界”。本章聚焦两个重要的物理量——质量和密度。通过介绍质量、天平的使用方法、密度概念的引入及其测量，使学生对物质及其属性有进一步定量的认识。通过介绍宇宙是由物质组成的，物质是由分子和原子组成，使学生初步了解固态、液态、气态的微观模型，原子的结构，质量及其单位，理解密度概念及其物理意义，会用天平测量物体的质量、用量筒直接测量液体体积或间接测量不规则固体的体积，会用天平、量筒测量物质的密度，知道密度的应用，能运用密度公式进行有关的计算，能用密度知识解决简单的实际问题。

第十二章“运动和力”。本章首先讲述了自然界最普遍、最简单的运动——机械运动，而后通过力的作用效果对力有简单的认识，最后通过牛顿第一定律来认识运动和力的关系。本章开始主要介绍了机械运动、参照物的概念，使学生了解机械运动是普遍存在的，以及运动和静止的相对性。然后引入速度这个物理量，并且进行路程和时间的计算。指出最简单的机械运动是匀速直线运动，并用通俗的语言，粗浅地交代了什么叫作匀速直线运动。随后让学生了解一些测量的初步知识，掌握一些测量的基本技能。在介绍力的概念时，先让学生从大量的生活实例中认识力的作用效果，从效果中感知力，最后达到会分析物体的受力情况并且能用力的示意图表示出力的目的。由实验、推理得出牛顿第一定律后，进一步认识到物体有惯性这一客观事实。本章最后介绍了二力平衡的知识。

第十三章“力和机械”。本章进一步研究力学中最常见的重力、弹力和摩擦力。然后又以力的知识为基础研究杠杆、滑轮等简单机械。介绍了重力、弹力和摩擦力，用弹簧测力计测力的大小，弹力是怎样产生的，重力的由来以及它的大小跟什么因素有关。介绍了增大和减小摩擦的方法。从常见工具和简单器械中识别出杠杆，知道杠杆、滑轮的特点和应用，会使用简单机械改变力的大小和方向。

第十四章“压强和浮力”。本章内容包括压强、液体的压强、大气压强、流体的压强与流速的关系、浮力等。关于压强与浮力的规律，尽量安排学生探究性的活动，如探究压力的作用效果跟什么因素有关，气体的压强跟流速的关系，浮力的大小等于什么。使学生获得关于压强、浮力的基本认识。

第十五章“功和机械能”。本章介绍功和机械能的知识，内容包括功、功的原理、机械效率、功率、动能和势能、机械能及其转化。教材通过大量的生活事例引入功的概念，使学生理解它描述的是力的另一种效果，帮助学生知道为什么要建立功的概念。然后通过实际生活中的问题使学生意识到效率的问题，由于效率是一个广泛的概念，学生早有耳闻，教材利用这一点引导学生认识到机械也有效率，并建立机械效率的概念。功率则是利用类比的方法，通过速度概念的迁移使学生建立功率的概念。教材利用大量的探究活动，引导学生积极主动进行具体的探究和实验活动，例如功的原理、斜面的机械效率、动能和势能大小与什么因素有关等。

第十六章“热和能”。本章在学习了机械能的基础上，把对能量的研究拓展到内能。先介绍分子动理论，并用物质微观结构的知识来解释宏观现象，为从分子结构观点理解物体内能的本质打下基础。接着讲述内能的概念和内能的改变。然后从内能的改变引入热量、比热容的概念。并在此基础上讲内能的利用，介绍内燃机的基本工作原理。最后给出能量守恒定律，使全章知识组成一个有机的整体。

第十七章“能源与可持续发展”。本章首先简单介绍了日常生活中常用的各种能源，之后着重介绍了核能和太阳能，并简单介绍了人类历史不断进行着的能源革命，以及能源的大量使用给人类带来的环境问题，最后联系现实生活中的现象介绍能量的转化与转移具有的方向性。

3. 特点

（1）将电学知识放在力学知识之前，以利于落实新课程的理念。

纵观我国初中物理教科书的历史，可以发现，我国初中物理教科书的内容虽几经变迁，内容顺序的安排也有过变化，但是始终把力学内容放在前面（初中二年级，相当于八年级），电学内容放在后面（初中三年级，相当于九年级）。这样的编排顺序决定了教师的教学顺序，使教师习惯了按照力学在前、电学在后的顺序进行教学设计。

这样的安排顺序主要受到学科体系的制约，依据的是知识之间的逻辑关系。基于这样的考虑，过去的教科书先介绍力学知识。实际上，初中物理课程涉及的是初步的物理知识，而初中学生的思维具有直观、形象的特点，他们有一定的抽象思维能力，但不是很强。这一次课程改革的精神之一是“改变学科本位的观念”，不过分强调物理学概念之间的逻辑关系。因此，基于课程标准的这个精神，教科书的编者在内容顺序的安排上有一定的自由度，较少受到学科体系的制约，可以根据学生发展的需要设计教学内容的顺序。在今天的现实生活中，电的应用已经非常普遍。由于这些生活经验，学生希望了解电器和电的知识，了解有关的原理，因此电学的内容很容易引起兴趣。而电学的实验又比较多，这也是能够激发学生兴趣的教学内容。通过这些实验能够比较容易地将学生从生活中得到的电学知识引导到电学基本概念和基本规律的学习，使他们提升认识，更好地理解生活中的电，更容易体现“从生活走向物理”的理念。与力学部分的实验探究相比，初中电学部分的探究活动比较简单，成功率也比较高，更有利于科学探究活动的开展。

（2）强调学生的探究活动，把科学探究的学习和科学内容的学习放到同等重要的地位。

科学的本质是对未知事物的探究。通过科学探究活动，学生不仅可以学到科学知识，还可以体验科学的过程、了解科学方法，可以受到科学价值观的熏陶。科学探究的学习与科学知识的学习一样，都要遵循循序渐进的原则。

从序言“科学之旅”开始，教科书通过几个自然现象和小实验使学生接触有趣的物理现象，继而又设置了几个不完全的探究活动，并以旁批的形式标示探究活动的几个要素。当学生对探究的过程有了较多的感性认识之后，再让学生完整地探究串联电路和并联电路的电流关系，把探究的程序性知识推到前台。这样的安排有利于学生学习科学探究，并且不影响科学知识学习的连贯性。

学生学习中的探究活动，大多数不同于实际生活及科学研究中的探究，其本质区别在于前者的结论是已知的，后者的结论是未知的。从事这两种不同的探究时，心理活动不完全一样，体验也就有很大的差别。为了缩小这种差别，对于课程标准不作要求的知识，书中不给科学结论。例如，第三章探究凸透镜成像的规律，本书是作为教学重点处理的，但全书不出现结论，要由学生自己通过探究得出。

对于课程标准所要求的知识，有些也要通过学生自己的探究得出，这样的知识在书中都给出结论。但是，在文字处理上一般都淡化结论和探究过程的直接联系，例如不出现“通过以上探究我们可以看到……”等字样，而由教师在适当时机向学生介绍结论。这样处理的目的同样是缩小学习中的探究与真实探究的差距。

（3）书中包含许多开放性问题和实践性课题。

与过去的教科书不同的是，这套书中含有许多开放性的问题。开放性问题有两类：一类需要学生自己寻找所需的资料、数据，另一类则没有唯一正确的答案或在初中阶段不要求学生学会这个问题的答案（例如课本第三章中关于望远镜物镜与目镜焦距的关系）。对于前一类，重在学生寻找资料的过程，教师可以提供线索，但绝对不应提供现成的数据；对于后一类，重在学生的思考与探究，教师没有必要提供答案。“动手动脑学物理”中的一半以上内容都是实践性的问题。

（4）充分体现科学·技术·社会的思想，注意人文精神的渗透。

科学技术问题都是直接或间接与社会相联系的。强调科学技术的社会意义，是当时科学教育的一个重点。教科书特意安排了“STS”（科学·技术·社会）栏目，介绍、探讨科学技术与社会之间相互关联的问题。不仅如此，在书中其他部分也尽力渗透 STS 的思想和科技人文意识（例如各章的章首语）。

（5）注意扩大学生的知识面。

书中设立了“科学世界”栏目，用于介绍那些应用性的（例如第三章“眼镜的度数”）或细节性的知识。书中还尽可能地在各种栏目中收入一些非基础的但十分有用或有趣的知识，例如望远镜和显微镜、楼道灯的自动开关，以及每章的章首图和文字说明等。

（6）形式生动活泼。

编者尝试以视觉形象向读者传递更多的信息，为此使用了很多彩色照片和图片。书中能够用图表达的意思就用图片表达，以适应学生的阅读习惯。书中的插图人物以漫画形式出现，并有女孩、男孩和老爷爷三个固定的人物形象，有时更以滑稽的卡通画表现严肃的科学内容，这些做法都是为了贴近初中学生的生活，适应初中学生的学习水平，也希望使他们在物理学习中，培养热爱科学的情感和乐观向上的人格。

四、人教版《普通高中课程标准实验教科书物理》分析

（一）基本信息

人教版《普通高中课程标准实验教科书物理》包括共同必修模块和三个选修系列，总主编为张大昌，副总主编为彭前程（图 14–2）。共同必修模块和选修 3 系列的主编为张维善，主要编写人员有：杜敏、付荣兴、谷雅慧、黄恕伯、

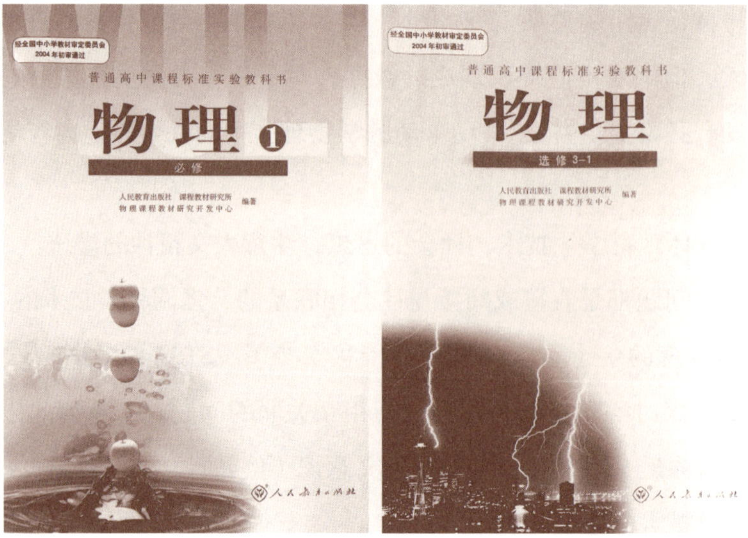

图 14-2 《普通高中课程标准实验教科书物理》封面（部分）

刘彬生、苗元秀、彭前程、彭征、孙新、唐果南、张大昌、张颖、张维善、周誉蔼等。选修 1 系列的主编为申先甲，副主编为杜敏，主要编写人员有：谷雅慧、李艳平、申先甲、陶澄、刘树勇、王坪等。选修 2 系列的主编为宣柱鑫，主要编写人员有：曹磊、付荣兴、潘帮桢、奚天敬、宣柱鑫等。

（二）结构与内容

1. 体系结构

由于高中课程模块化设置的规定，人教版高中物理教科书的知识体系与《普通高中物理课程标准（实验）》中的要求一致，具体的体系结构如下。[1]

必修 1

物理学与人类文明

第一章 运动的描述

第二章 匀变速直线运动的研究

第三章 相互作用

第四章 牛顿运动定律

学生实验

① 此处分析的是 2004 年第 1 版教科书。

课题研究

课外读物

必修 2

第五章 曲线运动

第六章 万有引力与航天

第七章 机械能守恒定律

课题研究

课外读物

选修 1-1

致同学们

第一章 电场　电流

第二章 磁场

第三章 电磁感应

第四章 电磁波及其应用

附录

选修 1-2

致同学们

第一章 分子动理论 内能

第二章 能量的守恒与耗散

第三章 核能

第四章 能源的开发与利用

选修 2-1

致同学们

第一章 电场 直流电路

第二章 磁场

第三章 电磁感应

第四章 交变电流 电机

第五章 电磁波 通信技术

第六章 集成电路 传感器

课题研究

课外读物及网站推荐

选修 2-2

致同学们

第一章 物体的平衡

第二章 材料与结构

第三章 机械与传动装置

第四章 热机

第五章 制冷机

课题研究

选修 2-3

致同学们

第一章 光的折射

第二章 常用光学仪器

第三章 光的干涉、衍射和偏振

第四章 光源与激光

第五章 放射性与原子核

第六章 核能与反应堆技术

课题研究

选修 3-1

致同学们

第一章 静电场

第二章 恒定电流

第三章 磁场

课题研究

附录

课外读物

选修 3-2

第四章 电磁感应

第五章 交变电流

第六章 传感器

课题研究

选修 3-3

第七章 分子动理论

第八章 气体

第九章 物态和物态变化

第十章 热力学定律

课题研究

选修 3-4

第十一章 机械振动

第十二章 机械波

第十三章 光

课题研究

选修 3-5

第十六章 动量守恒定律

第十七章 波粒二象性

第十八章 原子结构

第十九章 原子核

课题研究

2. 内容[①]

必修 1

第一章“运动的描述”。本章首先介绍质点、参考系和坐标系；接着说明时刻和时间间隔、位移和路程，指出矢量和标量的区别；然后主要介绍直线运动的速度和加速度的知识。

第二章“匀变速直线运动的研究”。本章共 6 节，前 4 节逐个学习匀变速直

① 由于篇幅所限，这里只列出共同必修模块及选修 3 系列的内容。

线运动的速度与时间、位移与时间、速度与位移的关系，并渗透有关的基本方法；第 5 节“自由落体运动”，作为一个典型的实例，对匀变速直线运动进行一次个案研究，也是匀变速直线运动规律的具体应用；最后一节“伽利略对自由落体运动的研究”，通过展示伽利略关于自由落体运动的研究历史素材，揭示科学方法和弘扬科学精神。

第三章“相互作用”。本章讲述的是有关“力”的基础知识，如重力、弹力和摩擦力等，为以后了解和掌握抽象的力的概念作一些铺垫。除介绍力的概念外，本章的另一个目的是进一步完善对矢量及其合成法则的认识。在“力的合成”一节通过实验“得出”了矢量相加的平行四边形定则，并给出矢量的定义，强调其有方向并遵从平行四边形定则这两点。教科书通过分析后指出：三角形定则与平行四边形定则是一致的。第 5 节的“说一说”进一步深化了对矢量及其合成法则的认识。

第四章“牛顿运动定律”。本章先阐述牛顿第一定律，明确指出第一定律是牛顿物理学的基石，说明第一定律涉及的两个重要的、基本的物理概念——力和惯性。教科书在阐述牛顿第二定律前设置了一个实验——探究加速度与力、质量的关系，让学生初步了解牛顿第二定律的实验基础。然后列举了两个简单例题，帮助学生进一步深化对牛顿第二定律的理解，再适时介绍了力学单位制和国际单位制。接着在实验的基础上阐述了牛顿第三定律。本章最后安排两节，阐述了牛顿运动定律的综合应用，介绍了共点力的平衡条件、超重和失重。

必修 2

第五章“曲线运动”。本章共有 7 节，按照“曲线运动、运动的合成和分解、抛体运动、匀速圆周运动”的整体结构进行编写。匀速圆周运动部分先介绍向心加速度，然后再根据牛顿第二定律给出向心力的知识，以帮助学生形成合理的知识结构。

第六章“万有引力与航天”。本章共有 6 节，分别介绍了“行星的运动”“太阳与行星间的引力”“万有引力定律”“万有引力理论的成就”“宇宙航行”“经典力学的局限性”。

第七章“机械能守恒定律”。本章共有 10 节，第 1 节以引入能量概念为目的讲述了“追寻守恒量——能量”；第 2 节“功”和第 3 节“功率”为功能关系的讨论打基础；从第4节到第7节的“重力势能”“探究弹性势能的表达式”“实验：探究功与速度变化的关系”“动能和动能定理”是关于功和能关系的具体讨论；第8节“机械能守恒定律”和第9节“实验：验证机械能守恒定律”是前面各节内容的综合，同时又成为下一节的基础；第10节“能量守恒定律与能源”在对机械能这一特例讨论的基础上，讲述能量守恒定律建立的历史过程。

选修3-1

第一章“静电场”。教科书从电荷在电场中的受力入手，引入电场强度的概念，明确它是表示电场强弱的物理量。然后通过将静电力做功与路径无关和重力做功与路径无关类比，得出电荷在电场中具有由位置决定的能量——电势能。在此基础上，引入电场的另一种描述，得到电势的概念。这样，通过几个相关物理概念的讨论，完成对静电场性质的初步认识。本章共有9节，大致可以分为三个单元。第一单元包括第1、2节，即“电荷及其守恒定律”和“库仑定律”，为本章的后续学习打下基础；第二单元包括第3、4、5、6节，分别是“电场强度”“电势能和电势”“电势差”“电势差与电场强度的关系”，是关于电场强度和电势概念的具体讨论，是本章的核心内容；第三单元包括第7、8、9节，即“静电现象的应用”“电容器的电容”“带电粒子在电场中的运动”，是前面各节内容之间以及与力学知识的综合。

第二章“恒定电流”。本章共有11节。按照循序渐进的原则，先认识电源、电动势等基础概念，再逐步学习相关物理规律。先学习部分电路，再学习闭合电路。在学习闭合电路欧姆定律时，先妥善解决对知识正确理解的问题，随之引导学生对知识进行应用（设计简单多用电表），再让学生获得操作体验（实验）。

第三章“磁场”。本章共有6节，可分为四个单元。第1节为第一单元，在初中有关知识的基础上，介绍基本磁现象、磁效应和地磁场，特别是着重介绍了在科学史上有里程碑意义的奥斯特实验和STS的重要素材“指南针与郑和下西洋”。第二单元包括第2、第3两节，介绍磁场的性质及其描述。磁场具有强弱和方向，磁场的这种性质可以用磁感应强度进行定量描述，也可以用磁感线定性描述，还介绍了磁通量。第三单元包括第4、第5两节，讲述安培力、洛伦兹力，是本章的核心知识也是教学的重点。第6节是第四单元，介绍带电粒子在匀强磁场中的运动，其实质是介绍洛伦兹力的应用，特别是在现代高新科技中的应用。这几个单元的安排，注意了循序渐进并且先讲宏观、后讲微观，注意了前后呼应。

选修 3-2

第四章“电磁感应”。教科书第 1 节讲述法拉第发现电磁感应现象的过程。第 2 节通过几个典型实验的探究得出产生感应电流的条件。第 3 节通过实验阐述楞次定律的内容，说明楞次定律与右手定则的关系。前 3 节是从感应电流角度来认识电磁感应现象，这是认识电磁感应现象的第一个阶段。第 4 节从感应电流深入到感应电动势来理解电磁感应现象，这是第二个阶段。它的核心内容是法拉第电磁感应定律，由此导出应用很多的公式，讨论了反电动势的意义。第 5 节介绍了产生感应电动势的两种非静电力，即感生电场力和洛伦兹力。第 6 节阐述了两种具体的电磁感应现象，特别是自感现象的特点及应用。第 7 节介绍涡流及其广泛应用，前 6 节研究的是电路中的电磁感应现象，涡流是导体块中的感应电流。

第五章“交变电流”。本章共有 5 节，大致可以分为三个单元。第一单元包括第 1、第 2 两节，介绍正弦式交变电流的产生和描述，这是本章的概念基础；第二单元为第 3 节，讨论的是在简单的交流电路中，电感、电容元件对交流电路的影响；第三单元包括第 4、第 5 节，了解在生产和生活中广泛应用的变压器的原理，及其在电能输送中所起的作用。

第六章“传感器”。本章共有 4 节，第 1 节介绍常见传感器及其基本工作原理；第 2、第 3 节介绍常见传感器的应用；第 4 节是传感器的应用实验。

选修 3-3

第七章“分子动理论”。本章可以分为两个单元。第一单元由第 1~3 节组成。分别是“物体是由大量分子组成的”“分子的热运动”“分子间的作用力”。这些是分子动理论的基本内容，是对热现象进行微观分析的基础。第二单元介绍了温度和内能的概念，由后两节组成，分别是“温度和温标”“内能”。主要介绍了热学的基础概念。

第八章“气体”。本章第 1 节通过实验探究引出玻意耳定律；第 2 节介绍气体的等容变化和等压变化；第 3 节在说明理想气体的含义后，引导学生用学过的知识推导理想气体的状态方程；第 4 节在通过掷硬币实验理解大量事物的出现遵从一定统计规律的基础上，介绍气体分子运动的特点和气体分子速率分布的特点，对气体压强和气体实验定律进行具体解释。教科书在上述安排中，先经历探究实验、后介绍物理结论；先讨论有一个状态参量不变的特殊情况、后推导三个状态参量都变的普遍情况；先弄清宏观事实、后进行微观解释；先用公式概括相关物理规律，再用不同图像描述这些规律。

第九章“物态和物态变化”。本章共 4 节，可划分为两个单元。第一单元包括第 1、第 2 节，即“固体”和“液体”，讲述固体和液体的性质。这部分内容，可以看成是第七章“分子动理论”的具体应用。关于固体，介绍晶体及其微观结构；关于液体，主要介绍液体的表面现象。第二单元包括第 3、第 4 节，即“饱和汽与饱和汽压”和“物态变化中的能量交换”，通过讲述汽化过程的一些知识，再扩展到物态变化过程中的能量交换。这部分内容是对初中学过的物态变化知识的扩展与加深。

第十章“热力学定律”。这一章以两个基本的热力学定律为核心，从能量转化过程中能量的守恒和与热现象有关的宏观过程的方向性两个方面对中学物理涉及的热学问题作了一个总结。教科书在第 1~3 节介绍了热力学第一定律的实验基础和内容。在第 3 节中，编者用较大篇幅介绍了“能量守恒定律”。教科书第 4、第 5 两节分别从宏观、微观两个方面介绍热力学另一核心定律——热力学第二定律。

选修 3-4

第十一章“机械振动”。本章共 5 节，第 1 节根据质点运动的位移图像来说明什么是简谐运动；第 2 节介绍描述简谐运动的三个物理量（振幅、周期、相位）和简谐运动的表达式；第 3 节讨论简谐运动物体的受力特点和能量变化；第 4 节分析简谐运动的一个实例——单摆；第 5 节介绍在外力作用下的振动（阻尼振动、受迫振动和共振）。

第十二章“机械波”。本章可分为两个单元。第一单元包括第 1 节至第 3 节，讲述波的基本概念，如波的形成、波的传播、波的图像、振动图像、周期、频率等。第二单元包括第 4 节至第 6 节，讲述波的传播特性。首先介绍了波的衍射与波的干涉现象，说明衍射和干涉是波动特有的现象。之后介绍了多普勒效应，即波源与观察者相对运动时观察者接收到的波的频率发生变化的现象，多普勒效应在现代科技中有重要的应用。最后介绍了波的空间传播规律——惠更斯原理，并用惠更斯原理解释了波的反射和折射现象。

第十三章“光”。本章通过介绍光具有干涉、衍射、偏振等特性，使学生知道光也是一种波动。第 1 节对光的反射进行了回顾，对光的折射进行了定量研究，通过实验使学生理解折射定律并测定玻璃材料的折射率。接下来的几节分别对光的干涉、色散、衍射和偏振等现象进行了实验和理论探讨。第 8 节介绍了一种特殊的光——激光及其应用。在各节的处理上，多是围绕实验（包括演示实验、学生实验、课后小实验等）展开，通过对实验现象的研究，发现其物理规律，再上升为理论，最后介绍其具体应用。

第十四章“电磁波”。教科书以物理学史为线索，讲述了麦克斯韦发现电磁波的背景。通过“电磁波的发现”定性地介绍了麦克斯韦的电磁场理论，通过“赫兹的电火花”给出了对电磁波预言的验证方法。然后运用电容器充电、放电现象与电感线圈的自感现象对电磁振荡产生振荡电流的物理原因作了定性的分析，并进一步从能量转化的角度进行分析，最后讲解无线电波的发射和接收、电磁波的应用。

第十五章“相对论简介”。本章包含 4 节。第 1 节至第 3 节介绍了相对论诞生的历史背景，经典的相对性原理，以及其在电磁学领域里遭遇的困惑。介绍了狭义相对论中的相对性、长度的相对性、时间间隔的相对性、相对论速度变换公式、相对论质量、相对论质能。第 4 节介绍了爱因斯坦在狭义相对论的基础上，将狭义相对性原理作进一步推广，大胆提出了一个动态的、发展的时空观。

选修 3–5

第十六章“动量守恒定律”。本章可分为两个单元。第一单元侧重动量概念的引入、动量的变化以及动量守恒定律的建立。第二单元从动量守恒定律应用的角度展开的。内容的编排上主要体现了探究精神，强调了物理学中的“守恒”思想。

第十七章“波粒二象性”。第一节通过黑体辐射的实验规律与经典电磁辐射理论的矛盾，引出普朗克的能量量子化假说。第 2 节和第 3 节分别介绍了光的粒子性和粒子的波动性。第 4 节介绍了概率波，第 5 节介绍了不确定性关系。

第十八章“原子结构”。本章共四节，可分为两单元。第一单元包括前两节“电子的发现”“原子的核式结构模型”，介绍电子的发现对于人类认识原子结构的重要意义，以及卢瑟福提出的原子的核式结构模型。第二单元包括后面两节“氢原子光谱”“玻尔的原子模型”，介绍了原子光谱的规律，以及玻尔在核式结构模型的基础上提出的新的原子模型。

第十九章“原子核”。本章的主要内容为两个方面：有关原子核的知识，有关核能的开发与利用的知识。前者涉及原子核的组成、核力与结合能、核反应、衰变和半衰期、裂变和聚变、基本粒子和夸克模型；后者则包括放射性同位素和核能的开发与利用。本章的前 7 节主要介绍这两方面的内容，而本章的第 8 节则有一点为全书作总结的“大结局”意味。第 8 节通过对现代物理前沿两个最活跃而又紧密联系的领域——研究微观世界的粒子物理和研究宇宙的天体物理的统一介绍，为整个中学阶段的系统物理课程画上句号。

3. 特点

（1）突出科学探究，为顺利开展科学探究提供条件。

高中阶段的物理课程要给学生提供必要的科学探究机会，让学生通过自己的思维、动手实验、查阅文献等，体验探究过程的曲折和乐趣，发展科学探究的能力，增强对科学探究的理解。教材根据课程标准的基本理念和课程目标，在教科书的内容选择、呈现方式等方面为科学探究活动的实施创造机会和条件，为实施探究活动提供指导和帮助。教材把比较简单的、局部的探究活动和研究性学习的内容安排在前面，对于较复杂的探究活动，教科书可以给出较为详细的指导。例如，必修 1 全书开始就提出较简单的问题：“实际物体的运动是复杂的，如果物体都是一个个只有质量、没有大小的‘点’，问题就简单了。那么，什么情况下可以把物体看作这样的‘点’呢？”在第二章开始的时候，就提出“小车在重物牵引下的运动到底遵从什么规律？”这样的问题，然后引导学生进行实验，分析数据，得出结论。另外，教材还强调通过自己的探索，变未知为已知。例如必修 2 第五章第 6 节“探究向心加速度大小的表达式”、第七章第 5 节“探究弹性势能的表达式”等。为降低探究性实验的难度，教科书在适当环节给出提示，帮助学生沿正确的方向前进，但又不直接给出结论，以保持学习的探究性，例如第三章第 4 节实验“探究求合力的方法”等。

（2）强化学生的活动与教学的交互性，为学生的自主发展创造条件。

教科书在讲解物理概念、原理和规律时，注重从观察和问题出发，引导学生展开想象的翅膀，提出各种可供检验的猜想和假说，再经过分析和验证，直到问题的解决。以便给学生提供提出问题、分析问题和解决问题的范例。

教科书注重让学生不做被动的“受教育者”，而是做一个主动的“探索者”，力促教学方式的改变。通过教科书与学生的对话，让学生在学习活动中主动地动脑、动手，引发疑问、进行思考、实验操作、相互讨论，等等。例如，“演示”栏目和“实验”栏目里多数情况只写用什么器材、进行什么操作、注意观察什么，而几乎都没有把实验的现象写出来，更不写由此得出的结论。这样做的目的是让学生练习观察，并从观察中引发问题、进行实验，自己得出结论，逐渐形成观察与思考的习惯。例如，必修 1 第一章第 2 节的“思考与讨论”要求学生从一个实例出发思考矢量相加的法则，学生可能不大容易说出用什么“法则”之类的东西，如平行四边形定则，但可以感悟出三个位移矢量的“三角形关系”。在教科书的安排上，这时还不要求学习矢量相加的法则，这个法则要在以后接触更多的矢量之后才正式学习。再如，第一章第 5 节中的“思考与讨论”，目的是介绍 $v-t$ 图像的倾斜程度与物体加速度的关系，而不是由教师正面讲述，先是从一个问题出发，即从直线的倾斜程度出发，进行讨论。这样不仅促进了学生的主动学习，而且有利于学生形成勤于思考、勇于质疑的习惯。

（3）注重对“过程与方法”的体现，重视科学方法。

教科书注重对科学过程所凝练、升华的科学思维方式和科学研究方法作较为精到的展示，让学习者汲取科学家科学思维和研究方法的滋养；还注意以鲜活的资料弘扬其科学精神和献身于科学的意志品质，使学习者受到生动的情感态度与价值观的熏陶和感染，以利于健全人格的养成。教科书不求以“简明、轻快”的方式给出知识的结论，而是努力把得到知识的过程适当展现给学生。例如，在呈现天体运动、万有引力等研究的历史材料时，编者把它们放到大的社会背景中去，从当时社会的经济、文化环境去认识科学史中的事件。

（4）注重对“情感、态度与价值观”的体现。

教科书坚持用事实说话。概念、规律都来源于实践经验，概念和规律的引入都从生活、技术或实验中的实例出发，论述都合乎逻辑，不相信似是而非的说法，不与已有的认识相矛盾。为此，这套教科书比较强调逻辑的线索。这些都是潜移默化的教育。这样做的目的不仅是让学生练习观察、实验及推理的能力，还要使学生养成这样的习惯。

章前的名人语录或课文的旁批都能画龙点睛地在情感、态度与价值观方面起到很好的教育作用。例如学过万有引力定律的应用后，适时引用李政道关于物理规律普适性的话语，课文中还引用梁启超关于科学与艺术关系的见解，以及在绪言“物理学与人类文明”中引用的庄子的话等。

五、江苏科学技术出版社版《义务教育课程标准实验教科书物理》分析

（一）基本信息

江苏科学技术出版社出版的《义务教育课程标准实验教科书物理》分为八年级上、八年级下、九年级上和九年级下共四册。主编为刘炳昇、李荣，副主编为贾克钧，编写人员有王瑜、仲扣庄、徐荣亮、杨树峭等。

（二）结构与内容

1. 体系结构

该书的体系结构如下。

八年级上册

引言

第一章　声现象

第二章　物态变化

第三章　光现象

第四章　透镜及其应用

第五章　物体的运动

八年级下册

第六章 物质的物理属性

第七章 从粒子到宇宙

第八章 力

第九章 压强与浮力

第十章 力与运动

九年级上册

第十一章 简单机械和功

第十二章 机械能与内能

第十三章 简单电路

第十四章 欧姆定律

九年级下册

第十五章 电功和电热

第十六章 电磁转换

第十七章 电磁波与现代通信

第十八章 能源与可持续发展

2. 内容

该套教科书的主要内容如以上目录所示，包含了课程标准中要求的声、光、力、热和电学等方面的内容。

八年级上册

“引言”。教材采用富有挑战性的问题和生动的画面，试图通过展示奇妙的物理现象去激发学生学习物理的兴趣，去尝试、体验研究物理问题的方法，让学生亲自经历实验探究的过程，并产生疑问，产生追根究底的欲望，获得科学研究方法的初步体验。

第一章“声现象”。本章以探究“声音是什么”为切入口和主线，除了研究“声音的产生与传播”之外，还介绍了有关声波、声能、声速等重要概念。把“声音的级别和人的感觉”的知识安排在第 3 节，并结合噪声的危害加以介绍。把“可听声的频率范围”放入第 4 节作为超声波和次声波的“参照”加以介绍。

第二章“物态变化”。教材以生活中常见的“水”为载体，让学生通过对不同温度下水的形态的观察和研究，感受水的三种形态的区别，并通过举例和说明，引出其他物质的三态，让学生对物质世界物体所具有的固、液、气三态有基本了解。

第三章“光现象”。本章的第 1、2 节主要阐述了光的自身属性（光的色彩、光的能量）。第 3 到第 5 节主要研究了光的部分传播特点，如光的直线传播、光的反射和平面镜成像。在主题的阐述和每节内容的编排上，采用了从生活走向物理、从物理走向社会的思路，从学生最常见的光现象入手，引出问题进行探究，然后结合探究过程再介绍探究成果在生活、生产和现代高新技术中的应用。

第四章“透镜及其应用”。本章考虑到学生已经具备一定的关于透镜的感性认识，通过设置问题情境，让学生经历探究过程，体验探究方法，然后通过表述、交流、合作和评估等将感性认识理性化。关于凸透镜成像规律的实际应用，是以渗透的方式加以呈现的。例如，将“放大镜”安排在第 2 节的有关活动中，将“投影仪”安排在第 3 节的习题中，而“照相机与眼镜”则安排在第 4 节中。对有关光路可逆的知识则是通过有关习题加以渗透。本章的章首图从我国四川三星堆纵目青铜面具引入透镜，进而扩展到望远镜对人类文明的作用。

第五章“物体的运动”。在学生探究了声、热、光等现象后，本章将带领他们进入丰富多彩的运动世界，探讨如何从物理学角度描述物体的运动，探究直线运动的基本规律。通过本章的学习，使学生掌握测量长度、时间的基本技能和简单的误差知识，为正确进行其他物理量的测量提供可供迁移的基础，并能运用速度公式进行简单的计算。

八年级下册

第六章“物质的物理属性”。本章将传统教材中有关物质属性的内容相对集中地作了介绍，编排的顺序与传统教材明显不同。首先，让学生重点探究物质的一个重要属性——密度。最后增加一节，让学生通过协作、交流，了解物质还有硬度、弹性、磁性、导热性、导电性等其他属性，使学生认识到这些都是物质的属性。本章创设了许多物理情境供学生探究。例如，为了帮助学生掌握天平的使用规则，提供了天平使用说明书让学生自己阅读，然后利用两位同学操作天平时发生的失误让学生讨论、辨别并纠正。

第七章“从粒子到宇宙”。这一章的内容在前面几章中涉及不多，与之有关的分子动理论的知识也被安排在九年级学段。本章分三个层次论述，第一个是分子层次，第二个是比分子更小的微观粒子层次，第三个是地球外的宇宙天体层次。

第八章“力”。本章首先从肌肉紧张能产生力出发，进而引申到物体之间也可产生类似推、拉、举、压等相互作用，从而引出力的概念，由形变引出弹力的概念和力的测量方法，进而展开重力和摩擦力的知识。对如何描述力则从力的示意图这个方面表达出来。从多个实验的观察和分析中归纳出“力的作用是相互的”这一结论。全章共安排了 7 个探究活动，如力的认识、影响力的大小的因素、力的测量和力的作用的相互性等。

第九章“压强和浮力”。本章通过观察和作图，让学生先复习力的示意图的画法，再从力的作用效果出发，说明仅建立压力概念并不能解释日常生活中的一些现象，从而引出建立压强概念的必要性。在“液体的压强”一节中，要求学生探究影响液体内部压强大小的因素。在研究中只要求得到压强与深度、液体密度的定性关系，不作定量的要求。在“气体的压强”一节中，教材安排了 3 个探究活动，旨在让学生通过观察体验大气压的存在，亲身经历估测大气压的实验及了解流体压强和流速的关系，还需要让学生了解大气压的数值不是固定不变的，以及感受大气压的变化与日常生活、工农业生产有密切关系。此外教材还常识性地介绍了影响大气压变化的一些因素。关于“浮力”和“物体的浮与沉”，计算的要求有所降低，主要通过情境铺垫和创设的形式，引导学生经历探究浮力大小的过程，总结归纳出阿基米德原理，并用于分析物体的浮与沉的原因。

第十章“力与运动”。本章着重研究力与运动之间的关系。本章的章首图（游乐场中各种器材的运动和火箭发射）围绕同一主题展开，章首文字中涉及匀速、加速、减速和圆周运动等各种运动及发生的原因，涉及本章的全部知识点，以引导学生对观察到的现象提出值得思考的问题。本章首先从观察物体的平衡状态开始，延伸到二力平衡的条件。在第 2 节介绍牛顿第一定律，其中的实验

"探究阻力对物体运动的影响"由有关牛顿第一定律的演示实验改编而成。第3节在前两节的基础上，介绍力与运动的关系。

九年级上

第十一章"简单机械和功"。本章内容可以分为两部分。第一部分主要介绍简单机械（杠杆、滑轮），第二部分主要介绍功（做功的多少、做功的快慢、做功的效率）。本章从开始的"拔图钉"到最后的"设计、制作一个由简单机械组成的机械模型"，从生活中最常见的夹子、螺丝刀入手，简单、有趣，由浅入深，让学生感到生活中处处有物理知识。

第十二章"机械能与内能"。本章从学生最熟悉的动能、势能入手，定性地研究影响动能、势能大小的因素和动能与势能间的相互转化。接着，结合分子动理论的知识，采用类比的方法介绍内能的概念、内能与温度的关系以及物体内能转移的形式。并在此基础上进行物体吸热、放热的简单计算和应用比热容的知识解释有关现象。最后，说明了内能与机械能之间的相互转化以及它的应用。

第十三章"简单电路"。教材首先从学生熟悉的家用电器着手，对各种家用电器进行观察、分类，讨论家用电器使生活发生的变化，并从能量转化的角度深化讨论，以突出能量主线，培养学生的观察、分析能力，使学生了解科学就在我们身边。让学生通过观察手电筒，了解电路的基本组成、安装方式及其作用。然后讲解电器符号、电路的连接方式、电流和电流表的使用、电压和电压表的使用，为后续的电学探究活动打下基础。

第十四章"欧姆定律"。教材以设计一盏调光灯为探究背景，将探究的问题逐步引向深入，在这过程中，很自然地引入电阻这个物理量。在此基础上，让学生形成对电阻概念的认识，进而理解欧姆定律，学会用伏安法测电阻，并用欧姆定律解决一些实际问题。

九年级下

第十五章"电功和电热"。本章通过引导学生比较各种各样的家用电器，使他们能够体验到所有家用电器的不同之处是它们的结构和功能有极大的差异，而相同之处在于家用电器都得消耗电能，并且在使用过程中不可避免地有电能转化为内能，从而引出本章的主题——电功和电热。以电能与内能的转化为主线，先谈用电器在实际生活中的应用，再抽象出物理概念和规律。

第十六章“电磁转换”。教材通过让学生体验磁极间的相互作用，引出磁体与磁场的基本概念。然后把重点放在用小磁针和铁屑探究条形磁体及通电螺线管周围的磁场分布上。教材安排了多个探究活动。如，用“小磁针探究磁体周围的磁场”“用铁屑探究磁体周围的磁场”“探究通电直导线周围的磁场”“探究通电螺线管的外部磁场”“探究感应电流产生的条件”等。

第十七章“电磁波与现代通信”。本章是在介绍波的知识的基础上，再介绍与现代通信密切相关的电磁波以及电磁波的应用，具有较强的时代性。教材通过大量生动活泼的图片展现物理知识，并通过一些活动让学生体验这些内容，如“自制有线电报机和接收机”“验证电磁波的存在”“探究电磁波的特性”等。

第十八章“能源与可持续发展”。本章按照“能源与社会”线索展开，依次介绍能源利用与社会发展、开发新能源（核能和太阳能）、能源与可持续发展。然后以“能源的利用，实际上是能量的转化过程”为题，对“能量的转化与转移”进行概括与提升。在此基础上，引导学生探究永动机的问题，进而介绍能量转化与守恒定律和能量转化与转移的方向性。最后再结合“效率”“提高能源利用率”等进一步认识能量转化的问题。

3. 特点①

（1）创设新颖的探究情景，促进学生探究能力的提升。

本套教材努力创设一些学生意想不到的探究情景，创造学生探究、思考、动手的机会。如，在“引言”中，设置了“在装满水的杯里还能放入多少回形针”的活动。再如，在“令人厌烦的声音”中设计了“比较材料的隔声性能”的活动。教材先让学生去感受闹钟指针走动时声音的音调和响度，比较闹钟放在鞋盒内声音的变化情况，接着要求学生收集各种阻隔声音的材料，先预测所给各种材料隔声性能的好坏，再自己动手设计各种简易的方法来比较材料隔声性能的差异。教材还安排一些新颖的课堂探究活动，鼓励学生相互间的交流与合作，倡导多样化的探究方式。

（2）考虑学生的认知特点，与日常经验密切相连。

---

① 教育部基础教育教材审定工作办公室．新课程实验教材精萃选评初中物理卷［M］．北京：人民教育出版社，2010．

本套教材在八年级上册先介绍关于物理测量和研究方法的一些概念，之后介绍了与日常生活密切联系的声、热、光等现象，而把一些抽象的电磁学、能量等知识安排在九年级。大部分内容都是由学生亲自进行探究后获得的，探究过程自然、灵活、不是千篇一律，使学生在学得知识和技能的同时，体验科学探究的全过程，初步学会研究物理知识的基本方法，并将热爱科学、尊重事实的科学精神和情感态度、价值观渗透其中。

（3）注重知识的应用，强调课内与课外相结合。

教材突出了创新意识与实践能力的培养，在教材的相关栏目中安排了许多与科学技术相关的内容，如，人工降雨、照相机的滤镜、红外线的应用、望远镜的发展，等等。在“照相机与眼睛视力的矫正”一节中编排了“自己查找资料说明青少年视力下降的原因以及保护视力的措施”，在“匀速直线运动”中设置了依据“朝辞白帝彩云间，千里江陵一日还”估算该船平均速度的习题等。另外，教材还特别关注与科学有关的社会热点问题，如噪声、光污染、温室效应等。

（4）注重人文精神与自然科学的融合，反映科学、技术与社会的联系。

教材注意引导学生乐于参与和科学技术有关的社会活动，在实践中能独立思考，勇于有根据地怀疑，养成尊重事实、大胆想象的科学态度和科学精神。例如，在“引言”中，教材选用了“生物电”的探究故事，概略介绍了科学家从偶然发现到找出本质联系艰辛探究的历程，其中渗透着科学家的精神，反映了物理学的进一步发展对技术和相关学科以及社会发展的作用。在“生活·物理·社会”栏目中，展示了大量的物理与社会、物理与技术方面的内容，例如，“望远镜的发展”“人工降雨”“打捞中山舰”“计算机中的散热器”“家庭安全用电常识”“富兰克林‘天电’的探索”“瓦特和蒸汽机”“爱迪生与白炽灯”“光与影揭开了中国古文明的秘密”，等等。这些知识能引导学生关心科学发展前沿，培养可持续发展的意识，树立正确的科学观，有振兴中华、将科学服务于人类的使命感与责任感。

附录1 人教版《义务教育课程标准实验教科书物理》目录

八年级上册

科学之旅

第一章 声现象

一、声音的产生与传播

二、我们怎样听到声音

三、声音的特性

四、噪声的危害和控制

五、声的利用

第二章 光现象

一、光的传播

二、光的反射

三、平面镜成像

四、光的折射

五、光的色散

六、看不见的光

第三章 透镜及其应用

一、透镜

二、生活中的透镜

三、探究凸透镜成像的规律

四、眼睛和眼镜

五、显微镜和望远镜

第四章 物态变化

一、温度计

二、熔化和凝固

三、汽化和液化

四、升华和凝华

第五章 电流和电路

一、电荷

二、电流和电路

三、串联和并联

四、电流的强弱

五、探究串、并联电路的电流规律

八年级下册

第六章 电压 电阻

一、电压

二、探究串、并联电路电压的规律

三、电阻

四、变阻器

第七章 欧姆定律

一、探究电阻上的电流跟两端电压的关系

二、欧姆定律及其应用

三、测量小灯泡的电阻

四、欧姆定律和安全用电

第八章 电功率

一、电能

二、电功率

三、测量小灯泡的电功率

四、电与热

五、电功率和安全用电

六、生活用电常识

第九章 电与磁

一、磁现象

二、磁场

三、电生磁

四、电磁铁

五、电磁继电器 扬声器

二、液体的压强

三、大气压强

四、流体压强与流速的关系

五、浮力

六、浮力的应用

第十五章 功和机械能

一、功

二、机械效率

三、功率

四、动能和势能

五、机械能及其转化

第十六章 热和能

一、分子热运动

二、内能

三、比热容

四、热机

五、能量的转化和守恒

第十七章 能源与可持续发展

一、能源家族

二、核能

三、太阳能

四、能源革命

五、能源与可持续发展

附录2 人教版《普通高中课程标准实验教科书物理》目录

必修1

物理学与人类文明

第一章　运动的描述

1 质点　参考系和坐标系

2 时间和位移

3 运动快慢的描述——速度

4 实验：用打点计时器测速度

5 速度变化快慢的描述——加速度

第二章　匀变速直线运动的研究

1 实验：探究小车速度随时间变化的规律

2 匀变速直线运动的速度与时间的关系

3 匀变速直线运动的位移与时间的关系

4 匀变速直线运动的位移与速度的关系

5 自由落体运动

6 伽利略对自由落体运动的研究

第三章　相互作用

1 重力基本相互作用

2 弹力

3 摩擦力

4 力的合成

5 力的分解

第四章　牛顿运动定律

1 牛顿第一定律

2 实验：探究加速度与力、质量的关系

3 牛顿第二定律

4 力学单位制

5 牛顿第三定律

6 用牛顿运动定律解决问题（一）

7 用牛顿运动定律解决问题（二）

学生实验

课题研究

课外读物

必修 2

第五章 曲线运动

1. 曲线运动

2. 质点在平面内的运动

3. 抛体运动的规律

4. 实验：研究平抛运动

5. 圆周运动

6. 向心加速度

7. 向心力

8. 生活中的圆周运动

第六章 万有引力与航天

1. 行星的运动

2. 太阳与行星间的引力

3. 万有引力定律

4. 万有引力理论的成就

5. 宇宙航行

6. 经典力学的局限性

第七章 机械能守恒定律

1. 追寻守恒量

2. 功

3. 功率

4. 重力势能

5. 探究弹性势能的表达式

6. 实验：探究功与速度变化的关系

7. 动能和动能定理

8. 机械能守恒定律

9. 实验：验证机械能守恒定律

10. 能量守恒定律与能源

四、信息化社会

五、课题研究：社会生活中的电磁波

附录 课外读物推荐

选修 1–2

第一章 分子动理论 内能

一、分子及其热运动

二、物体的内能

三、固体和液体

四、气体

第二章 能量的守恒与耗散

一、能量守恒定律

二、热力学第一定律

三、热机的工作原理

四、热力学第二定律

五、有序、无序和熵

六、课题研究：家庭中的热机

第三章 核能

一、放射性的发现

二、原子与原子核的结构

三、放射性衰变

四、裂变和聚变

五、核能的利用

第四章 能源的开发与利用

一、热机的发展与应用

二、电力和电信的发展与应用

三、新能源的开发

四、能源与可持续发展

五、课题研究：太阳能综合利用的研究

选修 2-1

第 2 节 电冰箱

第 3 节 空调器

课题研究

选修 2-3

致同学们

第一章 光的折射

第 1 节 光的折射折射率

第 2 节 全反射光导纤维

第 3 节 棱镜和透镜

第 4 节 透镜成像规律

第 5 节 透镜成像公式

第二章 常用光学仪器

第 1 节 眼睛

第 2 节 显微镜和望远镜

第 3 节 照相机

第三章 光的干涉、衍射和偏振

第 1 节 机械波的衍射和干涉

第 2 节 光的干涉

第 3 节 光的衍射

第 4 节 光的偏振

第四章 光源与激光

第 1 节 光源

第 2 节 常用照明光源

第 3 节 激光

第 4 节 激光的应用

第五章 放射性与原子核

第 1 节 天然放射现象 原子结构

第 2 节 原子核衰变

第 3 节 放射性同位素的应用

第三章 磁场

1 磁现象和磁场

2 磁感应强度

3 几种常见的磁场

4 磁场对通电导线的作用力

5 磁场对运动电荷的作用力

6 带电粒子在匀强磁场中的运动

课题研究

附录 游标卡尺和螺旋测微器

课外读物

选修 3–2

第四章 电磁感应

1 划时代的发现

2 探究电磁感应的产生条件

3 楞次定律

4 法拉第电磁感应定律

5 电磁感应规律的应用

6 互感和自感

7 涡流 电磁阻尼和电磁驱动

第五章 交变电流

1 交变电流

2 描述交变电流的物理量

3 电感和电容对交变电流的影响

4 变压器

5 电能的输送

第六章 传感器

1 传感器及其工作原理

2 传感器的应用（一）

3 传感器的应用（二）

4 传感器的应用实验

附录 一些元器件的原理和使用要点

课题研究

选修 3–3

第七章 分子动理论

1 物体是由大量分子组成的

2 分子的热运动

3 分子间的作用力

4 温度和温标

5 内能

第八章 气体

1 气体的等温变化

2 气体的等容变化和等压变化

3 理想气体的状态方程

4 气体热现象的微观意义

第九章 物态和物态变化

1 固体

2 液体

3 饱和汽与饱和汽压

4 物态变化中的能量交换

第十章 热力学定律

1 功和内能

2 热和内能

3 热力学第一定律 能量守恒定律

4 热力学第二定律

5 热力学第二定律的微观解释

6 能源和可持续发展

课题研究

5 电磁波谱

第十五章 相对论简介

1 相对论的诞生

2 时间和空间的相对性

3 狭义相对论的其他结论

4 广义相对论简介

课题研究

选修 3–5

第十六章 动量守恒定律

1 实验：探究碰撞中的不变量

2 动量守恒定律（一）

3 动量守恒定律（二）

4 碰撞

5 反冲运动 火箭

6 用动量概念表示牛顿第二定律

第十七章 波粒二象性

1 能量量子化：物理学的新纪元

2 科学的转折：光的粒子性

3 崭新的一页：粒子的波动性

4 概率波

5 不确定性关系

第十八章 原子结构

1 电子的发现

2 原子的核式结构模型

3 氢原子光谱

4 玻尔的原子模型

第十九章 原子核

1 原子核的组成

2 放射性元素的衰变

3 探测射线的方法

4 放射性的应用与防护

5 核力与结合能

6 重核的裂变

7 核聚变

8 粒子和宇宙

课题研究

附录3　江苏科学技术出版社版《义务教育课程标准实验教科书 物理》目录

八年级上册

引言

第一章 声现象

1.1 声音是什么 1.2 声音的特征 1.3 令人厌烦的声音

1.4 人耳听不见的声音

第二章 物态变化

2.1 物质的三态 温度的测量 2.2 汽化和液化

2.3 熔化和凝固 2.4 升华和凝华 2.5 水循环

第三章 光现象

3.1 光的色彩 颜色 3.2 人眼看不见的光 3.3 光的直线传播

3.4 平面镜 3.5 光的反射

第四章 透镜及其应用

4.1 透镜 4.2 探究凸透镜成像的规律

4.3 照相机与眼睛 视力的矫正 4.4 望远镜与显微镜

4.5 光的折射 透镜的奥秘

第五章 物体的运动

5.1 长度和时间的测量 5.2 速度 5.3 匀速直线运动

5.4 世界是运动的

八年级下册

第六章 物质的物理属性

6.1 物体的质量 6.2 用天平测物体的质量 6.3 物质的密度

6.4 物质的比热容 6.5 物质的物理属性

第七章 从粒子到宇宙

7.1 走进分子世界 7.2 探索更小的微粒 7.3 宇宙探密

第八章 力

8.1 弹力和弹簧测力计 8.2 重力 8.3 摩擦力

8.4 力 力的作用是相互的

第九章 压强与浮力

9.1 压强 9.2 液体的压强 9.3 气体的压强 9.4 浮力

第十章 力与运动

10.1 物体的浮与沉 10.2 二力平衡 10.3 力与运动的关系

九年级上册

第十一章 简单机械和功

11.1 杠杆 11.2 滑轮 11.3 功 11.4 功率 11.5 机械效率

11.6 综合实践活动

第十二章 机械能与内能

12.1 动能 势能 机械能 12.2 内能 热量

12.3 机械能和内能的相互转化

第十三章 简单电路

13.1 初识家用电器和电路 13.2 电路连接的基本方式

13.3 电流和电流表的使用 13.4 电压表和电流表的使用

第十四章 欧姆定律

14.1 电阻 14.2 变阻器 14.3 欧姆定律 14.4 欧姆定律的应用

九年级下册

第十五章 电功和电热

15.1 电能表与电功 15.2 电功率 15.3 电热器 电流的热效应

15.4 家庭安全用电

第十六章 电磁转换

16.1 磁体与磁场 16.2 电流的磁场

16.3 磁场对电流的作用 电动机 16.4 安装直流电动机模型

16.5 电磁感应 发电机

第十七章 电磁波与现代通信

17.1 信息与信息传播 17.2 电磁波及其传播

17.3 现代通信 走进信息时代

第十八章 能源与可持续发展

18.1 能源利用与社会发展 18.2 核能 18.3 太阳能

18.4 能量转化的基本规律 18.5 能源与可持续发展

第五编　结论

第十五章　对中国百年中学物理教科书变迁史的简要分析

一、各时期物理教科书特点及分析

（一）清朝末年物理教科书主要特点及分析（1900—1911）

1840 年鸦片战争后，国人受到了极大的打击与震撼。甲午战争失败及《马关条约》的签订更使中国面临亡国灭种的危险。学知识、开民智、科学救国的思想得到普遍认可，书院、学校、学堂数量大增，教科书的数量、品种等也急剧增加。此时的中学物理教科书大致有如下的特点。

1. 翻译西方教科书

19 世纪初随着资本主义势力的扩展，更多的传教士进入中国，教会学校逐渐增多，教会学校开始使用直接从西方教科书翻译过来的教材。鸦片战争后，资本主义在华势力进一步扩展，教会学校迅速发展，从西方教科书翻译过来的中学物理教材也逐渐增多。此时期的物理教材所涉及的内容并不系统，很多带有科普性质，翻译也以直译为主。1877 年 5 月西方传教士在中国成立了学校教科书委员会，又称“益智书会”。益智书会成立后翻译的教科书多数虽在叫法上仍称作“翻译”，但实质上可以说是“编译”了。在益智书会翻译原则中其实就有一条：教科书不应仅仅是翻译，所有的数字图形、阐释说明都应该取自于中国人熟知的事物。此时翻译的教科书，内容逐渐增多、逐渐系统、开始考虑本土化的问题。如 1883 年江南制造局出版，英国人傅兰雅编写，徐寿、徐建寅合译的《格物须知》；1898 年美华书馆出版，潘慎文、谢洪赉合译的《格物质学》等。

2. 编译日本教科书

1904 年“癸卯学制”的颁布对中学物理教材产生了深刻影响。学制颁布前后中学物理教材的一个显著变化就是，以翻译欧美的教科书为主转向以翻译日本的教科书为主，根据日文书籍翻译或编译的中学物理教材的数量急剧增加、种类繁多。此时期物理教科书中尤以日本物理学家饭盛挺造编纂、藤田丰八翻译、王季烈重编的《物理学》最具代表性。1900 年开始由江南制造局出版的《物理学》编排体例与早期出版的《格物入门》《重学》《声学》等不同，其更注重理论的系统性和逻辑性。从方法论上看符合人的认识规律，即在观察和实验的基础上，对物理现象进行分析、抽象和综合，进而提出假说，形成理论，并不断反复经受实践的检验。重编者王季烈根据我国的实际情况、凭借自己较高的数理水平和深厚的文学功底，对此书作了很好的改编。

《物理学》不但在内容上比《格物入门》更深入、更系统、更全面，而且全书的结构和顺序的安排都非常合理，按照力学、声学、光学、热学和电磁学的次序展开论述。例如，力学部分先讲述静力学，然后是运动学，之后是动力学，最后是流体力学。这样，对物理知识的编排从易到难，从浅入深，从简单到复杂，易于理解和掌握。对每个理论的建立都是从实验证明、数学推导、理论判断、应用到例题练习，对物理学知识点的阐述也比较系统，富有逻辑性，符合人的认识规律，特别是书中有大量物理学知识的实际应用和例题练习，增强了其实用性。

日本“明治维新”成功后，国人看到由西方引进的近代科学知识、科学技术也会给东方带来财富，所以人们纷纷东渡日本学习，日本成为另一条引进近代科学的重要渠道。之所以向日本学习，翻译日本的教科书，一是因为日本“明治维新”的本质就是学习西方，“明治维新”后日本学校所用教科书多数是翻译西方的教科书，学习日本就是学习西方；二是因为日本的文化同中国的文化更接近，特别是日本的文字受汉文字的影响非常大，翻译日本的教科书更容易；三是因为日本同中国一衣带水，中国与日本交流多，留日人员多，能很好翻译日本教科书的人员也更多些。

3. 自编教科书

虽然鸦片战争后中学教科书还以传教士翻译为主，但是中国人自己编撰教科书的势头已逐渐显现。随着新学制的颁布，新式学堂大量涌现，自主编写符合我国国情的教科书的要求也自然被提出。如 1906 年科学书局出版、杨寿桐编纂的《物理学问答》，1907 年上海科学会编译部出版、陈榥编的《中等教育新式物理学》，1907 年科学书局出版、张桐瑞编的《物理学十九编》等。

可以说中国第一套现代意义的自编教科书当数 1904 年商务印书馆出版的

《最新教科书》。其中伍光建编《最新教科书物理学》，内容系统、完整，插图生动，实验、习题等内容完备，反映出清末自编物理学教科书的水平。伍光建编著的这套物理学教科书，包括了基础物理学的各个分支学科内容，物理学知识内容系统、完整、丰富。其体系结构是按照《奏定学堂章程》规定，分为力学、热学、声学、水学、光学、电磁学等。各个学科内容按卷编写，无线电、X 射线、放射性等物理学最新进展的内容也已编入相关章节。

“癸卯学制”颁布前，由于没有统一的学制，亦没有建立完整的学校教育体系，物理课程的开设也没有一定的计划及程度要求，因此在各类新式学校中进行的物理教学内容大多由各校和物理教师自己选定，各类学校之间互不联系。[①] 新学制颁布后国家有了统一的要求，此时新学堂的数量也急剧增加，再以翻译材料为教科书已不合时宜。例如，我国学者伍光建反思中国近代屡遭列强欺辱，探索强国之路后认为，我国在向外学习中最初曾关注翻译工艺制造方面的书籍，但有些技术工艺“技成屠龙，无所用之”，研究欧美政教的则是“横议尤多，空言无补”。这一时期，一些有创新思想的中国知识分子根据我国的实际情况开始自编教材。

4. 教科书多样化

此时期书院、学堂多，出版机构庞杂，物理教科书品种多，差别也非常大。有的内容较少、范围较窄，有的内容多、涉及面宽、也比较系统。

清朝末年由于历史变化剧烈、社会思潮激荡辉映，导致教科书的发展一日千里，出现了极其繁荣的景象。这一时期许多个人、学堂、民间出版机构纷纷参与到教科书的编写中。正如中华民国教育部在 1934 年的《教科书之发刊概况》中所说：“19 世纪末至 20 世纪初，卷入自编教科书潮流的不仅有各地各级学堂，还有商务印书馆、文澜印书馆、文明书局等民间出版机构，个人编辑者更是难以数计。”民间、官方的广泛介入，使得教科书的品种繁多，差异较大也就在所难免了。

（二）民国初、中期物理教科书主要特点及分析（1912—1937）

1. 日译教科书比例降低

清末时期日译教科书比例明显高于西译和自编教科书比例，但自民国成立

① 骆炳贤．中国物理学史大系：物理教育史［M］．长沙：湖南教育出版社，2001：101—104.

后其学制及相关课程设置从模仿日本转向效法美国，日译教科书比例降低，美欧教科书比例相对升高。同时，自编教科书比例也大幅增加。

1912 年的“壬子癸丑学制”虽然有很大进步，但是就其课程体系等方面仍然存在严重的弊端，与新形势的发展很不相适应。主要表现在：简单模仿日本学制，小学年限规定得过长，而中学年限过短，课程设置的科学性不够合理，应用性不强，而资本主义经济对初、中级人才的需求尤其迫切。而 1922 年颁布的“壬戌学制”则是以学习美国的学制而制定的。因此，翻译或改编日本的物理教科书已不合时宜，翻译或编译美、英国家的物理教科书渐增，而更多的则是国人根据新学制及课程，按照我国的实际情况编写中学物理教科书。

“壬戌学制”较好地体现了科学性（制定程序和内容安排科学）与民主性相结合，是“五四运动”时期“科学民主”精神的体现，是中国人进一步向西方学习的成果，是中国近现代史上学制建设的一大进步。

2. 综合的自然科学教科书开始出现

1922 年“壬戌学制”颁布后，全国《新学制初级中学课程标准纲要》课程设置中，在初级中学设置了必修的综合性科学课程——“自然科”。在高中以升学为目的的“普通科”的公共必修科目中设有“科学概论”。与之相适应的科学教科书随之产生，如 1923 年钟衡臧编、中华书局出版的《初级混合理科》，1924 年阎玉振编、中华书局出版的《初级中学理化教科书》，1924 年郑贞文、周昌寿、高编辑，商务印书馆出版的《新学制自然科学教科书》，1924 年杜亚泉编辑商务印书馆出版的《新学制自然科学教科书》等。此类教科书强调各学科知识的相互联系和有机整合，以便于学生对科学知识进行更加系统和深刻的认识，帮助他们理解科学的本质。

民国初期的学生很多初中毕业后就要直接就业，“壬戌学制”考虑到社会实际的需要，1923 年 6 月全国教育联合会新学制课程标准起草委员会刊布了《初级中学自然课程纲要》，纲要中设了必修的“自然科”。[①] 这是我国进入新学制后中学自然科学教育的重要文件。它是指导自然科学课程的纲领性文件，对于自然科学教材的编写、教学目标的制定、教学与评价等起着规范与指导作用。在

① 课程教材研究所. 20 世纪中国中小学课程标准教学大纲汇编：物理卷［G］. 北京：人民教育出版社，2001：4—5.

这一纲要的指导下，一些出版单位编写了与之适应的综合科学教科书。如 1924 年杜亚泉编辑、商务印书馆出版的《新学制自然科学教科书》。

虽然新学制下设置了“自然科”课程，但是在初中单独设置“自然科”仅仅坚持了 10 年。1927 年的南京国民政府鉴于初级中学“自然科”课程在师资、教科书等方面都有困难，教育部于 1929 年颁布了《初级中学自然科暂行课程标准（混合的）》和《初级中学理化暂行课程标准（分科的）》，供各校选用。1932 年，教育部根据各方对暂行课程标准的意见，将暂行课程标准修改成正式课程标准，颁布了《初级中学物理课程标准》。至此，初级中学综合性科学课程结束，开始实行分科课程。

3. 自编教科书的数量大幅增加

国家颁布新的学制和统一的课程后，国人自编教材大量涌现。据不完全统计，1922—1937 年，我国出版的 60 多部中文版中学物理教科书中绝大多数是由我国学者编著的。例如，1924 年中华书局出版、阎玉振编《初级中学理化教科书》，1932 年文化书社出版、王鹤清著《初级中学物理学》，1933 年大东书局出版、周毓莘编著《新生活初中学教科书物理》，1933 年商务印书馆出版、周昌寿编著《复兴初级中学教科书物理学》，1933 年开明书店出版、周昌寿著《新标准初中教本物理学》等。

这些新编的物理教科书非常注意编写理念上符合学生学习心理，内容上尽可能反映最新的科学成果。如多数教科书均已将 20 世纪初新发现的电子、放射性元素衰变以及原子结构等内容纳入其中。

随着新学制的提出，我国自编教科书越来越多，这其中有适应学制的需要、适应中国文化需要、提高学习效率等诸多因素。关于这一问题蔡元培先生早有论述：“‘国化教材’四个字的意义，就是想把我国各学校（偏重高中以上）的各项教科书——社会科学或自然科学的——除外国文而外，都应当使之中国化。再明白点讲，就是除外国文学一项，其余各种科学，都应该来用中国文的教本。”

清朝末年、民国初年的学校，自高中以上多采用外文教材，尤其是自然科学，如数、理、化等科多用原文教学。蔡元培分析了过多使用外文教材带来的问题：

“第一，靡费时间与脑力。吾人之所以要阅读外籍的目的，原欲通晓其文字所代表的知识，至文字本身，不过是一种工具而已。今欲具备此项工具，动辄耗费青年们五六年的光阴，即最活泼时期的脑力，方得入于知识之门。

“第二，与国情不适合。教科书中应该多举实例以证学理，外国人所著所用的教科书中举出的例子，当然是多取材于其本国的（尤其是社会科学的书）。用这种书教中国学生，学习时既不免有隔膜惝恍的弊病，将来出而应世，亦不能充分应用。

“第三，足为普及教育的障碍。外国文的教科书，必须对于外国文有相当准备的学生，始能了解。……须费偌大的力气，脑力、时间、经济三者，都非寒酸子弟所易办到。”

4. 名词术语及量和单位的使用逐渐规范

民国建立前，由于各式学校繁多、情况复杂，加之国家没有统一的课程要求，所以各学校使用的教科书也大不相同，各教科书的翻译也不是很规范。民国成立后，国家有了统一的课程设置及要求，各种物理教科书中的物理学名词术语及量和单位的使用也逐渐规范。例如《新课程标准适用高中物理学》编者在小节后的备览中写有：“从前吾国长单位用尺，现在已改用米。所以本书在没有说明这米以前，因为旧习惯的关系，用尺来说明。现在已经拿米来说明了。以后关于长的测量，概用米、分米、厘米等，不在用其他单位。”说明当时使用的单位已很接近现在的国际单位制中的单位了。

名词术语历来是教科书编写的关键。清朝末年，虽然益智书会在一定程度上规范了翻译术语的使用，但不同译者翻译的物理教科书名词术语及量和单位的使用仍然比较混乱。民国时期这方面的工作得到了加强，因为国家有了统一的课程，统一名词术语成为可能。另外，统一名词术语的工作也有了一定的基础。一是各学会有专门的名词审查委员会，如中国物理学会的名词审查委员会，周昌寿的《复兴高级中学教科书物理学》一书就是采用该委员会制定的标准；二是教育部专门颁布有《物理学名词》，仲光然的《新课程标准适用高中物理学》则是“遵照教育部颁布的物理学名词”。随着教科书的不断使用，其中的名词术语及量和单位的使用逐渐规范。

5. 实验更加被重视、要求更明确

1932 年教育部颁布的《高级中学物理课程标准》给出了实验教材大纲以及实验注意要点，这样该时期的高中物理教科书选用相对集中、要求也更加明确。例如《高中物理学》在书中写有："各项重要定律及现象等等，均以实验为出发点，冀使学者先得物理概念，而后融会理论，实验仪器，都采最简单而便于自制者。即有数种繁复难制之器，非向仪器制造公司订购者，亦会设法，代以粗简之器，结果方面，当然逊色，惟于必要时，仍希照标准仪器，设法购买而表演之。"《复兴高级中学教科书物理学》专门编有实验教材，除了教育部课程标准中规定的 35 个实验之外，又附加了 5 个补充实验，以供有余力的学生作为补充学习用。

实验既是中学物理课程中学习的主要内容，同时也是学习物理概念规律的重要手段，正是基于实验教学重要性的考虑，1932 年教育部颁布了《高级中学物理课程标准》，给出了实验教材大纲以及实验注意要点。这就使得实验教学在中学物理教学中得到了极大的重视，教科书中也自然要反映这样的要求。

6. 绝大多数物理教科书后配习题

清朝末年一些物理教科书已开始注意课后配有习题，而到民国时期绝大多数教科书均已在课后配有习题。例如《复兴高级中学教科书物理学》"每章之后，各附以问题若干条。一则使学生根据所习原理，解释自然现象，一则训练之使其应用定律，计算各种量间之数理关系"。《新课程标准适用高中物理学》"每章或每节的后面，大都附有问题或计算题以资练习；题的多少，编者破费酌量，不宜再为节减"。可见编者对于课后习题都非常重视。

习题是检测学生是否掌握了所学知识的一个重要手段，这反映出民国时期更多的教科书编者已开始注意学生学习心理和学习检测方面的问题。

7. 插图更为丰富

清朝末年的教科书有些已开始注意插图的利用，但民国期间的教科书这方面做得更好，特别是插图更为本土化。例如《复兴高级中学教科书物理学》共有插图 380 幅，《高中物理学》共有插图 311 幅，《新课程标准适用高中物理学》共有插图 399 幅。插图的数量都比较多，平均每两页就有一幅插图。

特别值得一提的是，《新课程标准适用高中物理学》在下册书中插入了彩色的光带图，说明插图印制已达到了很高的水平。

编著者对学生学习心理认识的提高及当时印刷水平的提高使得插图更为丰富成为可能。

（三）抗日战争全面爆发到中华人民共和国成立前物理教科书主要特点及分析（1937—1949）

1. 沿用为主，新编较少

抗日战争全面爆发到中华人民共和国成立前，受到战争的影响，该时期新编教材很少。教材编写者们较难安顿下来尝试撰写新的物理教材，因此只能沿用前期的物理教材并作适当的修订。

2. 国定教材开始出现

在1937年抗日战争全面爆发前教育部在不断加强对教科书审查力度的同时，开始着手国定本教科书的编撰工作。1937年抗日战争全面爆发，1938年国民政府颁布抗战建国纲领，其中第四部分“教材”中规定：“各级学校各科教材与所用之教科书，为教学时最重要之工具，故对于教材之选择与教科书之编订，实与训练师资同样重要，今后各级学校所用之各科教材与教科书，国家应另定专款，聘请有名学者及有教学经验之专家及教师从事搜集与整理，继之以编辑，以为教学时之工具。”蒋介石在1942年5月致函教育部长陈立夫：“以后凡中小学教科书应一律限期由部自编，并禁止各书局自由编订。”国统区的国定教材主要是小学的一些主要科目。

1940年汪伪政府成立后，为了灌输“东亚共荣”“亲日、反共”的思想，伪政府也开始了统一教材的做法，此时期伪政府在教科书的编审上主要是把原教科书中有的爱国、民族独立等方面的内容加以删改。此时的物理教科书有1943年由伪教育部编审委员会编纂、华中印书局出版的《“国定”教科书初中物理》，伪教育部编审委员会编纂、新亚书局出版的《“国定”教科书初中物理》等。

这一时期的伪满洲国傀儡政府为了加强对广大东北地区人民的统治与奴化，竭力推选殖民主义教育，通过施行以“国定制”为主，审定制、检定制和指定制为辅的教科书制度，编写发行了大量的教科书。

1937年抗日战争全面爆发后，中国共产党领导的抗日根据地的教科书及后来解放区的教科书也发生了巨大的变化。各主要根据地及解放区根据抗日和新政权的需要改编和编写了许多中小学教科书。例如，1946年东北行政委员会教育委员会教材编审委员会开始组织编写中小学教科书，中学教材由东北大学编写，小学教材由教材编审委员会董纯才组织人力编写。此套教材小学及中学的部分为自编，中学的理科多采用原国统区使用的教材，如戴运轨编写的初中物理教科书。1949年4月东北人民政府教育部组织人力，开始翻译、改编苏联十年制学校用物理教材，于1950年起开始试用，1950年下半年编译出版了高中物理教科书。

（四）中华人民共和国成立初期物理教科书主要特点及分析（1949—1957）

1. 学习苏联

新中国成立后，由于时间紧迫，来不及制定新的中学物理教学大纲并编写新的物理教科书。作为权宜之计，教育部决定：中学数理化教科书，除东北地区外，其他各大行政区都以新中国成立前的教科书为代用课本，1950年中央教育部和出版总署联合发布了当年秋季推荐用书，其中初中物理有7套，高中物理有5套。1951年教育部和出版总署联合发布的“1951年秋季中小学教科用书表”中仅有人民教育出版社出版的《初级中学课本物理学上册》和《高中新物理学》(世界书局原版)。

1952年12月，教育部颁发了以苏联教学大纲为蓝本制定的中学数、理、化教学大纲（草案)、《中学教学计划（修订草案）》及《中学物理教学大纲（草案)》。相应地，人民教育出版社于1951年开始先后出版了《初级中学课本物理学》上、下册,《高级中学课本物理学》一、二、三册。其中初中上下两册及高中第一册编写时相当认真地参考了苏联的课本，而高中物理第二、第三册则是直接以东北行政区编译的苏联课本的高中第二、第三册来代替，这是人教版第一套中学物理教科书。后来这套教科书又经过多次的改编。

新中国成立初期教育向苏联学习是有其历史背景的。1949年6月毛泽东在《论人民民主专政》中指出：“我们必须学会自己不懂的东西……苏联共产党是我们最好的先生，我们必须向他们学习。”[1] 1951 年 3 月，第一次全国中等教育会议提出：普通中学“课程教材改革的原则……必须研究中国参考苏联，以苏联的中学教科书为蓝本，重编完全适合于中国需要的新教科书”。[2]1952 年，教育部机关刊物《人民教育》11 月号的社论《进一步学习苏联的先进经验——迎接中苏友好月》中指出：“过去我们制定各级学校的课程，已经学习了一些苏联经验，但是很不够，需要进一步更有系统的学习。在教材方面……凡是苏联已有的教材，我们都要尽可能以它们为蓝本，并尽可能结合实际加以改编。当然，这种改编，不可能一下子搞得很好，但就东北行政区根据苏联教材加以初步改编的中学课本来看，其教学效果，还是比我们原有的课本好得多。”在这样的精神指导下，新中国成立后中学物理教材的编者们开始了新的教材编写工作。

2. 根据国情改编

在学习苏联的过程中，我国的教育工作者也清楚地意识到，要想搞好我们自己的教育一定要有借鉴地学习、有改造地吸纳。新中国成立初期我国中学物理教科书的编者正是以这样的精神来改编苏联教材的。1953 年 5 月人民教育出版社副总编辑雷树人先生在《物理通报》上发文指出：“……在进度的安排上，在具体材料的选择上，以及在教学方法的指导上，都必须根据我国的具体情况来处理。这就是说，学习苏联经验必须使它中国化。”具体的改编有改用我国实例、替换插图、替换数据、增加我国古代科技成就等。例如，苏联教科书讲压强用滑雪的例子，而 20 世纪 50 年代初，我国知道滑雪的人不多，所以改编的教科书中将苏联课本中的人滑雪改为人在烂泥地上行走。再比如，要适当地加入进行我国爱国主义教育的内容、删去苏联课本中的相应内容，如删去六年级课本“气体”一章中的“苏联的高空气球”——记述苏联人冒死屡破升空世界纪录的事迹；删去七年级课本“热机”一章中“巴祖诺夫的蒸汽机”等。

3. 注意从实际出发，强调感性基础

民国之前的中学物理教科书虽然也注意联系实际，但是整体而言多数更注意知识的讲解，讲授的成分更多些。而新教科书注意先从具体的事例出发，使

① 毛泽东．论人民民主专政［M］．第 2 版．北京：人民出版社，1991：1481．
② 刘英杰．中国教育大事典 1949—1990：上册［M］．杭州：浙江教育出版社，1993：13．

学生了解将要学习的概念、规律的必要性，再通过观察、实验或对实例的分析得出结论。例如对“压强”的处理，从走在烂泥地上会陷下很深，铺上木板后，重量增加反而陷得浅，引出研究“压强”这一概念的必要；在给“压强”下定义时，明确是与受力面垂直的力。与此对比，何守愚课本则没有说明研究“压力强度”的必要，也未明确压力是与受力面垂直的力。在学习物理规律时，一般先说明研究的必要性，再根据实验或对实例的分析、归纳，得出规律的文字表述和数学表达式，使规律、公式建立在感性认识的基础上，并得到思维方法的训练。例如，人教版第一套高中物理教材第一册，牛顿第三定律安排在“作用和反作用”一节后面，前一节里讲了“水面上甲乙两条小木船，甲船上的船夫用篙竿拉乙船，看到，不但乙船向甲船移动，同时甲船也向乙船移动”的实例，写了两个实验（分别绑在两软木塞上的两条形磁铁浮在水面上的相互作用，以及两带电小球的相互作用），得出结论：“两个相互作用的物体，一个物体受到一个作用，另一个物体就受到一个反作用。”“作用和反作用是方向相反的。”在“牛顿第三定律”一节，又写了三个能测出作用力和反作用力大小的实验，才得出牛顿第三定律。而寿望斗编的高中课本对牛顿第三定律的处理，则给学生的感性基础不足。

4. 注意辩证唯物主义和爱国主义的教育

如果说原来译自西方的教材有些有宗教思想的话，那么新中国成立后的教科书开始注意辩证唯物主义思想及爱国主义的教育。例如，当时使用此书的福州一中老师林桐绰撰文写到：“全部教材都贯穿着培养学生辩证唯物主义世界观的目的……例如，新教材讲述惯性和力时就指明力是物体之间使运动状态改变的相互作用的表现，把力和物质紧密联系起来，使学生明确力是不能离开物质而存在的……讲解物体运动时，不但明确地指出在自然界里所有的物体都在不停地运动着，而绝对不动的物体是不可想象的，使学生得到一切物质都在运动的概念；而且同时说明了没有什么抽象的没有物质的运动。使学生在学习过程中不断地体会到世界是物质的。”[1] 杜復钦老师在文章中提到：“旧教科书很少讲到祖国科学工作者的贡献，往往使青年读完了课本以后感觉到中国人在理化天

① 林桐绰. 我们怎样体会新教材的优越性［J］. 物理通报，1953（7）：319-326.

文方面没有人才，过去一点成就都没有，于是产生了自卑感和崇外的心理。新教科书就不是这样了，它一开始在‘绪论’一章中便说：我们祖先不论在科学上或技术上都有过许多伟大的创造和发明。例如：很早就创造了相当完善的历法，对于农作物的培养和收获有很大的帮助。很早就有日食和彗星的记载，还能够预告日食的发生。很早就发现了磁石，并且最先把磁针使用在航海方面。在二千多年前的‘墨经’里已经有光学和力学的知识的记载……汉代天文学家张衡在公元一百三十二年所发明的候风地动仪，是测定地震源方向的仪器。这个重大发明比欧洲造成地震仪要早一千七百多年。”①

总之，中华人民共和国成立初期的教育领域和其他事业的发展一样，受到苏联经验的极大影响，在模仿苏联的基础上重新制定了教学计划和教学大纲，组织成立了教材编写的专门机构，对教科书的编写和审定实行统一的管理。物理课本的编写亦是全面参考苏联的相应教科书，然后在其基础上进行改写，使其更加适应中国当时的国情和社会需要。但值得一提的是，在学习苏联的大环境下，我国的物理教育专家仍然进行了独立的思考，提出了物理初、高中知识内容安排的“螺旋式上升”理念，开始注意到了学生的认知规律，为初、高中内容的有序衔接和平稳过渡作出了努力和尝试。

（五）探索、调整与“文化大革命”时期物理教科书主要特点及分析（1958—1976）

1. 教育“大跃进”

自1958年“大跃进”开始，教育战线上也开始了“大批判”。1958年夏开始的教育大批判，认为当时中小学通用教材的主要问题：一是“三脱离”——脱离政治、脱离生产、脱离中国实际，不能培养有社会主义觉悟有文化的劳动者，违背党的教育方针；二是“少慢差费”，背离了“多快好省”的总路线。1958年9月，中共中央、国务院发布《关于教育工作的指示》指出：“教育工作在一定时期曾经犯过教育脱离生产劳动、脱离实际，并且在一定程度上忽视政治、忽视党的领导的错误。”提出要“克服教育工作中的右倾思想和教条主义思想”。

---

① 杜復钦. 对人民教育出版社出版的陈许合编的高中物理学第一册的意见［J］. 物理通报，1953（2）：99-101.

1958年中共中央、国务院发布教育权限下放的规定，指出各地可以自编教材。随后又发出指示，各省、市、自治区有权对新的学制进行试验。教育部通知各地自1958年秋季起停止颁发中小学教学用书表。据此，各地开始出现地方自编中学物理教材。首先出现的自编教材是针对人教版通用课本的补充教材，补充的主要是联系生产实际和反映现代科技成就的内容。

在编写补充教材的同时，各地也开始缩短学制、提高教材程度的探索。最早着手编写这类教材的是北京师范大学，从1958年10月开始，北京师范大学采取群众运动的方式，发动学生编写达到大学物理系一年级程度的九年一贯制学校的物理课本，共五册。北京师范大学的做法，很快引起一些地方和高等师范院校效仿，编出了这类教材，有的学制更短，有的要求更高。这类缩短年限，提高程度的教材，有的只在个别学校试用很短时间就试不下去了，有的编到中途就停下了。

鉴于1958年各地自编教材问题较多，1959年1月中共中央召开的教育工作会议，建议教育部负责制定中小学和师范学校的指导性教学大纲，编写通用教科书供各地采用。1959年6月教育部安排人民教育出版社编写适当提高程度的十年制中小学通用教科书。鉴于既缩短年限又提高程度难于推行，从1960年下半年开始，人民教育出版社开始编写只缩短年限、不提高程度的十年制教科书。这套十年制物理教科书曾在各地为数不多的试验十年制的学校试用。由于十年制学校学生负担重，在升学竞争中又不优于十二年制学校，试验学校都没有坚持试验下去。

虽然一些地方的自编教材及人教版的十年制教科书没有被广泛使用，但是，不依赖苏联课本、根据我国实际情况自己编写教科书也为以后我国中学物理教科书的编写积累了正反两方面的经验。例如，1954—1956年人民教育出版社物理室编的第二套物理课本在分量上有初中偏少偏浅、高中偏多的缺点。为解决这些问题，十年制物理课本把一部分浅易的高中教材下放到初中，如简单机械、传动装置、物体的热膨胀、熔解热和汽化热、锅炉、导体的串联和并联、光的色散等；将初、高中教科书作了进一步分工：初中讲流体静力学，高中讲流体动力学；物态变化在初中主要是讲熔解、凝固、蒸发、沸腾等知识，到高中再讲饱和汽、未饱和汽、气体的液化以及湿度等知识。这些都为后来物理教学大纲的制定及教科书的编写起到了很好的作用。

2. 教育“动乱”

“文化大革命”时期全国没有统一的中学教学计划，全国通用教材停止使用，从1968年开始，各地开始自编中小学教材。各地首先相继成立了中小学教材编写组，着手自编教材，甚至一些中小学也组织人员编写了一些教材。1969年，上海、北京等地自编的中小学暂用教材开始发行试用。后来没有自编教材的地区采用上海、北京等地的暂用课本。由于时间仓促，且在当时颇多顾忌的情况下，编写者对教材都没有太多把握，因而大多将“复课闹革命”初期的过渡性质的教材冠名“暂用课本”或“试用课本”。

由于政治运动的影响，关于教科书的政策不具有连续性和稳定性，以致在“文化大革命”期间相关管理机构陷入瘫痪，教科书的编写更无制度的保障，从而陷入混乱之中。在“左”的思想的影响下，物理教科书的编写片面强调实用主义，盲目缩短学制，提高课程难度，将无关内容强行纳入物理教科书的编写范围，背离了实事求是的原则，违背了学生认知发展的规律，打破了物理学科自身的学科体系和逻辑结构。同时，对于教科书编写没有采取科学态度和方式，采取运动的方式自编教科书、对教科书内容进行无科学根据的删减与增补。总之，这一时期的物理教科书总体上并未得到健康发展，原有的基础亦遭到了破坏，造成了很大的损失。

（六）恢复与快速发展时期物理教科书主要特点及分析（1977—2000）

1. 强调能力培养

1976年粉碎“四人帮”后，全国人民热切盼望各行各业尽快步入正轨，1978年1月，教育部颁发《全日制十年制中小学教学计划（试行草案）》，据此人民教育出版社编写了第五套教科书——《全日制十年制学校初中课本（试用本）物理》及《全日制十年制学校高中课本（试用本）物理》。此套教科书力图贯彻大纲中“加强演示和学生实验，培养学生的实验技能；启发学生积极主动地学习，培养思维能力和自学能力”的精神。在讲授比较抽象的概念和规律时注意培养学生的分析能力、推理能力和想象能力。例如，在高中第一册中为使学生对抽象思维的重要作用有具体的了解，课本引用了伽利略理想实验。先在第一章的“学好物理概念和规律”中简单说明：“要从实践经验中总结出物理知识，人们还必须进行分析、综合等抽象的思维活动。例如，通过观察和实验，我们发现运动物体受到的阻力越小，它的速度减小得越慢。但是只有通过抽象思维，我们才能得出物体不受外力时将保持匀速直线运动的结论。”而后，在“牛顿第一运动定律”一节中专设一小节“历史的回顾”，用了两页篇幅，配合插图，详细介绍了伽利略的理想实验，描述伽利略在日常经验基础上，经过怎样的思维过程，得出正确的结论，否定了一千多年来人们相信的亚里士多德的说法；同时也给学生一个抽象思维的范例。

课本还在实验能力、理想模型、科学方法等方面作了很好的探索。例如，教科书不惜笔墨通过实例给学生粗略地展示了“假设→考验，失败→更换，成功→继续……”这类从观察、实验获取知识的思维过程，以便培养学生的思维能力。为了培养学生用实验来研究问题的思维能力，教科书还注意介绍了物理学史中一些著名的实验。教科书不仅介绍了实验的做法，而且介绍了一些实验的设计思想。

这套课本，扭转了“文化大革命”造成的中学物理教学的混乱局面，把中学物理教学重新引向“打好基础，培养能力”的正确道路，起到了拨乱反正的作用，在许多方面得到了广大教师的肯定。

2. 内容多、要求高

人教社第五套课本虽然在“打好基础，培养能力”等方面得到了大家的认可，但是在内容、要求上老师们却反映“要求高、分量重”，特别是高中的两册，多数学校、多数学生不适应。南京市 1980 年 10 月的报告材料写道：“高中阶段适应新教材要求的情况初步估计如下：条件好的中学有 30% 左右的学生可适应，一般中学有 20% 的学生可适应，条件差的中学有 10% 的学生可适应。”南京市是教育发达地区，尚且如此，可见课本的适用问题严重。这套教科书可以说是 20 世纪我国中学物理课本中，要求最高、难度最大、分量最重的一套。

造成这种状况的原因，是 1977—1979 年起草大纲、编写课本期间，是刚刚结束“文化大革命”，在举国上下急切赶上发达国家的氛围下，编者也急切想尽快培养出高水平人才，而对“文化大革命”给我国学校造成的破坏，教师、学生、设备等的实际困难考虑得少，而且过快估计了这些困难改善的速度。

后来此套教科书经过精简、改写，降低了难度，成为人教版第六套教科书。

第六套教科书中的高中课本根据教育部1983颁发的《高中数学、物理、化学三科两种要求的教学纲要》分为两种版本，一个是基本要求的乙种本，一个是较高要求的甲种本。

3. 教科书多样化开始出现

1986年9月，全国中小学教材审定委员会成立大会在北京召开。会上，国家教委进一步明确了"一纲多本"的中小学教科书编选原则，即全国统一教学大纲，各地、各单位或个人均可编写教材，经全国中小学教材审定委员会审查通过后，可向全国推荐，由各地选择使用。至此，从新中国成立初执行的由国家统一编写教科书的局面开始打破。此时期初中共有7套物理教科书，高中只有人民教育出版社出版的一套物理教科书。

总之，学制和教学大纲的制定实现科学化，教科书的编写和审定在制度层面上得到充分保障。教育政策平稳推进，义务教育法的颁布更使得基础教育有法可依。"一纲多本"的制度设计使得多家出版社和众多专家学者进入教科书编写领域；物理教育研究空前活跃，研究者所强调的科学方法、物理思维、能力培养、启发式教学和对学习兴趣的激发等理念全面落实在教科书当中；改革开放带来了广阔的国际视野，国外先进的教育与教科书编写理念被借鉴与吸收。在以上多种条件的相互作用下，我国的物理教科书建设进入了发展的快车道，教科书质量不断提高。

（七）新课程改革时期物理教科书主要特点及分析（2001—2012）

1. 更加突出新的课程理念

根据新的课程改革的精神，2001年5月，教育部颁布了《九年义务教育物理课程标准（实验稿）》，2011年作了修订，提出了物理课程改革的基本理念：（1）面向全体学生，提高学生科学素养；（2）从生活走向物理，从物理走向社会；（3）注重科学探究，提倡学习方式多样化；（4）注意学科渗透，关心科技发展；（5）注重评价改革导向，促进学生不断发展。2003年4月，教育部颁布了《普通高中物理课程标准（实验）》，强调：（1）在课程目标上注重提高全体学生的科学素养；（2）在课程结构上注重基础，体现课程的选择性；（3）在课程内容上体现时代性、基础性、选择性；（4）在课程实施上注重自主学习，提倡教学方式多样化；（5）在课程评价上强调更新观念，促进学生发展。

根据初、高中的物理课程标准，各套教科书编者发挥创造性，编写出了各具特色的初、高中新课标物理教科书。

2. 科学探究得到了极大的张扬

本次课改的一个亮点是强调了“科学探究”。初中物理课程标准指出：“科学探究既是学生的学习目标，又是重要的教学方式之一。将科学探究列入内容标准，旨在将学习重心从过分强调知识的传承和积累向知识的探究过程转化，从学生被动接受知识向主动获取知识转化，从而培养学生的科学探究能力、实事求是的科学态度和敢于创新的探索精神。”高中物理课程标准中也同样继承了初中科学探究的精神。各套物理教科书编者都在科学探究方面倾注了极大的努力，取得了可喜的成绩。

3. 高中物理开始模块式教学

为了使高中学生在课程方面有更多样化的选择，并且能及时地评价学习的效果，新的高中物理课程设置 3 个系列、12 个模块。各套高中物理教科书也同样编写出 3 个系列、12 本课本。学生可以根据自己的爱好与对未来的规划来选择学习不同的模块。

总之，在新世纪的头十年，我国在新形势下将提升学生的科学素养作为新的科学教育目标，使我国在科学教育的理念上与世界先进国家保持一致。站在多元化的国际视野下，我国的物理教育研究者进行了大量的关于科学探究和教科书编写的实证研究，所得的成果为物理教科书的编写又提供了相应的理论与实证基础，实现了研究与实践的良性互动。在具有连贯性的教科书编写和审定制度的保障下，物理教科书呈现出百花齐放的繁荣景象，在强调科学探究的同时又保持着各自的特色。

二、结论

纵观中国物理教科书百余年的发展历程，时而欣欣向荣，时而步履蹒跚，跌宕起伏。对这百余年历史的总结，从中既要吸取有益的经验发扬光大，又要得到深刻的教训引以为戒。

（一）完善的制度是保障教科书编写质量的基础

清朝末年与民国初、中期，虽然社会动荡，战乱频繁，但物理教科书却从无到有，发展迅速，在20世纪30年代达到了空前的高度，遵循着统一课程标准的各版教科书相继出版。新中国成立以后，经过探索与调整，改革开放和新世纪以来物理教科书的发展再一次蒸蒸日上，教科书编写再次呈现出百花齐放的景象，教科书编写的理念再次和其他世界先进国家保持一致。以上的各个阶段，尽管时代的特点不尽相同，但物理教科书的发展却都势头良好。归纳来看，这些时期都具有较为健全和完善的教科书编写依据和审定制度。典型的代表如20世纪20年代颁布的“壬戌学制”，由多样化的民间实验到教育家群体的全面论证与全国性制度研讨；通过上下结合的方式，最后由政府在国家法律层面颁布。虽然该学制参考了美国同一时期“六三三”学制的主要特征，但来自各地区的多样化试点与实验，保证了其不会脱离中国国情。因此“壬戌学制”更是经历了战火的考验，沿用至新中国成立前夕，即便是当前的学制也可寻觅到其踪影。从此可以看出，只有在科学合理的制度保障下，高质量教科书的编写才能成为可能。

（二）教育教学研究是对教科书编写的重要支撑

在有制度作保障的前提下，如何更好地提升物理教科书的编写质量？从上例“壬戌学制”的建立过程以及改革开放后教科书的发展脉络可以看出，将物理教育研究与教科书编写相结合不失为一条有效途径。物理教育研究在我国经历了从实践经验总结到依据科学理论开展实证研究的发展历程。在“一纲（标）多本”的制度下，研究者将成果应用于教学大纲（课程标准）的制定和教科书的编写当中，为制定更为符合时代要求和学生发展的教学目标提供了理论依据和实证证据，同时使得教科书的编写和内容安排更加符合学生的认知发展规律，呈现出百花齐放的繁荣景象。倘若没有教育研究成果和研究者对我国教科书的开发提供支撑，即便拥有科学的制度设计，也只能照搬他国的成熟案例，不能完全实现编写理念和内容安排的本土化，不能按照自身社会的需要培养人才。

（三）多元化的视野能够极大提升教科书的编写质量

纵观历史，物理教科书发展快速和蓬勃的时期，均是中国与世界交往密切的时代。尽管这种交流有时并非出于自身愿望，但不可否认的是，只有与世界进行交流，才能知道自己在世界中的位置，才能对自身进行客观评价；只有将自身与世界各国进行比较，才能了解自身的缺陷和他人的优势，取长补短。清末到民国，在外来文化的刺激下，中国掀起了新文化运动，各种文化思潮相互碰撞，使得这一时期中国所出版的物理教科书均保持对世界最先进成果的关注。在改革开放后，我国的物理教育研究者和教材编写者不仅关注着物理领域的最新成果，更加关注着国外科学教育领域最新的理念和研究成果，也正因为如此，我国新课程改革的教育理念才能在借鉴、吸收的基础上有所创新。视野的多元化对于 21 世纪的今天更为重要，在知识爆炸的时代，教育和科技研究成果每天都在不断更新，教科书的编写该借鉴何种教育研究成果，在知识选取上又该进行怎样的安排，这些工作均需通过在多元化的视野下，对各种研究成果和知识进行比对和考量后方能完成。

参考文献

[1] 陈学恂．中国近代教育大事记 [M]. 上海：上海教育出版社，1981.

[2] 金铁宽，唐关雄，李玉非．中华人民共和国教育大事记 第1卷 [M]. 济南：山东教育出版社，1995.

[3] 金铁宽，唐关雄，李玉非．中华人民共和国教育大事记 第2卷 [M]. 济南：山东教育出版社，1995.

[4] 金铁宽，唐关雄，李玉非．中华人民共和国教育大事记 第3卷 [M]. 济南：山东教育出版社，1995.

[5] 课程教材研究所．20世纪中国中小学课程标准·教学大纲汇编：物理卷 [M]. 北京：人民教育出版社，2001.

[6] 课程教材研究所．新中国中小学教材建设史（1949—2000）研究丛书：物理卷 [M]. 北京：人民教育出版社，2010.

[7] 刘英杰．中国教育大事典 1840—1949 [M]. 杭州：浙江教育出版社，2001.

[8] 刘英杰．中国教育大事典 1840年以前 [M]. 杭州：浙江教育出版社，2004.

[9] 吕良．中央革命根据地教育史 [M]. 北京：教育科学出版社，1989.

[10] 张大昌．新课程理念与初中物理课程改革 [M]. 长春：东北师范大学出版社，2002.

[11] 中央教育科学研究所．中国现代教育大事记 [M]. 北京：教育科学出版社，1988.

后记

本书是国家社科基金重大项目“中国百年教科书整理与研究”（项目批准号：10&ZD095）成果之一。该项目首席专家是徐岩，物理学科子课题负责人是彭前程。

本书编写人员执笔情况如下。

彭前程（第一章、第十五章），谷雅慧（第二章部分），李艳平（第二章部分），咏梅（第二章部分），白欣（第三章部分），孙新（第三章部分、第四章），许桂清（第五章），张颖（第六章、第七章），付荣兴（第八章、第九章），卫青山（第十章），苗元秀（第十一章），彭征（第十二章），金新喜（第十三章、第十四章）。

主编彭前程、张颖，责任编辑金新喜、魏昕对书稿进行了大量修改完善工作。

本书反映了“百年中学物理教科书变迁脉络研究”的成果。课题组成员经过数年的努力，完成了从清朝末年到 21 世纪初跨越一百多年的中国中学物理教科书变迁研究工作。通过研究，大家进一步了解了百年来我国中学物理教科书的全貌，同时也有很多的感受与体会。一是百余年来我国中学物理教科书是个巨大的宝库，里面有许多方面值得我们分析与研究。例如在内容的选择与编排等方面，不同的时期都有各自的特点。二是对这些特点要历史地去分析，不能简单地下结论。例如，清末民初的中学物理教科书多由西方教科书翻译或改编而来，尽管书中许多实验不符合当时的国情，难以在教学中实施，但其中也确有比较精妙、独到的实验可供今天借鉴。三是通过我们的工作，希望为以后的研究者提供借鉴和参考。

文中涉及较多的历史文献资料以及教科书资料，行文中有些语言叙述以及名词的使用与当前的使用规范有不一致的情况，为了尊重历史，我们并未对这些内容进行修改。此外，在本书的行文中，“课本”“教材”与“教科书”不作严格区分。

本书编写过程中，参考和引用了大量文献和已有研究成果，特别是人民教育出版社课程教材研究所编著的《新中国中小学教材建设史（1949—2000）研究丛书：物理卷》（董振邦主编）、《20世纪中国中小学课程标准·教学大纲汇编：物理卷》。人民教育出版社图书馆作为全国最大的中小学教科书收藏中心给予了大力帮助，其制作完成的“中国百年中小学教科书全文图像库”为研究提供了极大的支持。在此表示衷心感谢。

特别感谢在研究和出版过程中给予指导的学界前辈，以及提出宝贵意见和建议的学界同行。

书中错漏之处，敬请读者批评指正！

2020 年 12 月

图书在版编目（CIP）数据

中国百年教科书史．物理卷／彭前程，张颖主编；徐岩，张廷凯总主编．—北京：人民教育出版社，2021.1

ISBN 978-7-107-35624-7

Ⅰ．①中… Ⅱ．①彭… ②张… ③徐… ④张… Ⅲ．①中学物理课—教材—教育史—中国 Ⅳ．①G423.3-092

中国版本图书馆CIP数据核字（2021）第029663号

中国百年教科书史　物理卷

ZHONGGUO BAINIAN JIAOKESHUSHI WULI JUAN

出版发行　人民教育出版社

（北京市海淀区中关村南大街17号院1号楼　邮编：100081）

网　　址　http://www.pep.com.cn

经　　销　全国新华书店

印　　刷　北京华联印刷有限公司

版　　次　2021年1月第1版

印　　次　2021年5月第1次印刷

开　　本　787毫米×1092毫米　1/16

印　　张　35.75

字　　数　715千字

定　　价　288.00元